Grundlagen der Buchhaltung und Bilanzierung

Josef Lechner

Die Drucklegung dieses Buches wurde durch die Pädagogische Abteilung in der Deutschen Bildungsdirektion ermöglicht.

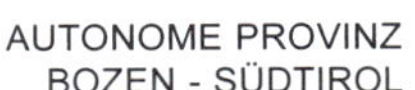

PROVINCIA AUTONOMA
DI BOLZANO - ALTO ADIGE

Deutsche Bildungsdirektion
Pädagogische Abteilung

Direzione Istruzione e Formazione tedesca
Ripartizione pedagogica

2. korrigierte und aktualisierte Auflage, Stand Juni 2018

Aktualisierte Neuauflage des Buches: Josef Lechner,
Allgemeine Buchhaltung für Wirtschaftsschulen, Bozen: Edition Raetia 2010
(7. überarbeitete Auflage, ISBN 978-88-7283-297-4 sowie alle Vorgängerversionen)

Bildnachweis: Alexia Wojnar (S. 231: Marion Lafogler); Bergmilch Südtirol / Mila (S. 101); Brigl AG (S. 11 / S. 61); Business Location Südtirol – Alto Adige (S. 131: Gregor Khuen Belasi); Dr. Schär AG (S. 107 / S. 217); ewo GmbH (S. 297: Nicolò Degiorgis); Handelskammer Bozen (S. 303: Marion Lafogler); look4U Consulting GmbH (S. 257: Harald Kienzl); Niederstätter AG (S. 27: Franziska Gilli / S. 95: Elisabeth Hölzl); Parkhotel Laurin (S. 17); Prinoth AG (S. 119 / S. 287); Südtirolfoto (S. 35 / S. 159: beide Helmuth Rier); Tischlerei Schneider (S. 203: Marion Lafogler)

Verlag: Edition Raetia, Bozen
Koordination: Astrid Freienstein
Lektorat: Helene Dorner
Korrektur: Ex Libris Genossenschaft, Bozen
Cover: Philipp Putzer, www.farbfabrik.it
Layout und Druckvorstufe: Typoplus, Frangart
Printed in Europe

ISBN 978-88-7283-522-7

Unser Gesamtprogramm finden Sie unter www.raetia.com
Für Fragen und Anregungen wenden Sie sich bitte an info@raetia.com

Grundlagen der Buchhaltung und Bilanzierung

2. AUFLAGE

Josef Lechner

Zur Benutzung des Buches

Das vorliegende Lehrbuch „Grundlagen der Buchhaltung und Bilanzierung“ ist eine aktualisierte und vollständig überarbeitete Neuauflage des Buches „Allgemeine Buchhaltung für Wirtschaftsschulen“ von Josef Lechner.

Das Buch ist für die **dritten** und **vierten Klassen** der **Wirtschaftsfachoberschulen in Südtirol** gemäß den Rahmenrichtlinien des Landes konzipiert. Darüber hinaus richtet es sich an Studierende und alle Interessierten, die sich im **Selbststudium** die Grundlagen der doppelten Buchhaltung (Doppik) sowie der Bilanzierung aneignen möchten.

Die wichtigsten Besonderheiten der italienischen Aufzeichnungspraxis werden ebenso berücksichtigt wie die von den Rechtsnormen vorgeschriebenen Aufzeichnungs- und Dokumentationspflichten. Die **Verbuchung der gängigsten Geschäftsfälle** wird anhand von praxisnahen Lehrbeispielen erklärt und durch **Übungen zum Selberlösen** ergänzt.

Die Bilder zu Beginn der einzelnen Kapitel wurden von Südtiroler Wirtschaftstreibenden zur Verfügung gestellt und zeigen ohne Anspruch auf Vollständigkeit unterschiedliche Branchen, die allesamt die doppelte Buchhaltung anwenden. Allen Kapiteln des Buches ist eine Farbe zugeordnet, um die Orientierung zu erleichtern. Weitere **grafische Merkmale** sind:

Definitionen	**In rot gesetzte Kurzdefinitionen** am Seitenrand heben besonders wichtige Inhalte hervor und ermöglichen einen schnellen Überblick, **weiterführende Links** verweisen auf Zusatzinformationen.
Farbfläche	**Farbig unterlegte Textpassagen** beinhalten grundlegende Erklärungen und Zusammenfassungen.
	**Merksätze** sind zusätzlich mit einem Ausrufezeichen gekennzeichnet.
	Das Symbol am Seitenrand verweist auf zusätzliche Lernunterlagen und weitere nach Schwierigkeitsgrad abgestufte Übungen, die online abgerufen werden können. Diese **Unterlagen** stellt der Bereich Innovation und Beratung im Deutschen Bildungsressort als Ergänzung zu den Ausführungen des Lehrbuches **als PDF oder im Excel-Format** zur Verfügung. Lehrende können zudem eine Zugangsberechtigung für Lösungen und Didaktikvorschläge beim Bereich Innovation und Beratung anfordern.

Onlinematerialien finden sich unter: www.bildung.suedtirol.it/unterricht/wirtschaft-und-recht/betriebswirtschaftslehre

Für eine bessere Lesbarkeit wird in den Texten nur die männliche Form verwendet. Die weibliche Form ist selbstverständlich immer mit eingeschlossen.

Trotz aufmerksamer Kontrolle können sich Fehler eingeschlichen haben. Diesbezügliche Rückmeldungen bitte an Wolfgang Lanz: wolfgang.lanz@schule.suedtirol.it

Inhaltsverzeichnis

1

Unternehmen

1. Das Unternehmen

„The entrepreneur is the person who assumes the risk associated with uncertainty", so schrieb bereits im 17. Jahrhundert der Ökonom und Bankier Richard Cantillon.

Ein Unternehmen zu gründen, ist nicht schwer, ein Unternehmen erfolgreich und verantwortungsvoll zu führen, setzt Risikobereitschaft, Kreativität und Verantwortungsbewusstsein für Mitarbeiter und das gesamte gesellschaftliche Umfeld des Unternehmens voraus.

Unternehmer
Definition im italienischen Zivilgesetzbuch (ZGB) Art. 2082

Entrepreneurship
= Unternehmergeist und Wille zur selbstständigen und kreativen Führung eines Unternehmens

Drei wichtige Überlegungen stehen am Anfang der unternehmerischen Tätigkeit:
- Leitbild und Wertvorstellung
- Produkt- und Marktentscheidung
- Standort

Jedes wirtschaftlich handelnde Unternehmen setzt sich Ziele, die es auf dem Markt erreichen möchte. Um diese Ziele auch erreichen zu können, muss sich das Unternehmen eine klare Struktur geben, ein Leitbild entwickeln und verantwortungsvoll mit Mitarbeitern und Ressourcen umgehen.
Wer ein Unternehmen gründen möchte, wird zuerst in einem **Businessplan** seine Visionen, die Produktideen und Marktchancen detailliert beschreiben. Ein Businessplan ist vor allem für mögliche Partner oder Geldgeber wichtig, die mit dem Unternehmen zusammenarbeiten werden. Auf folgende Fragen muss der Businessplan eingehen.

Wer?
Wer sind die Kunden? Endverbraucher, Zwischenhändler, junge oder ältere Menschen usw.
Welches ist der Markt (das Marktsegment)? lokal, international

Was?
Welche Produkte oder Leistungen sollen hergestellt bzw. erbracht werden? Fertigprodukte, Serviceleistungen
Was sind die Preise? Hoch-, Niedrigpreise

Wo?
Wo ist der Produktionsstandort? Inland, Ausland
Wo sind die notwendigen Infrastrukturen und Arbeitskräfte?

Wie?
Welche Technik wird angewandt? Maschinen, Handarbeit
Wie erfolgen die Produktion, der Handel? Auslagerung, Franchising usw.

1.1 Das Leitbild

Um diese Grundentscheidungen umsetzen zu können, wird zunächst ein Leitbild für das Unternehmen entwickelt. Das Leitbild beschreibt die **Vision** und die **Grundprinzipien**, nach denen das Unternehmen handelt. Es bildet den strategischen Rahmen des Unternehmens und gibt den Mitarbeitern Motivation und Orientierung gemäß einer festgelegten Organisationsstruktur. Nach außen zeigt das Leitbild die **Handlungsprinzipien** des Unternehmens und für welche **Werte** das Unternehmen steht **(Corporate Identity)**.

Mission
= Normativer Rahmen eines Unternehmens, in dem es den Zweck seines Daseins in Form von Nutzenversprechen gegenüber seinen Anspruchsgruppen darlegt (Gabler Wirtschaftslexikon)

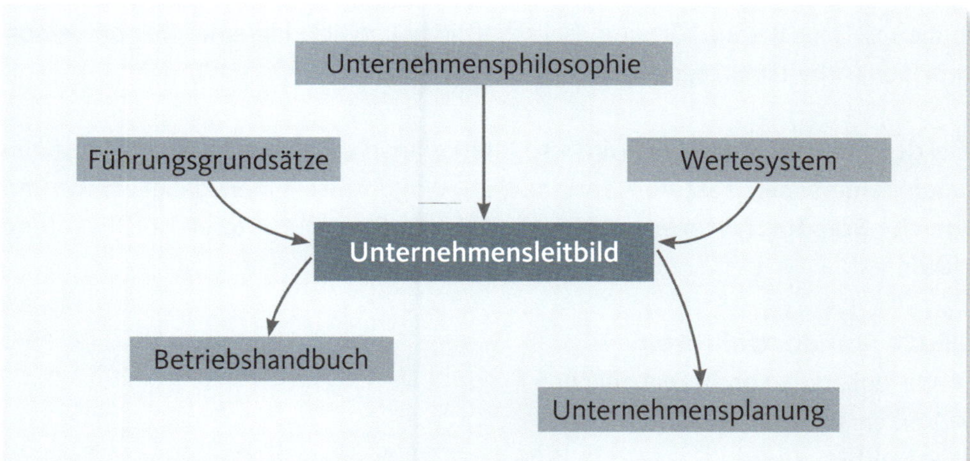

1.2 Unternehmensstandort

Die Entscheidung über den Ort der Leistungserstellung im Unternehmen hängt von vielen Faktoren ab. Ein kleines Familienunternehmen wird seinen Produktionsstandort nach anderen Kriterien wählen als ein großes international tätiges Unternehmen.
In der globalisierten Wirtschaft werden vor allem die großen Unternehmen ihren Standort dort wählen, wo sie ihre **Ziele (Absatzziele, Finanzmärkte, Gewinnziele) am leichtesten und am kostengünstigsten erreichen.** Klein- und Mittelbetriebe haben immer auch eine starke Bindung an ihre nähere Umgebung und fühlen sich auch stark für die gesellschaftliche Entwicklung einer Region verantwortlich (Arbeitsplätze, regionale Produkte usw.).

Bei der Wahl des Standortes wird ein Unternehmen nach verschiedenen günstigen oder hemmenden Faktoren entscheiden. Wir unterscheiden dabei **harte** und **weiche Standortfaktoren**, wobei die weichen Standortfaktoren an Bedeutung gewinnen.

Harte Standortfaktoren

- Verfügbarkeit von Betriebsflächen
- Verkehrsinfrastruktur
- Steuerbelastung
- Nähe zu Forschungseinrichtungen
- Öffentliche Förderungen
- Absatzmärkte
- usw.

Weiche Standortfaktoren

- Politische Verhältnisse
- Rechtssicherheit
- Wirtschaftsmentalität
- Wohnungs- und Freizeitangebote
- Umweltqualität
- Innovationsfreudigkeit
- Arbeitsmoral
- usw.

Viele Unternehmen haben heute nicht nur eine, sondern mehrere Produktions- und Arbeitsstätten. Nur selten wird die gesamte Produktionskette an einem Ort angesiedelt sein, vielmehr werden die Produktionsprozesse und auch Verwaltungsprozesse **an verschiedenen Orten** – national oder auch international – stattfinden. Teile der Produktion oder auch der Verwaltung werden aus Kosten- oder aus Verwaltungsgründen ausgelagert an jene Orte, an denen die Produktionsfaktoren billiger oder ausreichend vorhanden sind. So werden viele manuelle Arbeitsabläufe in ostasiatische Länder ausgelagert oder informationstechnische Prozesse in Länder mit einer hohen Anzahl an EDV-Spezialisten. Diese Aufsplitterung und Aufteilung der Leistungserstellung auf viele Länder erfordert eine gut funktionierende Vernetzung der Transportwege und hochmoderne Kommunikationssysteme. Dieser betriebliche Bereich wird **Logistik** genannt und ist heute von zentraler Bedeutung für eine reibungslose Betriebsorganisation.

1.3 Das Wirtschaftlichkeitsprinzip

Jedes Unternehmen handelt bei der Erbringung von Leistungen nach dem ökonomischen Prinzip. Das heißt, dass **Güter und Dienstleistungen mit dem geringstmöglichen Einsatz an Materialien und Arbeit** hergestellt werden. Vor allem in der globalisierten Wirtschaft mit einem riesigen Angebot an Waren und Dienstleistungen und einem großen Konkurrenzdruck kann ein Unternehmen langfristig nur bestehen, wenn es konkurrenzfähig bleibt. Die angebotenen Waren und Dienste müssen daher mit dem geringstmöglichen Aufwand hergestellt werden. Das betriebliche Rechnungswesen liefert dazu die notwendigen Kalkulationen und Planungshilfen. Dies wird in späteren Kapiteln näher ausgeführt.

Effizienz *(efficienza)*

Effizienz meint das Verhältnis zwischen erbrachter Leistung **(output)** und dem dafür verwendeten Faktoreinsatz an Material oder Arbeitsstunden **(input)**. Die Berechnungen zur Produktivität bilden häufig die Grundlage für die Erstellung von sogenannten Ökobilanzen, mit denen der Frage nachgegangen wird, ob z. B. Rohstoffe effizient oder verschwenderisch eingesetzt wurden.

Beispiel: Ein Tischler benötigt für die Herstellung einer Zimmereinrichtung 1 m³ Holz. Ein zweiter Tischler benötigt für die Herstellung der gleichen Zimmereinrichtung nur 0,8 m³ Holz. In diesem Fall hat der zweite Tischler den Rohstoff Holz effizienter eingesetzt.

Effektivität *(efficacia)*

Die Unternehmen möchten aber nicht nur effizient und produktiv arbeiten, sondern auch die gesteckten Ziele erreichen, die sie sich aufgrund ihrer Pläne gesetzt haben. Nicht immer können sie ihre kurz- und langfristigen Pläne auch erfüllen. Dies kann von betriebsinternen Fehlentscheidungen oder auch von externen Faktoren des betrieblichen Umfeldes abhängen.

Beispiel: Das Unternehmen Alma Sport gibt für eine Werbemaßnahme 12.000,00 € aus. Dadurch erhofft sich das Unternehmen eine Umsatzsteigerung von 10 % im nächsten Halbjahr. Die Werbemaßnahme führt aber zu einer Umsatzsteigerung von lediglich 3 %. Das Ziel wurde also verfehlt, die Werbemaßnahme war offensichtlich nicht besonders wirksam.

Alle Unternehmen – private und auch öffentliche Verwaltungen – müssen nach den Prinzipien der Effizienz und Effektivität handeln. Die privaten Unternehmen handeln vorwiegend gewinnorientiert, während die Aufgabe der öffentlichen Verwaltungen und der Versorgungsbetriebe (Non-Profit-Unternehmen) nicht die Gewinnerzielung ist, sondern die bestmögliche Versorgung der Bürger. Ihre

Leistungen müssen aber auch effizient und kostengünstig erbracht werden. Die von öffentlichen Verwaltungen und Non-Profit-Unternehmen bereitgestellten Dienste und Güter betreffen vor allem die Bereiche der Bildung, der Gesundheit, der Gerichtsbarkeit usw.

2

Unternehmens-organisation

2. Die Unternehmensorganisation

Die Unternehmensorganisation ist die Architektur des Unternehmens. Flache Strukturen statt vielstöckiger Hochhäuser, klare Linien statt unübersichtlicher Gänge, Teamarbeit statt Einzelkämpfertums: Nur so kann das Unternehmen langfristig erfolgreich sein, kreative Ideen entwickeln und rasch auf Änderungen reagieren.

Für die Umsetzung der Unternehmensziele gemäß Leitbild und gewähltem Standort braucht das Unternehmen eine klare Organisation der Betriebshierarchie, der Ablaufprozesse und der Verantwortungsbereiche.
Diese Strukturen sind die Aufbau- und Ablauforganisation.

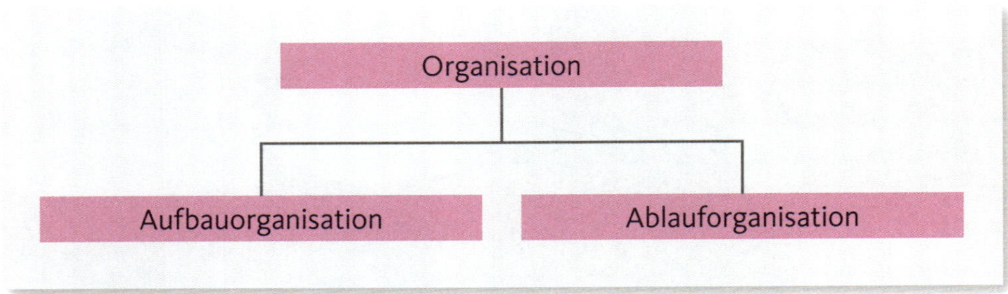

Lean Management bedeutet, das Unternehmensmanagement mit möglichst wenigen hierarchischen Ebenen auszustatten, um schnell auf Fehler reagieren zu können. Durch einen ständigen Verbesserungsprozess werden die Geschäftsabläufe optimiert.

Aufbauorganisation

Sie befasst sich mit

- Verantwortungs- und Entscheidungsebenen
- dem Informations- und Leitungssystem
- der Organisation der Abteilungen und Stellen
- zentralisierter oder dezentralisierter Betriebsorganisation

Ablauforganisation

Sie befasst sich mit

- der Gestaltung der Arbeitsabläufe
- der Reihenfolge der zu erledigenden Arbeiten
- dem Dokumentenfluss
- dem Zeitmanagement und der Optimierung der Arbeitsschritte

2.1 Aufbauorganisation

Die hierarchische Organisation und die Aufgabenverteilung in Unternehmen haben mit der Zeit viele Veränderungen erfahren.
Von einem streng hierarchischen Befehlssystem entwickeln sich viele Unternehmen hin zu einer kooperativen Organisationsform: Mitarbeiter im Team organisieren sich möglichst selbst und übernehmen viel Verantwortung. Diese neuen Organisationsformen stellen das **Total Quality System** der Unternehmensführung dar.

Die gewählte Führungsstruktur ist entscheidend für die Motivation und die Identifizierung der Mitarbeiter mit dem Betrieb. Die Organisationsstruktur muss aber auch so flexibel sein, dass sie bei sich ändernden Marktverhältnissen leicht angepasst werden kann.
Unternehmen brauchen heute kurze Befehlswege, eine schnelle Entscheidungsfindung und übersichtliche Verantwortungsbereiche. **Lean Management** oder **flache Hierarchien** nennt man diese flexiblen Betriebsorganisationen.

Die Aufbauorganisation wird in zwei Grundorganisationsformen unterteilt:

Funktionale Organisation

Hierarchisch angeordneten Abteilungen und Stellen sind Aufgaben- und Verantwortungsbereiche zugeordnet: Einkauf, Verkauf, Forschung und Entwicklung. Diese Form wird meist bei Klein- und Mittelbetrieben angewandt.

Divisionale Organisation

Das Unternehmen wird nach Geschäftsbereichen, Sparten und Ländern organisiert, wobei die einzelnen Sparten mehr oder weniger autonom handeln können: Sparte Handy, Sparte Software. Die Sparten können auch nach Ländern unterteilt sein. Große und global agierende Unternehmen sind vielfach nach Sparten und Ländern aufgeteilt.

Die Hierarchien und Verknüpfungen zwischen den einzelnen Stellen zeigt uns das Organigramm des Unternehmens. Alle Aufbauorganisationen haben folgendes Grundschema:

Geschäftsführung	Sie trifft die strategischen Entscheidungen im Sinne der Eigentümer und anderen Unternehmenspartner.
Mittlere Führungsebene	Die mittlere Führungsebene besteht aus Experten auf ihrem spezifischen Sachgebiet, die für die verschiedenen operativen Vorgaben der Geschäftsführung verantwortlich sind.
Ausführende Mitarbeiter	Sie setzen die Aufgaben und Zielvorgaben konkret um.

Diese drei Ebenen können in verschiedensten Formen miteinander verbunden sein, es kommt aber bei allen Organisationsformen – modern hierarchisch flach oder traditionell hierarchisch – auf eine klare Aufteilung der Kompetenzen und einen möglichst raschen Informationsfluss zwischen den verschiedenen Ebenen an.

Stakeholder
sind Personen oder Gruppen, die ein Interesse am Unternehmen haben und das Betriebsgeschehen beeinflussen oder von ihm beeinflusst werden: Eigentümer, Banken, Mitarbeiter, Kunden, Konkurrenten usw.

Shareholder
sind die Eigentümer des Unternehmens. Ihr Interesse besteht im Wesentlichen darin, langfristig den Wert eines Unternehmens zu erhalten und zu steigern. Es ist dies der **Shareholder Value.**

2.1.1 Liniensysteme

Die Verbindungen zwischen den drei Verantwortungsebenen können in verschiedenen Formen organisiert werden, wobei jede Form Vor- und Nachteile hat.

Einliniensystem

Beim Einliniensystem gibt es eine klare hierarchische Struktur, wobei jeder Mitarbeiter nur einen unmittelbar Vorgesetzten hat, dem er verantwortlich ist und der ihm die Aufgaben zuteilt.
Beispiel: Der Verkaufsleiter Inland ist nur für den Verkauf eines bestimmten Produktes im Inland oder in einer bestimmten Zone zuständig und dem Gesamtverkaufsleiter untergeordnet.

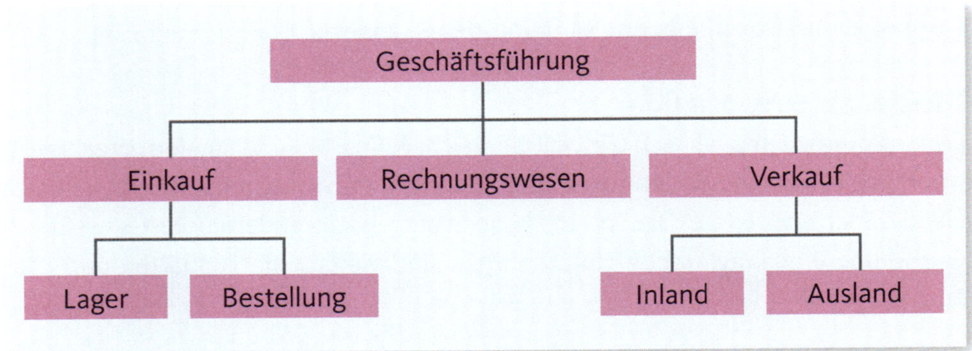

Vorteile

- Einfach und klar
- Eindeutige Befehlswege
- Arbeitsfeld ist klar abgegrenzt
- Eher für kleine Unternehmen geeignet

Nachteile

- Lange Befehlswege von oben nach unten
- Informationen können verfälscht bei der Unternehmensleitung ankommen
- Führungskräfte können überlastet sein
- Nicht geeignet für größere Unternehmen

Mehrliniensystem

Bei einem Mehrliniensystem wird größerer Wert auf die Funktionen und die fachliche Kompetenz der einzelnen Abteilungen und Stellen und auf möglichst kurze Befehlswege gelegt.

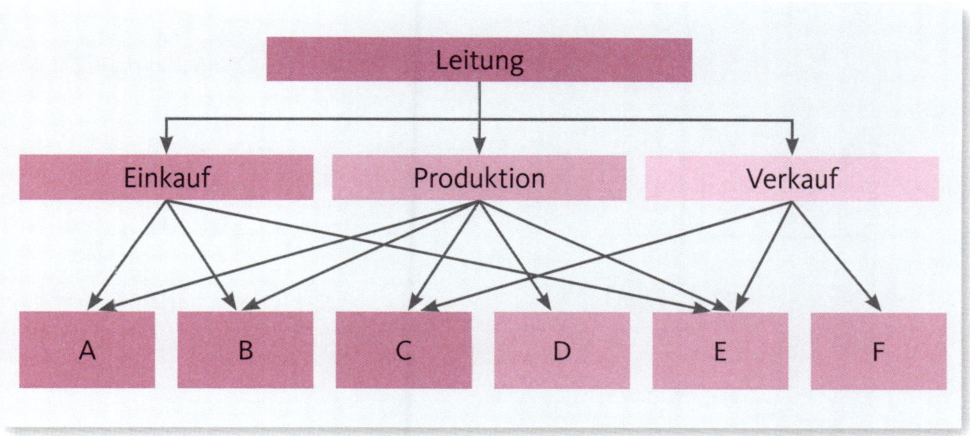

Beispiel: Über die Einstellung von Personal entscheidet ein Personalleiter für alle Abteilungen und Sparten.

Vorteile

- Fördert die Spezialisten
- Kurze Dienstwege
- Für mittlere Unternehmen eher geeignet

Nachteile

- Nicht übersichtlich
- Kompetenzüberschneidung
- Koordinationsprobleme unter den übergeordneten Stellen
- Geringe Autonomie der einzelnen Abteilungen

Stabliniensystem

Eine Weiterentwicklung der Liniensysteme – vor allem des Einliniensystems – ist das Stabliniensystem. Einzelne oder mehrere Abteilungen, die vor allem komplexe Aufgaben zu erfüllen haben, bekommen für Beratung und Service die sogenannten Stabstellen zur Seite gestellt. Die Stabstellen können nicht selbst Weisungen erteilen, sind also nicht übergeordnet. Sie dienen nur der Beratung durch Spezialisten, womit die Geschäftsleitung entlastet wird. Es besteht allerdings die Gefahr, dass die Stabstellen zu den eigentlichen Geschäftsführern werden, was leicht zu Konflikten führen kann, da sie aufgrund ihres Spezialwissens einen Informationsvorsprung haben.

Beispiele für Stabstellen sind: Rechtsberatungsabteilung, Assistenten der Geschäftsleitung, Finanzberatungsabteilung usw.

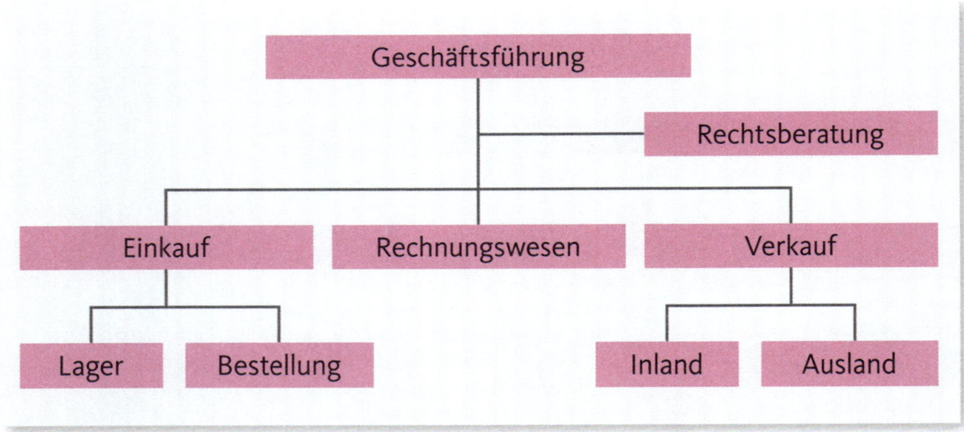

Matrixsystem

Das Matrixsystem versucht die hierarchische Gliederung nach Funktionen und Abteilungen mit der Gliederung nach Sparten zu vereinen.

Nachteile der anderen Liniensysteme sollen damit vermieden werden. Das Matrixsystem erfordert aber eine gut funktionierende Koordination der Aufgaben der einzelnen Sparten und Abteilungen. Der verwaltungstechnische Aufwand dieser Organisationsform ist hoch.

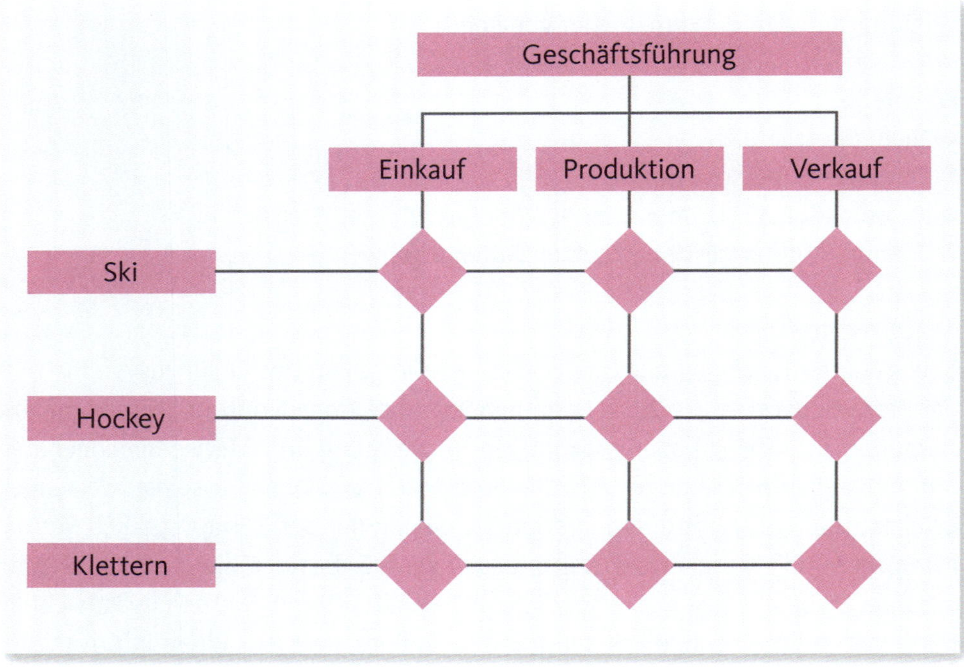

Beispiel: Die Funktion der Abteilung Einkauf ist mit allen Produktsparten verknüpft.

2.2 Ablauforganisation

Mit der Aufbauorganisation werden die Hierarchie und die Gliederung eines Unternehmens festgelegt. Die Ablauforganisation organisiert nun die Arbeitsvorgänge, mit denen die vom Management festgelegten Ziele erreicht werden sollen. Bei den Ablaufprozessen wird genau beschrieben, welche Arbeitsschritte hintereinander und welche gleichzeitig erfolgen. Dieses Ablaufgeflecht wird auch **Prozessmanagement** genannt.

Die Ablauforganisation soll ein reibungsloses Funktionieren des Betriebsablaufes garantieren und die einzelnen Arbeitsschritte optimieren.

Beispiele:
- Die Maschinen sollen optimal genutzt werden.
- Der Dokumentenfluss muss klar sein.
- Die Einzelarbeiten müssen terminmäßig abgestimmt sein.
- Die Logistik muss optimiert sein.
- Für die Kundenbetreuung müssen klare Wege definiert sein.
- Kundenreklamationen müssen an die richtigen Stellen geleitet werden.
- Die modernen Verkaufsstrukturen – wie Onlineshop, Callcenter – müssen einen schnellen Service ermöglichen und zielführend arbeiten.
- Jeder Mitarbeiter muss seine Aufgaben und deren Zeitrahmen kennen.

Damit die Arbeitsabläufe optimal gestaltet werden können, müssen sie auch ständig überprüft und neuen Anforderungen angepasst werden. Die Planung der Betriebsabläufe gewinnt immer mehr an Bedeutung, denn Unternehmen müssen rasch auf Kundenwünsche, Produktentwicklungen und Marktänderungen reagieren können.

Die Ablauforganisation kann in Form von Flussdiagrammen dargestellt werden. Für die Organisation und Planung der Prozessabläufe und deren Gliederung in Teilschritte, die nacheinander mit entsprechendem Zeitaufwand oder gleichzeitig ablaufen können, wird vor allem die **Netzplantechnik** angewandt.

Beispiel: Ablauforganisation von der Bestellung eines Kunden bis zur Auftragsausführung

Netzpläne
Arbeitsschritte können gleichzeitig oder nacheinander erfolgen. Mithilfe der Netzplantechnik werden die einzelnen Ablaufschritte so verkettet, dass möglichst wenige Leerläufe entstehen und das Ergebnis in möglichst kurzer Zeit erreicht wird. *Beispiel:* Eine Wohnung wird mit dem Einsatz verschiedener Handwerker saniert.

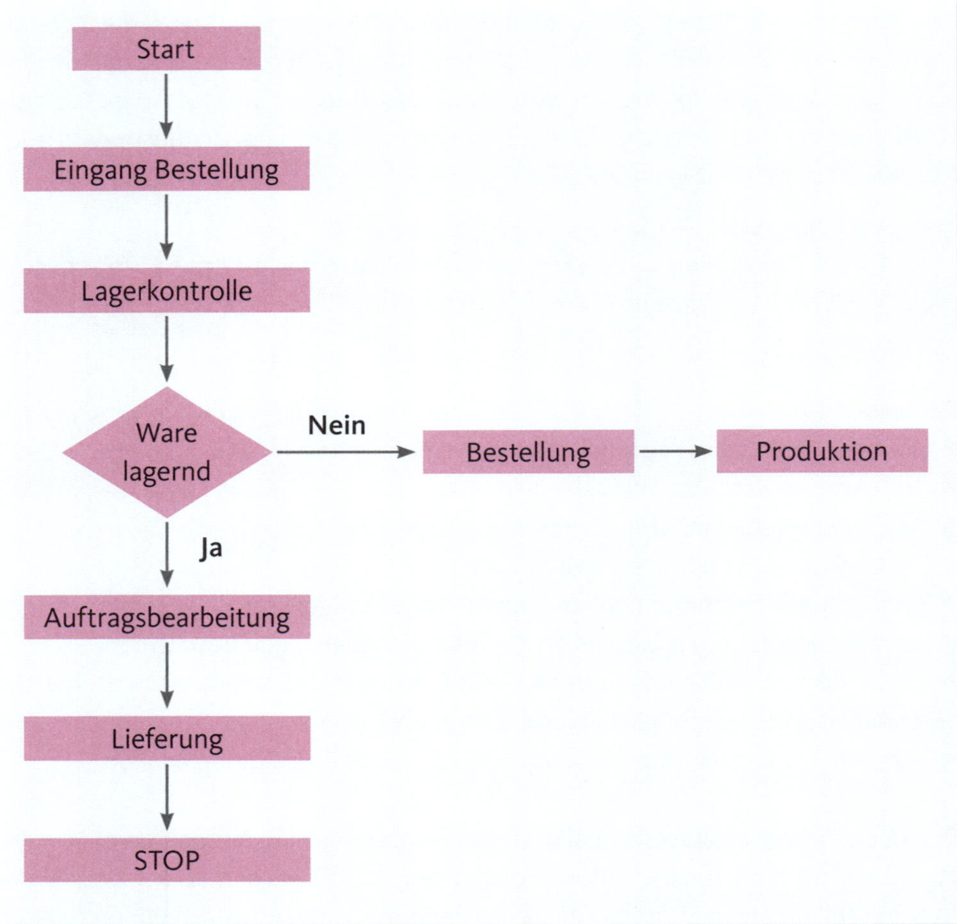

2.3 Unternehmerische Leistungserstellung

Jede betriebliche Leistungserstellung muss nach dem Grundprinzip der Planung und der Kontrolle nach erfolgter Leistungserstellung durchgeführt werden. Dieser Regelkreis erfolgt in vier Phasen:

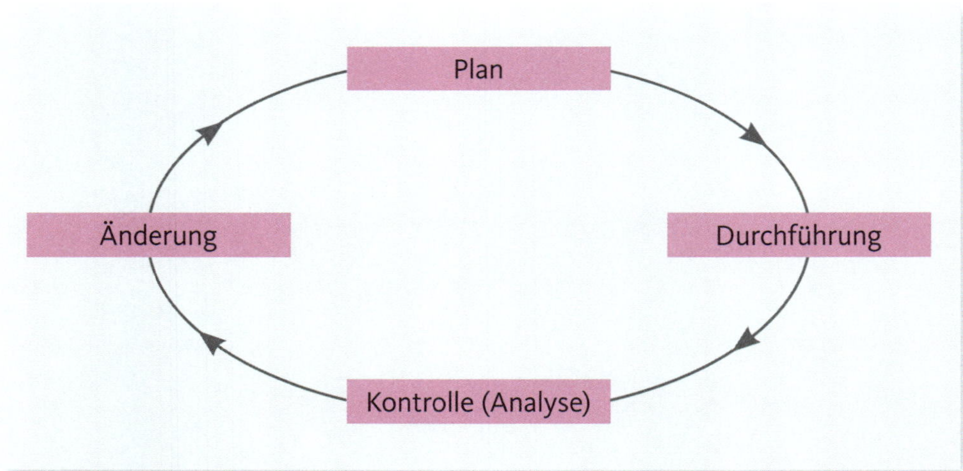

Plan der Leistungserstellung

Jedes Unternehmen erarbeitet zunächst einen **strategischen** und einen **operativen** Gesamtplan für seine Leistungserstellung. Das Leitbild mit den unternehmerischen, den sozialen und den herrschenden gesellschaftlichen Wertvorstellungen fließt in den Gesamtplan ein.

Die **strategische Planung** befasst sich mit

- Produktwahl
- Produktionsstandort
- Marktsegment
- Marktchancen und Risiken

Die **operative Planung** befasst sich mit

- Personalbedarf
- Finanzierungsformen
- Produktgestaltung

Während die strategischen Pläne längerfristig angelegt sind, sind die operativen Pläne kurzfristige Pläne, die detailliert den Zeitrahmen für die Zielerreichung festlegen. Die Budgetierung ist das Instrument für die Umsetzung der operativen Pläne, womit der finanzielle Rahmen und die Verantwortungsebene in Abteilungen oder Sparten festgelegt werden.

Die Eigentümer eines Unternehmens und ihr Topmanagement befassen sich in größeren Betrieben mit der strategischen Ausrichtung des Unternehmens und die mittlere Führungsebene (mittleres Management) in den Abteilungen mit der Ausarbeitung und Durchführung der operativen Pläne.

Durchführung der Leistungserstellung

Die Leistungserstellung erfolgt je nach strategischen Vorgaben zentralisiert an einem Ort oder heute vielfach dezentralisiert an verschiedenen Produktionsstandorten. Erst durch das Zusammenwirken der modernen Kommunikationstechniken und Logistiksysteme ist eine kostengünstige und rasche Abwicklung der Leistungserstellung möglich.

Kontrolle und Abweichungsanalyse

Nicht alle Pläne können im Unternehmen auch verwirklicht werden. Die Gründe dafür können betriebsintern oder marktbedingt sein. Nur wenn ein Unternehmen weiß, warum ein Plan nicht umgesetzt werden konnte, kann es daraus auch Schlüsse für zukünftige Entscheidungen ziehen. Diese spezialisierte Aufgabe übernimmt im Unternehmen meistens die Abteilung für betriebsinternes Controlling und im Rahmen des Rechnungswesens die Kostenrechnung.

Änderung der Zielvorgaben

Die Ergebnisse der Abweichungsanalysen zwischen Zielvorgaben und Endergebnissen müssen in der Folge zu Änderungen der unternehmerischen Zielsetzung führen. Ein erfolgreiches Unternehmen muss rasch auf die Ergebnisse der Analysen reagieren und dann Konsequenzen für die Zukunft ziehen. Dies betrifft nicht nur die Produktgestaltung, sondern vor allem auch die zukünftige Investitionstätigkeit.

Um diesen Prozess der Planung bis zur Änderung gestalten und begründen zu können, ist im Unternehmen ein lückenloses System der Dokumentation und Kalkulation nötig. Dieses betriebliche Dokumentations- und Analysesystem ist das **Rechnungswesen**.

3

Rechnungswesen

3. Das betriebliche Rechnungswesen

Wie erkennt man, ob ein Unternehmen erfolgreich ist oder nicht? Genügen die Berichte in den Medien über Firmenfeiern, über neu eröffnete Firmengebäude oder neu auf den Markt gebrachte Produkte? Ein näher Interessierter wird sagen: „Ich will Zahlen und Fakten sehen!“ Und diese Zahlen und noch weitere Informationen liefert das betriebliche Aufzeichnungssystem.

3.1 Aufgabe des betrieblichen Rechnungswesens

Aufgabe des betrieblichen Rechnungswesens ist die **zahlenmäßige Erfassung der betrieblichen Vorgänge**. Auf dieser Grundlage sollen Erkenntnisse aus der Vergangenheit gewonnen werden und Unterlagen für zukünftige Entscheidungen erstellt werden.

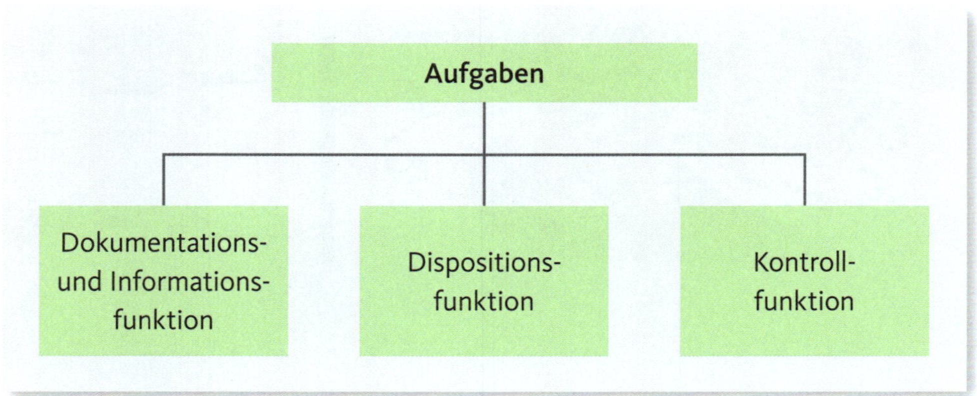

Accounting is a systematic process of identifying, recording, measuring, classifying, verifying, summarizing, interpreting and communicating financial information. It reveals profit or loss for a given period, and the value and nature of a firm's assets, liabilities and owners' equity. (www.businessdictionary.com)

Dokumentations- und Informationsfunktion

Aufgabe des betrieblichen Rechnungswesens ist die wertmäßige und auch mengenmäßige Aufzeichnung der betrieblichen Vorgänge. Die am Unternehmen interessierten Personen und Organisationen (Eigentümer, Stakeholder, Management, Belegschaft, Finanzamt, Kreditinstitut usw.) sollen über das Betriebsgeschehen informiert werden.

Dispositionsfunktion

Das Rechnungswesen liefert die zahlenmäßigen Unterlagen und Berichte, die notwendig sind, um die betrieblichen Vorgänge zu steuern.

Kontrollfunktion

Das betriebliche Rechnungswesen ermöglicht eine Kontrolle der Wirtschaftlichkeit und der Rentabilität sowie eine Überwachung des betrieblichen Geschehens und der im Unternehmen beschäftigten Personen.

Wirtschaftlichkeit ist dann gegeben, wenn ein bestimmtes Ziel mit dem geringstmöglichen Einsatz an Mitteln erreicht oder mit gegebenen Mitteln die bestmögliche Leistung erzielt wird.
Rentabilität ist das prozentuelle Verhältnis des Gewinnes zum eingesetzten Kapital.

La **contabilità** è il sistema di rilevazione continua di qualunque evento di rilevanza in un'azienda. (www.wikipedia.it)

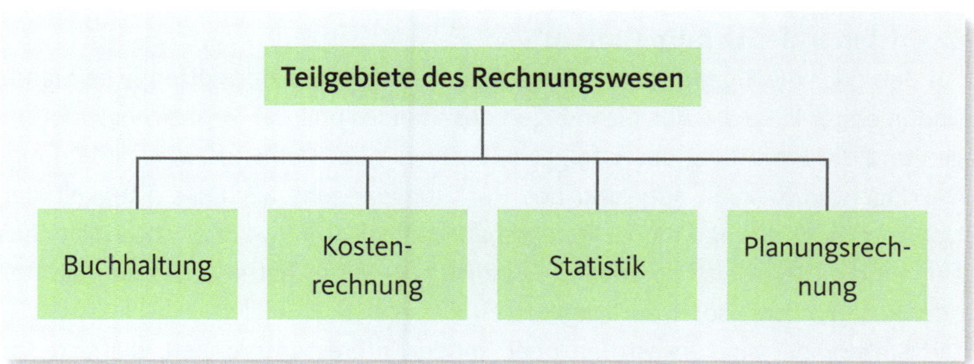

Buchhaltung (Geschäfts- oder Finanzbuchhaltung – *contabilità generale*)

Unter Buchhaltung versteht man alle schriftlichen Aufzeichnungen, die den wirtschaftlichen Erfolg des Unternehmens sowie dessen Vermögenslage nachweisen. Die Buchhaltung nimmt im Rechnungswesen eine Zentralstellung ein.
Die übrigen Zweige des Rechnungswesens müssen sich aus der Buchhaltung entwickeln lassen und im organischen Zusammenhang mit ihr stehen.

Kostenrechnung *(contabilità gestionale)*

Die Kostenrechnung ist ein betriebsinternes Kalkulationssystem, mit dem die Kosten im Unternehmen erfasst werden. Die Kostenrechnung bildet unter anderem die Grundlage für die Berechnung der Preise.

Betriebswirtschaftliche Statistik (Vergleichsrechnung)

Die Statistik wertet die Zahlen der Buchhaltung und der Kostenrechnung aus, um Unterlagen für die Disposition und Planung zu gewinnen. Für die übersichtliche Darstellung der betrieblichen Tatbestände werden Zahlenreihen, Tabellen, Schaubilder und andere grafische Darstellungsmittel verwendet.

Planungsrechnung und Budgetierung *(pianificazione e budgeting)*

Die Planungsrechnung ist in die Zukunft gerichtet und stellt eine wert- und mengenmäßige Schätzung der erwarteten betrieblichen Entwicklung dar. Sie bildet damit eine wichtige Grundlage für betriebliche Dispositionen. Grundlage für die Planung sind vor allem die übrigen Zweige des Rechnungswesens, aber auch Marktanalysen und futurologische Berechnungen wie Berechnungen über den steigenden Nahrungsmittelbedarf infolge der steigenden Bevölkerungszahlen usw. Die gesamte Planungsrechnung wird meist in Teilpläne, die sogenannten **Budgets**, aufgeteilt. Die gesamte Planungs- und Kontrolltätigkeit nennt man **Controlling**.
Aufbau und Organisation des Rechnungswesens – als Teilbereich des gesamten betrieblichen Informationssystems – hängen wiederum von einer Reihe von Faktoren ab: Betriebsgröße, Wirtschaftszweig, Rechtsform, öffentliche oder private Unternehmen.

3.2 Die Interessenten am Rechnungswesen

Die im vorhergehenden Kapitel genannten Aufgaben des Rechnungswesens werden insbesondere im Interesse folgender Personen bzw. Organisationen erfüllt:

Eigentümer des Unternehmens

Für den oder die Eigentümer des Unternehmens (private oder öffentliche Hand) sind in erster Linie die Aufzeichnungen des Standes und der Vermögensänderungen und die Ermittlung des Erfolges (Gewinnes oder Verlustes) von Bedeutung. Der Eigentümer kann aufgrund des Rechnungswesens auch die Tätigkeit der Unternehmensleitung und der Belegschaft kontrollieren, wozu er unter Umständen auf die Dienstleistung anderer Personen wie Wirtschafts- und Steuerberater oder Rechnungsrevisoren zurückgreift.
Die Stakeholder sind Investoren oder andere Interessensgruppen, die sich vor allem für die längerfristigen Erfolgsaussichten eines Unternehmens interessieren.

Unternehmensleitung

Für die Unternehmensleitung (Management) liefert das Rechnungswesen den Nachweis der korrekten und erfolgreichen Führung der Geschäfte. Es liefert Unterlagen für die planende und organisierende Tätigkeit des Betriebes und bildet schließlich die Grundlage für die Ausarbeitung des Geschäftsberichtes und der Steuererklärungen.

Belegschaft des Unternehmens

Für die Belegschaft des Unternehmens ist ein ordnungsmäßiges Rechnungswesen im Hinblick auf die korrekte Berechnung der Löhne und der Lohnsteuer sowie für die Überweisung der Pflichtversicherungsbeiträge von Interesse. Außerdem ist ein gut funktionierendes Rechnungswesen Voraussetzung für die Erhaltung des Unternehmens und somit für die Sicherung der Arbeitsplätze. Die mit dem Rechnungswesen direkt befassten Mitarbeiter müssen aufgrund ihrer Mitverantwortlichkeit an einer ordnungsgemäßen Buchhaltung interessiert sein.

Gläubiger des Unternehmens

Für die Gläubiger des Unternehmens ist die Buchhaltung eine wesentliche Informationsquelle; so z. B. überprüfen die Banken im Rahmen der Kreditwürdigkeitsprüfung die Bilanzen und Businesspläne der Unternehmen.

Wirtschafts- und Steuerberater

Für die Erstellung der Steuer- und sonstigen Abgabenerklärungen nimmt die Geschäftsführung meist die Dienste eines Steuerberaters oder eines Lohnbüros in Anspruch. Auch diese Fachleute sind an einer ordnungsmäßigen Buchhaltung interessiert und gegebenenfalls dafür verantwortlich.

Öffentliche Verwaltung und Institutionen

Die Buchhaltung bildet die beweiskräftige Grundlage für die Besteuerung des Unternehmens, z. B. für die Körperschaftssteuer, die Einkommensteuer, die regionalen und lokalen Steuern sowie für die Ermittlung diverser Gebühren, Beiträge und Abgaben. Das Interesse, das die öffentliche Hand deshalb an der Buchhaltung hat, kommt in einer Vielzahl von gesetzlichen Vorschriften zum Ausdruck. Die Führung einer einwandfreien und aufschlussreichen Buchhaltung ist letztlich auch eine Pflicht gegenüber der Allgemeinheit und unentbehrlich für ein korrektes Verhältnis zwischen Unternehmern, Mitarbeitern und Staat.

Beweismittel

Die in der Buchhaltung gemachten Aufzeichnungen dienen als Beweismittel bei Steuerkontrollen und können auch als Beweismittel bei Streitigkeiten zwischen Unternehmern herangezogen werden.

3.3 Gesetzliche Grundlagen der Buchhaltung

Die Bestimmungen über die Buchhaltung sind in einer Vielzahl von Gesetzen enthalten. Dabei handelt es sich grundsätzlich um formale Aspekte der Aufzeichnungspflicht, um inhaltliche Ausweisungs- und Bewertungsgrundsätze gemäß den nationalen und internationalen Buchhaltungs- und Bilanzierungsrichtlinien und um Bestimmungen zur Besteuerung des Betriebseinkommens. Die häufigen Änderungen der Steuerbestimmungen führten zu großer Unsicherheit der Unternehmer und schließlich zur bekannten „Buchhaltungsfeindlichkeit" vor allem der kleinen und mittleren Unternehmen, die sich keine hoch spezialisierte Buchhaltungsabteilung leisten können.
Welche gesetzlichen Bestimmungen im Einzelnen einzuhalten sind, hängt von der Art der Tätigkeit, der Größe und von der Rechtsform des Unternehmens ab. Man unterscheidet drei Rechtsquellen zur Buchhaltung.

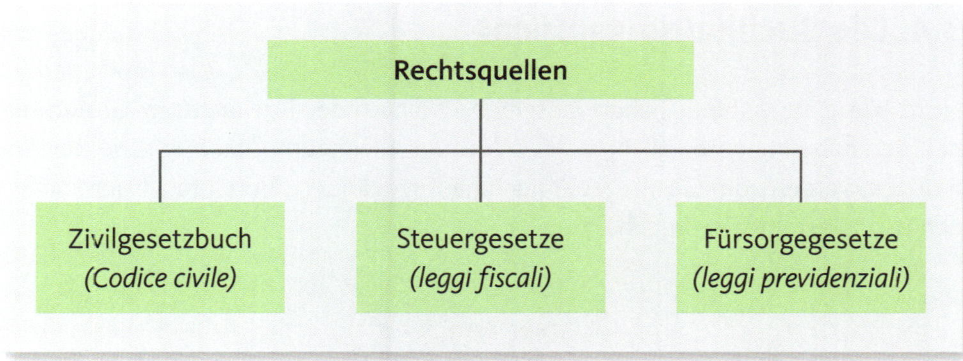

IAS (International Accounting Standards) sind die Buchhaltungsvorschriften in vorwiegend börsennotierten Unternehmen.
IFRS (International Finance Reporting Standards) liefern vergleichbare Informationen über die Vermögens-, Finanz-, und Ertragslage von Unternehmen.

IAS und IFRS

Diese Rechnungslegungsvorschriften definieren internationale Standards der betrieblichen Aufzeichnung und der Bewertung in vorwiegend börsennotierten Unternehmen und Konzernunternehmen.

Zivilgesetzbuch *(Codice civile)*

Italienisches Zivilgesetzbuch (ZGB, *Codice civile*) 5. Buch: Laut Zivilgesetzbuch Art. 2214 sind alle Unternehmer, die eine Handelstätigkeit ausüben, zur Buchhaltung verpflichtet. Zu den Handelstätigkeiten gehören:

- Produktion von Gütern oder Dienstleistungen
- Handelstätigkeit
- Bank- und Versicherungstätigkeit
- Transporttätigkeit
- Hilfsgewerbe zu obigen Tätigkeiten

Mit der systematischen Aufzeichnung aller betrieblichen Vorgänge erhält man eine lückenlose Geschichte der unternehmerischen Tätigkeit und somit ein Beweismittel in Streitfällen und bei sonstigen Nachforschungen.

Steuergesetze *(leggi fiscali)*

Laut Steuergesetzgebung sind alle Unternehmer zur systematischen Führung von Büchern verpflichtet, wobei die Buchhaltung in erster Linie als Grundlage für die Besteuerung des Unternehmereinkommens und der Berechnung der Abgaben dient. Erleichterungen bezüglich der Aufzeichnungspflicht bestehen für Klein- und Kleinstunternehmen *(imprese minori, imprese minime)*.

Fürsorgegesetze *(leggi previdenziali)*

Beschäftigt ein Unternehmer lohnabhängige Mitarbeiter, so muss er in jedem Fall Aufzeichnungen bezüglich geleisteter Stunden, Krankheit, gezahlter Löhne, einbehaltener Lohnsteuer usw. machen. Dadurch sollen in erster Linie die Rechte der betrieblichen Mitarbeiter geschützt werden.

3.4 Die Buchhaltungspflicht

Nicht alle Unternehmer haben dieselben Pflichten der Buchhaltung. Großunternehmen haben andere Pflichten als Klein- und Kleinstunternehmen. Die Bestimmungen werden vom Gesetzgeber auch häufig geändert. Vereinfacht unterscheiden wir 3 Systeme der Buchhaltung.

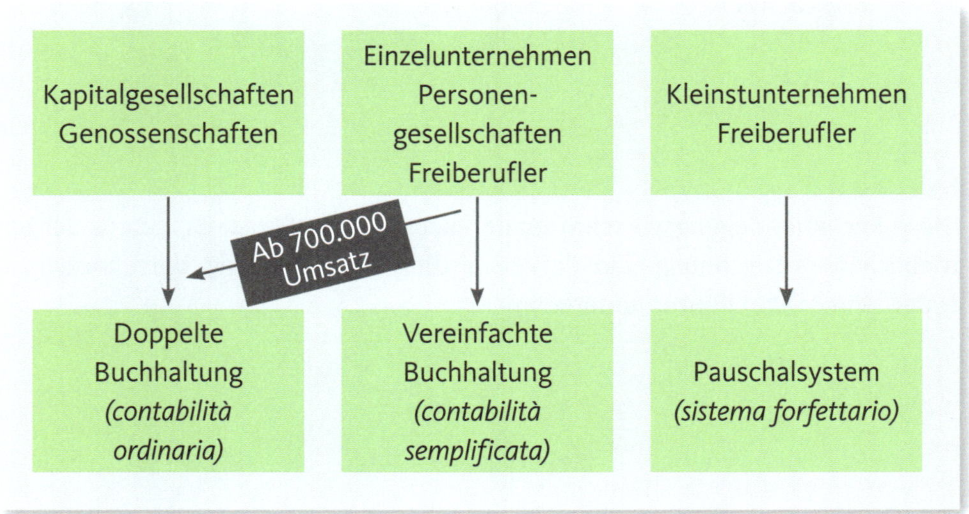

3.5 Formvorschriften

Die Buchhaltung muss den allgemeinen Grundsätzen einer geordneten Aufzeichnung entsprechen. Dritte müssen in der Lage sein, die Geschäftsvorgänge zu verstehen. Folgende Grundprinzipien sind zu beachten:

- **Belege** bilden die Grundlage für betriebliche Aufzeichnungen. Sie müssen so aufbewahrt werden, dass eine Kontrolle der Geschäftsfälle möglich ist.
- Die Pflichtbücher sind vor Gebrauch auf jeder Seite zu nummerieren und gemäß den gesetzlichen Bestimmungen hinsichtlich der **Eintragungstermine** zu führen.
- Die Eintragungen sind **chronologisch,** der Zeitfolge nach geordnet, vollständig und richtig vorzunehmen.
- In den Büchern dürfen **keine Zwischenräume leer** gelassen werden. Bei irrtümlich frei gelassenen Zeilen sind diese mittels Durchstreichens oder mittels der Buchhalternase zu entwerten.
- **Zwischen den Zeilen** und außerhalb der normal zu beschriftenden Flächen dürfen keine zusätzlichen Eintragungen vorgenommen werden.
- Einmal gemachte Eintragungen dürfen **nicht** durch **Radieren oder Durchstreichen** geändert oder unleserlich gemacht werden.
- Die Bücher können auf **elektronischen Datenträgern** gespeichert werden, es muss aber eine Wiedergabe der Inhalte möglich sein.
- Die Bücher sind grundsätzlich am **Sitz des Unternehmens** zu führen und aufzubewahren, anderenfalls ist anzugeben, wo die Bücher geführt und aufbewahrt werden.
- **Aufbewahrungspflicht**: Bücher, Aufzeichnungen sowie die dazugehörenden Belege, Rechnungen und Handelsbriefe und die sonstigen betrieblichen Unterlagen sind in der Regel 10 Jahre aufzubewahren (bei Büchern ab der letzten Eintragung). Die Steuergesetze sehen in der Regel eine Aufbewahrungspflicht von 5 Jahren vor.

Bei Nichteinhaltung der Formvorschriften können – vor allem von der Steuerbehörde – empfindliche Strafen verhängt werden.

4

Doppelte Buchhaltung

4. Die doppelte Buchhaltung

War der Kaufmann Benedetto Cotrugli aus Ragusa oder der Franziskanermönch Luca Pacioli aus der Toskana der Erfinder der doppelten Buchhaltung? Sicher ist, dass die „Venezianische Methode“ bereits im 14. Jahrhundert in Genua, Venedig und von den Medici in der Toskana verwendet wurde. Pacioli hat sie in seinem Buch „Summa de Arithmetica, Geometria, Proportioni et Proportionalità“ (1494) systematisch beschrieben. Er ist also der Verfasser des ersten Buchhaltungsbuches.

4.1 Begriff und Merkmale

Die doppelte Buchhaltung ist ein betriebliches Aufzeichnungssystem, bei dem alle Geschäftsfälle lückenlos erfasst werden. Es werden das Vermögen und das Kapital sowie die Aufwendungen und Erträge einer Abrechnungsperiode erfasst. Dadurch werden auch die Ursachen für den wirtschaftlichen Erfolg oder Misserfolg (Gewinn oder Verlust) nachgewiesen.

Die zwei wichtigsten Dokumente der doppelten Buchhaltung, die über die Vermögenslage und die Ertragslage eines Unternehmens Aufschluss geben, sind:

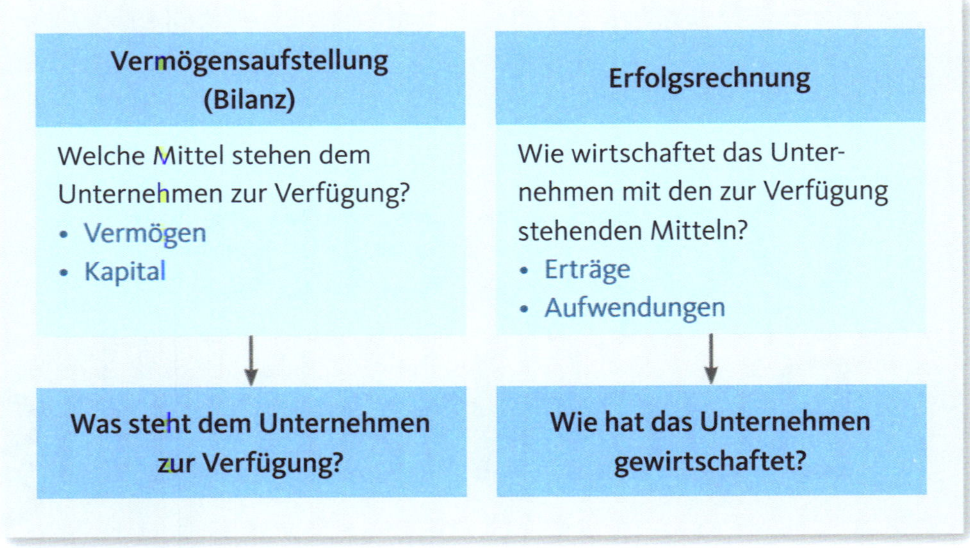

Das **Vermögen *(patrimonio)*** ist die Gesamtheit aller Güter, die dem Unternehmen für seine Tätigkeit zur Verfügung stehen (Gebäude, Maschinen, Materialien, Werkstoffe, Geld in der Betriebskasse, Bankguthaben usw.).

Das **Kapital *(capitale)*** ist die Finanzierungsquelle für das Vermögen. Dabei kann es sich um eigene oder fremde Finanzmittel handeln. Die eigenen Finanzmittel werden **Eigenkapital**, die fremden Finanzmittel **Fremdkapital** oder Schulden genannt.

Das **Nettovermögen *(patrimonio netto)*** ist das gesamte Vermögen nach Abzug der Schulden, also der dem Unternehmer als Reinvermögen bleibende Rest. Es zeigt, wie arm oder reich ein Unternehmer zu einem bestimmten Zeitpunkt ist.

Die **Erträge *(ricavi)*** sind alle während einer Abrechnungsperiode (meist eines Jahres) erzielten Umsätze und sonstigen erbrachten Leistungen.

Die **Aufwendungen *(costi)*** sind alle während einer Abrechnungsperiode eingesetzten und verbrauchten Materialen und Leistungen (z. B. Arbeit), um die Erträge zu erwirtschaften.

Warum „doppelte Buchhaltung" *(partita doppia)*?

Den Namen bekam dieses Buchhaltungssystem wegen der Möglichkeit der zweifachen Erfolgsermittlung, der zweifachen Erfassung jedes Geschäftsfalles sowie der zweifachen Verbuchung jedes Betrages auf Konten.

4.2 Die Kennzeichen der doppelten Buchhaltung

Zweifache Ermittlung des Erfolgs (Gewinn oder Verlust)

- durch **Vermögensvergleich**. Das Nettovermögen *(patrimonio netto)* am Ende der Rechnungsperiode wird mit dem Nettovermögen am Anfang der Rechnungsperiode verglichen. Bei der Ermittlung des Nettovermögens sind aber eventuelle Vermögensentnahmen für private Zwecke (z. B. Geld) hinzuzurechnen und neue Vermögenseinlagen vonseiten des Unternehmers abzuziehen. Das Nettovermögen wird oft auch als **Eigenkapital** bezeichnet (indirekte Erfolgsermittlung).
- durch die **Erfolgsrechnung**, d. h. durch die Gegenüberstellung der Erträge und Aufwendungen während einer Rechnungsperiode (direkte Erfolgsermittlung).

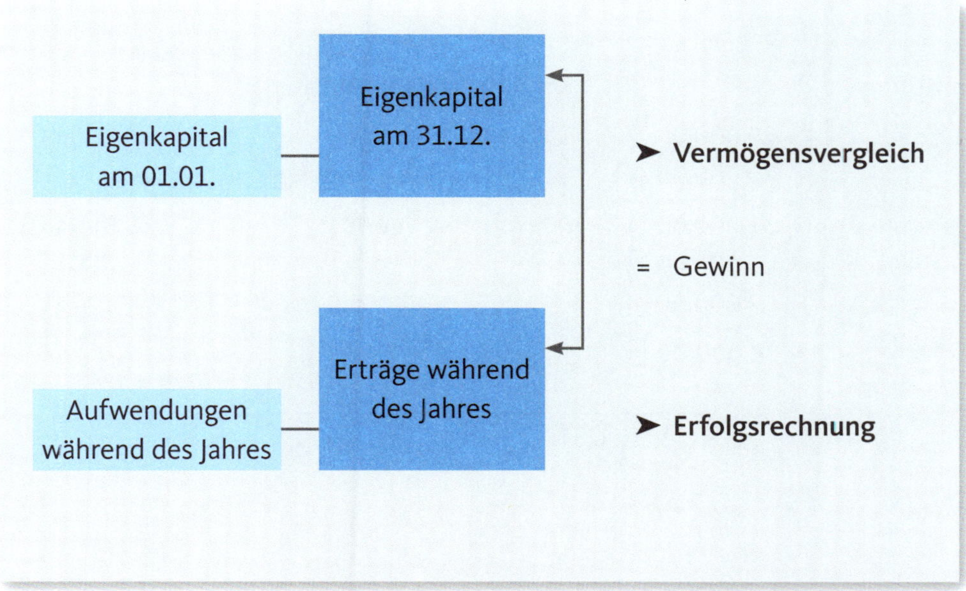

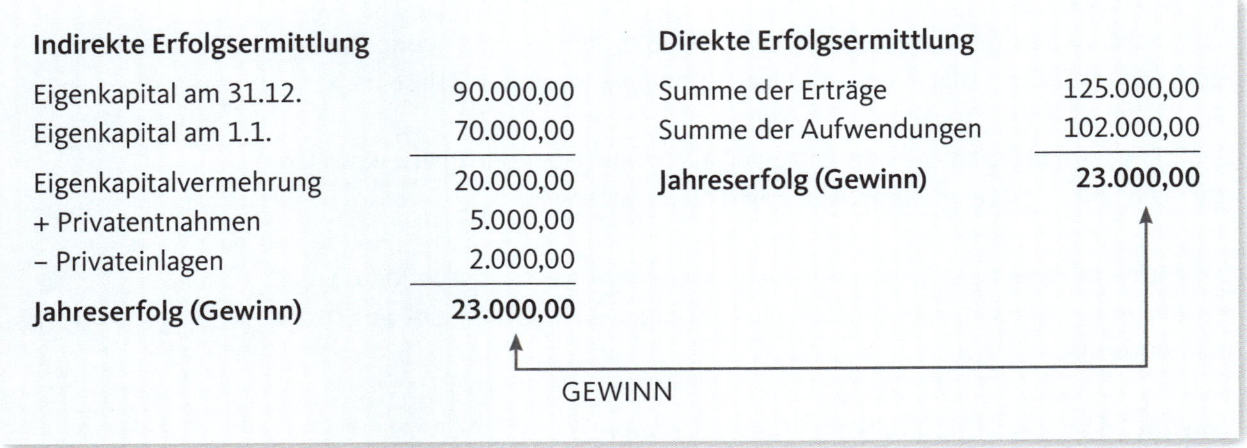

Indirekte Erfolgsermittlung	
Eigenkapital am 31.12.	90.000,00
Eigenkapital am 1.1.	70.000,00
Eigenkapitalvermehrung	20.000,00
+ Privatentnahmen	5.000,00
– Privateinlagen	2.000,00
Jahreserfolg (Gewinn)	**23.000,00**

Direkte Erfolgsermittlung	
Summe der Erträge	125.000,00
Summe der Aufwendungen	102.000,00
Jahreserfolg (Gewinn)	**23.000,00**

GEWINN

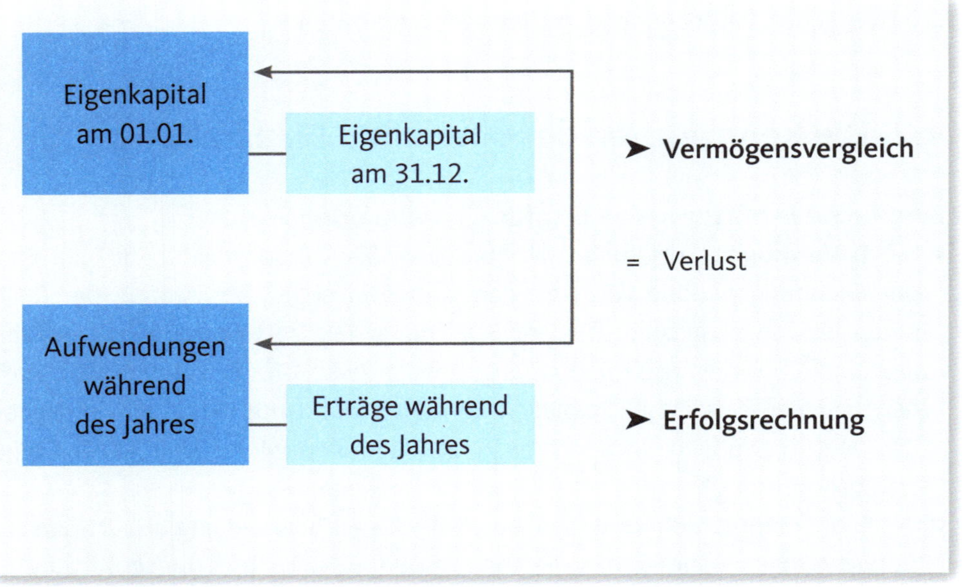

Indirekte Erfolgsermittlung	
Eigenkapital am 31.12.	39.000,00
Eigenkapital am 1.1.	70.000,00
Eigenkapitalverminderung	–31.000,00
+ Privatentnahmen	5.000,00
– Privateinlagen	2.000,00
Jahreserfolg (Verlust)	**–28.000,00**

Direkte Erfolgsermittlung	
Summe der Erträge	125.000,00
Summe der Aufwendungen	153.000,00
Jahreserfolg (Verlust)	**–28.000,00**

VERLUST

Verbuchung der Geschäftsfälle in chronologischer und systematischer Ordnung

Der Buchungsstoff wird in zeitlicher Reihenfolge im **Journal** oder **Tagebuch *(libro giornale)*** und in systematischer Ordnung im **Hauptbuch *(libro mastro)*** erfasst.

Zweimalige Verbuchung eines jeden Betrages im Soll und im Haben der Konten (Soll-Haben-Gleichheit)

Jeder Geschäftsfall verursacht eine Buchung auf einem Konto und eine Gegenbuchung auf einem Gegenkonto. In der Fachsprache spricht man von einer **Sollbuchung** und einer **Habenbuchung** auf den Konten. Die Summe aller Buchungen auf den Sollseiten der Konten muss stets gleich der Summe aller Buchungen auf den Habenseiten der Konten sein.

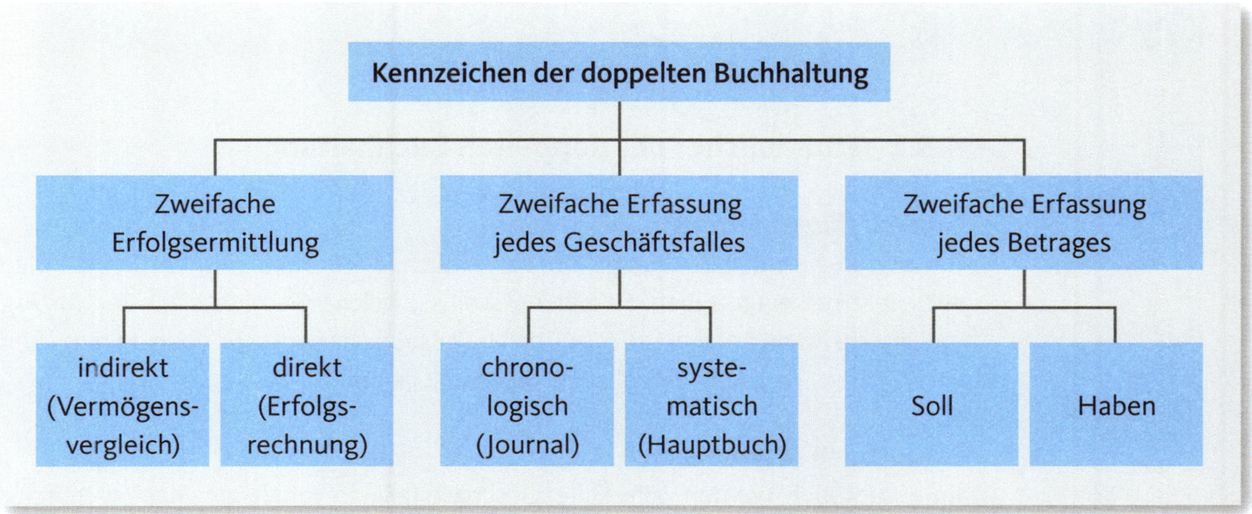

4.3 Die Bücher der Buchhaltung

Jedes Unternehmen ist verpflichtet, eine Reihe von Aufzeichnungen vorzunehmen, wobei aber die Art der Verpflichtung im konkreten Falle von der Art und Größe des Unternehmens abhängt.
Klein- und Kleinstbetriebe haben die Möglichkeit, unter gewissen Voraussetzungen zwischen mehreren vereinfachten Buchhaltungssystemen zu wählen *(contabilità semplificata, regime forfettario).*

Die Bücher der Buchhaltung können in folgende Kategorien eingeteilt werden:

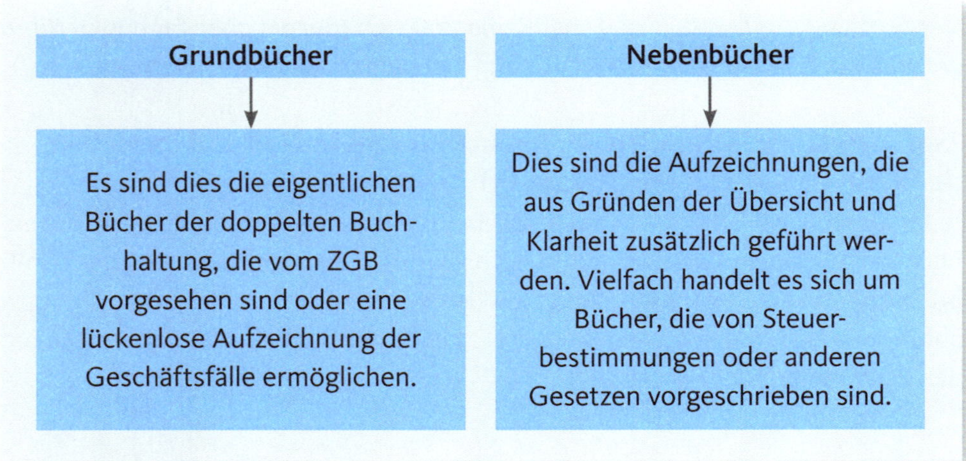

4.3.1 Grundbücher der doppelten Buchhaltung

Journal *(libro giornale)*

Im Journal wird der Buchungsstoff der zeitlichen (chronologischen) Reihenfolge entsprechend eingetragen. Es gibt Aufschluss, welche Geschäftsfälle Tag für Tag im Unternehmen anfallen. Dieses Buch ist gesetzlich vorgeschrieben. In manchen Fachbüchern wird das Journal auch **Tagebuch** genannt.

Hauptbuch *(libro mastro)*

Im Hauptbuch werden sämtliche Geschäftsfälle in inhaltsgleicher (systematischer) Ordnung erfasst. Gleichartige Geschäftsfälle werden dabei auf eigenen Karteien **(Konten)** zusammengefasst. Dadurch kann jederzeit der neueste Stand (z. B. der Kasse oder der Aufwendungen für Strom usw.) abgelesen werden. Obwohl nicht direkt gesetzlich vorgeschrieben, bildet das Hauptbuch das Kernstück der doppelten Buchhaltung.

Inventarbuch *(libro degli inventari)*

Das Inventarbuch enthält die mengen- und wertmäßige Aufzeichnung aller Vermögens- und Schuldenteile des Unternehmens am Ende einer Rechnungsperiode. Da diese ausführliche Aufstellung recht unübersichtlich werden kann, wird noch eine kurzgefasste Übersicht erstellt, die sogenannte **Bilanz**. Im Inventarbuch ist außerdem die **Jahreserfolgsrechnung** einzutragen, d. h. eine Zusammenfassung der Aufwendungen und der Erträge des Jahres.

General Market AG - Engros
Guntschnastr.1
I-39100 Bozen

Journal

Bewegungen vom 01.12.2014 bis 31.12.2014

2014 - 001

Zeile	Buchungs-datum	Bilanz-datum	BK	Beleg.-Nr.	Dokument-datum	Dokument-Nr.	Kunde/Lief./Sachkonto		Soll	Haben	MwSt Kode
								Vortrag:	52.602,80	52.602,80	
28	03.12.2014	03.12.2014		VRE 10	03.12.2014	10	K 5	Freshmaker KG	384,30		
29	03.12.2014	03.12.2014		VRE 10	03.12.2014	10	S 20-01-0001	S Warenverkauf		315,00	22
30	03.12.2014	03.12.2014		VRE 10	03.12.2014	10	S 15-01-0001	S MwSt.-Verkauf		69,30	
								Tagessumme:	384,30	384,30	
31	04.12.2014	04.12.2014		VRE 11	04.12.2014	11	K 4	SynComp OHG	244,00		
32	04.12.2014	04.12.2014		VRE 11	04.12.2014	11	S 20-01-0001	S Warenverkauf		200,00	22
33	04.12.2014	04.12.2014		VRE 11	04.12.2014	11	S 15-01-0001	S MwSt.-Verkauf		44,00	
								Tagessumme:	244,00	244,00	
34	10.12.2014	10.12.2014		VRE 12	10.12.2014	12	K 2	Security Systems Gen.m.b.H.	6.231,15		
35	10.12.2014	10.12.2014		VRE 12	10.12.2014	12	S 20-01-0001	S Warenverkauf		5.107,50	22
36	10.12.2014	10.12.2014		VRE 12	10.12.2014	12	S 15-01-0001	S MwSt.-Verkauf		1.123,65	
37	10.12.2014	10.12.2014		ZK 1	10.12.2014	1	S 08-01-0001	S Bank K/K	7.164,24		
38	10.12.2014	10.12.2014		ZK 1	10.12.2014	1	K 6	Mobilstore GmbH		7.185,80	
39	10.12.2014	10.12.2014		ZK 1	10.12.2014	1	S 38-03-0001	S Rundungsaufwendungen	21,56		
40	10.12.2014	10.12.2014		ZK 2	10.12.2014	2	S 08-01-0001	S Bank K/K	954,04		
41	10.12.2014	10.12.2014		ZK 2	10.12.2014	2	K 4	SynComp OHG		954,04	
								Tagessumme:	14.370,99	14.370,99	
42	11.12.2014	11.12.2014		VRE 13	11.12.2014	13	K 4	SynComp OHG	695,40		
43	11.12.2014	11.12.2014		VRE 13	11.12.2014	13	S 20-01-0001	S Warenverkauf		570,00	22
44	11.12.2014	11.12.2014		VRE 13	11.12.2014	13	S 15-01-0001	S MwSt.-Verkauf		125,40	
								Tagessumme:	695,40	695,40	
45	16.12.2014	16.12.2014		VRE 14	16.12.2014	14	K 6	Mobilstore GmbH	549,00		
46	16.12.2014	16.12.2014		VRE 14	16.12.2014	14	S 20-01-0001	S Warenverkauf		450,00	22
47	16.12.2014	16.12.2014		VRE 14	16.12.2014	14	S 15-01-0001	S MwSt.-Verkauf		99,00	
48	16.12.2014	16.12.2014		ZK 3	16.12.2014	3	S 08-01-0001	S Bank K/K	2.549,80		
49	16.12.2014	16.12.2014		ZK 3	16.12.2014	3	K 2	Security Systems Gen.m.b.H.		2.549,80	
50	16.12.2014	16.12.2014		ZK 4	16.12.2014	4	S 08-01-0001	S Bank K/K	1.288,32		
51	16.12.2014	16.12.2014		ZK 4	16.12.2014	4	K 4	SynComp OHG		1.288,32	
								Tagessumme:	4.387,12	4.387,12	
52	18.12.2014	18.12.2014		VRE 15	18.12.2014	15	K 1	Beautyfree KG	1.796,45		
53	18.12.2014	18.12.2014		VRE 15	18.12.2014	15	S 20-01-0001	S Warenverkauf		1.472,50	22
54	18.12.2014	18.12.2014		VRE 15	18.12.2014	15	S 15-01-0001	S MwSt.-Verkauf		323,95	
55	18.12.2014	18.12.2014		VRE 16	18.12.2014	16	K 7	PlanetSports Sas Simulimpresa ITE- Bolzar	179,95		
56	18.12.2014	18.12.2014		VRE 16	18.12.2014	16	S 20-01-0001	S Warenverkauf		147,50	22
57	18.12.2014	18.12.2014		VRE 16	18.12.2014	16	S 15-01-0001	S MwSt.-Verkauf		32,45	
								Tagessumme:	1.976,40	1.976,40	
								Übertrag:	74.661,01	74.661,01	

Journal

General Market 2014/2015

Kontoauszug

Saldo

(Filter: Bilanzdatum größer gleich 01.09.2014 und Bilanzdatum kleiner gleich 31.08.2015)

Datum 25.02.2015 12:07

Seite 1

Konto 05-01-0001 Kundenforderungen

Bilanzdatum	Buchungsart-Kode	Beleg-Nr.	Dokumentdatum	Dokument-Nr.	Kunde/Lieferant	Gegenkonto	Beschreibung	Soll	Haben	Fortlaufend
05.11.2014	AR	1	05.11.2014	1	05-01-0001 Beautyfree	20-01-0001 Warenverk	AR: 1 - 05.11.2014 - Bea	460,42		460,42 S
13.11.2014	AR	2	13.11.2014	2	05-01-0001 SynComp	20-01-0001 Warenverk	AR: 2 - 13.11.2014 - Syn	954,04		1.414,46 S
17.11.2014	AR	3	17.11.2014	3	05-01-0001 Freshmake	20-01-0001 Warenverk	AR: 3 - 17.11.2014 - Fre	22.612,70		24.027,16 S
21.11.2014	AR	4	21.11.2014	4	05-01-0001 PlanetSpo	20-01-0001 Warenverk	AR: 4 - 21.11.2014 - Pla	341,60		24.368,76 S
21.11.2014	AR	5	21.11.2014	5	05-01-0001 Beautyfree	20-01-0001 Warenverk	AR: 5 - 21.11.2014 - Bea	15.582,15		39.950,91 S
21.11.2014	AR	6	21.11.2014	6	05-01-0001 SynComp	20-01-0001 Warenverk	AR: 6 - 21.11.2014 - Syn	1.288,32		41.239,23 S
21.11.2014	AR	7	21.11.2014	7	05-01-0001 Security S	20-01-0001 Warenverk	AR: 7 - 21.11.2014 - Sec	2.549,80		43.789,03 S
27.11.2014	AR	8	27.11.2014	8	05-01-0001 Mobilstore	20-01-0001 Warenverk	AR: 8 - 27.11.2014 - Mob	7.185,80		50.974,83 S
27.11.2014	AR	9	27.11.2014	9	05-01-0001 SynComp	20-01-0001 Warenverk	AR: 9 - 27.11.2014 - Syn	1.627,97		52.602,80 S
03.12.2014	AR	10	03.12.2014	10	05-01-0001 Freshmake	20-01-0001 Warenverk	AR: 10 - 03.12.2014 - Fr	384,30		52.987,10 S
04.12.2014	AR	11	04.12.2014	11	05-01-0001 SynComp	20-01-0001 Warenverk	AR: 11 - 04.12.2014 - Sy	244,00		53.231,10 S
10.12.2014	AR	12	10.12.2014	12	05-01-0001 Security S	20-01-0001 Warenverk	AR: 12 - 10.12.2014 - Se	6.231,15		59.462,25 S
10.12.2014	ZK	1	10.12.2014	1	05-01-0001 Mobilstore	08-01-0001 Bank K/K	Mobilstore R-8		7.185,80	52.276,45 S
10.12.2014	ZK	2	10.12.2014	2	05-01-0001 SynComp	08-01-0001 Bank K/K	Syn-Comp R-2		954,04	51.322,41 S
11.12.2014	AR	13	11.12.2014	13	05-01-0001 SynComp	20-01-0001 Warenverk	AR: 13 - 11.12.2014 - Sy	695,40		52.017,81 S
16.12.2014	AR	14	16.12.2014	14	05-01-0001 Mobilstore	20-01-0001 Warenverk	AR: 14 - 16.12.2014 - M	549,00		52.566,81 S
16.12.2014	ZK	3	16.12.2014	3	05-01-0001 Security S	08-01-0001 Bank K/K	Inkasso 3 16.12.2014		2.549,80	50.017,01 S
16.12.2014	ZK	4	16.12.2014	4	05-01-0001 SynComp	08-01-0001 Bank K/K	Inkasso 4 16.12.2014		1.288,32	48.728,69 S
18.12.2014	AR	15	18.12.2014	15	05-01-0001 Beautyfree	20-01-0001 Warenverk	AR: 15 - 18.12.2014 - Be	1.796,45		50.525,14 S
18.12.2014	AR	16	18.12.2014	16	05-01-0001 PlanetSpo	20-01-0001 Warenverk	AR: 16 - 18.12.2014 - Pl	179,95		50.705,09 S
08.01.2015	AR	1	08.01.2015	1	05-01-0001 Mobilstore	20-01-0001 Warenverk	AR: 1 - 08.01.2015 - Mob	5.243,56		55.948,65 S
08.01.2015	AR	2	08.01.2015	2	05-01-0001 SynComp	20-01-0001 Warenverk	AR: 2 - 08.01.2015 - Syn	5.514,40		61.463,05 S
08.01.2015	ZK	5	08.01.2015	5	05-01-0001 Freshmake	08-01-0001 Bank K/K	Inkasso 5 08.01.2015		22.612,70	38.850,35 S
08.01.2015	ZK	6	08.01.2015	6	05-01-0001 Security S	08-01-0001 Bank K/K	Inkasso 6 08.01.2015		6.231,15	32.619,20 S
08.01.2015	ZK	7	08.01.2015	7	05-01-0001 Beautyfree	08-01-0001 Bank K/K	Inkasso 7 08.01.2015		460,42	32.158,78 S
08.01.2015	ZK	8	08.01.2015	8	05-01-0001 SynComp	08-01-0001 Bank K/K	Inkasso 8 08.01.2015		1.627,97	30.530,81 S
12.01.2015	AR	3	12.01.2015	3	05-01-0001 Mobilstore	20-01-0001 Warenverk	AR: 3 - 12.01.2015 - Mob	5.593,15		36.123,96 S
12.01.2015	AR	4	12.01.2015	4	05-01-0001 Freshmake	20-01-0001 Warenverk	AR: 4 - 12.01.2015 - Fre	11.529,00		47.652,96 S
13.01.2015	AR	5	13.01.2015	5	05-01-0001 PlanetSpo	20-01-0001 Warenverk	AR: 5 - 13.01.2015 - Pla	155,00		47.807,96 S
13.01.2015	AR	6	13.01.2015	6	05-01-0001 Security S	20-01-0001 Warenverk	AR: 6 - 13.01.2015 - Sec	9.882,00		57.689,96 S
16.01.2015	AR	7	16.01.2015	7	05-01-0001 SynComp	20-01-0001 Warenverk	AR: 7 - 16.01.2015 - Syn	732,00		58.421,96 S
16.01.2015	ZK	9	16.01.2015	9	05-01-0001 SynComp	08-01-0001 Bank K/K	Inkasso 9 16.01.2015		244,00	58.177,96 S
16.01.2015	ZK	10	16.01.2015	10	05-01-0001 SynComp	08-01-0001 Bank K/K	Inkasso 10 16.01.2015		695,40	57.482,56 S
16.01.2015	ZK	11	16.01.2015	11	05-01-0001 Beautyfree	08-01-0001 Bank K/K	Inkasso 11 16.01.2015		15.582,15	41.900,41 S
21.01.2015	AR	8	21.01.2015	8	05-01-0001 Security S	20-01-0001 Warenverk	AR: 8 - 21.01.2015 - Sec	5.447,30		47.347,71 S
						Summen		106.779,46	59.431,75	47.347,71 S

General Market 2014/2015

Kontoauszug

Saldo

(Filter: Bilanzdatum größer gleich 01.09.2014 und Bilanzdatum kleiner gleich 31.08.2015)

Datum 25.02.2015 12:09

Seite 1

Konto 08-01-0001 Bank K/K

Bilanzdatum	Buchungsart-Kode	Beleg-Nr.	Dokumentdatum	Dokument-Nr.	Kunde/Lieferant	Gegenkonto	Beschreibung	Soll	Haben	Fortlaufend
10.12.2014	ZK	1	10.12.2014	1		6 Mobilstore GmbH (6) MwStNr / Steuernummer: IT09900050213	Mobilstore R-8	7.164,24		7.164,24 S
10.12.2014	ZK	2	10.12.2014	2		4 SynComp OHG (4) MwStNr / Steuernummer: IT09900030215	Syn-Comp R-2	954,04		8.118,28 S
16.12.2014	ZK	3	16.12.2014	3		2 Security Systems Ge MwStNr / Steuernummer: IT09900070211	Inkasso 3 16.12.2014	2.549,80		10.668,08 S
16.12.2014	ZK	4	16.12.2014	4		4 SynComp OHG (4) MwStNr / Steuernummer: IT09900030215	Inkasso 4 16.12.2014	1.288,32		11.956,40 S
08.01.2015	ZK	5	08.01.2015	5		5 Freshmaker KG (5) MwStNr / Steuernummer: IT09901060211	Inkasso 5 08.01.2015	22.612,70		34.569,10 S
08.01.2015	ZK	6	08.01.2015	6		2 Security Systems Ge MwStNr / Steuernummer: IT09900070211	Inkasso 6 08.01.2015	6.231,15		40.800,25 S
08.01.2015	ZK	7	08.01.2015	7		1 Beautyfree KG (1) MwStNr / Steuernummer: IT09900010217	Inkasso 7 08.01.2015	460,42		41.260,67 S
08.01.2015	ZK	8	08.01.2015	8		4 SynComp OHG (4) MwStNr / Steuernummer: IT09900030215	Inkasso 8 08.01.2015	1.627,97		42.888,64 S
16.01.2015	ZK	9	16.01.2015	9		4 SynComp OHG (4) MwStNr / Steuernummer: IT09900030215	Inkasso 9 16.01.2015	244,00		43.132,64 S
16.01.2015	ZK	10	16.01.2015	10		4 SynComp OHG (4) MwStNr / Steuernummer: IT09900030215	Inkasso 10 16.01.2015	695,40		43.828,04 S
16.01.2015	ZK	11	16.01.2015	11		1 Beautyfree KG (1) MwStNr / Steuernummer: IT09900010217	Inkasso 11 16.01.2015	15.582,15		59.410,19 S
						Summen		59.410,19		59.410,19 S

Hauptbuch

PlanetSports 2014/2015 | **Anlagen Jahresdaten** **Zivilrechtlich** | Datum 25.02.2015 12:13 Seite 1

E Abschreibungsgrundlage
D Ausbuchung Abschreibungsgrundlage
C Wertänderung
B Ankauf
A Abschreibungsgrundlage (Vortrag)
G Normale Abschreibung
F Prozent normale Abschreibung

Geschäftsjahr	Anlage		A	B	C	D	E	Fondvortrag	Fondänderung	F	G	Fond	Restbuchwert	Reparatur
2014	04-001	Adler-Drucker HP	1.500,00				1.500,00						1.500,00	
2014	04-002	HP-Farbdrucker	2.000,00				2.000,00						2.000,00	
2014	04-003	Scanner	1.000,00				1.000,00						1.000,00	
2014	04-004	Beamer	400,00				400,00						400,00	
2014	04-005	Laptop HP	700,00				700,00						700,00	
2014	04-006	Computer HP	18.000,00				18.000,00						18.000,00	
2014	06-001	Stühle	1.750,00				1.750,00						1.750,00	
2014	06-002	Tische	7.000,00				7.000,00						7.000,00	
2014	06-003	Schränke	5.250,00				5.250,00						5.250,00	
2014	05-001	Taschenrechner Qsa	600,00				600,00						600,00	
2014	05-002	Aufbewahrungssyste	1.200,00				1.200,00						1.200,00	
2014	05-003	Büromaterialien	684,85				684,85						684,85	
2014	05-004	iPhone 6 Plus		3.329,15			3.329,15						3.329,15	
2014	06-004	Massagestuhl		1.050,00			1.050,00						1.050,00	
2014	05-006	Getränkeautomat		1.150,00			1.150,00						1.150,00	
2014	05-007	iPhone 6		550,00			550,00						550,00	
2014	09-001	Minikühlschrank		90,00			90,00						90,00	
2014	05-008	Alarmanlage		1.200,00			1.200,00						1.200,00	
2014	02-001	Pro Tools		900,00			900,00						900,00	
2014	05-009	Canon EOS 5D		9.600,00			9.600,00						9.600,00	
2014	04-007	iMac mit Retina 5K		4.200,00			4.200,00						4.200,00	
2014	06-005	Bürostuhl		675,00			675,00						675,00	
2014	02-002	Office PC Business		1.500,00			1.500,00						1.500,00	
2014	05-010	Hochsicherheitssafe		880,00			880,00						880,00	
2014	05-011	iPhone Gold		550,00			550,00						550,00	
2014	09-002	Locher		90,00			90,00						90,00	
2014	06-006	Wings-Relaxbett		1.049,00			1.049,00						1.049,00	
2014	05-012	iPhone 6 Plus		659,99			659,99						659,99	
		Summe	**40.084,85**	**27.473,14**			**67.557,99**						**67.557,99**	

Inventarbuch

4.3.2 Nebenbücher der Buchhaltung

Die Nebenbücher sind keine eigentlichen Bücher der doppelten Buchhaltung. Sie ermöglichen aber eine detailliertere Beschreibung von betrieblichen Teilbereichen. Grundsätzlich steht es dem Unternehmer frei, was er zusätzlich in seinem Betrieb aufzeichnet. Einige der folgenden Bücher sind aber von Steuer- und Sozialgesetzen für alle Unternehmen vorgeschrieben.

Mehrwertsteuer-Bücher *(registri IVA)*

Für die Abrechnung der Mehrwertsteuer **(IVA)** mit dem Finanzamt führen die Unternehmen eigene Bücher. Es sind dort alle erhaltenen und ausgestellten Rechnungen sowie die Tageseinnahmen einzutragen. In Unternehmen mit vereinfachter Buchhaltung stellen diese Bücher das Kernstück der Buchhaltung dar. In Unternehmen mit doppelter (ordentlicher) Buchhaltung müssen keine eigenen Mehrwertsteuer-Bücher geführt werden.

Lohnbücher *(libri del lavoro)*

Beschäftigt ein Unternehmer lohnabhängige Mitarbeiter, so sind dafür eigene Bücher zu führen. Im Einheitslohnbuch *(libro unico del lavoro)* sind die persönlichen Daten des Mitarbeiters einzutragen, die Einstufung und die geleisteten Arbeitsstunden. Zusätzlich ist im Betrieb ein Buch über Unfälle zu führen *(libro infortuni)*.

Lagerbücher *(scritture di magazzino)*

Unternehmen, welche die doppelte Buchhaltung führen, sind unter bestimmten Voraussetzungen verpflichtet, die mengenmäßigen Warenbewegungen im Lager (Einlagerung – Auslagerung) aufzuzeichnen. Von dieser Aufzeichnungspflicht sind einige Unternehmenskategorien ausgenommen, z. B. Detailhandel, Gastgewerbe usw.

Buch der mehrjährigen Wirtschaftsgüter *(registro dei beni ammortizzabili)*

Die im Unternehmen für mehrere Jahre eingesetzten Wirtschaftsgüter (Maschinen, Gebäude etc.) müssen zwecks genauerer Informationen in eigenen Aufstellungen (Anlagenspiegel) detailliert erfasst werden mit: Kaufpreis, Anschaffungszeitpunkt, jährlicher Wertminderung, Ausscheiden etc. Zu diesem Zwecke wird in der Regel ein eigenes Buch geführt, das Buch der mehrjährigen Wirtschaftsgüter.

Weitere Nebenbücher

Weitere Nebenbücher, die von der Größe des Unternehmens und von der Organisationsform abhängen, sind:

- Buch der Vergütung an freie Mitarbeiter *(registro dei compensi a terzi)*
- Buch der Vollversammlung *(libro delle assemblee)*
- Buch des Aufsichtsrates *(libro dei sindaci)*
- Buch des Verwaltungsrates *(libro del consiglio di amministrazione)*
- Primanota (provisorischer Vermerk der Geschäftsfälle)
- Kunden- und Lieferantenkarteien *(registro clienti e fornitori)*
- Buch der Wechsel *(libro effetti attivi e passivi)*
- Kassabuch *(libro cassa)*
- weitere Nebenbücher

Planet Sports KG Guntschnastraße 1 39100 Bozen Tel. 0471/281055 Fax 0471/400392	**MwSt.Reg. Einkauf** Von 01.01.2015 bis 31.01.2015	2015 - 001

Prot. /Dok-Nr.	MwSt./Dok-datum	Nr.	Kunde - Lieferant Name/MwSt.-Nr.	Provinz - Land	MwSt Kode	(Mw)Steuernr./UID Grundlage	Gesamtbetrag MwSt.-Betrag	Val.	Betrag
1	13.01.2015	57	Trend Magic Market GmbH ÜFA der HAK Völkermark	A			91,20		
28	13.01.2015		A-9100 Völkermarkt, Mettingerstr. 16		22I	2) 74,75	16,45		
2	13.01.2015	5	Freshmaker KG ÜFA der WFO-Bozen	BZ - I		09901060211	1.952,00		
23	13.01.2015		I-39100 BOZEN, Guntschnastraße 1		22	1) 1.600,00	352,00		
3	13.01.2015	21	SynComp OHG ÜFA der WFO Bozen	BZ - I		09900030215	5.307,00		
25	13.01.2015		I-39100 BOZEN, Guntschnastr. 1		22	1) 4.350,00	957,00		
4	13.01.2015	10	Beautyfree KG ÜFA der WFO Bozen	BZ - I		09900010217	121,76		
24	13.01.2015		I-39100 BOZEN, Guntschnastr. 1		22	1) 99,80	21,96		
5	13.01.2015	43	General Market Großhandel	BZ - I		01263260216	176,65		
5	13.01.2015		I-39100 BOZEN, Guntschnastr. 1		10	1) 27,50	2,75		
			-- "" --		22	1) 120,00	26,40		
6	13.01.2015	36	Original Boards KG ÜFA der WFO Sand i Taufers	BZ - I		09900080210	427,00		
6	13.01.2015		I-39032 Sand in Taufers, Pfarre 1		22	1) 350,00	77,00		
7	13.01.2015	36	Original Boards KG ÜFA der WFO Sand i Taufers	BZ - I		09900080210	1.769,00		
7	13.01.2015		I-39032 Sand in Taufers, Pfarre 1		22	1) 1.450,00	319,00		
8	13.01.2015	16	Beluwa Tours OHG ÜFA WFO Meran	I		09903020213	300,00		
5	12.01.2015		I-39012 Meran, Rennweg 3		22	1) 245,90	54,10		
9	13.01.2015	16	Beluwa Tours OHG ÜFA WFO Meran	I		09903020213	500,00		
1	12.01.2015		I-39012 Meran, Rennweg 3		22	1) 409,84	90,16		
10	13.01.2015	16	Beluwa Tours OHG ÜFA WFO Meran	I		09903020213	250,00		
6	12.01.2015		I-39012 Meran, Rennweg 3		22	1) 204,92	45,08		
11	13.01.2015	4	Sport & Fun Gmbh	A		ATU60234035	507,31		
713	09.01.2015		A-4910 Ried im Innkreis, Gartenstr. 1		22I	2) 415,83	91,48		
12	16.01.2015	19	Topfit KG Üfa der WFO Brixen	BZ - I		09904010213	34,85		
R-45	17.12.2014		I-39042 Brixen, M.Montessori Str. 4		10	1) 31,68	3,17		
13	27.01.2015	5	Freshmaker KG ÜFA der WFO-Bozen	BZ - I		09901060211	135,42		
52	26.01.2015		I-39100 BOZEN, Guntschnastraße 1		22	1) 111,00	24,42		
14	27.01.2015	5	Freshmaker KG ÜFA der WFO-Bozen	BZ - I		09901060211	1.464,00		
53	26.01.2015		I-39100 BOZEN, Guntschnastraße 1		22	1) 1.200,00	264,00		
15	27.01.2015	8	Security Systems Gen.m.b.H. ÜFA der WFO Bozen	BZ - I		09900070211	1.464,00		
7	20.01.2015		I-39100 Bozen, Guntschnastr. 1		22	1) 1.200,00	264,00		
16	27.01.2015	8	Security Systems Gen.m.b.H. ÜFA der WFO Bozen	BZ - I		09900070211	183,00		
11	20.01.2015		I-39100 Bozen, Guntschnastr. 1		22	1) 150,00	33,00		
17	27.01.2015	8	Security Systems Gen.m.b.H. ÜFA der WFO Bozen	BZ - I		09900070211	1.464,00		
17	27.01.2015		I-39100 Bozen, Guntschnastr. 1		22	1) 1.200,00	264,00		
18	27.01.2015	43	General Market Großhandel	BZ - I		01263260216	15.515,00		
9	27.01.2015		I-39100 BOZEN, Guntschnastr. 1		10	1) 2.875,00	287,50		
			-- "" --		22	1) 10.125,00	2.227,50		
19	27.01.2015	10	Beautyfree KG ÜFA der WFO Bozen	BZ - I		09900010217	152,50		
4	15.01.2015		I-39100 BOZEN, Guntschnastr. 1		22	1) 125,00	27,50		
20	27.01.2015	65	World Wide Wine Trading GmbH	A		ATU30137438	61,00		
10186	14.01.2015		A-1190 Wien, Rampengasse 3-5		22I	2) 50,00	11,00		
21	27.01.2015	32	Two Stars GmbH	1 - A		ATU20148542	184,83		
156	17.01.2015		A-9020 Klagenfurt, Kumpfgasse 21		22I	2) 151,50	33,33		
22	27.01.2015	25	The Best Rest, RestpostenvertriebsgmbH	A		ATU00140249	368,42		
2174	25.01.2015		A-4910 Ried/Innkreis, Gartenstraße 1		22I	2) 301,98	66,44		
22	Dokumente			**Summen:**		26.869,70	5.559,24		
**				MwSt.-Behandlung:	2)	Innergemeinschaftlich			
**					1)	Inland			
**									
**									
**									

Mehrwertsteuerbuch

INAIL

MESE RETRIBUITO	COD. AZIENDA	COD.FIL.	MATRICOLA INPS AZIENDA	POSIZIONE INAIL	MATRICOLA	COGNOME E NOME	DATA ASSUNZIONE

CODICE FISCALE	COMUNE RESIDENZA	DATA DI NASCITA	SITUAZIONE ANF	% P. TIME	SCATTI (NUM. DEC. SUCCESS.)	CCNL

QUALIFICA INPS O TIPO RAPPORTO	C. COSTO	CARTELLINO	LIVELLO	ORE SETT.	ORE CCNL	GG. CCNL	RETRIBUZIONE DI FATTO	DATA CESSAZIONE

CODICE	DESCRIZIONE VOCE	QUANTITA	BASE	COMPETENZE	TRATTENUTE	FIGURATIVA

IMPON. PREVIDENZ.	CTR. PREVIDENZIALE	IMPON. IVS AGGIUNT	CTR. AGG. IVS	IMPON. ALTRI	CTR. ALTRI		TOT. CTR. PREVID.
IMPON. PREVINDAI	CTR. PREVINDAI	IMPON. INAIL	CTR. INAIL		CTR. FASI		TOT. CONTRIBUTI

TASSAZIONE MESE	IMPON. FISCALE	IRPEF LORDA	IRPEF TASS. SEP.	DEDUZIONI	ADD. COMUN. SALDO	ADD. COMUN. ACC.	ADDIZ. REGION.	RESTITUZIONE IRPEF	IRPEF NETTA
TASSAZIONE ANNO									

DETRAZIONI MESE	GG.	DETRAZ. LAV.	ULTER. DETRAZ.	DETRAZ. CONIUGE	DETRAZ. FIGLI	DETRAZ. ALTRI FAM.	ALTRE DETRAZ.		TOTALE COMPETENZE	TOTALE TRATTENUTE
DETRAZIONI ANNO										

TFR	IMPONIBILE	ANTICIPAZIONI	ACCONTI	TRASF. FONDO PREV.	ONERI SOCIALI	ALIQUOTA MEDIA		NETTO A PAGARE
TFR	DETRAZIONI	DET. IMPOSTA PROVV.	IMPOSTA TOT.	IMPOSTA A DEBITO	IMPOSTA A CREDITO	ACCANTONAMENTO NETTO		ARROTONDAMENTO
LAVORO A DOMICILIO	DATA CONSEGNA	ORA CONSEGNA	DATA RICONSEGNA	ORA RICONSEGNA	DESCRIZIONE LAVORO A DOMICILIO ESEGUITO		QUANTITA LAV. DOMICILIO	QUALITA LAV. DOMICILIO

DATI STATISTICI	GIORNI INPS	SETT. INPS	ORE LAVORATE	GIORNI LAVORATI	ORE RETRIB.	GIORNI RETRIB.	

RATEI	ANNI PREC.	MATURATI	GODUTI	RESIDUI	RATEI	ANNI PREC.	MATURATI	GODUTI	RESIDUI
FERIE					EX FESTIVITA'				
PERMESSI					BANCA ORE				
ROL					FLESSIBILITA'				

CALENDARIO DELLE PRESENZE

GIORNO SETT.																															
GIORNO	1	2	3	4	5	6	7	8	9	10	11	12	13	14	15	16	17	18	19	20	21	22	23	24	25	26	27	28	29	30	31
ORE LAV. ORDIN.																															
ORE LAV. STRAORD.																															
CAUSALE ASSENZA																															
ORE ASSENZA																															
ALTRA CAUSALE																															
QUANTITA																															
LEGENDA																															

Firma lavoratore

iubar

Elaborato con software

Lohnstreifen

PlanetSports 2014/2015

PlanetSports 2014/2015
Lagerbuchungen
(Filter: Belegjahr größer gleich 2014)

Datum 25.02.2015 12:23
Seite 1

Belegdatum	Dokur	Beleg-Nr.	Lagerbuchungsa	Dok.Typ	Lagerbuchung	Dok.Nummer	Dok.Datum
24.02.2015	VRW	22	VERKAUF	Ausgangsrec...	Verkauf	22	24.02.2015
24.02.2015	VRW	21	VERKAUF	Ausgangsrec...	Verkauf	21	24.02.2015
24.02.2015	VRW	20	VERKAUF	Ausgangsrec...	Verkauf	20	24.02.2015
10.02.2015	VRW	19	VERKAUF	Ausgangsrec...	Verkauf	19	10.02.2015
10.02.2015	VRW	18	VERKAUF	Ausgangsrec...	Verkauf	18	10.02.2015
10.02.2015	VRW	16	VERKAUF	Ausgangsrec...	Verkauf	16	10.02.2015
10.02.2015	VRW	15	VERKAUF	Ausgangsrec...	Verkauf	15	10.02.2015
10.02.2015	VRW	14	VERKAUF	Ausgangsrec...	Verkauf	14	10.02.2015
10.02.2015	VRW	13	VERKAUF	Ausgangsrec...	Verkauf	13	10.02.2015
10.02.2015	VRW	12	VERKAUF	Ausgangsrec...	Verkauf	12	10.02.2015
10.02.2015	VRI	17	VERKAUF	Ausgangsrec...	Verkauf	17	10.02.2015
27.01.2015	VRW	10	VERKAUF	Ausgangsrec...	Verkauf	10	27.01.2015
27.01.2015	VRW	9	VERKAUF	Ausgangsrec...	Verkauf	9	27.01.2015
27.01.2015	VRW	8	VERKAUF	Ausgangsrec...	Verkauf	8	27.01.2015
27.01.2015	ERW	18	EINKAUF	Eingangsrec...	Einkauf	9	27.01.2015
16.01.2015	VRI	7	VERKAUF	Ausgangsrec...	Verkauf	7	16.01.2015
13.01.2015	VRW	6	VERKAUF	Ausgangsrec...	Verkauf	6	13.01.2015
13.01.2015	VRW	4	VERKAUF	Ausgangsrec...	Verkauf	4	13.01.2015
13.01.2015	VRW	3	VERKAUF	Ausgangsrec...	Verkauf	3	13.01.2015
13.01.2015	VRW	2	VERKAUF	Ausgangsrec...	Verkauf	2	13.01.2015
13.01.2015	VRI	5	VERKAUF	Ausgangsrec...	Verkauf	5	13.01.2015
13.01.2015	ERW	5	EINKAUF	Eingangsrec...	Einkauf	5	13.01.2015
16.12.2014	VRW	14	VERKAUF	Ausgangsrec...	Verkauf	14	16.12.2014
16.12.2014	VRW	13	VERKAUF	Ausgangsrec...	Verkauf	13	16.12.2014
16.12.2014	VRW	12	VERKAUF	Ausgangsrec...	Verkauf	12	16.12.2014
16.12.2014	VRW	11	VERKAUF	Ausgangsrec...	Verkauf	11	16.12.2014
16.12.2014	VRI	15	VERKAUF	Ausgangsrec...	Verkauf	15	16.12.2014
09.12.2014	VRW	9	VERKAUF	Ausgangsrec...	Verkauf	9	09.12.2014
01.12.2014	VRW	8	VERKAUF	Ausgangsrec...	Verkauf	8	01.12.2014
26.11.2014	VRW	7	VERKAUF	Ausgangsrec...	Verkauf	7	26.11.2014
25.11.2014	VRW	5	VERKAUF	Ausgangsrec...	Verkauf	5	25.11.2014
25.11.2014	VRW	4	VERKAUF	Ausgangsrec...	Verkauf	4	25.11.2014
25.11.2014	ERW	12	EINKAUF	Eingangsrec...	Einkauf	12	25.11.2014
18.11.2014	VRW	3	VERKAUF	Ausgangsrec...	Verkauf	3	18.11.2014
18.11.2014	VRW	2	VERKAUF	Ausgangsrec...	Verkauf	2	18.11.2014
11.11.2014	VRW	1	VERKAUF	Ausgangsrec...	Verkauf	1	11.11.2014

Detailzeilen insgesamt: 36

Lagerbuch

Planet Sports KG
Guntschnastraße 1
39100 Bozen
Tel. 0471/281055 Fax 0471/400392

Anlagen Abschreiberegister
Zivilrechtlich
Abschreibejahr 2014, Auswahl: Alle, Druckdatum: 25.02.2015

2014 - 001

A Abschreibungsgrundlage
B Nicht abzugsfähige Abschreibung
C Verkauft (Jahr) / Verschrottet (Jahr)

Geschäftsjahr Nutzungsbeginn	Kontonr.	Inv.Nr	Bezeichnung	A	Normale Abschreibung %	Vorzeitig/Reduziert %	Totale Abschreibung %	Fond	Restbuchwert	B	C
Software											
2014	02-001		Pro Tools	900,00					900,00		
		3673	10.02.2015 / 94 - SynComp OHG ÜFA der WFO Bozen								
2014	02-002		Office PC Business	1.500,00					1.500,00		
		234	10.02.2015 / 20 - Mobilstore GmbH ÜFA der WFO Bozen								
Software				**2.400,00**					**2.400,00**		
Gebäude											
Gebäude											
Büromaschinen EDV											
2014	04-001		Adler-Drucker HP	1.500,00					1.500,00		
		122319									
2014	04-002		HP-Farbdrucker	2.000,00					2.000,00		
		454545									
2014	04-003		Scanner	1.000,00					1.000,00		
2014	04-004		Beamer	400,00					400,00		
2014	04-005		Laptop HP	700,00					700,00		
2014	04-006		Computer HP	18.000,00					18.000,00		
2014	04-007		iMac mit Retina 5K	4.200,00					4.200,00		
			10.02.2015 / 96 - SynComp OHG ÜFA der WFO Bozen								
Büromaschinen EDV				**27.800,00**					**27.800,00**		
Betriebsausstattung											
2014	05-001		Taschenrechner Osama	600,00					600,00		
2014	05-002		Aufbewahrungssysteme	1.200,00					1.200,00		
2014	05-003		Büromaterialien	684,85					684,85		
2014	05-004		iPhone 6 Plus	3.329,15					3.329,15		
		56565	17.11.2014 / 2135 - Office Supplies GmbH								
	05-005		Hochsicherheitssafe	*							
		667									
2014	05-006		Getränkeautomat	1.150,00					1.150,00		
			25.11.2014 / 7 - Freshmaker KG ÜFA der WFO-Bozen								
2014	05-007		iPhone 6	550,00					550,00		
			25.11.2014 / 9 - SynComp OHG ÜFA der WFO Bozen								
2014	05-008		Alarmanlage	1.200,00					1.200,00		
		4653	10.02.2015 / 27 - Security Systems Gen.m.b.H. ÜFA der WF								
2014	05-009		Canon EOS 5D	9.600,00					9.600,00		
		799	10.02.2015 / 66 - SynComp OHG ÜFA der WFO Bozen								
2014	05-010		Hochsicherheitssafe	880,00					880,00		
		34	25.11.2014 / 006 - Security Systems Gen.m.b.H. ÜFA der W								
2014	05-011		iPhone Gold	550,00					550,00		
		54	27.11.2014 / 5 - SynComp OHG ÜFA der WFO Bozen								

Buch der mehrjährigen Wirtschaftsgüter

4.3.3 Die Buchhaltungspflicht

Nicht alle Unternehmer haben dieselben Pflichten der Buchhaltung. Großunternehmen unterliegen anderen Regelungen als Klein- und Kleinstunternehmen. Die Bestimmungen werden auch vom Gesetzgeber öfters geändert. Das Zivilgesetzbuch sieht vor, dass alle Handelsunternehmer mit Ausnahme der Kleinunternehmer, die ihre Tätigkeit vorwiegend allein oder mit den Familienangehörigen ausüben, Buchhaltungsbücher führen müssen. Detaillierter regeln die Steuergesetze die Buchhaltungspflicht der Unternehmen und der Freiberufler. Der Finanzbehörde geht es dabei vor allem um den Nachweis der erwirtschafteten Gewinne und in der Folge um die Berechnung der Steuern und sonstigen Abgaben.

Vereinfacht müssen bei den drei Buchhaltungssystemen folgende Bücher geführt werden:

Doppelte Buchhaltung ***(contabilità ordinaria)***	**Vereinfachte Buchhaltung** ***(contabilità semplificata)***	**Pauschalsystem** ***(sistema forfettario)***
▪ Journal ▪ Hauptbuch ▪ Lagerbücher ▪ Buch der mehrjährigen Wirtschaftsgüter ▪ Mehrwertsteuerbücher ▪ Lohnbücher ▪ Gesellschaftsbücher	▪ Mehrwertsteuerbücher ▪ Lohnbücher	keine Buchhaltung, die Unterlagen müssen telematisch an das Finanzamt weitergeleitet werden

Die Buchhaltung wird grundsätzlich mittels EDV-Betriebsprogrammen abgewickelt. Daher führen die meisten Unternehmen – vor allem ab einer bestimmten Größe – die doppelte Buchhaltung, auch wenn sie dazu nicht unbedingt verpflichtet sind.

4.4 Inventur, Inventar und Bilanz

Bei Tätigkeitsbeginn und ab diesem Zeitpunkt in regelmäßigen Zeitabständen – meist einem Kalenderjahr – muss der Unternehmer alle im Unternehmen eingesetzten Vermögens- und Schuldenteile zählen und bewerten. Diesen arbeitsaufwendigen Zähl- und Bewertungsvorgang nennt man **Inventur**. Diese Bestandsaufnahme muss sorgfältig geplant und durchgeführt werden, wobei die mengenmäßige Erhebung der Warenvorräte im Lager einen hohen Zeitaufwand erfordert. Im Anschluss an die mengenmäßige Erhebung müssen die einzelnen Vermögensteile bewertet werden. Dazu gibt es eigene gesetzliche Bestimmungen (ZGB Art. 2217). Das Ergebnis der Inventur ist ein sehr detailliertes und nach Gütergruppen gegliedertes Verzeichnis aller Vermögens- und Schuldenteile des Unternehmens. Diese Aufstellung nennt man **Inventar**.

Inventar am 31.12.20(n)

Aktiva (Vermögen)	Teilbeträge	Gesamtbetrag
1. Gebäude		150.000,00
2. Geschäftsausstattung		
Büroeinrichtung	14.000,00	
Lagereinrichtung	18.000,00	32.000,00
3. Warenbestände		
Waschmaschinen	35.000,00	
Kühlschränke	24.000,00	
Haartrockner	6.000,00	65.000,00
4. Forderungen		
Fa. Müller	11.000,00	
Fa. Ghisa	8.000,00	19.000,00
5. Bankguthaben		
Volksbank	4.000,00	
Banca Intesa	2.000,00	6.000,00
6. Kassa		1.000,00
Summe des Vermögens		**273.000,00**
Passiva (Schulden)	Teilbeträge	Gesamtbetrag
1. Bankschulden		
Sparkasse	14.000,00	
Raiffeisenkasse	80.000,00	94.000,00
2. Verbindlichkeiten		
Fa. Stecher	7.000,00	
Fa. Leimer	12.000,00	
Fa. Fina	3.000,00	22.000,00
Summe der Schulden		**116.000,00**

ZUSAMMENFASSUNG		
Summe der Aktiva		273.000,00
Summe der Passiva		116.000,00
Nettovermögen *(patrimonio netto)* oder Eigenkapital		**157.000,00**

Zu dieser detaillierten Inventaraufstellung wird eine Kurzfassung erstellt, in der das Vermögen dem Kapital gegenübergestellt ist. Man nennt diese kurzgefasste Aufstellung die **Bilanz**.
Bei der Darstellung des Inventars in Kontoform werden auf der linken Seite die **Vermögensteile (Aktiva),** auf der rechten Seite die **Schulden (Passiva)** aufgelistet. Die Differenz zwischen Vermögen und Schulden ist das Eigenkapital (Reinvermögen).

Bilanz zu obigem Inventar

Aktiva	Bilanz am 31.12.20 (n)		Passiva
Anlagevermögen		**Fremdkapital**	
Gebäude	150.000,00	Bankschulden	94.000,00
Ausstattung	32.000,00	Verbindlichkeiten	22.000,00
Umlaufvermögen		**Eigenkapital**	157.000,00
Waren	65.000,00		
Forderungen	19.000,00		
Bankguthaben	6.000,00		
Kasse	1.000,00		
	273.000,00		273.000,00

Inventar
- Detaillierte Aufstellung der Vermögens- und Schuldenteile
- Angaben von Mengen, Einzel- und Gesamtwerten

Bilanz
- Kurzgefasste Gegenüberstellung der Vermögens- und Schuldenteile
- Angabe der Gesamtwerte homogener Gütergruppen

Inventar und Bilanz sind aufzustellen:
- bei der Gründung eines Unternehmens
- regelmäßig am Ende eines jeden Geschäftsjahres
- bei Veräußerung, Auflösung oder Umwandlung des Unternehmens

4.5 Gliederung und Aussagewert der Bilanz

Die Unternehmen verfügen normalerweise über eine Vielzahl unterschiedlichster Vermögenswerte, die sie im Betrieb einsetzen. Daher ist es notwendig, dass die Posten der Aktivseite und auch jene der Passivseite nach bestimmten Kriterien geordnet werden. Dadurch erhält man nicht nur einen besseren Überblick über den Vermögens- und Kapitalstand, sondern auch betriebsfremde interessierte Personen bekommen Einblick in die Struktur des Unternehmens. Dies ist für Banken von Interesse, wenn sie Kredite gewähren sollen, oder für Wirtschaftsfachleute, wenn sie Betriebe untereinander vergleichen möchten. Das Zivilgesetzbuch regelt in Art. 2424 (und folgenden), wie die einzelnen Posten einer Bilanz gegliedert sein müssen. Dieses Gliederungsschema ist für Kapitalgesellschaften verpflichtend vorgeschrieben. Der Bilanzaufbau ist in der gesamten EU ähnlich geregelt, wodurch Bilanzen innerhalb der EU vergleichbar werden sollen.

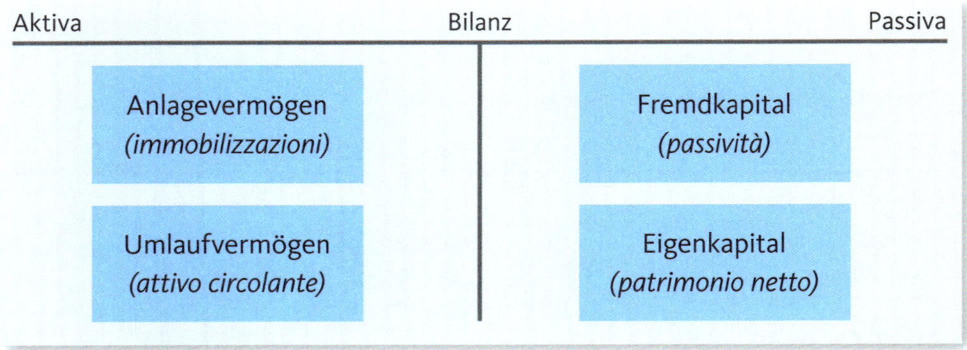

Anlagevermögen *(immobilizzazioni)*

Unter Anlagevermögen versteht man jenes Vermögen, das dem Unternehmen für längere Zeit (über ein Jahr) zur Verfügung steht. Das Kapital, das in diese Form von Vermögen investiert wurde, ist langfristig gebunden, d. h. die Anlagen können nicht sofort und jederzeit wieder zu Bargeld gemacht werden, z. B. Gebäude und Maschinen.

Umlaufvermögen *(attivo circolante)*

Das Umlaufvermögen ist jenes Vermögen, das durch die betriebliche Tätigkeit ständig seine Zusammensetzung ändert, z. B. Waren, Kasse und Forderungen.

Fremdkapital *(passività)*

Darunter fallen alle Schulden, d. h. Verbindlichkeiten des Unternehmens. Die Schulden können lang- oder kurzfristig sein. Die langfristigen Schulden sind Darlehen oder Obligationen, die nach einem bestimmten Tilgungsplan über mehrere Jahre hinweg zurückgezahlt werden. Kurzfristige Schulden entstehen meistens durch Wareneinkäufe auf Ziel (d. h. der Käufer bezahlt nach einer bestimmten zeitlichen Frist).

Nettovermögen *(patrimonio netto)*

Das Nettovermögen, auch Eigenkapital genannt, ist die Summe aller vom Unternehmer selbst zur Verfügung gestellten Mittel. Während sich die anderen drei Bilanzposten durch Zählen und Bewerten in ihrer Höhe feststellen lassen, ist dies beim Eigenkapital nicht von vornherein möglich. Die Höhe des Eigenkapitals ist das Ergebnis einer Rechenoperation. Von den gesamten Vermögenswerten sind die Schulden abzuziehen; die Differenz gehört dem Unternehmer selbst. Das Eigenkapital ist also keine gegebene Größe, sondern eine Restgröße. Das Eigenkapital wird auch als **Reinvermögen** bezeichnet.

Aufgrund der Größengleichheit der Aktiv- und Passivseite der Bilanz lassen sich folgende Grundgleichungen ableiten:

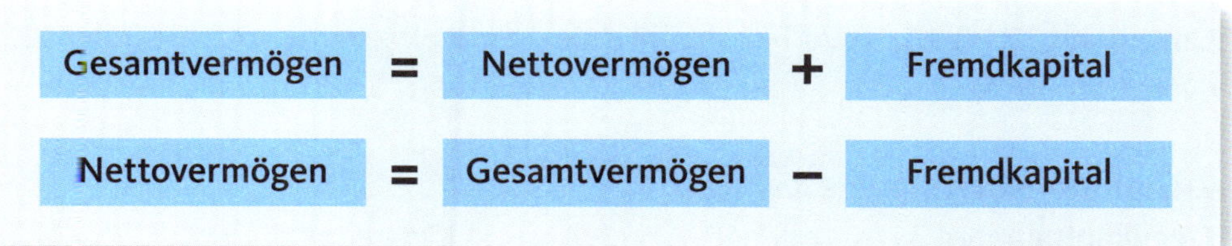

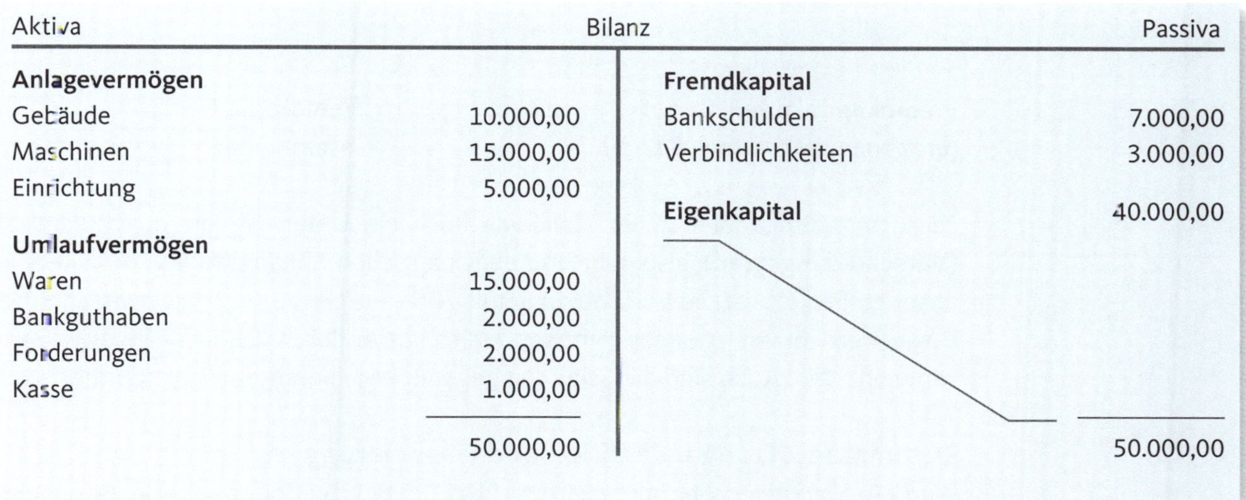

Aktiva	Bilanz		Passiva
Anlagevermögen		**Fremdkapital**	
Gebäude	10.000,00	Bankschulden	7.000,00
Maschinen	15.000,00	Verbindlichkeiten	3.000,00
Einrichtung	5.000,00		
		Eigenkapital	40.000,00
Umlaufvermögen			
Waren	15.000,00		
Bankguthaben	2.000,00		
Forderungen	2.000,00		
Kasse	1.000,00		
	50.000,00		50.000,00

Will man eine Bilanz interpretieren und auch Bilanzen verschiedener Betriebe miteinander vergleichen, so ist es zweckmäßig, die verschiedenen Posten zueinander in Beziehung zu setzen. Dies geschieht am besten durch eine sogenannte **Prozentbilanz**. Alle Bilanzposten werden in Prozenten der Bilanzsumme ausgedrückt. Anhand dieser Prozentbilanz lassen sich die einzelnen Bilanzposten besser in Beziehung setzen und interpretieren.

Aktiva		Bilanz			Passiva
Anlagevermögen (AV)	30.000,00	60 %	Fremdkapital (FK)	10.000,00	20 %
Umlaufvermögen (UV)	20.000,00	40 %	Eigenkapital (EK)	40.000,00	80 %
Gesamtvermögen (GV)	50.000,00	100 %	Gesamtkapital (GK)	50.000,00	100 %

Zusammensetzung des Vermögens

$$\textbf{Anlagenintensität}\ \textit{(rigidità degli impieghi)} = \frac{\text{Anlagevermögen}}{\text{Gesamtvermögen}} \times 100$$

$$\textbf{Umlaufvermögenintensität}\ \textit{(elasticità degli impieghi)} = \frac{\text{Umlaufvermögen}}{\text{Gesamtvermögen}} \times 100$$

In unserem Beispiel besteht das Gesamtvermögen zu 60 % aus langfristig investiertem Vermögen. Dies ist typisch für Industrieunternehmen mit vielen Maschinen und Produktionshallen.
Solche Betriebe sind in ihrer Struktur relativ starr und können sich schwerer an geänderte Marktverhältnisse anpassen. Bei Handelsbetrieben überwiegt das Umlaufvermögen. Diese Verhältniszahl drückt die Anlagen- bzw. Umlaufintensität eines Betriebes aus.

Zusammensetzung des Kapitals

$$\textbf{Eigenkapitalanteil}\ \textit{(incidenza del capitale proprio)} = \frac{\text{Eigenkapital}}{\text{Gesamtkapital}}$$

$$\textbf{Fremdkapitalanteil}\ \textit{(incidenza del capitale di terzi)} = \frac{\text{Fremdkapital}}{\text{Gesamtkapital}}$$

Diese Verhältniszahlen zeigen uns, wie hoch ein Unternehmen verschuldet ist **(Verschuldungsgrad)**, also den Grad der finanziellen Abhängigkeit von Dritten. In unserem Beispiel ist die Verschuldung mit 20 % des Gesamtkapitals relativ gering. Das Unternehmen ist daher nicht sonderlich von anderen Geldgebern (etwa Banken) abhängig. Auch sind die Schulden gegenüber Lieferanten nicht sehr hoch.

Zusammensetzung Investition und Finanzierung

Werden die Posten der Aktivseite zu den Posten der Passivseite in Beziehung gesetzt, so wird ersichtlich, wie ein Unternehmen sein Vermögen finanziert hat. Als Grundsatz gilt, dass langfristige Investitionen mit langfristig zur Verfügung stehendem Kapital finanziert werden müssen, d. h. mit Eigenkapital oder mit Darlehen. Dieses Grundprinzip nennt man die **goldene Bilanzregel**.

$$\textbf{Anlagedeckungsgrad I}\ \textit{(indice di autocopertura delle immobilizzazioni)} = \frac{\text{Eigenkapital}}{\text{Anlagevermögen}}$$

Der Anlagedeckungsgrad I zeigt, inwieweit das Anlagevermögen mit Eigenkapital finanziert ist.

Anlagedeckungsgrad II
(indice di copertura delle immobilizzazioni con passività consolidate)

$$\text{Anlagedeckungsgrad II} = \frac{\text{Eigenkapital} + \text{langfr. Fremdkapital}}{\text{Anlagevermögen}}$$

Der Anlagedeckungsgrad II zeigt, inwieweit das Anlagevermögen mit Eigenkapital und langfristigem Fremdkapital finanziert ist. Die Zahl soll größer als 1 sein.

In unserem Beispiel ist das gesamte Anlagevermögen vollständig mit Eigenkapital abgedeckt.

4.6 Änderung der Bilanzposten

Die Bilanz ist die Gegenüberstellung des Vermögens einerseits und des Eigen- und Fremdkapitals andererseits in Kontoform. Durch Geschäftsfälle ändert sich aber die Zusammensetzung der einzelnen Posten ständig.
Die Aktivseite der Bilanz zeigt uns die zur Verfügung stehenden Mittel, d. h. die Mittelverwendung oder Investitionen. Die Passivseite zeigt uns die Kapitalquellen oder Mittelherkunft für die Aktiva.
Dies soll anhand eines einfachen Beispiels verdeutlicht werden.

Jeder Geschäftsfall ändert gemäß dem Prinzip der doppelten Buchhaltung immer zwei Posten. Daher herrscht auch immer **Gleichheit** zwischen der **Aktivseite** und der **Passivseite**.

Lehrbeispiel

Ein Privater gründet mit einem Startkapital von 90.000,00 € ein Handelsunternehmen. Von den 90.000,00 € legt er 80.000,00 € auf ein neu eröffnetes Bankkonto ein, den Rest behält er als Bargeld in der Betriebskasse.
Für den Tag der Geschäftseröffnung, das ist der 01.10., fasst er die Vermögenswerte und sein Kapital übersichtlich zusammen und erstellt die **Eröffnungsbilanz**.

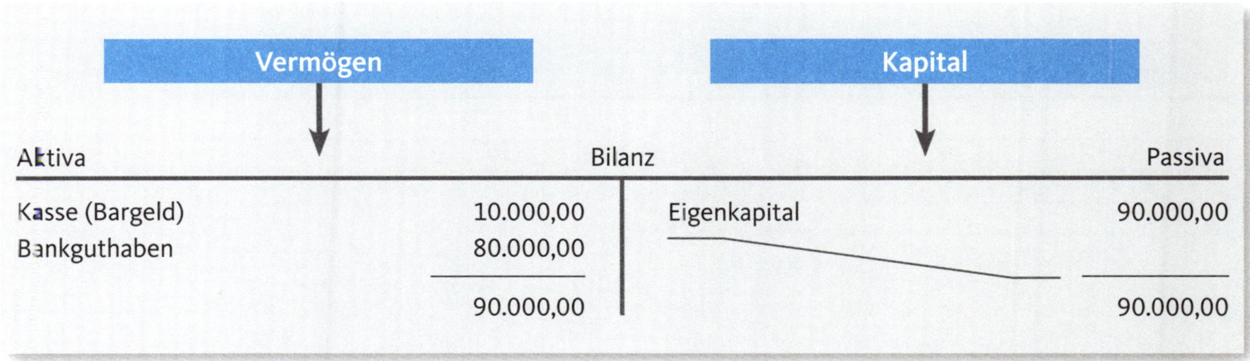

Aktiva	Bilanz		Passiva
Kasse (Bargeld)	10.000,00	Eigenkapital	90.000,00
Bankguthaben	80.000,00		
	90.000,00		90.000,00

Wie verändert sich nun diese einfache Eröffnungsbilanz durch die Geschäftstätigkeit des Unternehmers?

1. Geschäftsfall

Kauf neuer Geschäftseinrichtung um 25.000,00 €. Die Zahlung erfolgt durch Banküberweisung.
Welche Veränderungen ergeben sich in der Bilanz durch diesen ersten Geschäftsfall?

Lösung

Es entsteht ein neuer Vermögenswert, und zwar die Geschäftseinrichtung; dafür verringert sich das Bankguthaben um den gleichen Betrag.
Nach Berücksichtigung des ersten Geschäftsfalles zeigt die Bilanz folgendes Bild:

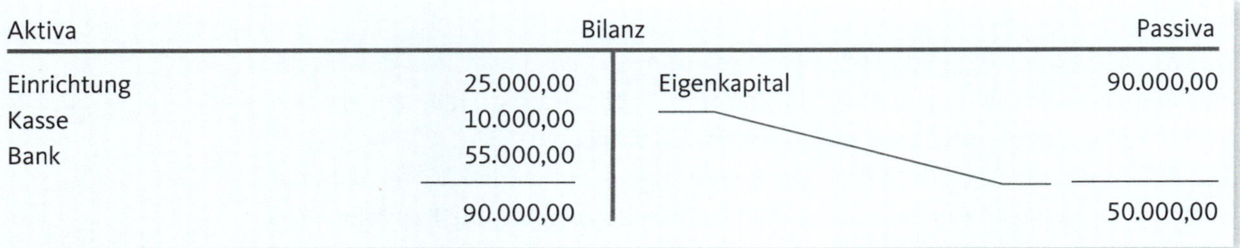

Aktiva		Bilanz	Passiva
Einrichtung	25.000,00	Eigenkapital	90.000,00
Kasse	10.000,00		
Bank	55.000,00		
	90.000,00		50.000,00

2. Geschäftsfall

Von der Kasse werden 5.000,00 € auf das Bankkonto eingelegt.
Welche Veränderungen ergeben sich durch diesen zweiten Geschäftsfall?

Lösung

Von der Kasse sind 5.000,00 € abzubuchen, dieser Betrag wird dem Bankkonto gutgeschrieben. In diesem Fall handelt es sich um einen Tausch auf zwei Aktivkonten.

Aufgabe

Erstellung der Bilanz unter Berücksichtigung des zweiten Geschäftsfalles

Aktiva		Bilanz	Passiva

3. Geschäftsfall

Kauf eines Gebäudes um 120.000,00 € auf Ziel.
Welche Veränderungen ergeben sich durch diesen dritten Geschäftsfall?

Lösung

Es entsteht ein neuer Vermögenswert: Gebäude. Andererseits entstehen auch Schulden in gleicher Höhe, da der Unternehmer das Gebäude nicht sofort bezahlt;

d. h. die Finanzmittel für das Gebäude werden nicht vom Unternehmer selbst, sondern bis zur Bezahlung von Dritten – von Banken oder den Lieferanten – zur Verfügung gestellt.

Aufgabe
Erstellung der Bilanz unter Berücksichtigung des dritten Geschäftsfalles

Aktiva	Bilanz	Passiva
______		______
______		______
______		
______		
______		______

Wir sehen also, dass diese Bilanz auf der linken Seite (Aktivseite) alle Vermögenswerte aufzählt, über die der Unternehmer an einem bestimmten Stichtag rechtmäßig verfügen kann.
Auf der rechten Seite (Passivseite) wird aufgezeigt, woher die Mittel zur Finanzierung des Vermögens stammen: vom Unternehmer selbst (Eigenkapital) oder von Dritten (Fremdkapital). Ohne nähere Erläuterungen zur Bilanz kann man jedoch nicht sagen, welche Vermögenswerte mit Fremdkapital finanziert sind.
Die einzelnen Posten der Bilanz ändern sich also mit jedem Geschäftsfall. Es muss aber immer Gleichheit herrschen zwischen der Aktivseite und der Passivseite der Bilanz.

4.7 Die Konten

Konten sind zweiseitige Rechenfelder, auf denen der Buchungsstoff erfasst wird; die linke Seite wird mit **Soll *(dare)***, die rechte mit **Haben *(avere)*** bezeichnet.

Ursprüngliche Rechenfeldbezeichnungen: *„deve dare“* und *„deve avere“*

Die Verbuchung der Geschäftsfälle während des Geschäftsjahres erfolgt in der Praxis nicht direkt in der Bilanz, da dies zu einer völlig unübersichtlichen Buchhaltung führen würde. Die einzelnen Posten würden sich ständig ändern. Um auch die laufenden Änderungen der einzelnen Posten ersichtlich zu machen, werden während des Jahres die Geschäftsfälle auf den sogenannten **Konten** erfasst. Erst am Ende des Geschäftsjahres werden dann alle Konten wieder zur Bilanz zusammengefasst.

S	Kasse	H

S	Bank	H

Wird im Soll eines Kontos gebucht, so spricht man von einer **Sollbuchung** oder von einer **Belastung**; das Konto wird belastet.
Bucht man im Haben eines Kontos, so liegt eine **Habenbuchung** oder eine **Gutschrift** vor; das Konto wird entlastet, der Betrag wird dem Konto gutgeschrieben.
Die Kontenblätter können in der Praxis verschiedene Formen annehmen, vor allem aufgrund der verschiedenen EDV-Buchungsprogramme. Das Grundprinzip von Soll und Haben bleibt aber immer erhalten.

Das einspaltige Konto

Bei dieser Kontoform werden die Soll- und Habenbuchungen der Reihenfolge nach untereinander verbucht und jeder Buchungsbetrag wird mit S (+) oder H (–) gekennzeichnet. Nach jeder Buchung kann der Saldo gebildet werden. Diese Form ist etwa bei Kasse- oder Bankkonten vorteilhaft, wenn man nach jedem Geschäftsfall den neuen Kontostand wissen möchte.

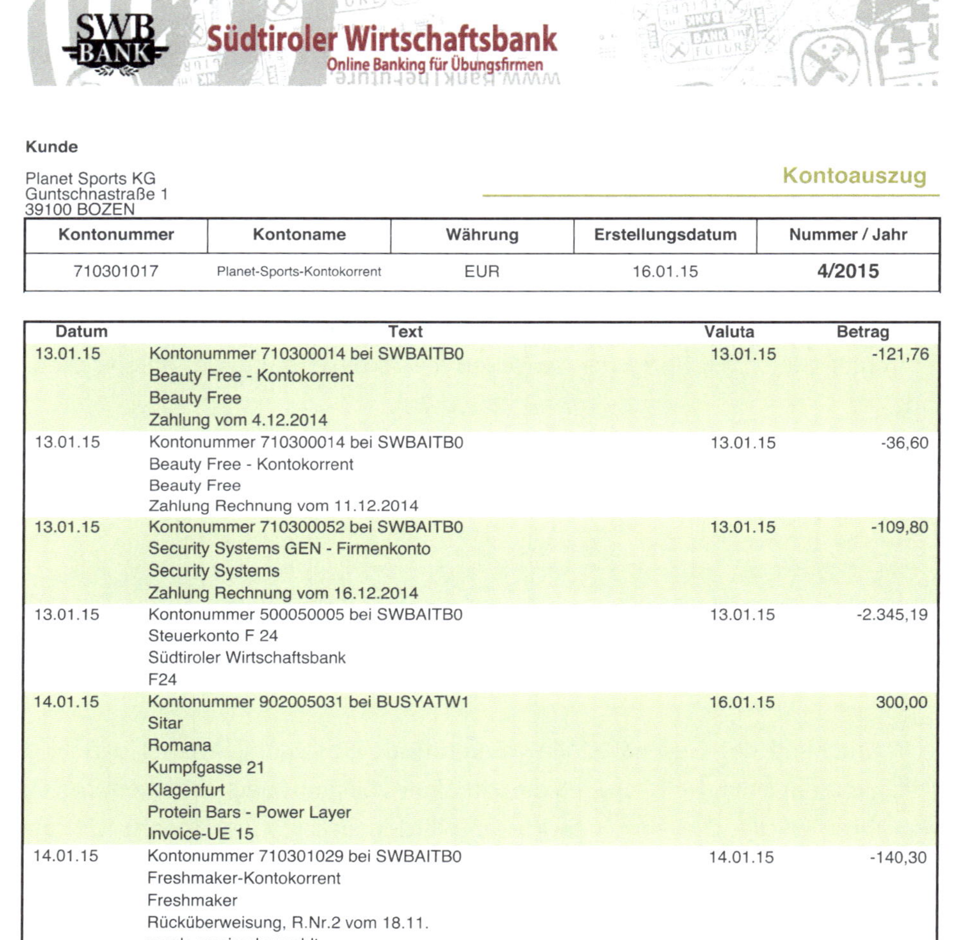

SWB BANK **Südtiroler Wirtschaftsbank**
Online Banking für Übungsfirmen

Kunde

Planet Sports KG
Guntschnastraße 1
39100 BOZEN

Kontoauszug

Kontonummer	Kontoname	Währung	Erstellungsdatum	Nummer / Jahr
710301017	Planet-Sports-Kontokorrent	EUR	16.01.15	**4/2015**

Datum	Text	Valuta	Betrag
13.01.15	Kontonummer 710300014 bei SWBAITB0 Beauty Free - Kontokorrent Beauty Free Zahlung vom 4.12.2014	13.01.15	-121,76
13.01.15	Kontonummer 710300014 bei SWBAITB0 Beauty Free - Kontokorrent Beauty Free Zahlung Rechnung vom 11.12.2014	13.01.15	-36,60
13.01.15	Kontonummer 710300052 bei SWBAITB0 Security Systems GEN - Firmenkonto Security Systems Zahlung Rechnung vom 16.12.2014	13.01.15	-109,80
13.01.15	Kontonummer 500050005 bei SWBAITB0 Steuerkonto F 24 Südtiroler Wirtschaftsbank F24	13.01.15	-2.345,19
14.01.15	Kontonummer 902005031 bei BUSYATW1 Sitar Romana Kumpfgasse 21 Klagenfurt Protein Bars - Power Layer Invoice-UE 15	16.01.15	300,00
14.01.15	Kontonummer 710301029 bei SWBAITB0 Freshmaker-Kontokorrent Freshmaker Rücküberweisung, R.Nr.2 vom 18.11. wurde zweimal gezahlt	14.01.15	-140,30
16.01.15	Kontonummer 500040003 bei SWBAITB0 INPS Südtiroler Wirtschaftsbank DM10, 12/2014 - 12/2014 Steuernummer: 09901030214 Matr.Nr. 1420033067 Total: 1729,00 EUR	16.01.15	

Alter Kontostand	Summe der Lastschriften	Summe der Gutschriften	Neuer Kontostand
33.469,56	2.753,65	300,00	31.015,91

Das zweispaltige Konto

Die Buchungsbeträge werden in getrennten Spalten für die Sollbuchungen und die Habenbuchungen eingetragen, für die Beschreibung der Geschäftsfälle ist jedoch nur eine Spalte vorgesehen. Es ist dies die gängige Kontoform der doppelten Buchhaltung.

Thomas Muster
Weintraubenstrasse
39100 Hanseplatz
0471/844257
test@test.it

K/K Bewegungen

Konto: 00000 11600 000300234532 K/K 1 / C/C 1 K/K
IBAN: IT70 W0000011600000300234532
vom: 19.04.2015 bis: 20.05.2015

Datum	Wert	Soll	Haben	Grund	Beschreibung
			55.576,00		**ENDSALDO AM 20.05.2015**
20.05	19.05.2015	-359,00		43	P.O.S. Zahlung / Pagamento tramite POS
20.05	19.05.2015	-200,00		91	Bancomatbehebung bei anderen Banken / Prelevamento a mezzo sportello automatico di altra banca
18.05	16.05.2015	-60,00		43	P.O.S. Zahlung / Pagamento tramite POS
18.05	15.05.2015	-200,00		91	Bancomatbehebung bei anderen Banken / Prelevamento a mezzo sportello automatico di altra banca
15.05	15.05.2015	-1.460,00		50	Verschiedene Zahlungen / Pagamenti diversi
14.05	14.05.2015	-585,00		26	Auftrag / Vostra disposizione a favore di
12.05	11.05.2015	-16,00		43	P.O.S. Zahlung / Pagamento tramite POS
11.05	08.05.2015	-33,00		43	P.O.S. Zahlung / Pagamento tramite POS
05.05	04.05.2015	-200,00		91	Bancomatbehebung bei anderen Banken / Prelevamento a mezzo sportello automatico di altra banca
04.05	04.05.2015	-732,00		26	Auftrag / Vostra disposizione a favore di
04.05	04.05.2015	-100,00		26	Auftrag / Vostra disposizione a favore di
30.04	30.04.2015	-19,00		45	Belastung Kreditkarte/Viacard/Telepass / Pagamento per utilizzo carte di credito/Viacard/Telepass
28.04	26.04.2015	-150,00		50	Verschiedene Zahlungen / Pagamenti diversi
27.04	27.04.2015		3.487,00	27	Gutschrift Löhne, Gehälter und Pensionen / Accredito per emolumenti
24.04	23.04.2015	-109,00		43	P.O.S. Zahlung / Pagamento tramite POS
24.04	22.04.2015	-150,00		50	Verschiedene Zahlungen / Pagamenti diversi
20.04	18.04.2015	-17,00		43	P.O.S. Zahlung / Pagamento tramite POS
20.04	20.04.2015	-36,00		50	Verschiedene Zahlungen / Pagamenti diversi
			56.520,00		**ANFANGSSALDO AM 20.04.2015**
		-4.426,00	**3.487,00**		

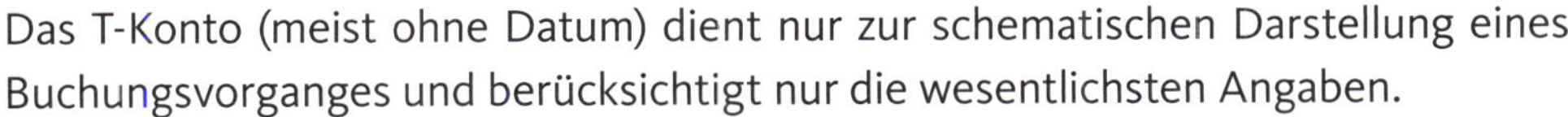

Das T-Konto für Schulungszwecke

Das T-Konto (meist ohne Datum) dient nur zur schematischen Darstellung eines Buchungsvorganges und berücksichtigt nur die wesentlichsten Angaben.

Soll			Bank		Haben
01.01.	Eröffnungssaldo	5.000,00	22.06.	Abhebung	2.000,00
25.04.	Forderung	7.000,00	17.07.	Scheck	1.300,00
14.05.	Kasse	3.500,00	31.12.	Schlusssaldo	12.200,00
		15.500,00			15.500,00

5

Buchung der Geschäftsfälle

5. Buchung der Geschäftsfälle auf Konten

„Das geht auf mein Konto." Auch Nichtbuchhalter kennen diesen Spruch und drücken damit genau das Buchhaltungsprinzip des „Belastens" und „Entlastens" aus. Der Buchhalter hat auch für jeden Geschäftsfall immer zwei Kontoseiten vor Augen. Ein Konto wird belastet, ein anderes Konto wird in gleicher Höhe entlastet. Das ist das Prinzip der doppelten Buchhaltung.

Für die Aufzeichnung von Geschäftsfällen verschiedenster Art während eines Geschäftsjahres braucht es eine Vielzahl an Kontoblättern, die wiederum nach einer genauen Systematik angelegt sein müssen. In einer EDV-geführten Buchhaltung besteht zwar die Möglichkeit, nahezu unbegrenzt Konten anzulegen und zu führen, aber die Einteilung der Konten nach Art und Inhalt bleibt nach wie vor bestehen. Grundsätzlich werden die Konten in zwei große Gruppen eingeteilt: **Bestandskonten *(conti patrimoniali)*** und **Erfolgskonten *(conti economici)***, auf denen verschiedene Sachverhalte gebucht werden.

5.1 Die Bestandskonten *(conti patrimonali)*

Bestandskonten sind aus der Bilanz abgeleitete Konten. Sie enthalten die Vermögens- und Schuldenteile der Bilanz und als Saldo am Jahresende das Eigenkapital.

Eine Bilanz enthält eine Vielzahl von Positionen, die sich im Laufe des Jahres ständig ändern. Eine Verbuchung aller Geschäftsfälle direkt auf dem Bilanzkonto würde schnell zur völligen Unübersichtlichkeit führen. Daher wird die Bilanz in Einzelkonten zerlegt und die dadurch entstehenden Konten werden Bestandskonten genannt. Diese werden wiederum in zwei Gruppen unterteilt: **aktive** und **passive** Bestandskonten.

Im Laufe des Geschäftsjahres werden je nach Bedarf weitere Konten neu angelegt.

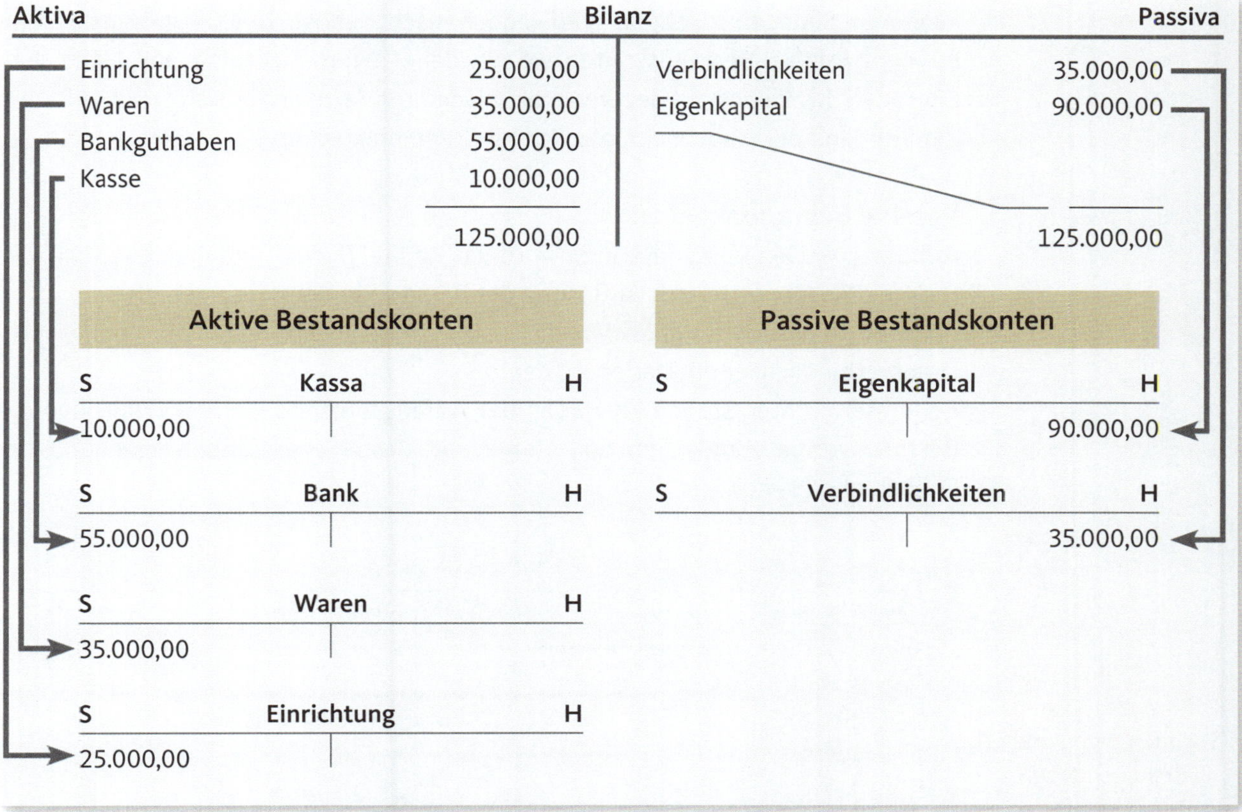

Aktive Bestandskonten

Sie entstehen durch Auflösung der Aktivseite der Bilanz. Auf diesen Konten werden die Vermögenswerte verrechnet.

Beispiele für aktive Bestandskonten:

Gebäude, Einrichtung, Fuhrpark, Kasse, Forderungen

Bei diesen Konten stehen im Soll der Anfangsbestand (Saldovortrag) und die Bestandsvermehrungen, im Haben stehen die Bestandsverminderungen und der Endbestand (Saldo).

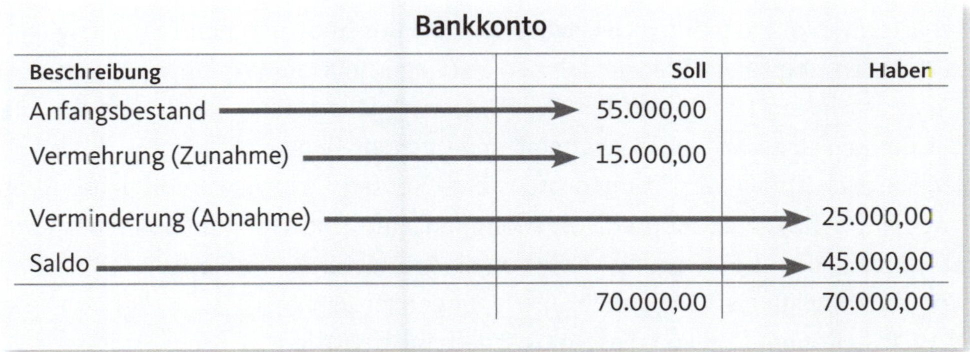

Bankkonto

Beschreibung	Soll	Haben
Anfangsbestand	55.000,00	
Vermehrung (Zunahme)	15.000,00	
Verminderung (Abnahme)		25.000,00
Saldo		45.000,00
	70.000,00	70.000,00

Die Differenz zwischen der Summe der Sollbuchungen und der Summe der Habenbuchungen wird als **Saldo** bezeichnet. Dieser ist stets auf der wertmäßig kleineren Seite einzusetzen, wird jedoch nach der wertmäßig größeren Seite benannt. Aktive Bestandskonten weisen daher einen **Sollsaldo** auf. Nach dem Eintragen des Saldos auf der wertmäßig kleineren Seite ergibt sich durch Addition der Soll- und der Habenseite des Kontos Summengleichheit.

Passive Bestandskonten

Auf den passiven Bestandskonten wird das Kapital (Eigen- und Fremdkapital) verrechnet. Sie werden durch Auflösung der Passivseite der Bilanz gebildet.
Beispiele für passive Bestandskonten:
Lieferverbindlichkeiten, Darlehen, Kapital
Bei diesen Konten stehen im Haben der Anfangsbestand (Saldovortrag) und die Bestandsvermehrungen, im Soll stehen die Bestandsverminderungen und der Endbestand (Saldo).

Saldo ist die Differenz zwischen Sollbuchungen und Habenbuchungen. Der Saldo ist der Kontenausgleichsbetrag.

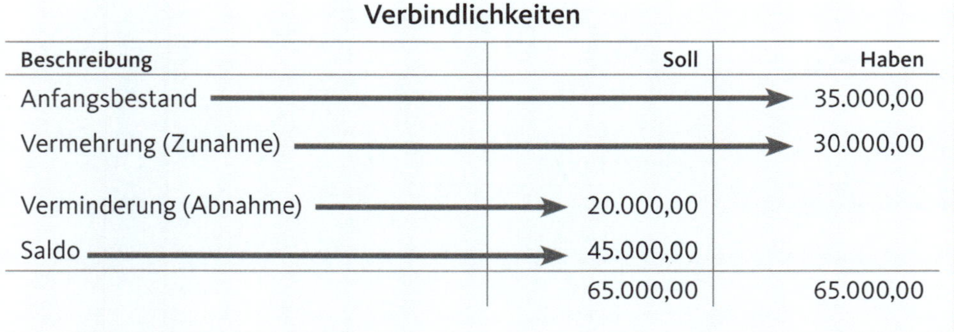

Verbindlichkeiten

Beschreibung	Soll	Haben
Anfangsbestand →		35.000,00
Vermehrung (Zunahme) →		30.000,00
Verminderung (Abnahme) →	20.000,00	
Saldo →	45.000,00	
	65.000,00	65.000,00

Der Saldo wird auf der wertmäßig kleineren Sollseite eingesetzt. Passive Bestandskonten haben daher einen **Habensaldo.**

5.1.1 Buchung auf Bestandskonten

Die Anfangsbestände auf den einzelnen Konten verändern sich im Laufe des Geschäftsjahres ständig durch Geschäftsfälle. Die Bestände nehmen zu (seitengleich zum Anfangsbestand) oder sie nehmen ab (Gegenseite zum Anfangsbestand).
Die schriftlichen Unterlagen für diese Geschäftsfälle stellen die **Belege** dar, die das Bindeglied zwischen Geschäftsfall und Buchung bilden.
Jeder Geschäftsfall betrifft mindestens zwei Konten, d. h. es werden mindestens zwei Eintragungen auf Konten vorgenommen, eine Eintragung im **Soll** eines Kontoblattes und eine Eintragung im **Haben** eines anderen Kontoblattes.
Vor einer Buchung sind folgende Überlegungen anzustellen:

- Welche Konten sind von diesem Geschäftsfall betroffen?
- Sind es Aktiv- oder Passivkonten?
- Wo sind die Zunahmen und wo die Abnahmen zu verzeichnen?

Lehrbeispiel

Wir kaufen eine EDV-Anlage für 5.000,00 € und bezahlen sie durch eine Banküberweisung.

■ Welche Konten betrifft das?	EDV-Anlage	Bank
■ Sind es Aktiv- oder Passivkonten?	Aktiv	Aktiv
■ Wo sind Zunahmen und wo sind Abnahmen zu buchen?	Zunahme	Abnahme

Eintragung auf den Kontoblättern

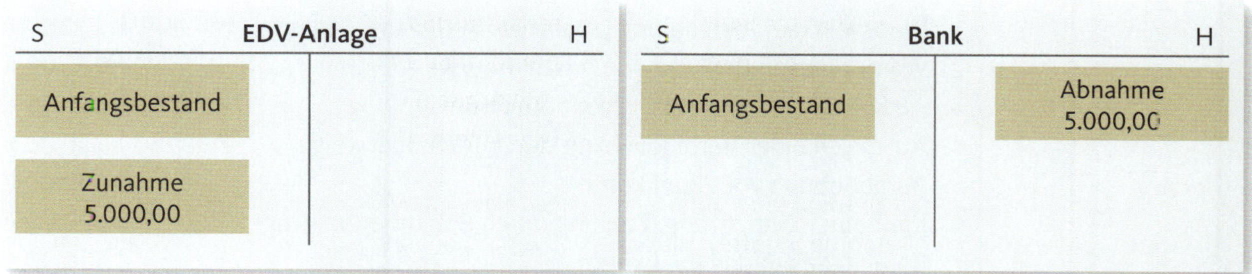

Die meisten Geschäftsfälle – vom Einkauf bis zur Zahlung – laufen in der Praxis zeitlich in verschiedenen Phasen ab. Zuerst haben wir den Einkauf oder den Verkauf mit der Rechnung als Beleg. Zu einem späteren Zeitpunkt erfolgt die Zahlung mit der Zahlungsbestätigung als Beleg. Diesem Umstand muss auch in der Buchhaltung Rechnung getragen werden. Zuerst ist die Rechnung für Einkäufe oder Verkäufe zu verbuchen und dann in einem getrennten Buchungsvorgang die Zahlung oder das Inkasso. Diese Zerlegung in zwei Buchungsvorgänge ist auch dann notwendig, wenn Einkaufsrechnung und Zahlung gleichzeitig erfolgen.

Beispiel:
Kauf von Einrichtung um 12.000,00 € und Zahlung durch Banküberweisung
Phase des Einkaufs (Rechnung): Konto „Einrichtung" und Konto „Lieferverbindlichkeiten"

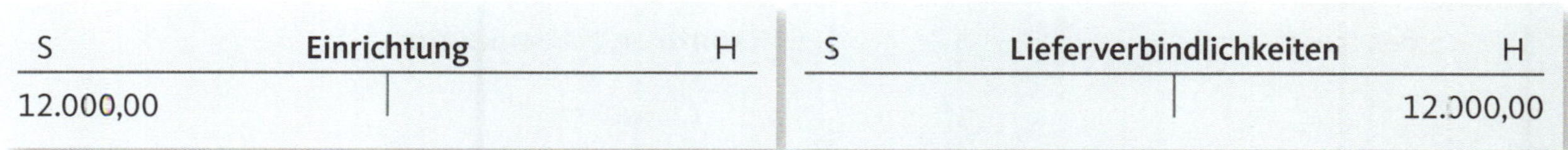

Phase der Zahlung (Zahlungsbeleg): Konto „Lieferverbindlichkeiten" und Konto „Bank"

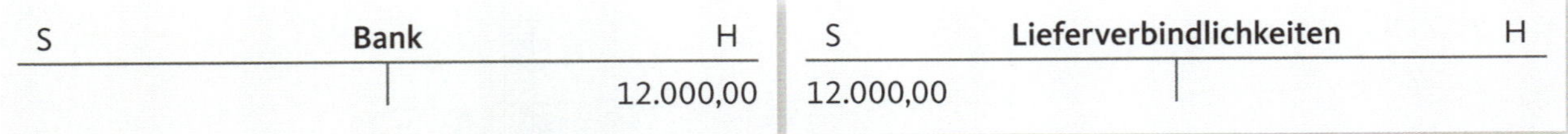

S	Bank	H
		12.000,00

S	Lieferverbindlichkeiten	H
12.000,00		

Bei Kauf und Zahlung muss es immer zwei getrennte Buchungsvorgänge geben:
- Jeder Geschäftsfall wird auf zwei Konten verbucht.
- Die Buchung erfolgt einmal im Soll und einmal im Haben.
- Soll- und Habenbuchungen sind wertmäßig immer gleich.

Übung

Geschäftsfälle

1. Wareneinkauf, Barzahlung (zuerst Einkauf, dann Zahlung)	2.600,00 €
2. Wareneinkauf, Zahlung durch Banküberweisung	4.000,00 €
3. Ausgleich einer Verbindlichkeit durch Barzahlung	1.200,00 €
4. Ausgleich einer Verbindlichkeit durch Banküberweisung	900,00 €
5. Barabhebung vom Bankkonto	2.000,00 €
6. Kauf einer Einrichtung, Zahlung durch Banküberweisung	9.000,00 €
7. Bareinlage auf das Bankkonto	4.500,00 €
8. Überweisung vom Bankkonto auf das Postkonto	600,00 €
9. Inkasso einer Forderung bar	3.000,00 €

Aufgabe

Übertragung der Geschäftsfälle in die T-Konten
Jeder Einkauf und jeder Verkauf ist getrennt von der Zahlung zu verbuchen.

5.1.2 Bildung von Buchungssätzen

Ein **Buchungssatz** ist eine Buchungsanweisung, mit der festgelegt wird, auf welchen Konten der Buchungsstoff eingetragen werden muss.

Zur schnellen und klaren Formulierung der durch einen Geschäftsfall ausgelösten Buchung verwendet man den Buchungssatz oder Kontenanruf. Dabei wird zuerst das Konto angerufen, auf dem im Soll gebucht wird, und dann das Konto, auf dem im Haben gebucht wird. Beide Konten werden mit dem Wort „an" oder mit einem Schrägstrich verbunden.

Sollkonto an Habenkonto

oder

Sollkonto / Habenkonto

In der Buchhaltung tritt der Buchungssatz vor allem bei der Vorkontierung (Angabe der zur Buchung benötigten Konten auf dem Buchungsbeleg) der Belege in Erscheinung. Jedes Konto erhält laut Kontenplan eine Nummer. Bei einer Vorkontierung

sind dann nur die Kontennummern und die Beträge auf den Belegen anzugeben, die Kontennamen können weggelassen werden. Häufig wird der Buchungssatz auch ohne Betrag auf den Beleg geschrieben, da der Betrag aus dem Beleg ersichtlich ist.
Die Vorkontierung der Buchungsbelege (z. B. Rechnungen) und die laufende Nummerierung stellen den ersten Schritt zur systematischen Verbuchung dar. Die vorkontierten Buchungsbelege werden dann in chronologischer Reihenfolge direkt im **Journal** oder zunächst in einem Primanota-Buch eingetragen, falls sie später auf Datenträger übertragen werden.

Lehrbeispiel

1. Geschäftsfall
Bareinlage auf das Bankkonto 5.000,00 €
Welche Konten sind betroffen?
Welches Konto erhält die Buchung im Soll und welches im Haben?

Buchungssatz:

Bank / Kasse 5.000,00 €

oder

Bank an Kasse 5.000,00 €

Das Kontoblatt „Bank" erhält die Eintragung auf der Sollseite, das Kontoblatt „Kasse" erhält die Eintragung auf der Habenseite.

S	Bank	H
5.000,00		

S	Kasse	H
		5.000,00

2. Geschäftsfall
Einkauf von Geschäftsausstattung um 2.300,00 €

Lösung
Die Geschäftsausstattung nimmt zu, also braucht es eine Solleintragung auf diesem Konto. Die Lieferverbindlichkeiten (passives Bestandskonto) vermehren sich ebenfalls, also erfolgt die Habeneintragung auf diesem passiven Bestandskonto.

Buchungssatz:

Geschäftsausstattung / Lieferverbindlichkeit 2.300,00 €

S	Geschäftsausstattung	H
2.300,00		

S	Lieferverbindlichkeit	H
		2.300,00

3. Geschäftsfall
Wir begleichen die obige Lieferverbindlichkeit durch eine Banküberweisung.

Lösung
Die Bank nimmt um 2.300,00 € ab und die Verbindlichkeiten nehmen ebenfalls ab (passives Bestandskonto).

Buchungssatz:

Lieferverbindlichkeit / Bank 2.300,00 €

S	Lieferverbindlichkeit	H
2.300,00		

S	Bank	H
		2.300,00

Durch diesen Geschäftsfall wurde die Schuld in Höhe von 2.300,00 € getilgt. Das Konto der Lieferverbindlichkeiten ist somit wieder ausgeglichen.
Ein Geschäftsfall löst immer Eintragungen auf mindestens zwei Konten aus, eine Eintragung im Soll und eine Eintragung im Haben. Komplexere Geschäftsfälle lösen aber meistens Eintragungen auf mehreren Konten aus. Am Ende der Eintragung müssen aber trotzdem die Summe der Sollbuchungen und die Summe der Habenbuchungen immer gleich groß sein. Je nach der Anzahl der durch einen Buchungssatz berührten Konten unterscheidet man:

Einfache Buchungssätze

Einfache Buchungssätze ergeben sich, wenn ein Geschäftsfall Buchungen auf lediglich zwei Konten auslöst.

Lehrbeispiel

Wir kassieren in bar eine Verkaufsrechnung (Kundenforderung) über 150,00 €.

Datum	Text	Soll	Haben
16.02.20(n)	Kasse / Kundenforderung	150,00	150,00

Diese Schreibweise mit zwei Betragskolonnen **(Soll/Haben)** bedeutet, dass das Konto „Kasse" die Buchung im Soll und das Konto „Kundenforderung" im Haben erhält. Diese Schreibweise entspricht in vereinfachter Form der Eintragung der Geschäftsfälle im Journal, in dem alle Geschäftsfälle chronologisch geordnet eingetragen werden.

Zusammengesetzte Buchungssätze

Bei diesen Buchungssätzen steht entweder eine Sollbuchung mehreren Habenbuchungen oder eine Habenbuchung mehreren Sollbuchungen gegenüber. Komplexe Geschäftsfälle, bei denen gleichzeitig auf mehreren Soll- und mehreren Habenkonten gebucht wird, sind nicht übersichtlich und sind daher möglichst zu vermeiden und in Einzelvorgänge zu zerlegen.

Lehrbeispiel

Wir kassieren eine Verkaufsrechnung (Kundenforderung) über 2.500,00 € zur Hälfte in bar und zur Hälfte durch Gutschrift auf unserem Bankkonto.

Datum	Text	Soll	Haben
16.02.20(n)	Kasse / Kundenforderung	1.250,00	2.500,00
	Bank	1.250,00	

Auszug aus einem EDV-Journalblatt

Bei Geschäftsfällen, die mit einem EDV-Betriebsprogramm gebucht wurden, ist der Buchungssatz zunächst nur schwer erkennbar, da zu jedem Buchungssatz noch zusätzliche Informationen notwendig sind, wie Datum der Buchung, Art der Buchung (Inkasso oder Zahlung) usw.

Genera Market AG - Engros
Guntschnastr.1
I-39100 Bozen

Journal — 2014 - 001

Bewegungen vom 01.12.2014 bis 31.12.2014

Zeile	Buchungsdatum	Bilanzdatum	BK Beleg.-Nr.	Dokumentdatum	Dokument-Nr.	Kunde/Lief./Sachkonto		Soll	Haben	MwSt Kode
							Vortrag:	52.602,80	52.602,80	
28	03.12.2014	03.12.2014	VRE 10	03.12.2014	10	K 5	Freshmaker KG	384,30		
29	03.12.2014	03.12.2014	VRE 10	03.12.2014	10	S 20-01-0001	S Warenverkauf		315,00	22
30	03.12.2014	03.12.2014	VRE 10	03.12.2014	10	S 15-01-0001	S MwSt.-Verkauf		69,30	
							Tagessumme:	384,30	384,30	
31	04.12.2014	04.12.2014	VRE 11	04.12.2014	11	K 4	SynComp OHG	244,00		
32	04.12.2014	04.12.2014	VRE 11	04.12.2014	11	S 20-01-0001	S Warenverkauf		200,00	22
33	04.12.2014	04.12.2014	VRE 11	04.12.2014	11	S 15-01-0001	S MwSt.-Verkauf		44,00	
							Tagessumme:	244,00	244,00	
34	10.12.2014	10.12.2014	VRE 12	10.12.2014	12	K 2	Security Systems Gen.m.b.H.	6.231,15		
35	10.12.2014	10.12.2014	VRE 12	10.12.2014	12	S 20-01-0001	S Warenverkauf		5.107,50	22
36	10.12.2014	10.12.2014	VRE 12	10.12.2014	12	S 15-01-0001	S MwSt.-Verkauf		1.123,65	
37	10.12.2014	10.12.2014	ZK 1	10.12.2014	1	S 08-01-0001	S Bank K/K	7.164,24		
38	10.12.2014	10.12.2014	ZK 1	10.12.2014	1	K 6	Mobilstore GmbH		7.185,80	
39	10.12.2014	10.12.2014	ZK 1	10.12.2014	1	S 38-03-0001	S Rundungsaufwendungen	21,56		
40	10.12.2014	10.12.2014	ZK 2	10.12.2014	2	S 08-01-0001	S Bank K/K	954,04		
41	10.12.2014	10.12.2014	ZK 2	10.12.2014	2	K 4	SynComp OHG		954,04	
							Tagessumme:	14.370,99	14.370,99	
42	11.12.2014	11.12.2014	VRE 13	11.12.2014	13	K 4	SynComp OHG	695,40		
43	11.12.2014	11.12.2014	VRE 13	11.12.2014	13	S 20-01-0001	S Warenverkauf		570,00	22
44	11.12.2014	11.12.2014	VRE 13	11.12.2014	13	S 15-01-0001	S MwSt.-Verkauf		125,40	
							Tagessumme:	695,40	695,40	
45	16.12.2014	16.12.2014	VRE 14	16.12.2014	14	K 6	Mobilstore GmbH	549,00		
46	16.12.2014	16.12.2014	VRE 14	16.12.2014	14	S 20-01-0001	S Warenverkauf		450,00	22
47	16.12.2014	16.12.2014	VRE 14	16.12.2014	14	S 15-01-0001	S MwSt.-Verkauf		99,00	
48	16.12.2014	16.12.2014	ZK 3	16.12.2014	3	S 08-01-0001	S Bank K/K	2.549,80		
49	16.12.2014	16.12.2014	ZK 3	16.12.2014	3	K 2	Security Systems Gen.m.b.H.		2.549,80	
50	16.12.2014	16.12.2014	ZK 4	16.12.2014	4	S 08-01-0001	S Bank K/K	1.288.32		
51	16.12.2014	16.12.2014	ZK 4	16.12.2014	4	K 4	SynComp OHG		1.288,32	
							Tagessumme:	4.387,12	4.387,12	
52	18.12.2014	18.12.2014	VRE 15	18.12.2014	15	K 1	Beautyfree KG	1.796,45		
53	18.12.2014	18.12.2014	VRE 15	18.12.2014	15	S 20-01-0001	S Warenverkauf		1.472,50	22
54	18.12.2014	18.12.2014	VRE 15	18.12.2014	15	S 15-01-0001	S MwSt.-Verkauf		323,95	
55	18.12.2014	18.12.2014	VRE 16	18.12.2014	16	K 7	PlanetSports Sas Simulimpresa ITE- Bolzar	179,95		
56	18.12.2014	18.12.2014	VRE 16	18.12.2014	16	S 20-01-0001	S Warenverkauf		147,50	22
57	18.12.2014	18.12.2014	VRE 16	18.12.2014	16	S 15-01-0001	S MwSt.-Verkauf		32,45	
							Tagessumme:	1.976,40	1.976,40	
							Übertrag:	74.661,01	74.661,01	

Übung

Geschäftsfälle

1.	Wareneinkauf auf Ziel	7.000,00 €
2.	Kauf einer Maschine; Zahlung mit Bankscheck	9.500,00 €
3.	Banküberweisung unseres Kunden	2.500,00 €
4.	Aufnahme eines Darlehens; Gutschrift des Betrages auf unserem Bankkonto	15.000,00 €
5.	Tilgung einer Darlehensrate gegen Belastung unseres Bankkontos	2.000,00 €
6.	Barzahlung einer Lieferverbindlichkeit	4.700,00 €
7.	Verkauf einer alten Geschäftsausstattung	8.400,00 €
8.	Wareneinkauf; Zahlung mit Bankscheck	20.000,00 €
9.	Kauf eines Farbdruckers; zur Hälfte Barzahlung, zur Hälfte Banküberweisung	1.400,00 €
10.	Ausgleich einer Lieferverbindlichkeit; zur Hälfte in bar, zur Hälfte mit einem Bankscheck	6.000,00 €

Aufgabe
Bildung der Buchungssätze

5.1.3 Verbuchung im Hauptbuch

Das **Hauptbuch** ist die Gesamtheit aller einzelnen Kontoblätter.

Alle Kontoblätter, die im Laufe eines Geschäftsjahres angelegt werden, bilden zusammen das Hauptbuch *(libro mastro)*. In der EDV-geführten Buchhaltung wird der Buchungsstoff – mit geeignetem Buchungssatz – im Journal eingetragen. Die Übertragung auf die einzelnen Kontoblätter erfolgt automatisch.

Lehrbeispiel

Kauf von Geschäftseinrichtung um 9.000,00 € auf Ziel.

Lösung
Buchungssatz:

Geschäftseinrichtung / Lieferverbindlichkeit 9.000,00 €

Journal

Datum	Text	Soll	Haben
15. 02.	Geschäftseinrichtung	9.000,00	
	Lieferverbindlichkeit		9.000,00

Hauptbuch

S	Geschäftseinrichtung H
9.000,00	

S	Lieferverbindlichkeit H
	9.000,00

5.1.4 Eröffnung und Abschluss der Konten

Wie werden die Positionen einer Bilanz am Anfang des Geschäftsjahres auf die einzelnen Kontoblätter übertragen und wie werden diese am Ende wieder zur Bilanz zusammengeführt? Ein Grundprinzip der doppelten Buchhaltung ist es ja, dass bei jeder Buchung immer zwei Konten aufgerufen werden müssen.
Um nun auch bei der Eröffnung der Konten am Anfang des Jahres den Grundsatz der Soll-Haben-Buchung zu wahren, muss für die Erfassung der Anfangsbestände auf den Kontoblättern ein **Eröffnungsbilanzkonto (EBK)** als Zwischenkonto eingerichtet werden.

> Das **Eröffnungsbilanzkonto (EBK)** ist das Gegenkonto für die Eröffnungsbuchungen auf den Bestandskonten, die Vermögenswerte erscheinen im Haben, das Fremdkapital und das Eigenkapital im Soll (gestürzte Bilanz). Sind alle Bestandskonten eröffnet, so muss das Eröffnungsbilanzkonto ausgeglichen sein.

Die Buchungssätze bei der Eröffnung der Konten lauten:

aktive Bestandskonten / EBK

EBK / passive Bestandskonten

> Der Abschluss der Bestandskonten erfolgt am Ende der Rechnungsperiode ebenfalls über das **Schlussbilanzkonto (SBK)**; dieses Konto zeigt im Soll die Vermögenswerte, im Haben das Fremdkapital und das Eigenkapital. Sind alle Bestandskonten abgeschlossen, so muss das Schlussbilanzkonto ausgeglichen sein.

Die Buchungssätze beim Abschluss der Konten lauten:

SBK / aktive Bestandskonten

passive Bestandskonten / SBK

Zusammenfassend ergibt sich folgender Buchungsablauf:
1. Start: Eröffnungsbilanz (EB)
2. Übertragung der Bilanzpositionen auf die einzelnen Kontoblätter mit dem Eröffnungsbilanzkonto (EBK)
3. Verbuchung der laufenden Geschäftsfälle während des Jahres

Die **Schlussbilanz** am 31.12. ist gleichzeitig die Eröffnungsbilanz am 01.01.

4. Bildung der Salden auf jedem Konto am Ende des Jahres
5. Übertragung der Salden in die Schlussbilanz mit dem Schlussbilanzkonto (SBK)
6. Ende: Schlussbilanz

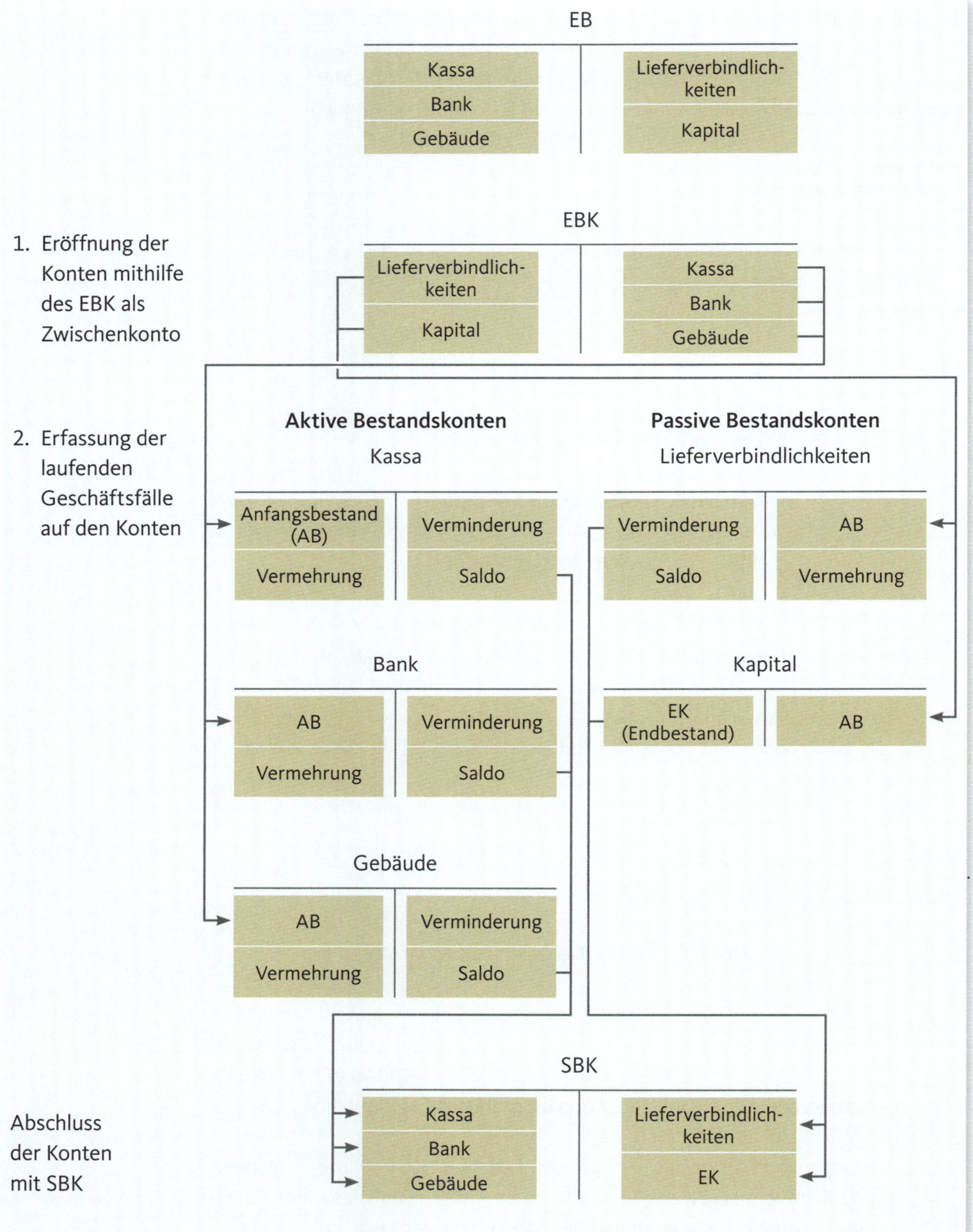

Lehrbeispiel

Das Unternehmen Rudys Shop hat am 01.01.20(n) folgende Eröffnungsbilanz für das neue Geschäftsjahr.

Aktiva		Bilanz	Passiva
Einrichtung	40.500,00	Liefververbindlichkeiten	14.000,00
Kundenforderungen	17.000,00	Bank	12.000,00
Kassa	6.000,00	Eigenkapital	37.500,00
	63.500,00		63.500,00

Die Konten sind aufgrund dieser Bilanz zu eröffnen und es sind folgende Geschäftsfälle zu verbuchen:

03.01.	Kauf weiterer Einrichtung auf Ziel	7.200,00 €
04.01.	Ausgleich einer Verbindlichkeit aus dem Vorjahr durch Barzahlung	3.000,00 €
06.01.	Barabhebung von der Bank für die Betriebskasse	500,00 €
08.01.	Ein Kunde überweist auf unser Bankkonto	6.000,00 €
10.01.	Kauf von Einrichtung gegen Banküberweisung	2.000,00 €
15.01.	Bareinzahlung auf das Bankkonto	1.800,00 €
31.01.	Abschluss	

Aufgabe

a) Aufstellung der Buchungssätze für die laufenden Buchungen (Journalbuchungen)
b) Ausarbeitung der Konten (EBK, Hauptbuchkonten, SBK)
c) Erstellung der Bilanz am Jahresende

Lösung

a) Journal

Datum	Text	Soll	Haben
01.01.	Einrichtung	40.500,00	
01.01.	Kundenforderungen	17.000,00	
01.01.	Kasse	6.000,00	
01.01	EBK		63.500,00
01.01.	EBK	63.500,00	
01.01	Lieferverbindlichkeiten		14.000,00
01.01.	Bank		12.000,00
01.01.	Kapital		37.500,00
03.01.	Einrichtung	7.200,00	
03.01	Lieferverbindlichkeiten		7.200,00
04.01.	Lieferverbindlichkeiten	3.000,00	
04.01.	Kasse		3.000,00

06.01.	Kasse	300,00	
06.01	Bank		500,00
08.01.	Bank	6.000,00	
08.01	Kundenforderungen		6.000,00
10.01.	Einrichtung	2.000,00	
10.01	Lieferverbindlichkeit		2.000,00
10.01.	Lieferverbindlichkeit	2.000,00	
10.01	Bank		2.000,00
15.01.	Bank	1.800,00	
15.01	Kasse		1.800,00
31.01.	SBK	62.400,00	
31.01	Einrichtung		49.700,00
31.01.	Kundenforderung		11.000,00
31.01.	Kasse		1.700,00
31.01.	Lieferverbindlichkeit	18.200,00	
31.01.	Bank	6.700,00	
31.01	Kapital		37.500,00
31.01	SBK	62.400,00	

b) Hauptbuch

Eröffnungsbilanzkonto (EBK)

Datum	Text	Soll	Haben
01.01.	Einrichtung		40.500,00
01.01.	Kundenforderungen		17.000,00
01.01.	Kasse		6.000,00
01.01.	Lieferverbindlichkeiten	14.000,00	
01.01.	Bank	12.000,00	
01.01.	Kapital	37.500,00	
		63.500,00	63.500,00

Einrichtung

Datum	Text	Soll	Haben
01.01.	EBK	40.500,00	
03.01.	Lieferverbindlichkeiten	7.200,00	
10.01.	Lieferverbindlichkeiten	2.000,00	
31.01.	SBK		49.700,00
		49.700,00	49.700,00

Kundenforderungen

Datum	Text	Soll	Haben
01.01.	EBK	17.000,00	
08.01.	Bank		6.000,00
31.01.	SBK		11.000,00
		17.000,00	17.000,00

Kasse

Datum	Text	Soll	Haben
01.01.	EBK	6.000,00	
04.01.	Lieferverbindlichkeiten		3.000,00
06.01.	Bank	500,00	
15.01.	Bank		1.800,00
31.01.	SBK		1.700,00
		6.500,00	6.500,00

Lieferverbindlichkeiten

Datum	Text	Soll	Haben
01.01.	EBK		14.000,00
03.01.	Einrichtung		7.200,00
04.01	Kasse	3.000,00	
10.01.	Einrichtung		2.000,00
10.01	Bank	2.000,00	
31.01.	SBK	18.200,00	
		23.200,00	23.200,00

Bank

Datum	Text	Soll	Haben
01.01.	EBK		12.000,00
06.01.	Kasse		500,00
08.01.	Kundenforderungen	6.000,00	
10.01.	Einrichtung		2.000,00
15.01.	Kasse	1.800,00	
31.01.	SBK	6.700,00	
		14.500,00	14.500,00

Kapital

Datum	Text	Soll	Haben
01.01.	EBK		37.500,00
31.01.	SBK	37.500,00	

Schlussbilanzkonto (SBK)

Datum	Text	Soll	Haben
31.01.	Einrichtung	49.700,00	
31.01.	Kundenforderungen	11.000,00	
31.01.	Kasse	1.700,00	
31.01.	Lieferverbindlichkeiten		18.200,00
31.01.	Bank		6.700,00
31.01.	Kapital		37.500,00
		62.400,00	62.400,00

c) Bilanz

Aktiva	Bilanz		Passiva
Anlagevermögen		**Fremdkapital**	
Einrichtung	49.700,00	Lieferverbindlichkeiten	18.200,00
		Bank	6.700,00
Umlaufvermögen			
Kundenforderungen	11.000,00	Eigenkapital	37.500,00
Kasse	1.700,00		
	62.400,00		62.400,00

Übung

Buchung auf Bestandskonten und Erstellung der Bilanz

Eröffnungsbestände

Kasse 530,00 €; Büromaschinen 7.190,00 €; Lieferverbindlichkeiten 1.910,00 €; Bankguthaben 2.170,00 €; Geschäftsausstattung 1.640,00 €; Kundenforderungen 380,00 €; Eigenkapital ___________

Geschäftsfälle

1.	Ein Kunde überweist auf unser Bankkonto	110,00 €
2.	Kauf eines Notebooks; Hälfte Barzahlung, Rest offen	400,00 €
3.	Wir überweisen an einen Lieferanten	200,00 €
4.	Verkauf einer Büromaschine; wir kassieren in bar	310,00 €
5.	Barabhebung vom Bankkonto	250,00 €

6. Bezahlung des Restbetrages für das Notebook durch Banküberweisung 200,00 €
7. Kauf eines neuen Autos, wir zahlen die Hälfte durch die Bank 22.000,00 €
8. Bezahlung einer Lieferverbindlichkeit, Banküberweisung 500,00 €
9. Verkauf von Geschäftsausstattung gegen Barzahlung 370,00 €
10. Bezahlung des Autos durch Banküberweisung 11.000,00 €
11. Kassieren über die Bank alle noch offenen Forderungen
12. Banküberweisung an einen Lieferanten 450,00 €
13. Kauf von Büromaschinen (1.000,00 €) und Geschäftsausstattung (2.500,00 €) auf Ziel 3.500,00 €

Aufgabe

a) Erstellung der Eröffnungsbilanz
b) Bildung der Buchungssätze
c) Buchung auf die Konten
d) Erstellung der Schlussbilanz
e) Vergleich der Eröffnungsbilanz mit der Schlussbilanz (prozentuelle Änderungen)

5.2 Die Erfolgskonten *(conti economici)*

Wie die bisherigen Beispiele gezeigt haben, hat sich durch die Verbuchung der Geschäftsfälle die Höhe des Eigenkapitals nicht geändert. Es kam lediglich zu Umschichtungen des Vermögens bzw. der Schulden, d. h. die Geschäftsfälle waren **erfolgsneutral**.

Erfolgsneutrale Geschäftsfälle ändern die Zusammensetzung des Vermögens und des Fremdkapitals, nicht aber die Höhe des Reinvermögens.

Nun ist es aber gerade das Ziel eines Unternehmens, einen wirtschaftlichen Erfolg zu erzielen. Der wirtschaftliche Erfolg oder auch Misserfolg drückt sich in der Änderung des Eigenkapitals innerhalb einer Abrechnungsperiode aus. Der Unternehmer ist durch seine Geschäftstätigkeit bestrebt, sein bestehendes Vermögen und Kapital zu vermehren, d. h. er will einen **wirtschaftlichen Erfolg** erzielen und sein Reinvermögen vergrößern.
Im Handel geschieht dies durch den Einkauf und den anschließenden Weiterverkauf der Handelswaren, in der Industrie durch den Einkauf von Rohstoffen und Materialien und deren Umwandlung in Güter, die dann verkauft werden.

Dieser Handels- und Produktionsprozess verursacht ständig eine Reihe **laufender Ausgaben (Spesen)** und auf der Gegenseite hoffentlich auch entsprechend höhere **Einnahmen (Erträge)**, damit sich die Tätigkeit lohnt.

Die laufenden Ausgaben für den Produktionsprozess und für die Handelstätigkeit nennen wir Aufwendungen.
Die laufenden Einnahmen aus dem Verkauf von Gütern oder auch Dienstleistungen nennen wir Erträge.

Beispiele:

Aufwendungen	Erträge
Wareneinkäufe	Warenverkäufe
Stromspesen	Mieterträge
Telefonspesen	Erhaltene Provisionen
Löhne für das Personal	

Nur **erfolgswirksame Geschäftsfälle** können das **Reinvermögen** (Eigenkapital) ändern.

Diese laufenden Geschäftstätigkeiten sind also **erfolgswirksam** und wirken sich direkt auf die Höhe des Eigenkapitals aus.

Aufwendungen verringern das Eigenkapital, Erträge vermehren es.

Lehrbeispiel

Aktiva	Bilanz		Passiva
Einrichtung	25.000,00	Verbindlichkeit	35.000,00
Waren	35.000,00	Eigenkapital	90.000,00
Bankguthaben	55.000,00		
Kasse	10.000,00		
	125.000,00		125.000,00

Geschäftsfälle

1. Von der Kasse werden 9.000,00 € auf das Bankkonto eingezahlt.
2. Es wird eine Miete für das Geschäftslokal in Höhe von 12.000,00 € durch Banküberweisung gezahlt.
3. Auf dem Bankkonto werden Zinsen in Höhe von 300,00 € gutgeschrieben.

Aufgabe

a) Welche Veränderungen ergeben sich durch diese Geschäftsfälle?
b) Erstellung der Bilanz unter Berücksichtigung dieser Geschäftsfälle

Lösung a)

1. Die Bareinlage auf das Bankkonto in Höhe von 9.000,00 € bringt keine Änderung des Eigenkapitals mit sich, es ist ein erfolgsneutraler Geschäftsfall (Umschichtung des Vermögens).
2. Das Bankkonto nimmt um 12.000,00 € ab und der Unternehmer hat 12.000,00 € für die Miete aufgewendet, er ist also um 12.000,00 € „ärmer" geworden. Sein Eigenkapital verringert sich somit um 12.000,00 €.
3. Die Zinsen erhöhen das Bankkonto um 300,00 €. Der Unternehmer wird um 300,00 € „reicher". Sein Eigenkapital erhöht sich um 300,00 €.

b) Bilanz

Aktiva	Bilanz	Passiva

Aufgrund des obigen Beispiels lässt sich Folgendes ableiten:

Aufwendungen *(costi d'esercizio)* = Eigenkapitalverminderung

Erträge *(ricavi d'esercizio)* = Eigenkapitalvermehrung

Die Aufwendungen und Erträge werden aber nicht direkt auf dem Kapitalkonto erfasst – das Kapitalkonto würde dann zu unübersichtlich werden –, sondern auf Unterkonten, den sogenannten **Erfolgskonten**. Auf den Erfolgskonten wird nach demselben Prinzip verbucht wie auf dem Kapitalkonto (passives Konto).

Aufwendungen verringern das Eigenkapital und sind gleichbedeutend mit Sollbuchungen auf dem Kapitalkonto. **Erträge** erhöhen das Eigenkapital und sind gleichbedeutend mit Habenbuchungen auf dem Kapitalkonto.

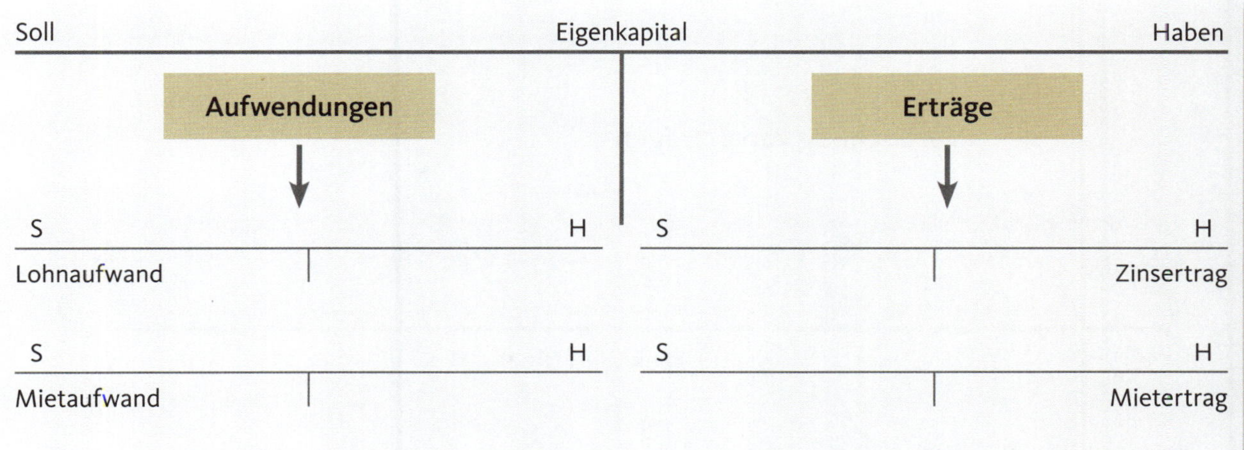

5.2.1 Buchung auf Erfolgskonten

Die Geschäftsfälle, welche den Betrag des Eigenkapitals verändern, werden als erfolgswirksame Geschäftsfälle bezeichnet. Sie lösen eine Buchung auf einem Aufwandskonto bzw. auf einem Ertragskonto aus.

Das Gegenkonto zum Aufwands- bzw. Ertragskonto ist **immer** ein aktives oder passives Bestandskonto. Die Belege für die erfolgswirksamen Geschäftsfälle sind in den meisten Fällen die Einkaufs- und Verkaufsrechnungen. Daher wird das Gegenkonto zum Aufwand meistens das Konto „Lieferverbindlichkeiten" sein und das Gegenkonto zum Ertrag ist meistens das Konto „Kundenforderungen". Wie schon oben erklärt, wird der Zahlungsvorgang getrennt verbucht. Die Belege für den Aufwand Strom sind die Stromrechnungen, die Belege für den Ertrag Verkauf von Handelswaren sind die Verkaufsrechnungen.

Verbuchung von Aufwendungen

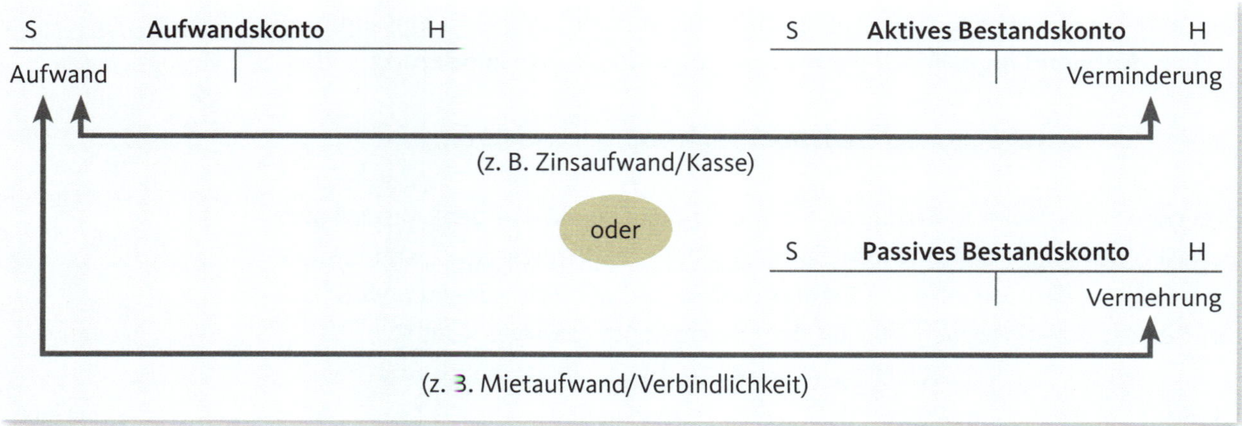

Verbuchung von Erträgen

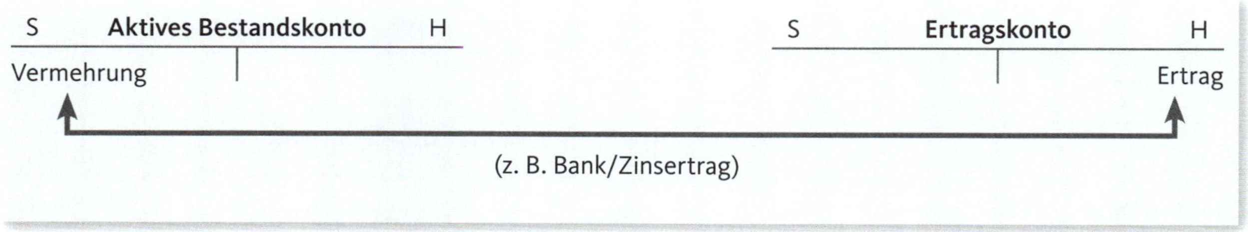

Aufwendungen werden im Soll der Aufwandskonten gebucht, **Erträge** im **Haben** der Ertragskonten.

Lehrbeispiel

1. Geschäftsfall
Wir zahlen Zinsen in Höhe von 1.700,00 € für ein Darlehen an unsere Bank in bar.

Lösung
Die Kasse nimmt um 1.700,00 € ab. Die Zinsen stellen einen Aufwand dar, wir werden „ärmer". Daher erfolgt die Verbuchung im Soll des Aufwandskontos „Zinsaufwand" – das bedeutet eine Verringerung des Eigenkapitals. In diesem Fall kann direkt über die Kasse gebucht werden, da die Banken in der Regel keine Rechnungen ausstellen.

Buchungssatz:
Zinsaufwand / Kasse 1.700,00

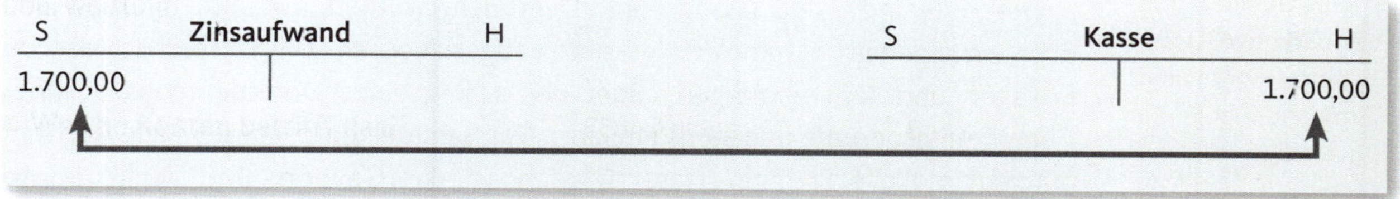

2. Geschäftsfall
Wir erhalten eine Miete für ein vermietetes Lokal in Höhe von 2.600,00 € auf unserem Bankkonto gutgeschrieben.

Lösung
Mieten, die wir erhalten, stellen für uns einen Ertrag dar, wir werden „reicher". Daher erfolgt die Verbuchung im Haben des Ertragskontos „Mietertrag". Gleichzeitig nimmt das Bankkonto zu.

Buchungssatz:
Bank / Mietertrag 2.600,00

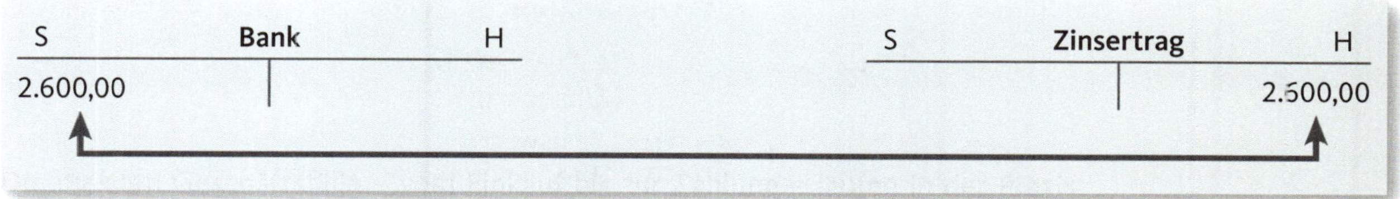

Übung

Geschäftsfälle

1. Erhalten der Telefonrechnung und Zahlung	340,00 €
2. Zahlung der Feuerversicherung durch Banküberweisung	750,00 €
3. Ein Zeitungsinserat (Werbeaufwand) kostet	35,00 €
4. Zahlung der Löhne durch Banküberweisung	2.300,00 €
5. Für die Wirtschaftsberatung stellen wir an unseren Kunden die Rechnung aus	4.300,00 €
6. Zinsgutschrift auf dem Bankkonto	150,00 €
7. Für ein vermietetes Gebäude erhalten wir die Miete über die Bank	2.100,00 €

Aufgabe
Bildung der Buchungssätze und Verbuchung auf die Konten

5.2.2 Der Abschluss der Erfolgskonten

Das **Gewinn- und Verlustkonto** ist das Sammelkonto aller Aufwendungen und Erträge während eines Geschäftsjahres.

Kurzbezeichnung für das Gewinn- und Verlustkonto: **G&V**

Am Jahresende werden alle Aufwendungen und alle Erträge, die auf den verschiedenen Aufwands- und Ertragskonten verbucht wurden, zusammengezählt und über ein eigenes „Sammelerfolgskonto" abgeschlossen. Die Differenz zwischen Erträgen und Aufwendungen bildet den Erfolg eines Unternehmens in einer Abrechnungsperiode (meistens ein Jahr). Das Sammelkonto, auf dem alle Aufwendungen und alle Erträge erfasst werden, ist das **Gewinn- und Verlustkonto** ***(conto profitti e perdite)***.

Die Salden der Aufwandskonten werden mit dem Buchungssatz:

G&V / Aufwandskonten
(Wareneinkauf)
(Miete)
(Strom)
(Löhne)
usw.

und die Salden der Ertragskonten mit dem Buchungssatz:

Ertragskonten / G&V
(Warenverkauf)
(Zinsertrag)
usw.

auf das Gewinn- und Verlustkonto übertragen. Durch Saldierung dieses Sammelkontos ergibt sich der Erfolg der Rechnungsperiode.

Gewinn- und Verlustkonto

Wareneinkauf	25.000,00	Warenverkauf	96.000,00
Strom	1.300,00	Zinserträge	400,00
Löhne	13.500,00	Erhaltene Provisionen	4.600,00
Büromaterial	900,00		
Reparaturen	6.700,00		
Heizung	4.800,00		
Wirtschaftsberatung	1.300,00		
Summe	53.500,00	Summe	101.000,00
Gewinn	47.500,00		

Sind die Erträge höher als die Aufwendungen, dann liegt ein Gewinn vor, im umgekehrten Falle ein Verlust.

Summe der Erträge	**101.000,00**
Summe der Aufwendungen	**53.500,00**
= Erfolg (Gewinn oder Verlust)	**47.500,00**

Der Saldo des G&V ist also der Gewinn oder der Verlust eines Geschäftsjahres. Damit auch in der Bilanz ersichtlich wird, wie erfolgreich oder weniger erfolgreich ein Geschäftsjahr war, wird der Saldo des G&V sowohl auf ein eigenes Konto mit der Bezeichnung „Gewinn 20(n) *(utile 20(n))*" oder „Verlust 20(n) *(perdita 20(n))*" als auch direkt in die Schlussbilanz übertragen. Somit wird auch aus der Schlussbilanz ersichtlich, wie sich das Eigenkapital geändert hat.
Erst zu Beginn des darauffolgenden Jahres wird der Gewinn oder der Verlust auf das Kapitalkonto übertragen.
Bei Gesellschaften ist diese Vorgangsweise Pflicht, da die Gesellschafter über die Verwendung des Gewinnes und die Deckung des Verlustes beschließen müssen.

Bei Gesellschaften darf daher der Gewinn oder der Verlust nicht auf das Kapitalkonto umgebucht werden, das Kapitalkonto (Gesellschaftskapital) bleibt gleich und der Erfolg (Gewinn oder Verlust) des Geschäftsjahres muss getrennt aufscheinen.
Der Gewinn wird – aufgrund des Beschlusses der Gesellschafter – entweder ausgeschüttet (ausgezahlt) auf die Privatkonten der Gesellschafter oder auf eine Gewinnrücklage umgebucht. Dazu Näheres in späteren Kapiteln.

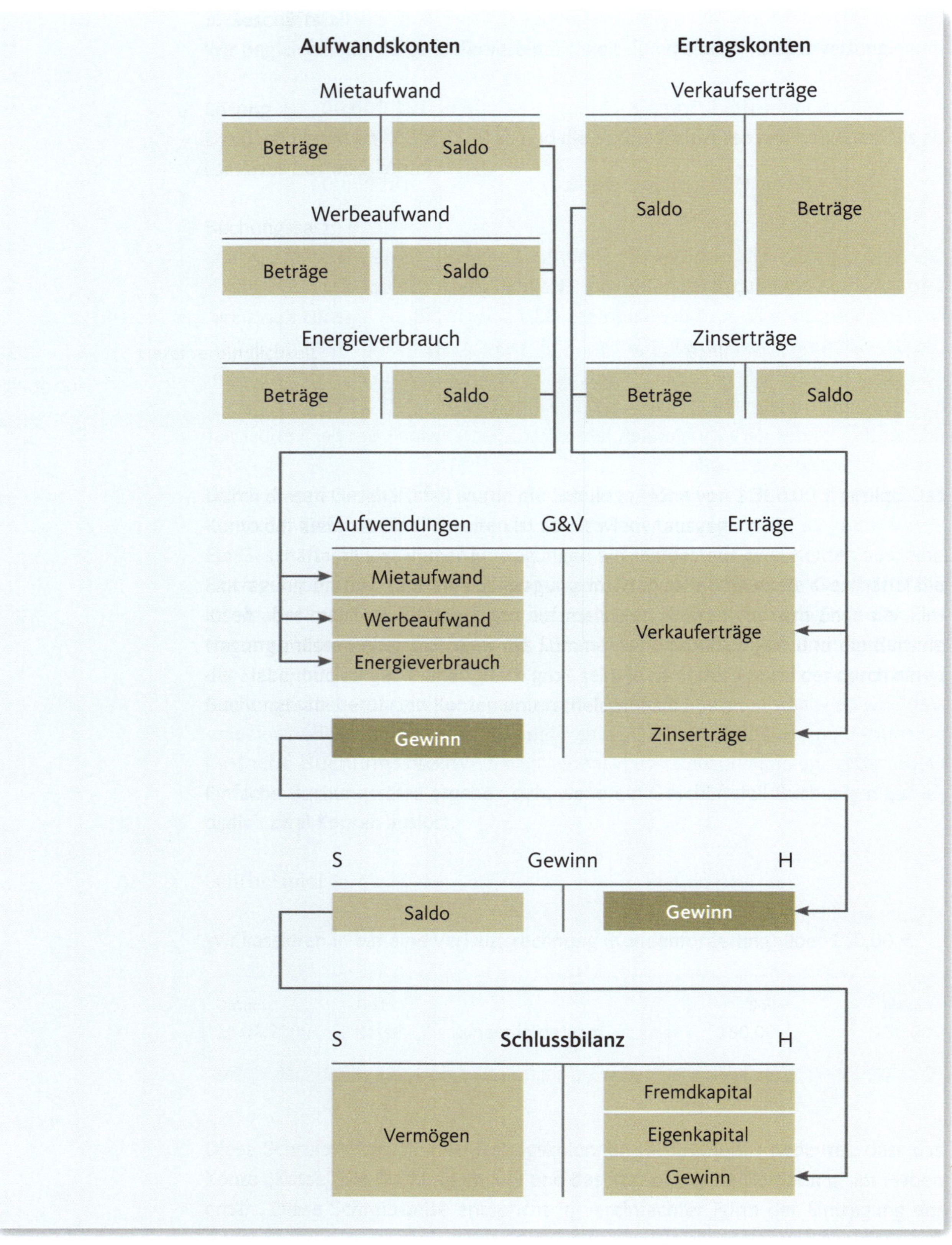
Aufwandskonten
Ertragskonten
Mietaufwand
Beträge
Saldo
Werbeaufwand
Beträge
Saldo
Energieverbrauch
Beträge
Saldo
Verkaufserträge
Saldo
Beträge
Zinserträge
Beträge
Saldo
Aufwendungen
G&V
Erträge
Mietaufwand
Werbeaufwand
Energieverbrauch
Gewinn
Verkauferträge
Zinserträge
S
Gewinn
H
Saldo
Gewinn
S
Schlussbilanz
H
Vermögen
Fremdkapital
Eigenkapital
Gewinn

Lehrbeispiel

Buchungen auf Erfolgskonten und auf Bestandskonten

Eröffnung des Hauptbuches per 01.01.20(n) mit folgenden Beständen:
Kassa 5.500,00 €; Bankguthaben 8.300,00 €; Kundenforderungen 30.000,00 €; Lieferverbindlichkeiten 25.000,00 €; Kapital 18.800,00 €

Geschäftsfälle

03.01.	Wir erhalten die Rechnung für die Miete unseres Geschäftslokales	2.400,00 €
09.01.	Rechnung für Büromaterial (Büroaufwand)	43,50 €
12.01.	Wir zahlen die Rechnung für das Büromaterial in bar	
15.01.	Wir erhalten die Rechnung für eine Werbeschaltung	510,50 €
17.01.	Zahlung der Rechnung für die Werbung in bar	
21.01.	Die Bank hat uns Zinsen gutgeschrieben	35,00 €
25.01.	Wir stellen unserem Kunden die Rechnung für Beratertätigkeit aus	7.700,00 €
30.01.	Der Kunde überweist uns den Rechnungsbetrag	
31.01.	Abschluss der Konten	

Aufgabe

a) Aufstellung der Buchungssätze für die laufenden Buchungen und Verbuchung der Geschäftsfälle auf die Konten
b) Erstellung der Schlussbilanz

Lösung

a) Laufende Buchungen (ohne Eröffnungsbuchungen der Bestandskonten)

03.01.	Mietaufwand / Lieferverbindlichkeit	2.400,00 €
09.01.	Büroaufwand / Lieferverbindlichkeit	43,50 €
12.01.	Lieferverbindlichkeit / Kasse	43,50 €
15.01.	Werbeaufwand / Lieferverbindlichkeit	510,50 €
17.01.	Lieferverbindlichkeit / Kasse	510,50 €
21.01.	Bank / Zinsertrag	35,00 €
25.01.	Kundenforderung / Ertrag aus Beratungstätigkeit	7.700,00 €
30.01.	Bank / Kundenforderung	7.700,00 €

b) Hauptbuch

Eröffnungsbilanzkonto (EBK)

Datum	Text	Soll	Haben
01.01.	Kasse		5.500,00
01.01.	Bank		8.300,00
01.01.	Kundenforderungen		30.000,00
01.01.	Lieferverbindlichkeiten	25.000,00	
01.01.	Kapital	18.800,00	
		43.800,00	43.800,00

Kasse

Datum	Text	Soll	Haben
01.01.	EBK	5.500,00	
12.01.	Lieferverbindlichkeit		43,50
17.01.	Lieferverbindlichkeit		510,50
31.01.	SBK		4.946,00
		5.500,00	5.500,00

Bank

Datum	Text	Soll	Haben
01.01.	EBK	8.300,00	
21.01.	Zinsertrag	35,00	
30.01.	Kundenforderung	7.700,00	
31.01.	SBK		16.035,00
		16.035,00	16.035,00

Kundenforderung

Datum	Text	Soll	Haben
01.01.	EBK	30.000,00	
25.01.	Beratertätigkeit	7.700,00	
30.01.	Bank		7.700,00
31.01.	SBK		30.000,00
		30.000,00	30.000,00

Lieferverbindlichkeit

Datum	Text	Soll	Haben
01.01.	EBK		25.000,00
03.01.	Mietaufwand		2.400,00
09.01.	Büroaufwand		43,50
12.01.	Kasse	43,50	
15.01.	Werbeaufwand		510,50
17.01.	Kasse	510,50	
31.01.	SBK	27.400,00	
		27.954,00	27.954,00

Kapital

Datum	Text	Soll	Haben
01.01.	EBK		18.800,00
31.01.	SBK	18.800,00	
		18.800,00	18.800,00

Mietaufwand

Datum	Text	Soll	Haben
03.01.	Lieferverbindlichkeit	2.400,00	
31.01.	G&V		2.400,00

Büroaufwand

Datum	Text	Soll	Haben
09.01.	Lieferverbindlichkeit	43,50	
31.01.	G&V		43,50

Werbeaufwand

Datum	Text	Soll	Haben
15.01.	Lieferverbindlichkeit	510,50	
31.01.	G&V		510,50

Zinsertrag

Datum	Text	Soll	Haben
21.01.	Bank		35,00
31.01.	G&V	35,00	

Ertrag aus Beratertätigkeit

Datum	Text	Soll	Haben
30.01.	Kundenforderung		7.700,00
31.01.	G&V	7.700,00	

Gewinn- und Verlustkonto (G&V)

Datum	Text	Soll	Haben
31.01.	Mietaufwand	2.400,00	
31.01.	Büroaufwand	43,50	
31.01.	Werbeaufwand	510,50	
31.01.	Zinsertrag		35,00
31.01.	Ertrag Beratertätigkeit		7.700,00
31.01.	Gewinn	4.781,00	
		7.735,00	7.735,00

Gewinnkonto

Datum	Text	Soll	Haben
31.01.	G&V		4.781,00
31.01.	SBK	4.781,00	
		4.781,00	4.781,00

Schlussbilanzkonto (SBK)

Datum	Text	Soll	Haben
31.01.	Kasse	4.946,00	
31.01.	Bank	16.035,00	
31.01.	Kundenforderung	30.000,00	
31.01.	Lieferverbindlichkeit		27.400,00
31.01.	Kapital		18.800,00
	Gewinn		4.781,00
		50.981,00	50.981,00

Aktiva		Bilanz	Passiva
Kasse	4.946,00	Lieferverbindlichkeit	27.400,00
Bank	16.035,00	Eigenkapital	18.800,00
Kundenforderung	30.000,00	Gewinn	4.781,00
	50.981,00		50.981,00

Übung

Soll		Bilanz 31.12.20(n)	Haben
Kasse	4.000,00	Kapital	13.200,00
Bank	9.200,00		
	13.200,00		13.200,00

Geschäftsfälle

Buchungen auf Bestands- und Erfolgskonten

02.01. Barzahlung der Geschäftsmiete 3.480,00 €
15.01. Provisionseinnahmen 8.000,00 €; Gutschrift auf dem Bankkonto
16.01. Kauf von Geschäftseinrichtung um 2.000,00 €; Banküberweisung
18.01. Kauf von Briefmarken 24,00 €; Barzahlung
20.01. Provisionseinnahme 45.000,00 €; Gutschrift auf dem Bankkonto
25.01. Zahlung von Versicherungsprämien über die Bank 870,00 €
26.01. Stromrechnung 55,00 €; Banküberweisung
27.01. Kauf einer Büromaschine um 1.500,00 € auf Ziel
28.01. Zahlung von Löhnen 2.000,00 € durch Banküberweisung
30.01. Auf dem Bankkonto werden 300,00 € Zinsen gutgeschrieben
31.01. Zahlung der Büromaschine durch Banküberweisung
31.01. Abschluss

Aufgabe

a) Aufstellung der Buchungssätze, Ausarbeitung des Hauptbuches (T-Konten)
b) Erstellung des Gewinn- und Verlustkontos
c) Erstellung der Bilanz

5.3 Der Kontenplan und die Buchungsregeln

Für die praktische Abwicklung der Buchhaltung ist es notwendig, dass bestimmte Grundregeln und organisatorische Strukturen eingehalten werden. Jedes Unternehmen wird sich seine spezielle Organisationsform für eine lückenlose, fehlerfreie und übersichtliche Buchhaltung geben. Dennoch baut die Buchhaltung auf allgemeinen organisatorischen Grundprinzipien auf. Dazu gehört der Aufbau eines geeigneten **Kontenplanes** des Unternehmens.

5.3.1 Der Kontenplan *(piano dei conti)*

Der **Kontenplan** ist eine systematische und hierarchische Einteilung der Konten.

Der Kontenplan *(piano dei conti)* ist der nach bestimmten Grundsätzen aufgebaute Organisationsplan der Konten der Buchhaltung. Er enthält die Klassifizierung aller Konten *(quadro dei conti)* eines Unternehmens sowie die Verbuchungsregeln auf den Konten *(note illustrative)*. Besonders in der EDV-geführten Buchhaltung kann eine nahezu unbegrenzte Anzahl von Konten angelegt werden. Umso notwendiger ist es dann, die Konten systematisch und hierarchisch richtig anzulegen. Dies ist für eine ordnungsgemäß geführte Buchhaltung unverzichtbar.

Zweck des Kontenplans

- Durch den Kontenplan werden die Buchhaltungen vereinheitlicht und damit vereinfacht.
- Der Kontenplan ermöglicht einen schnellen Zugriff auf bestimmte Daten der Buchhaltung.
- Der Kontenplan erleichtert die Erstellung der Vermögensaufstellung und des G&V gemäß den gesetzlichen Vorschriften.
- Der Kontenplan schafft Vergleichsmöglichkeiten zwischen Unternehmen.

Aufbau des Kontenplanes

Jedes Unternehmen kann sich frei für denjenigen Kontenplan entscheiden, den es für die Art und Größe des Betriebes für notwendig und sinnvoll erachtet. Es wird jedoch immer hierarchisch von einer Grobeinteilung in Kontenklassen zu einer Feingliederung der Einzelkonten vorgegangen. Dabei kann ein alphabetisches, numerisches oder ein alphanumerisches Klassifizierungsschema gewählt werden. Am weitesten verbreitet ist das numerische System und von diesem wiederum die **Dezimalklassifikation**. Die EDV-Buchhaltungen arbeiten nur mit numerischen Kontenklassifizierungen.

In diesem Lehrbuch werden die Konten in zehn **Kontenklassen** unterteilt. Die Klassen wiederum werden in **Kontengruppen**, in **Sammelkonten** und schließlich in **Einzelkonten** aufgegliedert. Die Einzelkonten können ebenfalls wieder unterteilt werden, z. B. in die Personenkonten der Kunden und Lieferanten. Inwieweit eine Aufgliederung der Kontengruppen und Einzelkonten vorgenommen wird, hängt von der benötigten Anzahl der Konten ab. Wichtig für die Erstellung eines guten Kontenplanes ist jedenfalls, dass eventuell neu hinzukommende Konten problemlos in den bestehenden Plan eingebaut werden können.

Die Kontenklassen

Bestandskonten
Klasse
0 **Aktive Bestandskonten *(conti patrimoniali attivi)***
1 **Passive Bestandskonten *(conti patrimoniali passivi)***

Erfolgskonten
Klasse
2 **Betriebliche Erträge der Leistungserstellung *(ricavi ordinari)***
3 **Betriebliche Aufwendungen für die Leistungserstellung *(costi ordinari)***
4 **Finanzielle Aufwendungen und Erträge *(proventi e oneri finanziari)***
5 **Wertberichtigungen des Finanzvermögen *(rettifiche delle attività finanziarie)***
6 **Außerordentliche Aufwendungen und Erträge *(proventi e oneri straordinari)***
7 **Steuern *(imposte)***
8 **frei**

Sammelkonten
9 **Abschlusskonten *(conti di risultato)***

Dieses Klassifizierungsschema erlaubt es einem Buchhalter, einen Geschäftsfall sofort richtig einzuordnen. Ein Geschäftsfall in der Kontenklasse 0 bedeutet, dass es sich um einen Geschäftsfall im Bereich des Vermögens (z. B. Einrichtung) handeln muss.

Beispiel für eine numerische Klassifizierung:
Konto: 02.06.01 Einrichtung der Lagerräume

Klasse	0	= Aktives Bestandskonto
Gruppe	02	= Materielles Anlagevermögen
Sammelkonto	02.06	= Einrichtung
Einzelkonto	02.06.01	= Einrichtung Lagerraum

Im Anhang wird ein Musterkontenplan abgedruckt, der grundsätzlich für alle Betriebe anwendbar ist. Selbstverständlich wird aber jeder Betrieb den Kontenplan seinen speziellen Erfordernissen anpassen.

5.3.2 Verbuchungsregeln auf den Konten

Der Kontenplan ordnet die Konten in Bestands-, Erfolgs- und Sammelkonten.
Da alle Konten zweiseitige Rechenfelder mit einer Soll- und einer Habenseite sind, kann theoretisch auf allen Konten im Soll und im Haben gebucht werden. In Wirklichkeit wird auf vielen Konten entweder nur im Soll oder nur im Haben gebucht.

Einseitig geführte Konten

Die Erfolgskonten werden während des Jahres meistens **einseitig** geführt.
Die Aufwandskonten weisen normalerweise nur **Sollbuchungen** und die Ertragskonten nur **Habenbuchungen** auf. Nur eventuelle Berichtigungen (Storno) zu Aufwendungen und Erträgen (Rücksendungen) werden auf der Gegenseite verbucht. Die Berichtigung kann auch seitengleich mit **Minus** verbucht werden.

Beispiel: Die Wareneinkäufe werden im Soll des Wareneinkaufskontos verbucht. Unsere Warenrücksendungen werden im **Haben** des Wareneinkaufskontos oder mit **Minus**-Vorzeichen ebenfalls im **Soll** des Wareneinkaufskontos verbucht.

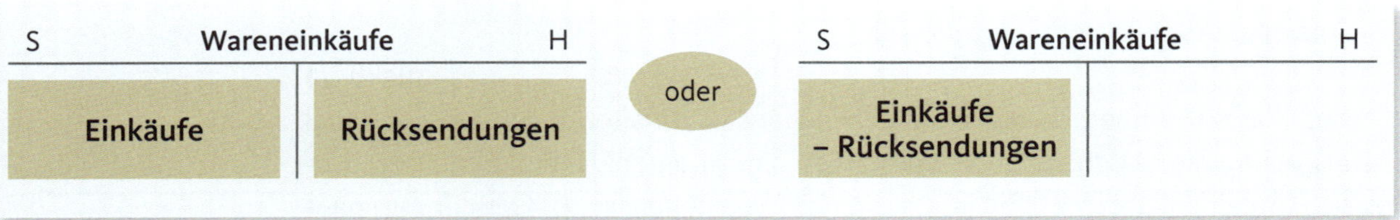

Zweiseitig geführte Konten

Die Bestandskonten werden grundsätzlich **zweiseitig** geführt.
Dies trifft vor allem auf die Finanzkonten (Kasse, Bank usw.) zu, die Buchungen sowohl im Soll als auch im Haben aufweisen.
Die Anlagekonten haben meist nur Sollbuchungen, erst wenn Anlagegüter aus dem Betrieb ausscheiden, wird im Haben des entsprechenden Kontos gebucht.

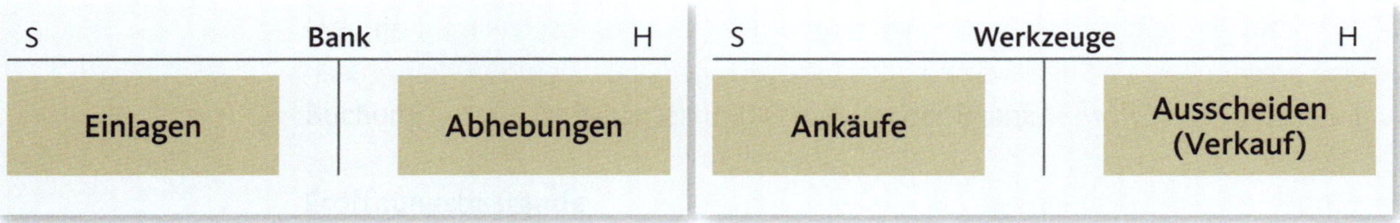

Auch die Kapitalkonten und die Abschlusskonten werden zweiseitig geführt. Das Eigenkapitalkonto wird aus Gründen der Übersicht einseitig geführt (z. B. eigenes Privatkonto).

Näheres über Konten und Verbuchungsregeln ist im „Allgemeinen Kontenrahmen" zu finden. Dieser wurde vom ***consiglio nazionale dei ragionieri e periti commerciali*** ausgearbeitet.

5

5.3.3 Korrektur von Fehlern

Für die Korrektur von fehlerhaften Buchungen bzw. Eintragungen gibt es folgende Möglichkeiten:

Durchstreichen der falschen Eintragung

Die falsche Eintragung wird so durchgestrichen, dass sie lesbar bleibt. Soweit dies erforderlich und möglich ist, wird die richtige Eintragung darüber geschrieben. Diese Art der Fehlerkorrektur ist in der Praxis nur bei manuell geführten Buchhaltungen möglich.

Berichtigungsbuchung

Wurde aufgrund einer falschen Rechnung ein zu niedriger oder ein zu hoher Betrag verbucht, so wird er durch eine Berichtigungsbuchung auf die richtige Höhe gebracht. Für die Berichtigungsbuchung wird ein eigener Beleg ausgestellt (z. B. Zusatzrechnung oder Gutschrift).

Beispiel:
Wareneinkauf auf Ziel 450,00 € (ohne Berücksichtigung der MwSt.)
1. Die Rechnung lautet fälschlich auf 400,00 €.
2. Wir erhalten eine Zusatzrechnung über 50,00 €.

Gebucht wurde

Wareneinkauf (1. Rechnung)	/	Lieferverbindlichkeit	400,00 €	400,00 €

Berichtigungsbuchung

Wareneinkauf (Zusatzrechnung)	/	Lieferverbindlichkeit	50,00 €	50,00 €

Bei der Berichtigungsbuchung ist ein Hinweis auf die ursprüngliche Buchung zu machen: z. B. Berichtigung zu Buchung Nr. 1222 d. d.

Stornobuchung

Eine falsche Buchung (falscher Betrag, falsche Konten) kann durch eine Stornobuchung aufgehoben werden. Der ursprünglich gebuchte Betrag wird entweder auf der Gegenseite (z. B. falsche Buchung im Soll, Stornobuchung im Haben) oder auf der gleichen Seite mit negativem Vorzeichen nochmals gebucht.
Im Anschluss an die Stornobuchung wird, soweit dies erforderlich ist, die richtige Buchung vorgenommen.

Lehrbeispiel

Barzahlung einer Lieferverbindlichkeit 150,00 €.
Dieser Geschäftsfall wurde irrtümlich so verbucht:

Journal

	Soll	Haben
Falsche Buchung:		
Kasse / Lieferverbindlichkeit	150,00	150,00
Stornobuchung:		
Lieferverbindlichkeit / Kasse	150,00	150,00
Richtigstellung:		
Lieferverbindlichkeit / Kasse	150,00	150,00

Übung

Bildung von Buchungssätzen und Korrektur von Buchungen

Geschäftsfälle

1. Wareneinkauf auf Ziel 176,00 €
2. Rücksendung von Waren im Wert von 76,00 €
3. Wareneinkauf 480,00 € auf Ziel
4. Der richtige Betrag laut Punkt 3 ist 430,00 €.
5. Kauf von Geschäftseinrichtung gegen Barzahlung 3.200,00 €
6. Kauf von Geschäftseinrichtung auf Kredit 4.300,00 €
7. Zahlung der Miete in bar 450,00 €
8. Die Miete laut Punkt 7 beträgt 490,00 €.
9. Versicherungsprämie 400,00 €; davon 200,00 € für eine private Versicherung, wir überweisen den Gesamtbetrag; dieser wird aber fälschlich auf dem Konto Stromaufwand gebucht.
10. Wir berichtigen den Buchungsvorgang Punkt 9.
11. Warenverkauf 5.000,00 €; Banküberweisung 2.000,00 €; Rest bleibt offen.
12. Der Kunde schickt uns Waren im Wert von 1.000,00 € zurück.

Aufgabe
Bildung der Buchungssätze in Journalform

Privatentnahme & -einlage

6. Privatentnahmen und -einlagen

Ein guter Unternehmer ist ein sparsamer Unternehmer. Was kann er also mit dem Gewinn aus seiner unternehmerischen Tätigkeit machen? Einen Teil davon wird er für den privaten Lebensunterhalt verwenden und einen Teil wird er im Unternehmen belassen und so den Betrieb weiter ausbauen. Je mehr vom Gewinn ein Unternehmer im Unternehmen belässt und nicht für private Zwecke verwendet, umso mehr trägt er zur Sicherung und Unabhängigkeit seines Unternehmens bei.

Bei Gesellschaften wird die **Verteilung** und **Verwendung des Gewinnes** bei der Mitgliederversammlung beschlossen.

Der wirtschaftliche Erfolg oder auch Misserfolg eines Unternehmens wird am Ende eines Geschäftsjahres durch die Ermittlung des Gewinnes oder des Verlustes sichtbar. Dies bedeutet, dass ein Unternehmer erst am Ende eines Geschäftsjahres weiß, wie hoch der Gewinn sein wird, über den er frei verfügen kann.

Er wird aber bereits während des Jahres Güter und Geld für den privaten Lebensunterhalt entnehmen und somit einen Teil des zukünftigen Gewinnes konsumieren. Er kann aber auch privates Vermögen in den Betrieb einbringen und dadurch während des Jahres sein Betriebskapital erhöhen.

Privatentnahmen sind alle Entnahmen (Barentnahmen, Waren, Erzeugnisse, Nutzungen und Leistungen), die der Unternehmer für betriebsfremde Zwecke aus seinem Betrieb entnimmt.
Privateinlagen hingegen sind alle Einlagen (Bareinzahlungen, Einbringung von Gütern), die der Unternehmer aus dem privaten Bereich dem Betrieb zuführt.

Das **Privatkonto** ist ein Unterkonto des Eigenkapitalkontos. Entnahmen verringern das Eigenkapital, Einlagen erhöhen es.

Die Entnahmen stellen **Minderungen**, die Einlagen **Erhöhungen** des **Eigenkapitals** dar. Sie werden auf einem eigenen Konto, dem Privatkonto, erfasst. Das Privatkonto ist ein Unterkonto zum Kapitalkonto.

Buchungen zu den Privatentnahmen

Die Entnahmen werden im **Soll** des **Privatkontos** erfasst, und zwar Entnahmen von Geldbeträgen mit dem Buchungssatz:

Privat / Bank oder Kasse

Lehrbeispiel

Der Tischler Max Tabarelli entnimmt der Betriebskasse 4.500,00 € für den Kauf seiner privaten Kücheneinrichtung.

Aufgabe
Verbuchung des Einkaufs im Journal und im Hauptbuch

Lösung
Journal

Text	Soll	Haben
Privat	4.500,00	
Kasse		4.500,00

Hauptbuch

S	Privat	H	S	Kasse	H
4,500,00					4,500,00

Für die Entnahme von Waren aus dem eigenen Unternehmen gilt dasselbe Prinzip. Der Unternehmer verkauft Ware an sich selbst.

Buchungssatz:

Privat / Warenverkauf

Lehrbeispiel

Der Kaufmann Georg Müller entnimmt seinem Geschäft für private Zwecke ein Fernsehgerät im Wert von 2.000,00 €.

Aufgabe
Verbuchung des Einkaufs im Journal und im Hauptbuch

Lösung
Journal

Text	Soll	Haben
Privat	2.000,00	
Warenverkauf		2.000,00

Hauptbuch

S	Privat	H	S	Warenverkauf	H
2.000,00					2.000,00

Entnahmen von Waren aus dem Betrieb für den privaten Verbrauch **(Eigenverbrauch)** sind wie normale Verkäufe zu behandeln. Sie sind – wie wir später sehen werden – mehrwertsteuerpflichtig und als Steuergrundlage dient der normale Verkaufspreis *(prezzo normale)*.

Buchung zu den Privateinlagen

Werden Geld oder Sachwerte aus dem privaten Vermögen dem Betrieb zugeführt, so erhöht dies das Eigenkapital des Betriebes. Die Buchung der Einlage erfolgt im Haben des Privatkontos.

Buchungssatz:

Kasse (Bank, Gebäude usw.) / Privat

Lehrbeispiel

Der Kaufmann Georg Müller hat einen Lagerraum geerbt und bringt ihn in das Betriebsvermögen ein. Der Lagerraum hat einen Wert von 25.000,00 €.

Aufgabe

Verbuchung des Einkaufs im Journal und im Hauptbuch

Lösung

Journal

Text	Soll	Haben
Gebäude	25.000,00	
Privat		25.000,00

Hauptbuch

S	Gebäude	H
25.000,00		

S	Privat	H
		25.000,00

Abschluss des Privatkontos

Der Abschluss des Privatkontos kann unterschiedlich erfolgen, dies hängt von der Rechtsform des Unternehmens ab.

Abschluss über das Gewinnkonto: In diesem Fall wird in der Bilanz lediglich der Nettogewinn ausgewiesen. Diese Form hat den Nachteil, dass aus der Bilanz nicht sofort ersichtlich wird, wie hoch der Gewinn (Verlust) des Betriebes ursprünglich war und wie viel vom eventuellen Gewinn der Unternehmer bereits privat verbraucht hat.

Buchung beim Abschluss über das Gewinnkonto bei einem Sollsaldo:

Gewinn 20(n) / Privat

Buchungssatz beim Abschluss über das Gewinnkonto bei einem Habensaldo:

Privat / Gewinn 20(n)

Abschluss über das Schlussbilanzkonto: In diesem Fall wird das Privatkonto (wie auch das Gewinnkonto) über das Schlussbilanzkonto abgeschlossen. Diese Methode hat den Vorteil, dass der Gewinn und die bereits getätigten Privatentnahmen in der Bilanz getrennt aufscheinen. Daher ist es ratsam, die Privatentnahmen auf der Passivseite der Bilanz mit negativem Vorzeichen einzutragen. Bei Unternehmen mit der Rechtsform von Gesellschaften dürfen die Privatentnahmen der Gesellschafter nicht direkt vom Gewinn oder vom Gesellschaftskapital abgebucht werden. Für die Privatentnahmen wird für jeden Gesellschafter ein eigenes Privatkonto eingerichtet. Diese Privatentnahmen werden dann am Jahresende mit den zustehenden Gewinnanteilen verrechnet.

Buchung beim Abschluss über das Schlussbilanzkonto bei einem Sollsaldo:

SBK / Privat

Buchung beim Abschluss über das Schlussbilanzkonto bei einem Habensaldo:

Privat / SBK

Abschluss direkt über das Eigenkapitalkonto: Bringt ein Unternehmer Anlagevermögen in den Betrieb ein (z. B. Gebäude) oder entnimmt er aus dem Betrieb Anlagevermögen (er „privatisiert" z. B. ein Betriebsfahrzeug), so kann im Falle eines Einzelunternehmens die Buchung direkt über das Eigenkapitalkonto erfolgen. Bei Gesellschaften ist dies nicht so einfach möglich, da das Gesellschaftskapital und damit auch der Gesellschaftsvertrag geändert werden.

Buchung beim Abschluss über das Eigenkapitalkonto bei einem Sollsaldo:

Eigenkapital / Privat

Buchungssatz beim Abschluss über das Eigenkapitalkonto bei einem Habensaldo:

Privat / Eigenkapital

7

Abschreibung Anlagegüter

7. Die Abschreibung der Anlagegüter

Das Anlagevermögen umfasst die materiellen und immateriellen Güter, die im Unternehmen für mehrere Jahre eingesetzt und genutzt werden. Die meisten Anlagegüter verlieren durch ihre Nutzung im Laufe der Jahre an Wert und können daher nicht mit ihrem Anschaffungswert über Jahre in der Bilanz aufscheinen. Dieser Wertminderung eines Anlagegutes wird durch die **Abschreibung** Rechnung getragen.

Nicht abnutzbare Wirtschaftsgüter werden nicht abgeschrieben (z. B. Grund und Boden). Auch darf bei Gebäuden der Grundstücksanteil nicht abgeschrieben werden.

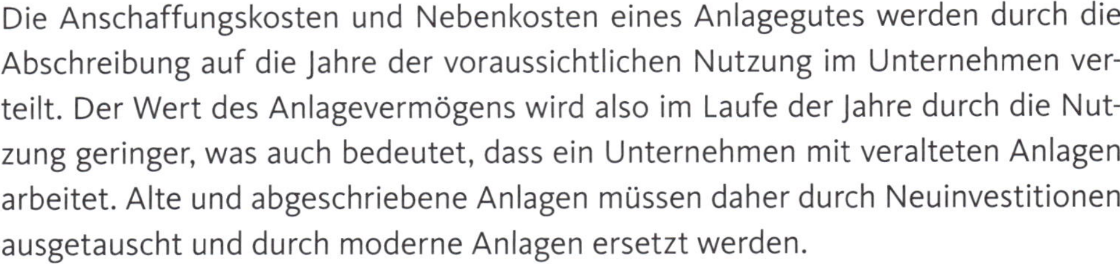

Die Anschaffungskosten und Nebenkosten eines Anlagegutes werden durch die Abschreibung auf die Jahre der voraussichtlichen Nutzung im Unternehmen verteilt. Der Wert des Anlagevermögens wird also im Laufe der Jahre durch die Nutzung geringer, was auch bedeutet, dass ein Unternehmen mit veralteten Anlagen arbeitet. Alte und abgeschriebene Anlagen müssen daher durch Neuinvestitionen ausgetauscht und durch moderne Anlagen ersetzt werden.

Unter der Anlagenabschreibung *(ammortamento)* versteht man das Ausmaß der Wertminderung eines abnutzbaren Anlagegutes und die Verteilung der Anschaffungskosten auf die angenommene Nutzungsdauer.

Beispiel: Anschaffungskosten einer Maschine: 50.000,00 €, voraussichtliche Nutzungsdauer: 5 Jahre. Dies entspricht einer jährlichen Wertminderung von 20 %. Der Abschreibungsprozentsatz beträgt daher pro Jahr 20 % vom Anschaffungswert. Die Maschine verliert also jährlich 10.000,00 € an Wert. Es werden also für 5 Jahre hindurch jeweils 10.000,00 € als Aufwand verbucht, was der kalkulierten Abnutzung pro Jahr entspricht (Annahme der konstanten Abnutzung).

Für die Anlagegüter mit einer geschätzten Lebensdauer von mehreren Jahren wird ein Abschreibungsplan erstellt:

Jahre	Abschreibungsbetrag	Restwert am Jahresende
1	10.000,00	40.000,00
2	10.000,00	30.000,00
3	10.000,00	20.000,00
4	10.000,00	10.000,00
5	10.000,00	0*

Da in der Praxis die voraussichtliche Nutzungsdauer kaum feststellbar ist, wird ein geschätzter Abschreibungsprozentsatz angenommen. Das Steuerrecht sieht diesbezüglich zulässige Höchstprozentsätze vor (z. B. bei EDV-Anlagen 20 %). Was die Abschreibung der Anlagegüter im Jahr der Anschaffung betrifft, so sehen die

* Selbstverständlich kann diese Maschine weitere Jahre im Betrieb genutzt werden, es darf aber kein weiterer Abschreibungsbetrag verbucht werden.

Buchhaltungsvorschriften vor, dass die Abschreibung genau auf die Tage der Nutzung im ersten Jahr zu berechnen ist. Das Steuerrecht sieht für das erste Jahr der Nutzung eine einfachere Berechnungsform vor, nämlich die Halbierung des zulässigen Jahresprozentsatzes, unabhängig von der tatsächlichen Nutzungszeit.
Diese Regelung wird in der Folge auch in den Übungen angewandt.

7.1 Die Methode der direkten Abschreibung *(ammortamento diretto)*

Bei diesem Verfahren werden die Abschreibungsbeträge direkt vom jeweiligen Anlagenkonto abgebucht und auf ein entsprechendes Aufwandskonto übertragen.

Der Buchungssatz am Ende eines Jahres lautet:

Abschreibung Anlagen / Anlagen

Das Konto „Abschreibung Anlagen“ ist ein Aufwandskonto und wird in so viele Konten untergliedert, wie es gleichartige Anlagegüter gibt (Maschinen, Fuhrpark usw.).

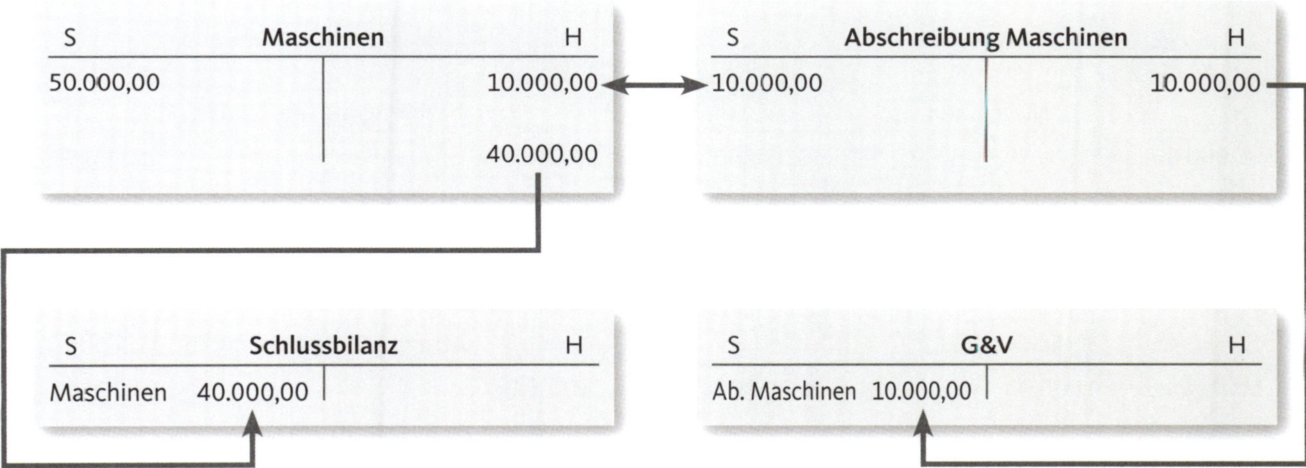

Diese Buchungsmethode hat den Nachteil, dass der ursprüngliche Anschaffungswert einer Anlage und die bereits vorgenommenen Abschreibungen nicht direkt aus den Konten abgelesen werden können, sondern jeweils nur der Restbuchwert ersichtlich ist. Diese direkte Abschreibungsmethode wird selten angewandt.

7.2 Die Methode der indirekten Abschreibung *(ammortamento indiretto)*

Bei der indirekten Abschreibung werden die Abschreibungsbeträge nicht auf dem Anlagenkonto direkt, sondern im Haben eines eigenen **Wertberichtigungskontos** erfasst. Zu jedem Anlagenkonto gibt es ein entsprechendes Wertberichtigungskonto.

Die Wertberichtigungskonten sind Korrekturkonten zu Anlagenkonten. Sie dienen der Berichtigung der Anschaffungswerte der Anlagegüter. Diese Wertberichtigungskonten werden wie die entsprechenden Anlagenkonten über das SBK abgeschlossen. In der endgültigen und gegliederten Bilanz müssen die Wertberichtigungen jedoch nicht aufscheinen, d. h. die Anlagewerte werden zu ihrem Nettowert ausgewiesen. In einem Anlagenspiegel zu den Anlagegütern wird detailliert aufgelistet, wie hoch der Anschaffungswert, der jährliche Abschreibungsbetrag und die Wertberichtigung insgesamt sind. Dieser detaillierte Anlagenspiegel wird der Bilanz als Anhang beigelegt.

Der Buchungssatz am Ende eines Jahres lautet:

Abschreibung Anlagen / Wertberichtigung Anlagen

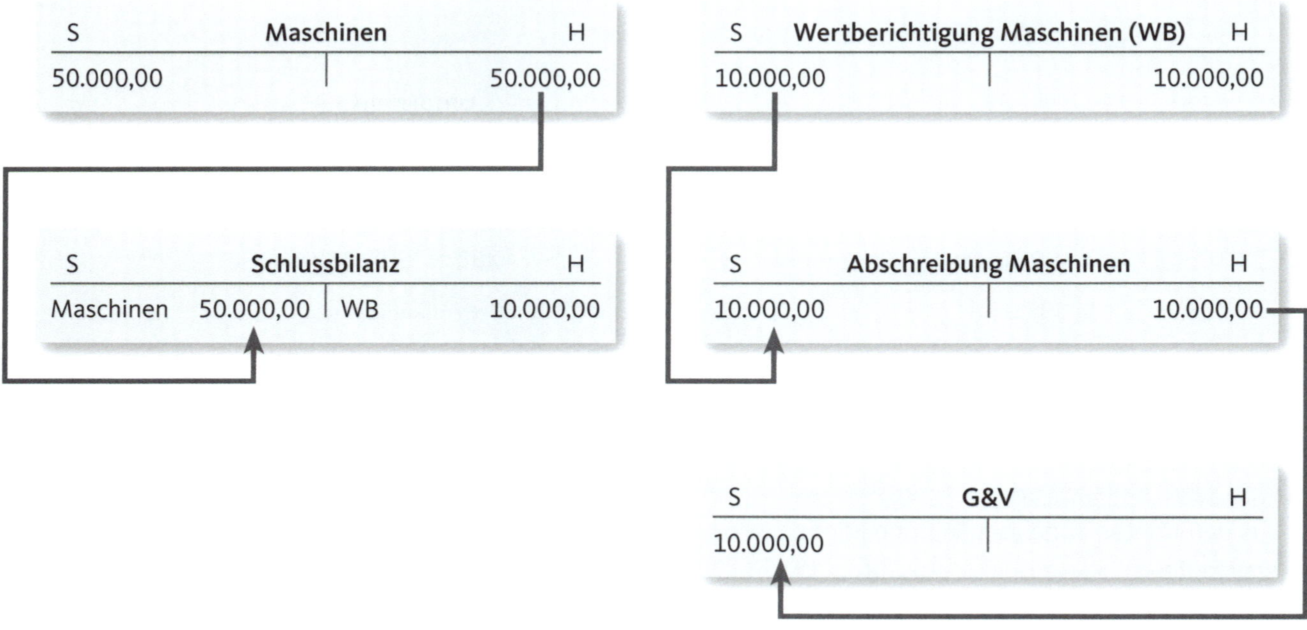

Auf dem Anlagekonto scheint während der gesamten Nutzungsdauer der Anschaffungswert (50.000,00 €) auf. Das Wertberichtigungskonto enthält progressiv die bereits vorgenommenen Abschreibungen der vergangenen Jahre: 1. Jahr: 10.000,00 €; 2. Jahr 20.000,00 € usw. Will man den Restwert – auch Buchwert genannt – einer Anlage in einem bestimmten Jahr wissen, so muss man vom Anschaffungswert den Wertberichtigungsbetrag abziehen.

Die Berechnung des Restwertes ist vor allem für die Festlegung des Wertes beim Verkauf einer gebrauchten Maschine wichtig.
Ist eine Anlage voll abgeschrieben (100 %) so weist das Konto „Anlage" im **Soll** und das Konto „WB-Anlage" im **Haben** den gleich hohen Betrag auf. Bis zum effektiven Ausscheiden der Anlage aus dem Betrieb bleiben die Konten so bestehen, da die Anlage ja noch im Inventar des Unternehmens aufscheint, aber keinen Wert mehr hat.

Diese Abschreibungsmethode wird meistens angewandt – sowohl für materielle als auch für immaterielle Anlagewerte. Die Anlagenkonten und die entsprechenden Wertberichtigungskonten voll abgeschriebener und weiterhin genutzter Anlagen bleiben bis zum tatsächlichen Ausscheiden des Wirtschaftsgutes weiterhin offen.

!

Lehrbeispiel

Das Konto „Maschinen" und das Konto „WB-Maschinen" zeigen am Anfang eines Jahres folgende Werte:

S	Maschinen	H
70.000,00		

S	WB-Maschinen	H
		49.000,00

Am 01.10. dieses Jahres wurde eine neue Maschine (Type AAA) im Wert von 147.900,00 € (ohne MwSt.) gekauft und in Betrieb genommen. Beide Maschinen haben einen Abschreibungssatz von 20 % jährlich.

Aufgabe
Darstellung der Geschäftsfälle im Hauptbuch und Verbuchung der Abschreibung

Lösung
Journal Maschinen

Datum	Text	Soll	Haben
01.01.	EBK (Maschine Type xxx)	70.000,00	
01.10.	Ankauf (Maschine Type AAA)	147.900,00	
31.12.	SBK		217.900,00
		217.900,00	217.900,00

Wertberichtigung Maschinen

Datum	Text	Soll	Haben
01.01.	EBK (Maschine Type xxx)		49.000,00
31.12.	Abschreibung Maschine (Type xxx)		14.000,00
31.12.	Abschreibung Maschine (Type AAA)		14.790,00
31.12.	SBK	77.790,00	
		77.790,00	77.790,00

Abschreibung Maschinen

Datum	Text	Soll	Haben
31.12.	WB-Maschinen (Type xxx)	14.000,00	
31.12.	WB-Maschinen (Type AAA)	14.790,00	
31.12.	G&V		28.790,00
		28.790,00	28.790,00

Der Abschreibungsbetrag von 28.790,00 € ergibt sich aus:

20 % von 70.000,00 € (Maschine Type xxx am 01.01. vorhanden)	14.000,00
10 % von 147.900,00 € (neue Maschine Type AAA)	14.790,00
Gesamtabschreibung	28.790,00

Das Wertberichtigungskonto ist ein passives Bestandskonto und würde somit in der Bilanz auf der Passivseite stehen. Da es aber inhaltlich zum jeweiligen Anlagekonto gehört, ist es besser, dieses Konto in der Bilanz auf der Aktivseite mit negativem Vorzeichen beim jeweiligen Anlagekonto anzuführen. Dadurch lässt sich die Bilanz leichter interpretieren.

Übung

In der Werkstatt des Kfz-Mechanikers Anton Dibiasi befindet sich zu Jahresbeginn folgendes Anlagevermögen mit Abschreibungssätzen:
Hebebühnen: Anschaffungswert 45.000,00 €; Wertberichtigung 13.000,00 €; 12 %
Einrichtung: Anschaffungswert 17.000,00 €; Wertberichtigung 12.000,00 €; 15 %
Werkzeug: Anschaffungswert 26.000,00 €; Wertberichtigung 22.000,00 €; 18 %
Am 01.09. wird eine weitere Hebebühne um 17.000,00 € gekauft.

Aufgabe
Erstelle eine Tabelle mit folgenden Angaben: Anschaffungswert, Wertberichtigung, Buchwert am 01.09., Abschreibung; Buchwert am 31.12.
Mache die notwendigen Buchungen.

8

Verbuchung Handelswaren

8. Die Verbuchung der Handelswaren

Mit ihrer Tätigkeit schaffen Unternehmen unter Einsatz von Arbeit und Rohstoffen neue Güter (Produktion) oder sie handeln mit fertigen Waren (Güterverteilungsfunktion). Bereits vorhandene Güter erhalten dadurch einen neuen Wert. Diese Mehrwertschaffung wird auf dem Gütermarkt durch die Differenz der Einkaufspreise und der Verkaufspreise oder durch die Verarbeitung von Rohstoffen zu Fertigprodukten ausgedrückt.

\+ Verkaufspreis
\- Einkaufspreis
\- Betriebsspesen
= Gewinn/Verlust

Der Handelsunternehmer (dieser wird im Rahmen dieses Buches betrachtet) kauft Waren zu einem bestimmten Preis ein und verkauft sie wieder zu einem höheren Preis. Mit der sich ergebenden Preisdifferenz deckt der Kaufmann seine Betriebsaufwendungen (Löhne, Mieten usw.) und erzielt dabei einen Gewinn (oder Verlust).

Die Verbuchung der Handelswaren bringt einige Besonderheiten mit sich. Die Wareneinkäufe sind Bestandsvermehrungen zu einem bestimmten Wert (Einkaufswert) und die Warenverkäufe sind Bestandsverminderungen, haben aber normalerweise einen höheren Wert (Verkaufswert). Der gesamte Handelsvorgang ist in erster Linie als **erfolgswirksamer** Geschäftsfall zu betrachten.
Die Verbuchung der Warenbewegungen – Einkauf und Verkauf – wird daher während des Jahres auf den Erfolgskonten „Wareneinkauf" und „Warenverkauf" vorgenommen. Lediglich am Ende eines Geschäftsjahres, wenn sich noch unverkaufte Waren im Lager befinden – was fast immer der Fall ist –, wird dafür ein „Warenbestandskonto" eingerichtet.
Der getätigte Aufwand für diese nicht verkauften Waren muss nämlich auf das darauffolgende Jahr übertragen werden, da in der doppelten Buchhaltung im Gewinn- und Verlustkonto eines Jahres nur jene Aufwendungen und Erträge aufscheinen dürfen, die in die Zuständigkeit einer Abrechnungsperiode fallen **(Kompetenzprinzip der Buchhaltung)**.

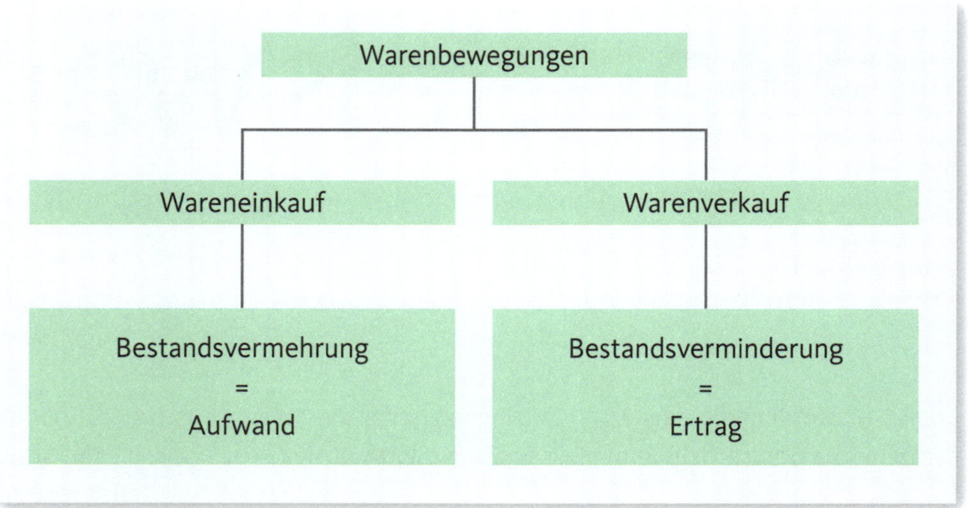

8

8.1 Die Warenkonten

Für die Verbuchung der Wareneinkäufe, der Warenverkäufe und der Warenbestände (Vorräte) am Jahresende werden folgende Konten eingerichtet:

Wareneinkaufskonto *(merci c/acquisti)*	Dieses Erfolgskonto nimmt im Soll alle Wareneinkäufe während eines Geschäftsjahres auf. Im Haben dieses Kontos werden die Rücksendungen an die Lieferanten gebucht (diese können auch auf einem eigenen Konto „Unsere Rücksendungen“ gebucht werden). Das Konto wird über das G&V abgeschlossen.
Warenverkaufskonto *(merci c/vendite)*	Dieses Erfolgskonto nimmt im Haben alle Warenverkäufe auf. Im Soll werden die Rücksendungen der Kunden verbucht (diese können analog zu den Einkäufen auf einem eigenen Konto „Ihre Rücksendungen“ gebucht werden). Die Summe aller Warenverkäufe nennt man den **Umsatz**. Das Konto wird über das G&V abgeschlossen.
Waren (Vorrat) *(merci c/ rimanenze)*	Das Bestandskonto „Waren“ oder „Warenvorrat“ erfasst im Soll die Anfangsbestände an Waren am 01.01. eines Geschäftsjahres (laut Inventur vom letzten Jahr) und im Haben die Endbestände des laufenden Geschäftsjahres laut Inventur am 31.12. Der Saldo des Kontos ist die Bestandsänderung (Bestandsminderung im Haben, Bestandsvermehrung im Soll), die sich aufgrund der Inventur des letzten Geschäftsjahres und der Inventur am Ende des laufenden Geschäftsjahres ergeben hat. Der Endbestand (Inventur des laufenden Geschäftsjahres) wird auf die Aktivseite der Bilanz übernommen (SBK / Waren).
Bestandsänderung *(variazioni c/ rimanenze)*	Dieses Erfolgskonto nimmt im Soll die Bestandsminderung und im Haben die Bestandsvermehrung des Warenkontos auf. Es ist das Gegenkonto zum Warenkonto. Das Konto wird über das G&V abgeschlossen (Bestandsvermehrung / G&V oder G&V / Bestandsminderung).

Warum diese zunächst recht umständlich wirkende Verbuchung?

Ein Kaufmann verkauft normalerweise Waren in demselben Jahr, in dem er sie eingekauft hat. Er wird am Jahresende noch Waren im Lager haben, die er im darauffolgenden Jahr verkaufen kann. Daher müssen bei der Erfolgsermittlung diese unverkauften Lagerbestände berücksichtigt werden. Betrachtet man immer zwei

aufeinanderfolgende Jahre, so werden die Lagerbestände von einem Jahr auf das andere zu- oder abnehmen. Verkauft ein Kaufmann in einem Jahr mehr Waren, als er in demselben Jahr eingekauft hat, so wird er sagen: „Es kamen in diesem Jahr Waren der vergangenen Jahre zum Einsatz, es wurde also das Lager – bezogen auf das Vorjahr – abgebaut." Dieser Lagerabbau wird daher in der Buchhaltung als Aufwand (Bestandsminderung) berücksichtigt.
Umgekehrt können im laufenden Geschäftsjahr mehr Waren eingekauft worden sein, als verkauft wurden. In diesem Fall vermehren sich die Lagerbestände. Buchungstechnisch wird dies durch eine Habenbuchung auf dem Erfolgskonto Bestandsänderung berücksichtigt.
Wie wir sehen, fließen in die Erfolgsrechnung (G&V) per Saldo immer nur die innerhalb eines Geschäftsjahres effektiv eingesetzten Waren ein.

Dazu noch zwei Begriffe:

Wareneinsatz *(costo del venduto)*

Darunter versteht man alle in einem Geschäftsjahr verkauften Waren, bewertet zu Einstandspreisen (= Einkaufspreis + Bezugsspesen). Der Wareneinsatz lässt sich nach folgendem Schema ermitteln:

Wareneinsatz: im Geschäftsjahr verkaufte Ware bewertet zu Einstandspreisen

	Warenanfangsbestand am 01.01.
+	Zukäufe (– Rücksendungen)
=	Zwischensumme
–	Warenendbestand am 31.12.
=	**Wareneinsatz**

	Einkäufe
+	Bestandsminderung
–	Bestandsvermehrung
=	**Wareneinsatz**

Beispiel:

Warenbestand am Jahresanfang	45.000,00
+ Einkäufe während des Jahres	450.000,00
= Zwischensumme	495.000,00
– Warenbestand am Jahresende	65.000,00
= Wareneinsatz	430.000,00

oder:

Einkäufe während des Jahres	450.000,00
– Warenbestandsvermehrung	20.000,00
= Wareneinsatz	430.000,00

Rohgewinn

Der Rohgewinn ist die Differenz zwischen Umsatz (Warenverkauf) und dem Wert des Wareneinsatzes. Vom Rohgewinn müssen aber dann noch alle anderen Aufwendungen abgezogen werden. Dann erst erhält man den betrieblichen Reingewinn oder Verlust.

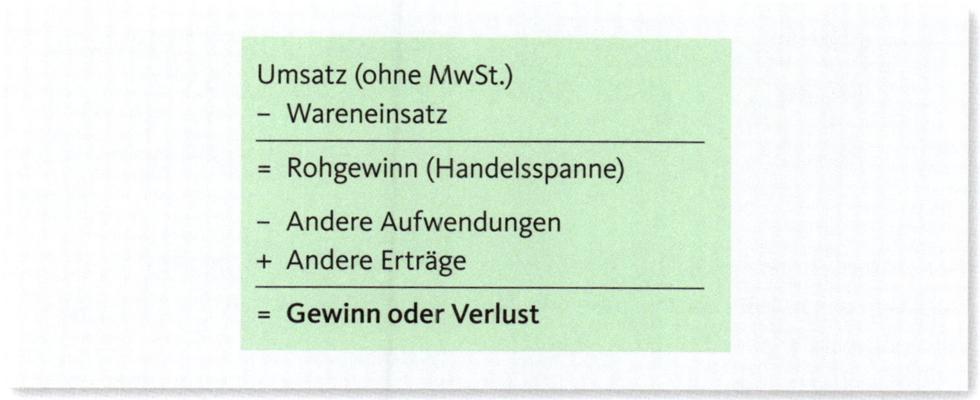

Rohgewinn:
Differenz zwischen Einkaufswert und Verkaufswert der Waren

Lehrbeispiel

1. Geschäftsjahr

Ein Kaufmann tätigt im ersten Jahr seiner Geschäftstätigkeit folgende Geschäfte:
Wareneinkäufe insgesamt 7.000 Stück zu 40,00 €/St.;
Verkäufe insgesamt 6.500 Stück zu 70,00 €/St.;
Am Jahresende ergibt die Inventur einen Warenbestand im Lager von 500 Stück.
Er bewertet dieses Warenlager mit dem Einkaufspreis von 40,00 € das Stück.

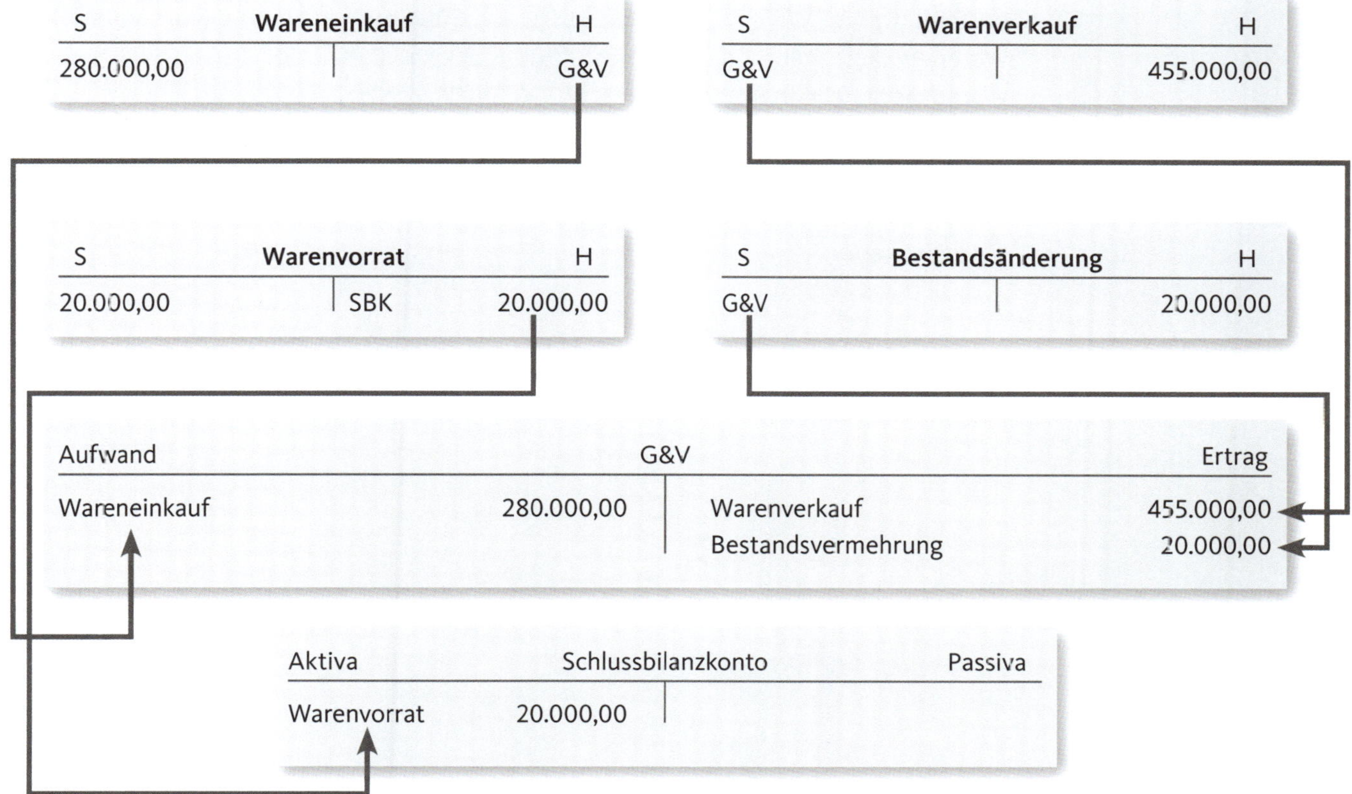

Wareneinsatz	
Anfangsbestand	0,00
+ Zukäufe	280.000,00
= Zwischensumme	280.000,00
– Endbestand	20.000,00
Wareneinsatz	**260.000,00**

Rohgewinn	
Umsatz (Verkäufe)	455.000,00
– Wareneinsatz	260.000,00
Rohgewinn	**195.000,00**

Der Unternehmer hat 6.500 Stück verkauft und einen Erlös von 455.000,00 € erzielt. Den gesamten Lagerbestand von 7.000 Stück hat er zwar in diesem Geschäftsjahr eingekauft, aber 500 Stück bleiben unverkauft im Lager, d. h. in diesem Geschäftsjahr kamen 6.500 Stück zu 40,00 € zum Einsatz. Der Unternehmer hat also in diesem Geschäftsjahr nur 260.000,00 € aufgewendet, um einen Erlös von 455.000,00 € zu erzielen. Dem wird durch die Verbuchung von 20.000,00 € im Haben des Erfolgskontos „Bestandsänderung“ (BÄ) und im Soll des Bestandskontos „Warenvorrat“ (WV) Rechnung getragen. Im G&V – dem Sammelkonto der Aufwendungen und Erträge eines Geschäftsjahres – stehen also nur die effektiv eingesetzten und umgesetzten Waren, die ein Geschäftsjahr betreffen.

2. Geschäftsjahr

Im zweiten Geschäftsjahr verfügt dieser Kaufmann über einen Warenanfangsbestand (Konto „Warenvorrat“) am 01.01. von 500 Stück zu 40,00 € (vom Vorjahr).
Wareneinkäufe während des Jahres: 7.000 Stück zu 50,00 €/St.
Warenverkäufe während des Jahres: 7.300 Stück zu 70,00 €/St.
Am Jahresende ergibt die Inventur einen Warenbestand von 200 Stück. Der Kaufmann bewertet diese 200 Stück wieder mit 40,00 € das Stück, da er annehmen kann, dass die alten Waren vom 1. Jahr nicht verkauft wurden (z. B. typisch für Modeartikel).

S	Wareneinkauf	H
350.000,00		G&V

S	Warenverkauf	H
G&V		511.000,00

S		Warenvorrat	H
EBK	20.000,00	BÄ	12.000,00
		SBK	8.000,00

S		Bestandsänderung	H
WV	12.000,00		G&V

Aufwand		G&V	Ertrag
Wareneinkauf	350.000,00	Warenverkauf	511.000,00
Bestandsminderung	12.000,00		

Aktiva		Schlussbilanzkonto	Passiva
Warenvorrat	8.000,00		

Der Unternehmer hat mehr Waren (Menge) verkauft, als er im laufenden Jahr eingekauft hatte. Daher kamen 300 Stück des vergangenen Jahres in diesem Geschäftsjahr zum Einsatz. Am Jahresende hat der Unternehmer nur noch 200 Stück zu 40,00 €/St. zu einem Gesamtwert von 8.000,00 € im Lager (Bilanz).

Wareneinsatz	
Anfangsbestand	______
+ Zukäufe	______
= Zwischensumme	______
– Endbestand	______
Wareneinsatz	______

Rohgewinn	
Umsatz (Verkäufe)	______
– Wareneinsatz	______
Rohgewinn	______

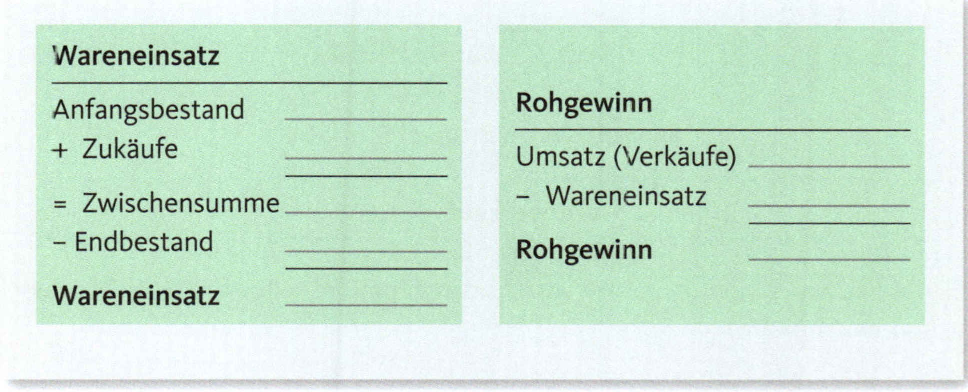

8.2 Reihenfolge der Buchungen auf den Warenkonten

1. Eröffnung des Kontos „Warenvorrat" – oft auch nur mit „Waren" bezeichnet – zu Jahresbeginn zusammen mit den anderen aktiven Bestandskonten:

Warenvorrat / EBK

2. Laufende Verbuchung der Wareneinkäufe und Warenverkäufe auf den Konten Wareneinkauf und Warenverkauf:

Wareneinkauf / Lieferverbindlichkeit

Kundenforderung / Warenverkauf

3. Am Jahresende wird der Endbestand an Waren durch Inventur ermittelt.
Hat der Warenbestand im Vergleich zum Jahresbeginn zugenommen, wird die Zunahme gebucht:

Warenvorrat / Bestandsvermehrung

Hat der Warenbestand im Vergleich zum Jahresbeginn abgenommen, wird die Abnahme gebucht:

Bestandsverminderung / Warenvorrat

4. Die Erfolgskonten „Wareneinkauf", „Warenverkauf", „Bestandsvermehrung" oder „Bestandsverminderung" werden zusammen mit den anderen Erfolgskonten über das G&V abgeschlossen

G&V / Bestandsverminderung

G&V / Wareneinkauf

Bestandsvermehrung / G&V

Warenverkauf / G&V

5. Abschluss des Kontos „Warenvorrat" zusammen mit allen anderen Bestandskonten:

SBK / Waren

8.3 Andere Warenverbuchungsformen

Die Verbuchung der Handelswaren und der Abschluss der Warenbestände können nach mehreren Methoden erfolgen. Auf zwei sei hier kurz verwiesen. Selbstverständlich führen alle zum gleichen Ergebnis, nur der Informationsgehalt des G&V wird dadurch anders.

Bruttoverbuchungsmethode der Warenanfangs- und der Warenendbestände (fünfteiliges Warenkonto)

Das Bestandskonto „Waren“ *(scorte merci)* wird am Jahresanfang sofort über das Erfolgskonto „Anfangsrestwert“ *(rimanenze iniziali)* abgeschlossen. Am Jahresende wird das Bestandskonto „Warenvorrat“ wieder neu eröffnet (laut **Inventur**). Das Gegenkonto dazu ist das Erfolgskonto „Endrestwert“ *(rimanenze finali)*.

Buchungen:

Jahresanfang

Eröffnung des Warenkontos:

Waren / EBK

Abschluss des Warenkontos zu Beginn des Jahres:

Anfangsrestwert / Waren

Jahresende

Eröffnung des Warenkontos laut Inventur:

Waren / Endrestwert

Abschluss der Konten:

G&V / Anfangsrestwert

Endrestwert / G&V

SBK / Waren

Bei dieser Verbuchungsart scheinen also im Soll des G&V das gesamte Warenlager am Jahresanfang und im Haben das gesamte Warenlager am Jahresende auf. In der Erfolgsrechnung gemäß Art. 2425 des Zivilgesetzbuches ist jedoch die Bestandsminderung oder Bestandsmehrung einzutragen, was ja der Differenz zwischen Anfangsbestand und Endbestand entspricht.

Jahresanfang

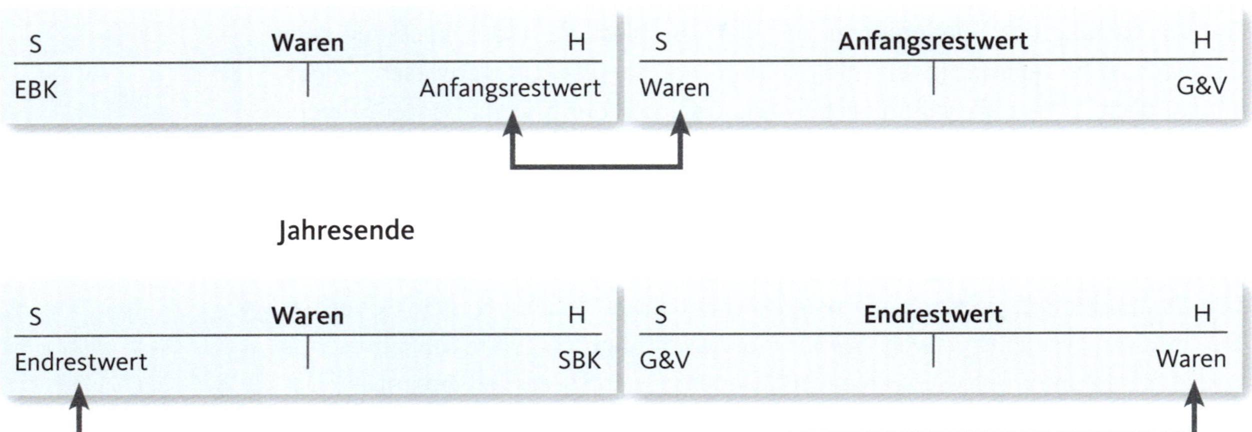

Insgesamt ergeben sich bei dieser Buchungsform 5 Konten, die mit der Verbuchung der Waren zusammenhängen:
Erfolgskonten:
Wareneinkauf *(merci c/acquisti)*, Warenverkauf *(merci c/vendite)*, Warenanfangsrestwert *(merci c/esistenze iniziali)* und Warenendrestwert *(merci c/rimanenze finali)*
Bestandskonto:
Waren *(merci)*

Verbuchung des Wareneinsatzes (costo del venduto)

Im deutsch- und englischsprachigen Raum werden der Warenvorrat am Jahresanfang und die Wareneinkäufe während des laufenden Jahres auf einem einzigen Warenkonto (oder Wareneinkaufskonto) verbucht und am Jahresende wird der Wareneinsatz (= verkaufte Waren zum Einstandspreis) als Aufwand in das G&V übertragen. Nur das Warenverkaufskonto wird als reines Erfolgskonto geführt. Dadurch scheint im G&V im Soll der Wareneinsatz (Einstandspreis der verkauften Waren – *costo del venduto*) und im Haben der Warenverkauf (Umsatz – *volume d'affari*) auf.

S	**Waren**	H
Anfangsbestand (EBK)	G&V	(Einsatz)
Einkäufe	SBK	

S	**Warenverkauf**	H
G&V		Verkäufe

Lehrbeispiel

Buchungen auf den Warenkonten

In einem Handelsbetrieb ergeben sich für die Verbuchung auf den Warenkonten folgende Geschäftsfälle (zusammengefasst):
Anfangsbestand an Waren 01.01. 13.540,00 €; Wareneinkäufe auf Ziel 141.000,00 €; Wareneinkäufe bar 31.460,00 €; Warenverkäufe auf Ziel 151.500,00 €; Warenverkäufe bar 71.530,00 €;
Inventur am 31.12.20(n) Endbestand 21.020,00 €

Aufgabe
Verbuchung der Geschäftsfälle auf die Warenkonten und Abschluss der Warenkonten

Lösung
Journal

Waren

Datum	Text	Soll	Haben
01.01.	EBK	13.540,00	
31.12.	Bestandsvermehrung	7.480,00	
31.12.	SBK		21.020,00
		21.020,00	21.020,00

Wareneinkauf

Datum	Text	Soll	Haben
...	Lieferverbindlichkeiten	141.000,00	
...	Lieferverbindlichkeiten	31.460,00	
31.12.	G&V		172.460,00
		172.460,00	172.460,00

Warenverkauf

Datum	Text	Soll	Haben
...	Kundenforderungen		151.500,00
...	Kundenforderungen		71.530,00
31.12.	G&V	223.030,00	
		223.030,00	223.030,00

Warenbestandsänderung (Vermehrung)

Datum	Text	Soll	Haben
31.12.	Waren		7.480,00
31.12.	G&V	7.480,00	
		7.480,00	7.480,00

Übung

In einem Handelsbetrieb ergeben sich für die Verbuchung auf den Warenkonten folgende Geschäftsfälle (zusammengefasst):
Anfangsbestand an Handelswaren am 01.01.20(n) 23.640,00 €; Wareneinkäufe auf Ziel 241.000,00 €; Wareneinkäufe bar 71.460,00 €; Warenverkäufe auf Ziel 451.500,00 €; Warenverkäufe bar 41.530,00 €.
Die Inventur vom 31.12.20(n) ergibt einen Endbestand von 25.020,00 €.

Aufgabe

a) Verbuchung auf die Warenkonten
b) Aufstellung des G&V
c) Ermittlung des Rohgewinnes
d) Ermittlung des Wareneinsatzes

Übung

In einem Handelsbetrieb ergeben sich folgende Geschäftsfälle (zusammengefasst):
Anfangsbestand an Handelswaren 39.540,00 €; Wareneinkäufe während des Jahres gegen Barzahlung 71.770,00 € und auf Ziel um 495.390,00 €; Warenverkäufe während des Jahres gegen Barinkasso 231.963,00 € und auf Ziel um 512.975,00 €. Zusätzlich sind weitere Betriebsaufwendungen in Höhe von 45.000,00 € zu verbuchen.
Die Inventur am 31.12. ergibt einen Lagerbestand in Höhe von 31.630,00 €.

Aufgabe

a) Verbuchung der Geschäftsfälle
b) Ermittlung des Rohgewinnes und des Wareneinsatzes
c) Ermittlung des Reingewinnes

9

Zusammen-fassende Darstellung

9. Zusammenfassende Darstellung: Von der Eröffnungsbilanz zur Schlussbilanz

Ein Geschäftsjahr beginnt in der Buchhaltung mit der Eröffnungsbilanz und endet mit der Erstellung der Erfolgsrechnung (Gewinn- und Verlust-Konto) und der Schlussbilanz. Der Vergleich der Eröffnungsbilanz mit der Schlussbilanz zeigt die Änderung des Vermögens- und Schuldenstandes des Unternehmens, die Erfolgsrechnung gibt Aufschluss über das erfolgreiche oder weniger erfolgreiche Wirtschaften während des Geschäftsjahres.

Das **Eröffnungsbilanzkonto (EBK)** und das **Schlussbilanzkonto (SBK)** sind Hilfskonten der Buchhaltung. Nach der Eröffnung der Bestandskonten ist das EBK ausgeglichen. Das Schlussbilanzkonto erfasst alle Endbestände der Bestandskonten und bildet die Grundlage für die Bilanzerstellung in übersichtlicher und gesetzmäßiger Form.

Im Hauptbuch der doppelten Buchhaltung sind zunächst folgende Konten einzurichten:

1. Aktive und passive Bestandskonten
2. Aufwands- und Ertragskonten für die laufende Geschäftstätigkeit
3. Warenkonten
4. Privatkonto
5. Konten für die Abschreibung und Wertberichtigung
6. Eröffnungs- und Abschlusskonten (EBK, G&V, SBK)

In folgender Reihenfolge sind die Kontobewegungen zu verbuchen:

1. Eröffnung der aktiven und passiven Bestandskonten:

Aktive Bestandskonten / EBK

EBK / Passive Bestandskonten

Nach der Eröffnung aller Bestandskonten muss sich auf der Sollseite und der Habenseite des Eröffnungsbilanzkontos Summengleichheit ergeben.

2. Verbuchung der laufenden Geschäftsfälle auf den jeweils erforderlichen Bestands- oder Erfolgskonten, die gegebenenfalls neu anzulegen sind:

Erfolgswirksame Buchungen

Aufwendungen / Passive Bestandskonten

Aktive Bestandskonten / Erträge

Erfolgsneutrale Buchungen

Aktive Bestandskonten / Passive Bestandskonten

Passive Bestandskonten / Aktive Bestandskonten

(oder reine Aktiv- oder Passivtauschvorgänge)

3. Durchführung der Vorabschlussbuchungen (Umbuchungen): Verbuchung der Abschreibungen, Verbuchung der Warenbestandsänderung:

Abschreibung Anlagen / WB-Anlagen

Warenbestandsminderung / Waren [1]

Waren / Warenbestandsvermehrung [2]

4. Abschluss der Erfolgskonten über das Gewinn- und Verlustkonto (G&V):

G&V / Aufwandskonten

Ertragskonten / G&V

5. Abschluss des G&V mit dem Gewinnkonto (Verlustkonto):

G&V / Gewinn 20(n)

bzw.

Verlust 20(n) / G&V

6. Es ist zu empfehlen, das Gewinnkonto (Verlustkonto) und das Privatkonto über die Schlussbilanz abzuschließen. Die Umbuchung auf das Kapitalkonto kann im Laufe des darauffolgenden Jahres erfolgen.

Gewinn 20(n) / SBK

SBK / Verlust 20(n)

SBK / Privatkonto

Privatkonto / SBK

7. Abschluss der Bestandskonten mit dem SBK:

SBK / Aktive Bestandskonten

Passive Bestandskonten / SBK

---

1 bei einer Abnahme der Lagervorräte
2 bei einer Zunahme der Lagervorräte

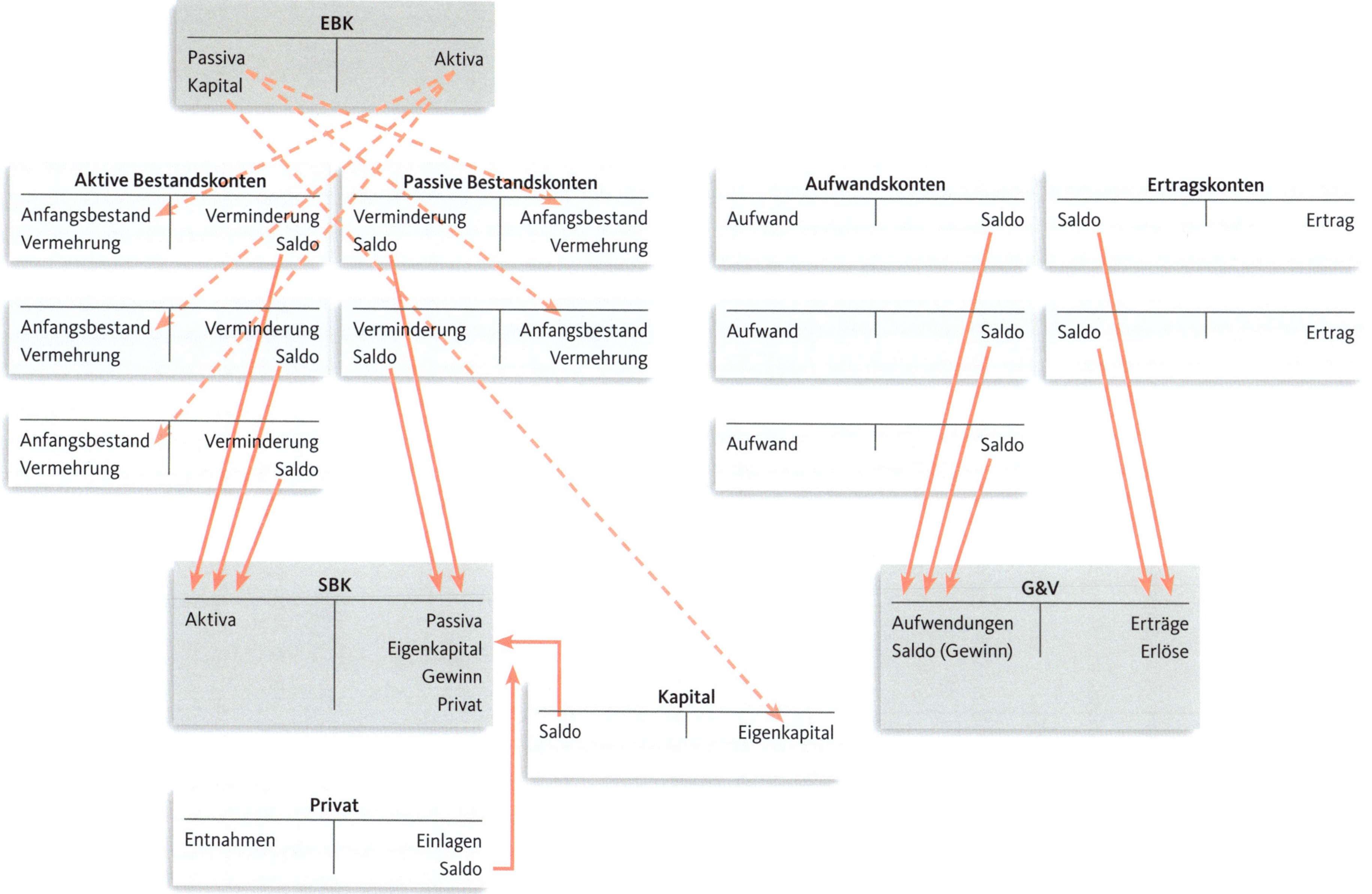
EBK
Passiva
Kapital
Aktiva
Aktive Bestandskonten
Anfangsbestand
Vermehrung
Verminderung
Saldo
Passive Bestandskonten
Verminderung
Saldo
Anfangsbestand
Vermehrung
Aufwandskonten
Aufwand
Saldo
Ertragskonten
Saldo
Ertrag
SBK
Aktiva
Passiva
Eigenkapital
Gewinn
Privat
Kapital
Saldo
Eigenkapital
G&V
Aufwendungen
Saldo (Gewinn)
Erträge
Erlöse
Privat
Entnahmen
Einlagen
Saldo

Ein wesentliches Merkmal der doppelten Buchhaltung besteht darin, dass der **Erfolg (Gewinn oder Verlust)** einer Periode auf **zweifache Weise** berechnet werden kann, und zwar aus der **Erfolgskontenreihe** (d. i. die Summe der eingerichteten Erfolgskonten) und aus der **Bestandskontenreihe** (d. i. die Summe der verwendeten Bestandskonten).

Direkte Erfolgsermittlung	Indirekte Erfolgsermittlung
Summe der Erträge – Summe der Aufwendungen	Summe der Aktiva (laut SBK) – Summe des Fremdkapitals
Erfolg (Gewinn oder Verlust)	Eigenkapital am 31.12.20(n) – Eigenkapital am 01.01.20(n)
	Kapitalvermehrung oder Kapitalverminderung + Privatentnahmen (– Einlagen)
	Erfolg (Gewinn oder Verlust)

Lehrbeispiel

Von der Eröffnungsbilanz zur Schlussbilanz

Das Handelsunternehmen Young & Fair hat am 01.01. folgende Eröffnungsbestände:
Aktiva: Geschäftseinrichtung 130.000,00 €; Waren 307.100,00 €;
Kassa 84.700,00 €; Bank 33.650,00 €
Passiva: Lieferverbindlichkeiten 186.530,00 €; Wertberichtigung Geschäftseinrichtung 26.800,00 €; Kapital ____________________ €

Geschäftsfälle (zusammengefasst)

02.01.	Wareneinkauf auf Ziel	275.000,00 €
05.01.	Warenverkauf auf Ziel	669.300,00 €
09.01.	Überweisung eines Kunden auf das Bankkonto	265.900,00 €
10.01.	Zahlung für Werbung in bar	18.310,00 €
12.01.	Kauf neuer Geschäftseinrichtung gegen Banküberweisung	50.000,00 €
16.01.	Banküberweisung an einen Lieferanten	125.900,00 €
30.01.	Privatentnahme bar	50.000,00 €
31.01.	Abschluss:	

1. Warenbestand laut der Inventur am 31.12. 164.000,00 €
2. Abschreibung der Geschäftsausstattung 10 %, neue Geschäftsausstattung 5 %

Aufgabe

a) Kontierung der Eröffnungsbuchungen und der laufenden Buchungen
b) Ausarbeitung des Hauptbuches
c) Direkte und indirekte Gewinnermittlung

Lösung

a) Journal

Datum	Text	Soll	Haben
	Eröffnungsbuchungen		
01.01.	EBK		555.450,00
	Geschäftseinrichtung	130.000,00	
	Waren	307.100,00	
	Kasse	84.700,00	
	Bank	33.650,00	
01.01.	EBK	555.450,00	
	Lieferverbindlichkeit		186.530,00
	WB-Geschäftseinrichtung		26.800,00
	Kapital		342.120,00
	Laufende Buchungen		
02.01.	Wareneinkauf	275.000,00	
	Lieferverbindlichkeiten		275.000,00
	Einkaufsrechnungen		
05.01.	Kundenforderungen	669.300,00	
	Warenverkauf	669.300,00	
	Verkaufsrechnungen		
09.01.	Bank	265.900,00	
	Kundenforderungen		265.900,00
	Bankbelege: Inkasso v. Verkaufsrechnungen		
10.01.	Werbeaufwand	18.310,00	
	Lieferverbindlichkeiten		18.310,00
	Einkaufsrechnung		
11.01.	Lieferverbindlichkeiten	18.310,00	
	Kasse		18.310,00
	Bankbeleg: Zahlung der Einkaufsrechnung		
12.01.	Geschäftseinrichtung	50.000,00	
	Lieferverbindlichkeiten		50.000,00
	Einkaufsrechnung		
15.01.	Lieferverbindlichkeiten	50.000,00	
	Bank		50.000,00
	Bankbeleg: Zahlung der Einkaufsrechnung		
16.01.	Lieferverbindlichkeiten	125.900,00	
	Bank		125.900,00
	Bankbelege: Zahlung der Einkaufsrechnung		
31.01.	Privat	50.000,00	
	Kasse		50.000,00
	Kassenbelege		
	Vorabschlussbuchungen (Umbuchungen)		
31.01.	Abschreibung Geschäftsausstattung	15.500,00	
	WB-Geschäftsausstattung		15.500,00
31.01.	Warenbestandsminderung	143.100,00	
	Waren		143.100,00
	Abschluss Erfolgskonten (G&V)		
31.01.	G&V	451.910,00	
	Wareneinkauf		275.000,00

	Werbeaufwand		18.310,00
	Warenbestandsminderung		143.100,00
	Abschreibung Geschäftsausstattung		15.500,00
31.01.	G&V	669.300,00	
	Warenverkauf	669.300,00	
31.01.	G&V		217.390,00
	Gewinn		217.390,00
	Abschluss Bestandskonten (Bilanz)		
30.01.	SBK	937.440,00	
	Geschäftseinrichtung		180.000,00
	Waren		164.000,00
	Kasse		16.390,00
	Bank		123.650,00
	Kundenforderungen		403.400,00
	Privat		50.000,00
31.01.	SBK		937.440,00
	Lieferverbindlichkeiten	335.630,00	
	WB-Geschäftseinrichtung	42.300,00	
	Gewinn	217.390,00	
	Kapital	342.120,00	
Summe		**5.937.390,00**	**5.937.390,00**

b) Hauptbuch

Eröffnungsbilanzkonto (EBK)

Datum	Text	Soll	Haben
01.01.	Einrichtung		130.000,00
01.01.	Ware		307.100,00
01.01.	Kasse		84.700,00
01.01.	Bank		33.650,00
01.01.	Lieferverbindlichkeiten	186.530,00	
01.01.	WB-Einrichtung	26.800,00	
01.01.	Kapital	342.120,00	
		555.450,00	555.450,00

Geschäftseinrichtung

Datum	Text	Soll	Haben
01.01.	EBK	130.000,00	
12.01.	Lieferverbindlichkeit	50.000,00	
31.01.	SBK		180.000,00
		180.000,00	180.000,00

Waren

Datum	Text	Soll	Haben
01.01.	EBK	307.100,00	
31.01.	Warenbestandsminderung		143.100,00
31.01.	SBK		164.000,00
		307.100,00	307.100,00

Kasse

Datum	Text	Soll	Haben
01.01.	EBK	84.700,00	
11.01.	Lieferverbindlichkeiten		18.310,00
30.01.	Privat		50.000,00
31.01.	SBK		16.390,00
		84.700,00	84.700,00

Bank

Datum	Text	Soll	Haben
01.01	EBK	33.650,00	
09.01	Kundenforderungen	265.900,00	
15.01	Lieferverbindlichkeiten		50.000,00
16.01	Lieferverbindlichkeiten		125.900,00
31.01	SBK		123.650,00
		299.550,00	299.550,00

Lieferverbindlichkeiten

Datum	Text	Soll	Haben
01.01.	EBK		186.530,00
02.01.	Wareneinkauf		275.000,00
10.01.	Werbeaufwand		18.310,00
11.01.	Kasse	18.310,00	
12.01.	Geschäftseinrichtung		50.000,00
15.01.	Banküberweisung	50.000,00	
16.01.	Banküberweisung	125.900,00	
31.01.	SBK	335.630,00	
		461.530,00	461.530,00

Wertberichtigung Geschäftseinrichtung

Datum	Text	Soll	Haben
01.01.	EBK		26.800,00
31.01.	Abschreibung Einrichtung (alt)		13.000,00
31.01.	Abschreibung Einrichtung (neu)		2.500,00
31.01.	SBK	42.300,00	
		42.300,00	42.300,00

Kapital

Datum	Text	Soll	Haben
01.01.	EBK		342.120,00
31.01.	SBK	342.120,00	
		342.120.00	342.120,00

Wareneinkauf

Datum	Text	Soll	Haben
02.01.	Lieferverbindlichkeiten	275.000,00	
31.01.	G&V		275.000,00
		275.000,00	275.000,00

Kundenforderungen

Datum	Text	Soll	Haben
05.01.	Warenverkauf	669.300,00	
09.01.	Banküberweisung		265.900,00
31.01.	SBK		403.400,00
		669.300,00	669.300,00

Warenverkauf

Datum	Text	Soll	Haben
05.01.	Kundenforderungen		669.300,00
31.01.	G&V	669.300,00	
		669.300,00	669.300,00

Werbeaufwand

Datum	Text	Soll	Haben
10.01.	Lieferverbindlichkeit	18.310,00	
31.01.	G&V		18.310,00
		18.310,00	18.310,00

Warenbestandsminderung

Datum	Text	Soll	Haben
31.01.	Waren	143.100,00	
31.01.	G&V		143.100,00
		143.100,00	143.100,00

Abschreibung Geschäftseinrichtung

Datum	Text	Soll	Haben
31.01.	WB-Geschäftseinrichtung (alt)	13.000,00	
31.01.	WB-Geschäftseinrichtung (neu)	2.500,00	
31.01.	G&V		15.500,00
		15.500,00	15.500,00

Privat

Datum	Text	Soll	Haben
30.01.	Kasse	50.000,00	
31.01.	SBK		50.000,00
		50.000,00	50.000,00

Gewinn

Datum	Text	Soll	Haben
31.01.	G&V		217.390,00
31.01.	SBK	217.390,00	
		217.390,00	217.390,00

G&V

Datum	Text	Soll	Haben
31.01.	Warenbestandsminderung	143.100,00	
31.01.	Wareneinkauf	275.000,00	
31.01.	Warenverkauf		669.300,00
31.01.	Werbeaufwand	18.310,00	
31.01.	Abschreibung Einrichtung	15.500,00	
31.01.	Gewinn	217.390,00	
		669.300,00	669.300,00

Schlussbilanzkonto (SBK)

Datum	Text	Soll	Haben
31.01.	Geschäftseinrichtung	180.000,00	
31.01.	Warenbestand	164.000,00	
31.01.	Kasse	16.390,00	
31.01.	Bank	123.650,00	
31.01.	Kundenforderungen	403.400,00	
31.01.	Privat	50.000,00	
31.01.	Lieferverbindlichkeiten		335.630,00
31.01.	WB-Geschäftseinrichtung		42.300,00
31.01.	Kapital		342.120,00
31.01.	Gewinn		217.390,00
		937.440,00	937.440,00

Übersicht: Bilanz und G&V

Aufwendungen	G&V am 31.01.20(n)		Erträge
Wareneinkauf	275.000,00	Warenverkauf	669.300,00
Bestandsminderung Waren	143.100,00		
Werbeaufwand	18.310,00		
Abschreibung Geschäftseinrichtung	15.500,00		
Gewinn 20(n)	217.390,00		
Summe	669.300,00	Summe	669.300,00

Aktiva		Bilanz am 31.01.20(n)			Passiva
Anlagevermögen			**Fremdkapital**		
Geschäftseinrichtung	180.000,00		Lieferverbindlichkeiten	335.630,00	
WB-Geschäftseinrichtung	–42.300,00				335.630,00
		137.700,00	**Eigenkapital**		
Umlaufvermögen			Eigenkapital	342.120,00	
Waren	164.000,00		Gewinn 20(n)	217.390,00	
Kundenforderungen	403.400,00		Privatentnahmen	–50.000,00	
Bank	123.650,00				509.510,00
Kasse	16.390,00				
		707.440,00			
		845.140,00			845.140,00

Übung

Unser Handelsunternehmen Crazzolara & Co OHG hat am 01.01.20(n) folgende Eröffnungsbestände:

Waren	78.000,00 €
Bank (Guthaben)	4.200,00 €
Kasse	3.800,00 €
Forderungen	42.000,00 €
Einrichtung	80.000,00 €
Gebäude	170.000,00 €
Wertberichtigung Gebäude	69.000,00 €
Lieferverbindlichkeiten	43.200,00 €
Darlehen	40.000,00 €
Wertberichtung Einrichtung	15.000,00 €
Kapital	___________

Im Laufe des Jahres werden zusammenfassend folgende Geschäftsfälle abgewickelt:

1. Wareneinkauf 310.000,00 €; wir zahlen ein Drittel mit Banküberweisung
2. Warenverkauf 324.000,00 €; wir kassieren zwei Drittel durch die Bank
3. Wir kassieren von Kunden über die Bank Forderungen in Höhe von 67.000,00 €
4. Telefonrechnung 1.340,00 €, Zahlung mit Banküberweisung
5. Zahlung von Lieferverbindlichkeiten mit Banküberweisung 190.000,00 €
6. Wir kaufen ein neues Firmenauto um 35.000,00 €; überweisen 10.000,00 €; Rest bleibt offen
7. Wir kassieren für ein vermietetes Gebäude 18.000,00 € durch die Bank
8. Warenverkauf 30.000,00 €, Barinkasso, legen anschließend 25.000,00 € auf das Bankkonto
9. Eine Darlehensrate in Höhe von 5.000,00 € wird bar zurückgezahlt; zusätzlich in bar Zinsen 950,00 €
10. An Personal werden über die Bank 14.500,00 € gezahlt
11. Für private Zwecke werden in bar 300,00 € aus der Kasse entnommen und Waren im Wert von 300,00 €
12. Wir kaufen Einrichtung um 12.000,00 €, $1/3$ wird mit Banküberweisung gezahlt
13. Für Zinsen für das Darlehen zahlen wir mit Banküberweisung 900,00 €
14. Wir kaufen Büromaterial um 500,00 €
15. Wir erhalten eine Rechnung von unserem Wirtschaftsberater über 1.200,00 €
16. Jahresabschluss:
    a) Die Inventur ergibt einen Warenendbestand von 65.000,00 €
    b) Abschreibung: Gebäude 5 %; Fuhrpark 12 % pro Halbjahr; Einrichtung 15 % (neue Einrichtung 6 %)

Aufgabe

a) Ausarbeitung der Eröffnungsbuchungen und der laufenden Buchungen
b) Ermittlung des Wareneinsatzes und des Rohgewinnes
c) Erstellung der Bilanz und des G&V
d) Prozentuelle Zusammensetzung des Vermögens und des Kapitals am Anfang und am Ende des Geschäftsjahres

10

Mehrwertsteuer

10. Die Mehrwertsteuer

Die Mehrwertsteuer *(imposta sul valore aggiunto)* zählt zu den wichtigsten Einnahmen des Staates. Circa 25 % der Einnahmen des Staates werden durch die Besteuerung des Konsums der Bürger erzielt. Diese Steuer auf den Konsum trifft alle Bürger gleich – unabhängig von ihrer Kaufkraft – und ist für den Staat vor allem über die Detailhandelspreise der Waren leicht einzuheben.

Mehrwertsteuer: **MwSt.**
Imposta sul valore aggiunto: **IVA**
Value added tax: **VAT**
Taxe sur la valeur ajoutée: **TVA**

Die Güter legen vom Betrieb der Erzeugung über die Handelsbetriebe bis zum Endverbraucher einen langen Weg zurück. Auf jeder Stufe der Weiterverarbeitung oder des Handels fügt der Unternehmer den Gütern neue Werte hinzu, die durch die Kosten und den Gewinnaufschlag ausgedrückt werden. Im Handel kommt der pro Stufe hinzugefügte Mehrwert in der Differenz zwischen Einkaufspreis und Verkaufspreis eines Gutes zum Ausdruck. In den Produktionsbetrieben drückt sich der Mehrwert durch die Verarbeitung von Rohstoffen zu Fertigprodukten aus. **Der Staat schöpft nun einen Teil dieses geschaffenen Mehrwertes pro Stufe in Form einer Steuer, der sogenannten Mehrwertsteuer *(imposta sul valore aggiunto)*, ab.** Diese Steuer auf die Wertschöpfung wird aber nicht nur auf Handelsgüter angewandt, sondern auch auf Dienstleistungen.

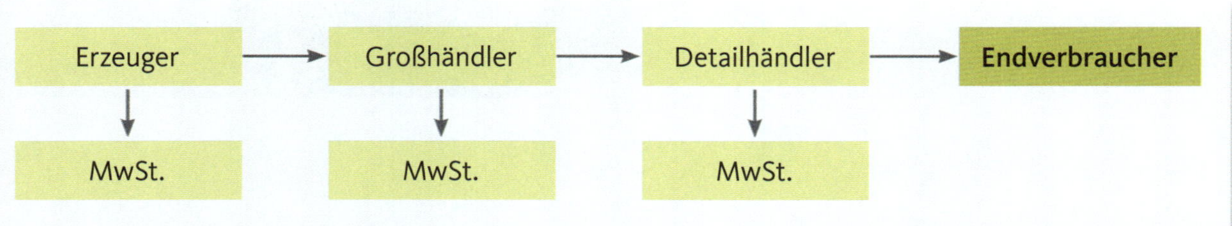

Die gesetzlichen Bestimmungen zur Mehrwertsteuer werden häufig geändert. Bei dieser Steuer handelt es sich um eine der Haupteinnahmequellen eines Staates. Aufgrund der Internationalisierung der Güterproduktion und des Handels wird es aber immer schwieriger festzustellen, wo und in welcher Höhe einem Gut Mehrwert hinzugefügt wurde. Auch sind die Mehrwertsteuersätze in einzelnen Staaten und somit die Steuereinnahmen unterschiedlich hoch. Der wachsende internationale Güteraustausch macht aber eine Angleichung der MwSt.-Bestimmungen und MwSt.-Sätze notwendig. Dies gilt vor allem für die Staaten der EU mit einem regen innergemeinschaftlichen Güter- und Dienstleistungsaustausch. Ein echter Preisvergleich zwischen den einzelnen EU-Staaten ist für die Konsumenten erst möglich, wenn die MwSt.-Belastung der Güter innerhalb der Europäischen Union gleich ist.

Verkehrssteuer

Die Mehrwertsteuer ist eine Steuer, die bei **jeder Produktions- oder Handelsphase beim Weiterverkauf eines Gutes oder einer Dienstleistung eingehoben** wird. Sie ist also eine Verkehrssteuer. Jeder Unternehmer berechnet die Steuer vom Nettobetrag des Warenpreises und stellt sie dem Kunden in Rechnung.

Allphasensteuer

Nach der Art der Einhebung ist sie eine Allphasensteuer, da sie bei **jedem Unternehmen**, das die Ware durchläuft, anteilsmäßig eingehoben wird.

Vorsteuerabzug

Ein Unternehmer stellt seinen Kunden – Unternehmerkunde oder Privatkunde – mit der Ware auch die Mehrwertsteuer in Rechnung und kassiert sie. Beim Einkauf von Gütern und Dienstleistungen im Rahmen seiner Tätigkeit hat er an die Lieferanten Mehrwertsteuer gezahlt. Diese **gezahlte Mehrwertsteuer** kann er bei der Abrechnung mit dem Staat **von der kassierten Mehrwertsteuer abziehen**.

Steuerträger

Steuerträger ist der Konsument, der die Ware oder Dienstleistung kauft und nicht mehr weiterverkauft. Er fügt der Ware keinen zusätzlichen Wert hinzu, er verbraucht sie. Der **Endverbraucher zahlt die Mehrwertsteuer mit dem Kaufpreis** der Ware oder Dienstleistung. Für ihn wird also die Ware um die Mehrwertsteuer teurer und diese muss er zusammen mit dem Warenpreis tragen. Auch der Unternehmer ist Steuerträger für die Güter und Dienstleistungen, die er für private Zwecke kauft. Die Mehrwertsteuer ist also eine Verbrauchssteuer und indirekte Steuer auf den Konsum von Gütern und die Inanspruchnahme von Dienstleistungen.

Steuerschuldner

Der Unternehmer ist der Steuerzahler an den Staat. Er kassiert die Mehrwertsteuer vom Kunden mit dem Preis. Die Mehrwertsteuer muss er dann an den Staat abliefern, wobei er aber die an die Lieferanten gezahlte Mehrwertsteuer abzieht. Der **Unternehmer ist also Nettozahler.**

Lehrbeispiel

Ein Unternehmer kauft eine Ware für 200,00 € ein und verkauft sie um 300,00 € an einen Endverbraucher. Welche MwSt.-Zahllast ergibt sich bei einem MwSt.-Satz von 22 %?

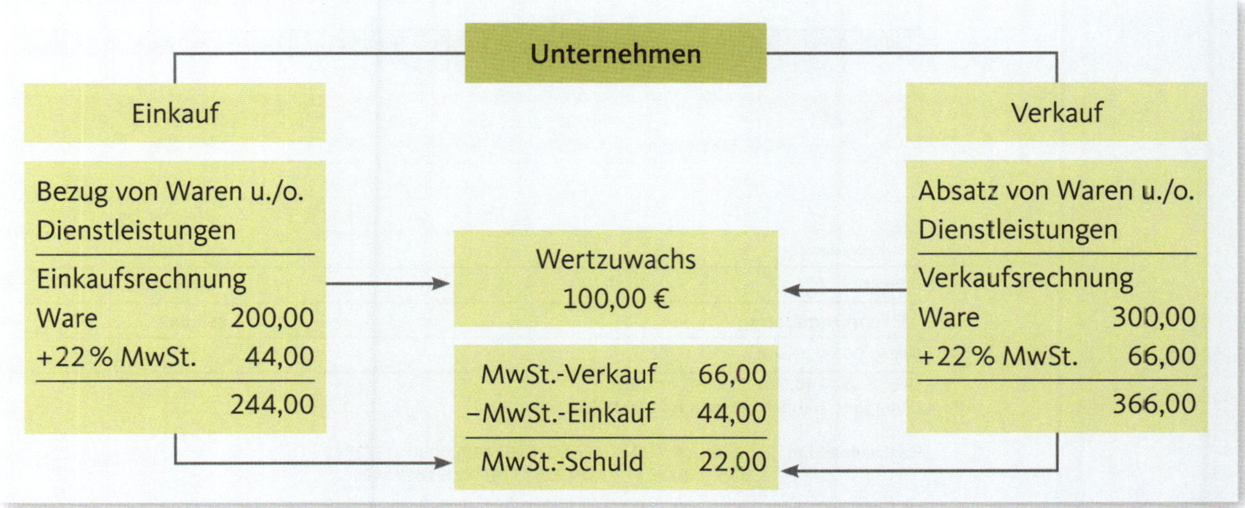

Lösung

Die abzuführende MwSt. beträgt also 22,00 €. Dies entspricht 22 % Steuer auf den von diesem Unternehmen geschaffenen Mehrwert von 100,00 €.

Wie man sieht, ist der Unternehmer der MwSt.-Zahler an den Staat, nicht aber der MwSt.-Träger.
Die dem Kunden in Rechnung gestellte MwSt. schuldet der Unternehmer dem Finanzamt. Davon kann er jedoch die Mehrwertsteuer, die er selbst für den Einkauf der Ware an den Vorhändler bezahlt hat, als Vorsteuer abziehen.
Die Abrechnung der Mehrwertsteuer mit dem Finanzamt erfolgt in der Regel monatlich, in bestimmten Fällen alle drei Monate.

In Rechnungen ist die MwSt. immer getrennt vom Warenpreis ausgewiesen. Auf Belegen für die Endverbraucher (Kassenbelege oder Steuerbelege) ist hingegen die MwSt. nicht getrennt ausgewiesen. Falls eine Rechnung keine MwSt. enthält, so ist der entsprechende Gesetzesartikel anzuführen, der die Befreiung vorsieht.

1. Offener Ausweis der Mehrwertsteuer in der Rechnung

Beispiel für die Ausweisung der **Mehrwertsteuer** in der **Rechnung**

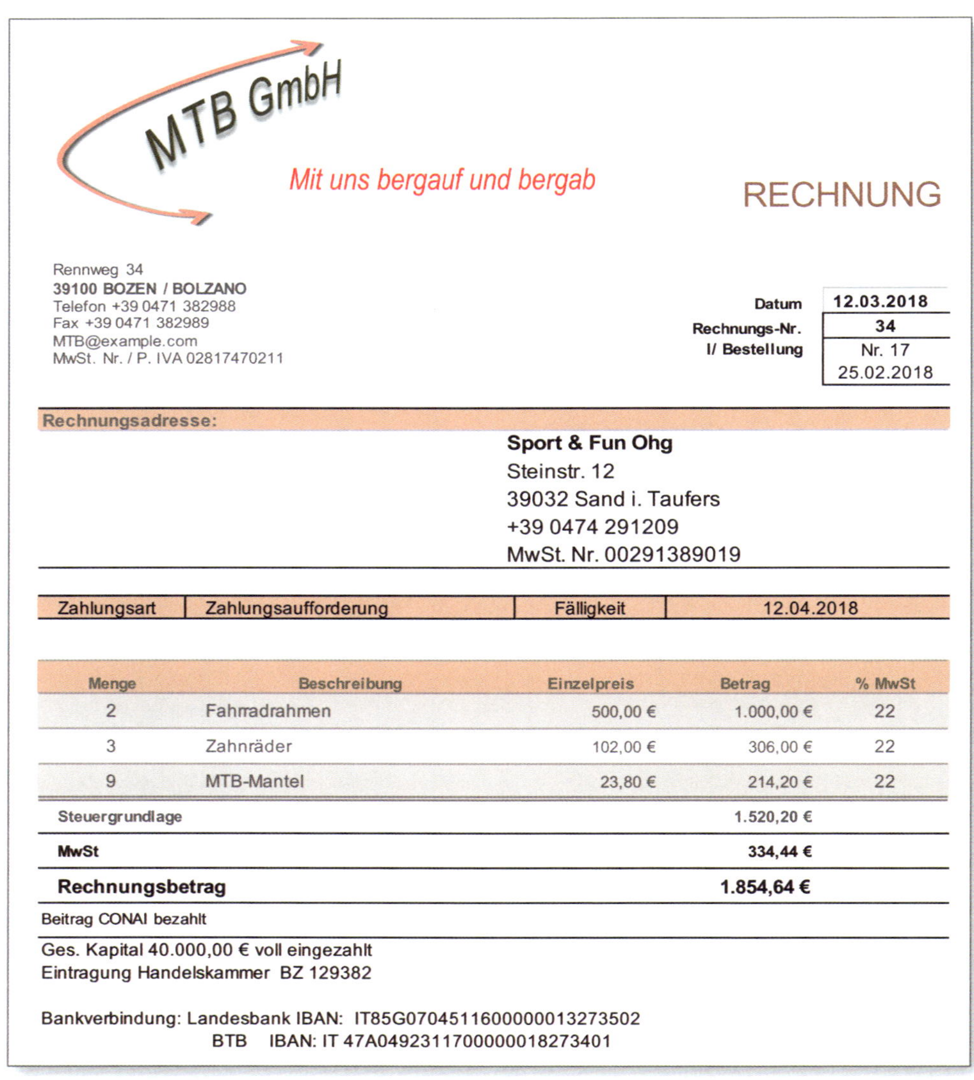

MTB GmbH

Mit uns bergauf und bergab

RECHNUNG

Rennweg 34
39100 BOZEN / BOLZANO
Telefon +39 0471 382988
Fax +39 0471 382989
MTB@example.com
MwSt. Nr. / P. IVA 02817470211

Datum	**12.03.2018**
Rechnungs-Nr.	**34**
I/ Bestellung	Nr. 17 25.02.2018

Rechnungsadresse:

Sport & Fun Ohg
Steinstr. 12
39032 Sand i. Taufers
+39 0474 291209
MwSt. Nr. 00291389019

Zahlungsart	Zahlungsaufforderung	Fälligkeit	12.04.2018

Menge	Beschreibung	Einzelpreis	Betrag	% MwSt
2	Fahrradrahmen	500,00 €	1.000,00 €	22
3	Zahnräder	102,00 €	306,00 €	22
9	MTB-Mantel	23,80 €	214,20 €	22
Steuergrundlage			1.520,20 €	
MwSt			**334,44 €**	
Rechnungsbetrag			**1.854,64 €**	

Beitrag CONAI bezahlt

Ges. Kapital 40.000,00 € voll eingezahlt
Eintragung Handelskammer BZ 129382

Bankverbindung: Landesbank IBAN: IT85G0704511600000013273502
BTB IBAN: IT 47A0492311700000018273401

2. Die Mehrwertsteuer ist im angegebenen Preis enthalten

Beispiel für einen **Steuerbeleg** *(ricevuta fiscale)*

Goldener Löwe
Restaurant & Pizzeria

Alma Mair & Co OHG, 39012 Meran, Rennweg 17,
Tel. 0473 390290, Fax 0473 390291
P.IVA 00292951219

Beleg Nr. XA 17355/18
Datum 23.03.18
Kunde
MwSt Nr.

Cod.	M	Beschreibung	Preis	Betrag
E	3	Menü	35,00	105,00
P	1	Pizza Napoli	8,50	8,50
G	1	Wein	14,00	14,00
W	2	Wasser	5,60	11,20
			-	-
			-	-
			-	-
			-	-

Grundlage			**Totale**	138,70
MwSt.	10%			
Totale				

Beispiele für **Kassenbelege** *(scontrino fiscale)*

P.della Vittoria, 33-Siegesplatz
39100 Bolzano - Bozen
Partita iva: 01040930214
Telefono: 0471 282499

	EURO
Operatore 4	
VERDURE	9,00
5 COL VETORAZ	15,00
PRIMITIVO	4,00
E-LUNCH 4.12	-4,12
SUBTOTALE	23,88
TAVOLO:1100,0CAM. 4	
SUBTOTALE	23,88
TOTALE EURO	23,88
CONTANTI	23,88
26/03/18 13:43	SF.97

MFEV 96006962

DECO - SPAR
SPARBER G. KG./SAS
VIA PIAVE-STR.26 BOZEN
TEL. 0471 977660
FAX. 0471 980872
INFO@DECOSPAR.COM
MWST./P.IVA 00737360214

	EURO
IVA 22%	24,00
TOTALE EURO	24,00

P.I. 80002440214

04-03-18 17-40 SC.N. 19

MF EP 1A002420

10.1 Die Mehrwertsteuer auf Verkäufe von Gütern und Dienstleistungen (Umsatz)

10.1.1 Anwendungsbereich der Mehrwertsteuer

Die Mehrwertsteuer auf Verkäufe wird auch als **Umsatzsteuer** bezeichnet.

Der Mehrwertsteuer unterliegt die Abtretung von Gütern und Dienstleistungen, die in Ausübung gewerblicher oder freiberuflicher Tätigkeit im Staatsgebiet erfolgt. Die Mehrwertsteuer auf Verkäufe wird auch als Umsatzsteuer bezeichnet. Die Mehrwertsteuerregelung ist aber nicht auf jegliche Abtretung von Gütern und Dienstleistungen anwendbar. So unterliegen Verkäufe und Leistungen von Privaten und nichtgewerblichen Verbänden und Vereinen nicht der MwSt.-Pflicht.

Im Hinblick auf die Anwendbarkeit der Mehrwertsteuergesetzgebung auf Geschäftsfälle unterscheidet man:

Mehrwertsteuergesetz **DPR** *(Decreto del Presidente)* **633/1972** in geltender Fassung

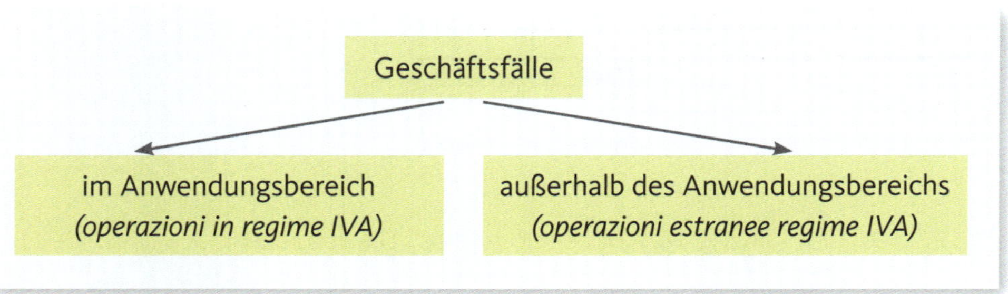

10.1.2 Umsätze im Anwendungsbereich der Mehrwertsteuer *(operazioni in regime IVA)*

Es handelt sich dabei um Umsätze und Leistungen, auf welche die MwSt.-Gesetzgebung anzuwenden ist:

Für diese Leistungen müssen Rechnungen oder die sonstigen vorgeschriebenen Belege ausgestellt werden. Die dem Kunden angelastete Mehrwertsteuer muss der Unternehmer an den Staat abführen (MwSt.-Schuld).

Der Anwendungsbereich der Mehrwertsteuer wird in drei Gruppen unterteilt:

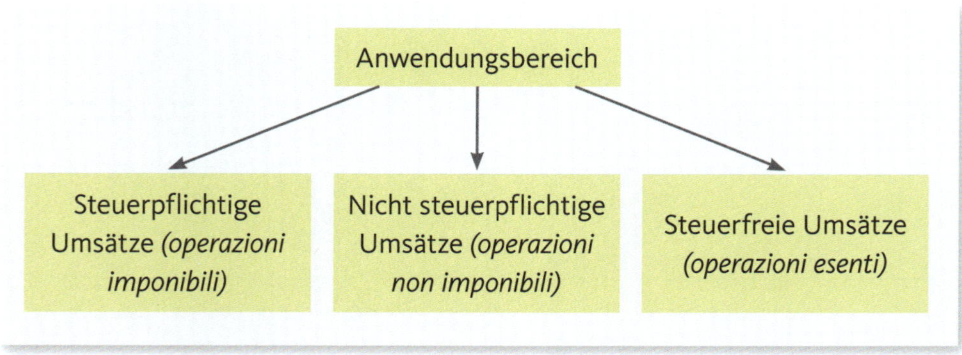

1. Steuerpflichtige Umsätze *(operazioni imponibili)*

Die wichtigsten steuerpflichtigen Umsätze sind:

- Verkäufe von Gütern, die ein Unternehmer im Rahmen seines Unternehmens ausführt
- entgeltliche Dienstleistungen jeglicher Art (Transport, Vermittlungen, Kommissionsgeschäfte usw.)
- Eigenverbrauch von Gütern des Unternehmens durch den Unternehmer (Privatentnahmen) bzw. Rückführung von Betriebsvermögen in das Privatvermögen
- freiberufliche Leistungen (Rechtsanwälte, Wirtschaftsberater usw.)
- Leistungen im Gast- und Schankgewerbe
- Vermietung und Verleih von Gütern (Leasing)

Die steuerpflichtigen Umsätze sind den geltenden MwSt.-Sätzen unterworfen.

Bemessungsgrundlage *(base imponibile)* für die Steuer ist der tatsächlich verlangte Preis für die Ware oder Dienstleistung. Dazu zählen auch die in Rechnung gestellten Zuschläge für Verpackung, Zustellung usw. Bei unentgeltlicher Abtretung von Gütern, die zur Tätigkeit des Unternehmens gehören (Schenkungen), wird die MwSt. auf den Normalwert des Gutes *(prezzo normale)* berechnet.

- Geschäfte, die in den Anwendungsbereich der MwSt. fallen, zählen zum Jahresumsatz des Unternehmens. Für diese Leistungen müssen Rechnungen oder andere Steuerbelege ausgestellt werden.
- Rabatte vermindern die Bemessungsgrundlage für die Steuer.
- Vertragsstrafen, Kautionen, Spesenrückerstattung zählen nicht zur Bemessungsgrundlage.
- Für die Berechnung der Steuer gilt grundsätzlich der vertraglich vereinbarte Preis und nicht der nachträglich gezahlte Preis, z. B. nachträglich gewährte Preisabschläge bei Zahlung.

!

Derzeit geltende Mehrwertsteuerprozentsätze:

22 % Ordentlicher Satz
In Italien gilt derzeit ein ordentlicher Mehrwertsteuersatz von 22 %.
(Änderung: __________)

10 % Ermäßigter Satz
Lebensmittel, Haushaltsstrom, Trinkwasser, Gas für Haushalte, Gastgewerbe usw. (Änderung: __________)

5 % Ermäßigter Steuersatz
Leistungen von Sozialgenossenschaften und Handel mit Kräutern
(Änderung: __________)

4 % Mindeststeuersatz
Grundnahrungsmittel, Bücher, Zeitungen, Fahrzeuge für Invaliden, Erstwohnung usw. (Änderung: __________)

In diesem Zusammenhang wird auf die einschlägigen gesetzlichen Bestimmungen verwiesen. Falls in diesem Lehrbuch nichts anderes angegeben ist, wird in den Beispielen der MwSt.-Satz von 22 % angewandt.

Entstehung der Steuerschuld *(momento impositivo dell'imposta)*
Sie entsteht bei unbeweglichen Gütern bei Vertragsabschluss, bei beweglichen Gütern bei Lieferung bzw. Übergabe, bei Dienstleistungen bei Zahlung. Erfolgt die Zahlung oder Teilzahlung vor der Lieferung, so entsteht für diesen Betrag die Steuerschuld bei der Zahlung.

2. Nicht steuerpflichtige Umsätze *(operazioni non imponibili)*

Die Verkäufe von Gütern und Dienstleistungen in das Ausland sind nicht steuerpflichtig. Die Verkäufe von Waren und Dienstleistungen in ein anderes EU-Land bezeichnet man als „innergemeinschaftlichen Güterverkehr". Die MwSt. ist bekanntlich eine Verbrauchssteuer, die auf den Konsum von Gütern und Leistungen im Inland eingehoben wird. Im Fall des Exportes ist der Endverbraucher im Ausland. Die MwSt. wird also im Ausland eingehoben.

Die wichtigsten nicht steuerpflichtigen Umsätze sind:

- innergemeinschaftliche Verkäufe von Waren und Dienstleistungen
- Exporte in Nicht-EU-Länder
- Verkäufe an die sogenannten Dauerexporteure
- internationale Dienstleistungen (Personentransporte teils Inland, teils Ausland)

Für die exportierten Waren und Dienstleistungen wird die Rechnung ohne MwSt. ausgestellt und es wird auf den entsprechenden Gesetzesartikel verwiesen:
Beispiel: „Export nicht mehrwertsteuerpflichtig laut Art. 8, MwSt.-Gesetz" (Export in Nicht-EU-Länder)
„Innergemeinschaftlicher Güterverkehr laut Art. 41, MwSt.-Gesetz" (Export in EU-Länder)

3. Steuerfreie Umsätze *(operazioni esenti)*

Die MwSt.-Gesetzgebung sieht aus volkswirtschaftlichen oder sozialen Überlegungen für eine Reihe von Leistungen Steuerbefreiungen vor.

Die wichtigsten steuerfreien Umsätze sind:

- Kredit- und Geldgeschäfte der Banken
- Terminzinsen, falls vereinbart
- Versicherungsgeschäfte
- öffentlicher Personennahverkehr
- Krankentransporte
- Leistungen im Gesundheitsbereich (Arztleistungen, Physiotherapie usw.)
- Leistungen im Erziehungs- und Schulbereich
- Schenkungen von Gütern im Falle von Katastrophen
- Lotterien und Wetten

Für diese Leistungen müssen grundsätzlich Rechnungen ausgestellt werden und in den Rechnungen muss der Grund für die MwSt.-Befreiung angegeben werden: *Beispiel:* „mehrwertsteuerfrei laut Art. 10, MwSt.-Gesetz"

!

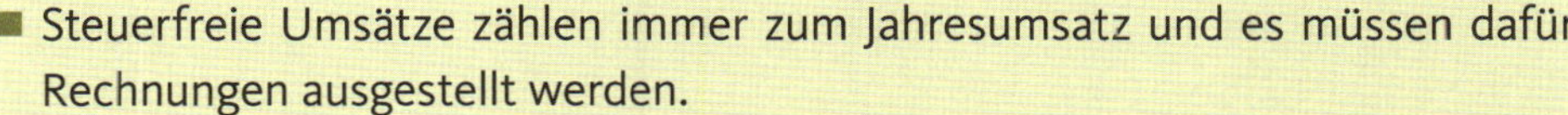

- Steuerfreie Umsätze zählen immer zum Jahresumsatz und es müssen dafür Rechnungen ausgestellt werden.
- Erzielt ein Unternehmer oder Freiberufler ausschließlich steuerfreie Umsätze, so darf er die gezahlte MwSt. auf die Einkäufe nicht als Vorsteuer abziehen. Dies ist in der Regel bei Ärzten der Fall.
- Werden teils steuerpflichtige und teils steuerfreie Umsätze getätigt, so darf die gezahlte MwSt. auf die Einkäufe nur im Verhältnis abgezogen werden (Pro-Rata-Abzugsverfahren). *Beispiel:* Ein Busunternehmer bietet private Busreisen an und ist auch im Personennahverkehr tätig.

4. Split-Payment

Bei Verkäufen von Waren und Leistungen an öffentliche Verwaltungen erhält der Verkäufer nicht den gesamten Rechnungsbetrag einschließlich der MwSt. vom Käufer ausbezahlt, sondern nur die Steuergrundlage. Der Käufer – in diesem Falle die öffentliche Verwaltung – muss die in der Rechnung angelastete MwSt. direkt an den Staat abliefern und nicht, wie sonst üblich, der Verkäufer.

10.1.3 Geschäftsfälle außerhalb des Anwendungsbereiches der Mehrwertsteuer *(operazioni estranee regime IVA)*

Auf bestimmte Güterübertragungen und Dienstleistungen ist die MwSt.-Gesetzgebung nicht anwendbar.
Die wichtigsten Geschäftsfälle außerhalb des Anwendungsbereichs der MwSt. sind:

- Geldverkehr
- Zinsen für Geldeinlagen bei Banken
- Schenkungen von Gütern bis zu einem Wert von 25,82 €, wenn sie nicht zur eigentlichen Betriebstätigkeit gehören
- Kautionen für Leihverpackungen
- Schadenersatz, Rückerstattung von Spesen
- Übertragung von Betrieben und Grundstücken
- Verkäufe und Leistungen im privaten Bereich
- Verkäufe von Postwertzeichen
- Verzugszinsen
- Warenmuster von geringem Wert bei entsprechender Kennzeichnung
- Verpachtung des Betriebes eines Einzelunternehmers
- Abtretung von Gesellschaftsanteilen

Für Geschäftsfälle außerhalb des Anwendungsbereichs der MwSt. müssen keine Rechnungen ausgestellt werden. Diese Geschäftsfälle zählen auch nicht zum Jahresumsatz.

!

10.2 Die Mehrwertsteuer auf Einkäufe von Gütern und Dienstleistungen (Vorsteuer)

Unter Vorsteuer versteht man jene Mehrwertsteuer, die dem Unternehmer für seine Einkäufe von Gütern und Dienstleistungen für betriebliche Zwecke in Rechnung gestellt wurde.

Diese angelastete Vorsteuer kann der Unternehmer vom Staat zurückverlangen. Er wird sie mit der durch seine Verkäufe entstandenen MwSt.-Schuld verrechnen und bei der Überweisung abziehen. **Der Vorsteuerabzug ist jedoch nur für Einkäufe zulässig, die mit der betrieblichen Tätigkeit zusammenhängen.** Für Einkäufe im privaten Bereich kann der Unternehmer die MwSt. nicht verrechnen, z. B. wenn der Unternehmer für seine Kinder einen Computer kauft.

Voraussetzungen für den Vorsteuerabzug sind:
Die Lieferung oder Leistung muss erbracht worden sein und mit der Betriebstätigkeit zusammenhängen. Die Rechnung oder Honorarnote muss vorliegen und die Mehrwertsteuer (Vorsteuer) muss dort getrennt ausgewiesen sein. Kassenbelege und Steuerbelege sind für den Vorsteuerabzug nicht erlaubt.

Für den Vorsteuerabzug gibt es aber einige zusätzliche Einschränkungen. Diese Einschränkungen werden vom Gesetzgeber häufig abgeändert. Hier werden nur einige als Beispiel angeführt, die derzeit in Kraft sind (Stand 2018):

Nicht oder nur teilweise abzugsberechtigt ist die Vorsteuer für Einkäufe von:
- Personenkraftwagen (Kauf oder Leasing): 40 % sind abziehbar; dies gilt nicht für Taxiunternehmen und Vertreter
- Pkw-Reparaturen, Ersatzteile und Autobahngebühren: 40 % sind abziehbar
- Benzin für Pkw: 40 % sind abziehbar
- Ankauf, Reparatur und Telefongebühren von Mobiltelefonen: 50 % sind abziehbar oder gemäß tatsächlicher betrieblicher Nutzung
- Ausgaben für Lebensmittel und Getränke: grundsätzlich 100 % nicht abziehbar; (es gibt Ausnahmen)
- Repräsentationsausgaben und Geschenke an das Personal: 100 % nicht abziehbar

Hat ein Unternehmer oder Freiberufler ausschließlich mehrwertsteuerfreie Umsätze getätigt, so kann er keine MwSt. auf die Einkäufe vom Staat zurückverlangen (z. B. Ärzte). Bei Vorliegen von steuerpflichtigen und steuerfreien Umsätzen kann die Vorsteuer verhältnismäßig abgezogen werden.

Als Dokument für die Abzugsberechtigung der Vorsteuer muss eine Rechnung vorliegen. Es genügt nicht ein Steuer- oder Kassenbeleg oder eine sonstige Quittung. Derartige Belege können jedoch als Spesenbelege in der Buchhaltung (Aufwand) verwendet werden, wenn die Steuernummer des Kunden auf dem Beleg aufscheint.

10.3 Formale Bestimmungen

10.3.1 Aufzeichnungspflicht

Es gibt im Wesentlichen drei Bücher für die Mehrwertsteueraufzeichnungen:

- **Buch der Verkaufsrechnungen** ***(registro delle fatture emesse)***
- **Buch der Tageseinnahmen für Detailverkäufe** ***(registro dei corrispettivi)***
- **Buch der Einkaufsrechnungen** ***(registro degli acquisti)***

Abhängig von der Tätigkeit gibt es noch weitere Bücher für die MwSt.-Aufzeichnungen

- MwSt.-Buch für EU-Einkäufe
- MwSt.-Buch für Exporte
- MwSt.-Buch für „Reverse charge – Anwendung" (Spezialregelung; Umkehrung der Steuerschuldnerschaft)
- MwSt.-Zusammenfassung *(registro riepilogativo)*
- MwSt.-Kassabuch bei Stromausfall im Detailhandel

Die Unternehmer sind **verpflichtet**, die erhaltenen und die ausgestellten Rechnungen und die Steuerbelege in den MwSt.-Büchern **chronologisch** einzutragen.
Die Aufzeichnungspflicht hängt im konkreten Fall von der Art der Buchhaltung ab, die ein Unternehmen oder ein Freiberufler führt: Ordentliche Buchhaltung, vereinfachte Buchhaltung oder vereinfachte Buchhaltung mit steuerlicher Pauschalierung.

In **Unternehmen mit ordentlicher (doppelter) Buchhaltung** ist die Führung eigener MwSt.-Bücher zweitrangig, da alle Geschäftsfälle – im Bereich der Mehrwertsteuer oder außerhalb – lückenlos auf Konten aufgezeichnet werden. Die Steuer- und Abgabenpflicht wird aufgrund der Aufzeichnungen in der Buchhaltung ermittelt.
In eigenen Mehrwertsteuerbüchern werden in diesem Fall nur jene Geschäftsfälle zusätzlich eingetragen, die in den Anwendungsbereich der Mehrwertsteuer fallen und für die ein Vorsteuerabzug vorgesehen ist.

In **Unternehmen mit vereinfachter Buchhaltung** oder bei **Pauschalbesteuerung** sind die MwSt.-Bücher für die Aufzeichnung der Geschäftsfälle von zentraler Bedeutung, da sonst keine weiteren Bücher oder Konten geführt werden. Aufgrund der Aufzeichnungen in den Mehrwertsteuerbüchern wird nicht nur die Mehrwertsteuerzahllast ermittelt, sondern die Aufzeichnungen in den Mehrwertsteuerbüchern bilden auch die Grundlage für die Ermittlung der Einkommensteuer und der sonstigen Abgaben.
In diesem Fall müssen alle Geschäftsfälle, auch wenn sie nicht in den Anwendungsbereich der Mehrwertsteuer fallen, in den Mehrwertsteuerbüchern vermerkt werden. Dies betrifft neben Rechnungen für Einkäufe und Verkäufe vor allem auch Lohnbelege, Belege für Zinsen, Abschreibungsbeträge usw.

Beispiel für die **MwSt.-Bücher**

Planet Sports KG
Guntschnastraße 1
39100 Bozen
Tel. 0471/281055 Fax 0471/400392

MwSt.Reg. Einkauf

Von 01.12.2014 bis 31.12.2014

2014 - 001

Prot. / Dok-Nr.	MwSt./Dok-datum	Kunde - Lieferant Nr.	Name/MwSt.-Nr.	Provinz - Land	MwSt Kode	(Mw)Steuernr./UID Grundlage	Gesamtbetrag MwSt.-Betrag	Val.	Betrag
16	16.12.2014	4	Sport & Fun Gmbh	A		ATU60234035	151,49		
675	23.11.2014		A-4910 Ried im Innkreis, Gartenstr. 1		22I	2) 124,17	27,32		
17	16.12.2014	8	Security Systems Gen.m.b.H. ÜFA der WFO Bozen	BZ - I		09900070211	109,80		
12	16.12.2014		I-39100 Bozen, Guntschnastr. 1		22	1) 90,00	19,80		
18	16.12.2014	5	Freshmaker KG ÜFA der WFO-Bozen	BZ - I		09901060211	109,80		
23	16.12.2014		I-39100 BOZEN, Guntschnastraße 1		22	1) 90,00	19,80		
19	16.12.2014	10	Beautyfree KG ÜFA der WFO Bozen	BZ - I		09900010217	36,60		
13	11.12.2014		I-39100 BOZEN, Guntschnastr. 1		22	1) 30,00	6,60		
20	16.12.2014	5	Freshmaker KG ÜFA der WFO-Bozen	BZ - I		09901060211	108,58		
21	15.12.2014		I-39100 BOZEN, Guntschnastraße 1		22	1) 89,00	19,58		
21	16.12.2014	5	Freshmaker KG ÜFA der WFO-Bozen	BZ - I		09901060211	164,70		
22	15.12.2014		I-39100 BOZEN, Guntschnastraße 1		22	1) 135,00	29,70		
22	25.12.2014	25	The Best Rest, RestpostenvertriebsgmbH	A		ATU00140249	368,42		
002174	25.12.2014		A-4910 Ried/Innkreis, Gartenstraße 1		22I	2) 301,98	66,44		
7	Dokumente			**Summen:**		860,15	189,24		
				MwSt.-Behandlung:	2)	Innergemeinschaftlich			
					1)	Inland			

Planet Sports KG
Guntschnastraße 1
39100 Bozen
Tel. 0471/281055 Fax 0471/400392

MwSt.Reg. Verkauf

Von 01.12.2014 bis 31.12.2014

2014 - 001

Prot. / Dok-Nr.	MwSt./Dok-datum	Kunde - Lieferant Nr.	Name/MwSt.-Nr.	Provinz - Land	MwSt Kode	(Mw)Steuernr./UID Grundlage	Gesamtbetrag MwSt.-Betrag	Val.	Betrag
8	01.12.2014	34	Mobilstore GmbH ÜFA der WFO Bozen	BZ - I		09900050213	165,00		
8	01.12.2014		I-39100 Bozen, Guntschnastraße 1		10	1) 150,00	15,00		
9	09.12.2014	48	Security Systems Gen.m.b.H. ÜFA der WFO Bozen	BZ - I		09900070211	27,50		
9	09.12.2014		I-39100 Bozen, Guntschnastr. 1		10	1) 25,00	2,50		
10	16.12.2014	43	Personal OHG	BZ - I			0,22		
10	16.12.2014		I-39100 Bozen, Guntschnastr. 1		10	1) 0,20	0,02		
11	16.12.2014	8	Beautyfree KG ÜFA der WFO Bozen	BZ - I		09900010217	140,30		
11	16.12.2014		I-39100 BOZEN, Guntschnastr. 1		22	1) 115,00	25,30		
12	16.12.2014	8	Beautyfree KG ÜFA der WFO Bozen	BZ - I		09900010217	22,00		
12	16.12.2014		I-39100 BOZEN, Guntschnastr. 1		10	1) 20,00	2,00		
13	16.12.2014	1	Inlandkunde	BZ - I		01404460212	27,50		
13	16.12.2014		I-39100 Bozen, Probestr. 12		10	1) 25,00	2,50		
14	16.12.2014	34	Mobilstore GmbH ÜFA der WFO Bozen	BZ - I		09900050213	140,30		
14	16.12.2014		I-39100 Bozen, Guntschnastraße 1		22	1) 115,00	25,30		
15	16.12.2014	49	Ergonomica sit & walk GmbH TFirm HAk Klagenfurt	A		ATU90041543	300,00		
15	16.12.2014		A-9020 Klagenfurt, Mostekeyplatz 1		A41	2) 300,00	0,00		
8	Dokumente			**Summen:**		750,20	72,62		
				MwSt.-Behandlung:	2)	Innergemeinschaftlich			
					1)	Inland			

10.3.2 Termine für die Eintragung

Erhaltene Rechnungen (Einkaufsrechnungen) sind laufend zu nummerieren und in das Buch der Einkaufsrechnungen *(registro fatture d'acquisto)* einzutragen. Falls der Unternehmer die Vorsteuer von der Umsatzsteuer abziehen möchte, so muss er die Eingangsrechnung bis zum Abrechnungszeitpunkt einer Periode (Monat oder Trimester) eintragen.

Der 16.05. ist der Abrechnungszeitpunkt für den Monat April. Bis zu diesem Datum müssen alle im April eingegangen Rechnungen eingetragen werden, damit die Vorsteuer für diesen Monat in Abzug gebracht werden kann.

Ausgestellte Rechnungen (Verkaufsrechnungen) sind innerhalb von 15 Tagen nach Ausstellung in das Buch der Verkaufsrechnungen *(registro delle fatture emesse)* einzutragen, falls es sich um eine Warenbegleitrechnung handelt. Verkaufsrechnungen, denen ein Lieferschein vorausgegangen ist, sind innerhalb des 15. des Folgemonats auszustellen und einzutragen.

Eine Warenbegleitrechnung wurde am 05.04. ausgestellt. Diese Rechnung ist bis 20.04. im Buch der Verkaufsrechnungen einzutragen.
Am 05.04. wurde eine Ware mit Lieferschein verschickt. Die dazu gehörende Rechnung muss bis 15.05. ausgestellt und im Buch der Verkaufsrechnungen eingetragen werden.

Ausgestellte Steuerbelege und Kassenbelege sind innerhalb des darauffolgenden Werktages im Buch der Tageseinnahmen einzutragen oder als Sammelbuchung innerhalb des 15. des Folgemonats.

Bei EDV-geführter Buchhaltung gilt ein Eintragungstermin von 60 Tagen, die Abrechnung der Mehrwertsteuer erfolgt jedoch immer mit Bezug auf das Ausstellungsdatum.

10.4 Die Mehrwertsteuer im Außenhandel

Die Mehrwertsteuer ist eine territoriale Verbrauchssteuer und ist daher in jenem Land zu entrichten, in dem die Waren oder Dienstleistungen konsumiert werden.

Besondere Regelungen gelten für Käufe und Verkäufe von Privatkunden (ausländische Touristen) im Inland und Ausland.

Wir unterscheiden folgende allgemeinen Fälle:

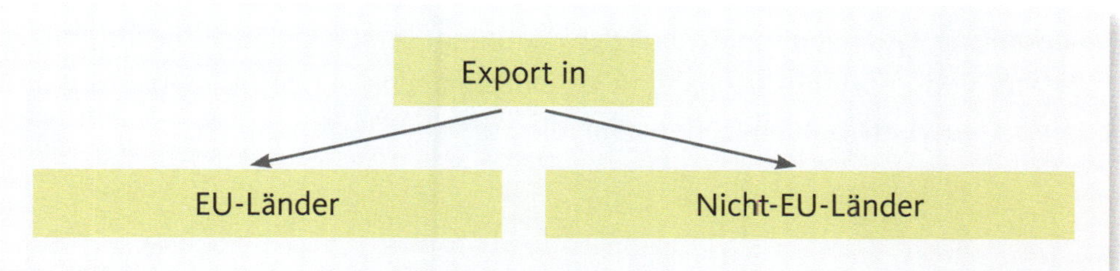

Rechtsquelle:
Art. 41 MwSt.-Gesetz
Art. 8 MwSt.-Gesetz

Der inländische Unternehmer stellt die Exportrechnungen immer ohne die Anrechnung der Mehrwertsteuer aus und verweist in der Rechnung auf den entsprechenden Gesetzesartikel, je nachdem ob es sich um eine innergemeinschaftliche Lieferung oder um einen Export in ein Drittland handelt. Die Mehrwertsteuer wird nach dem Territorialprinzip im Bestimmungsland eingehoben.

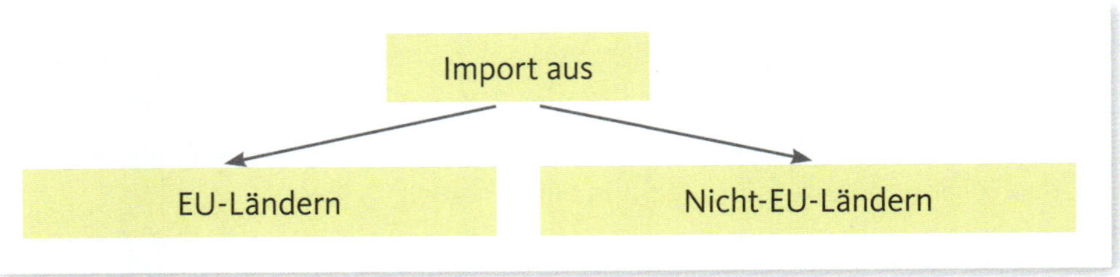

Der ausländische Unternehmer fakturiert seine Lieferungen und Leistungen an den inländischen Unternehmer ohne die Anrechnung der MwSt. Es ist aber zu unterscheiden, ob die Ware/Leistung von einem Unternehmer eines EU-Landes geliefert wird oder von einem Unternehmer eines Nicht-EU-Landes.

- Import von Waren und Leistungen aus EU-Ländern (innergemeinschaftliche Lieferungen)

Der Waren- und Dienstleistungsverkehr ist grundsätzlich zwischen den EU-Ländern frei und findet normalerweise ohne Grenzkontrollen statt. Die Importrechnungen lauten ausschließlich auf den Waren- bzw. Dienstleistungsbetrag ohne die Mehrwertsteuer. Der inländische Unternehmer muss nach Erhalt der Rechnung die geltende inländische Mehrwertsteuer berechnen und dies auf der Rechnung vermerken. In der Buchhaltung wird die Importrechnung mit der berechneten Vorsteuer verbucht. Die Besonderheit in diesem Fall ist, dass die berechnete Mehrwertsteuer sowohl als MwSt.-Einkauf und in gleicher Höhe als MwSt.-Verkauf verbucht wird.

- Import von Waren und Leistungen aus Nicht-EU-Ländern

In diesem Fall muss die ausländische Ware über ein Zollamt „nationalisiert" werden. Dabei wird die Zollbehörde die inländische Mehrwertsteuer berechnen und die Zahlung vom inländischen Unternehmer verlangen. Der gezahlte Mehrwertsteuerbetrag wird mit einer Zollbollette dokumentiert. Der inländische Unternehmer wird nun in seiner Buchhaltung als Einkaufsrechnung den Warenbetrag und den Vorsteuerbetrag buchen, den er an die Zollbehörde gezahlt hat.

10

10.5 Die Abrechnung der Mehrwertsteuer

Grundsätzlich ist der Unternehmer verpflichtet, die Mehrwertsteuer **monatlich** mit dem Finanzamt abzurechnen; Basis sind die Aufzeichnungen in den Mehrwertsteuerbüchern.
Falls ein Unternehmer Verkaufserlöse pro Jahr bis zu 400.000,00 € im Dienstleistungsbereich bzw. bis zu 700.000,00 € im Produktionsbereich oder Handel erzielt, so kann er die Mehrwertsteuer alle drei Monate mit einem Aufschlag von 1 % auf die Zahllast abrechnen.

Sonderabrechnungsformen: Unternehmer und Freiberufler mit Erlösen bis zu 30.000,00 €

Monatsabrechnung: Jeweils bis zum 16. des darauffolgenden Monats ist die Mehrwertsteuer abzurechnen und die eventuell geschuldete Zahllast an das Finanzamt zu überweisen. Bezugszeitraum Mai: Abrechnung 16.06. Zahllasten bis zu 25,82 € können mit der nächsten Abrechnung verrechnet werden. Guthaben werden auf die nächste Abrechnungsperiode übertragen.
Trimesterabrechnung: jeweils für ein Trimester: 1. Trimester bis 16.05., 2. Trimester bis 20.08., 3. Trimester bis 16.11. und 4. Trimester bis 16.03. des darauffolgenden Jahres zusammen mit der Jahreserklärung
Vorauszahlung im Dezember: Am 27.12. muss der Unternehmer eine Anzahlung in Höhe von 88 % auf die voraussichtliche Zahllast für die letzte Abrechnungsperiode (Monat oder Trimester) leisten. Bezugszeitraum sind das Vorjahr oder die geschätzten Werte der laufenden Periode. Eine Vorauszahlung ist nicht zu leisten, wenn der Betrag unter 103,29 € liegt.
MwSt.-Jahreserklärung: Bis 16.03. des darauffolgenden Jahres muss eine MwSt.-Jahreserklärung abgegeben werden und eventuelle Saldozahlungen sind dann vorzunehmen. Diese Jahresabrechnung kann auch zusammen mit der Einkommensteuererklärung im Juni abgegeben werden. Es ist dann allerdings ein Aufschlag pro Monat in Höhe von 0,4 % auf den Saldobetrag vorzunehmen.

Alle Einzahlungen und Verrechnungen von Guthaben – auch zusammen mit anderen Steuern und Abgaben – sind mit dem Einheitsvordruck F24 telematisch über eine Bank abzuwickeln.

Als Grundlage für die Abrechnung der Mehrwertsteuer einer Periode gelten normalerweise die ausgestellten und eingetragenen Rechnungen unabhängig von deren Zahlung oder vom Inkasso. Unternehmen mit einem Jahresumsatz bis zu 2.000.000,00 € können sich aber auch für das „MwSt.-Kassesystem“ *(IVA per cassa)* entscheiden.

Gesetzesdekret Nr. 83/2012

Die MwSt.-Abrechnung erfolgt dann aufgrund der tatsächlich kassierten und der tatsächlich gezahlten Rechnungen einer Abrechnungsperiode. Die Jahresabrechnung erfolgt aber aufgrund der eingetragenen Einkaufs- und Verkaufsrechnungen.

Die folgenden Seiten zeigen vereinfacht Beispiele für Eintragungen in die MwSt.-Bücher.

SecuritySystems Gen.m.b.H.
Guntschnastr 1
Bozen
Tel.: 0471 281055 - Fax.: 0471 400392

MwSt.Abrechnung
vom 01.05.2014 bis 31.05.2014

2014 - 001

MwSt.Reg. Einkauf

Kode	Bezeichnung	G.b.	Grundlage	MwSt.	davon absetzbar	davon nicht absetzbar	Gesamt
20	20 % MwSt.		1.307,50	261,50	261,50		1.569,00
22	22%		30.297,57	6.665,47	6.665,47		36.963,04
22I	22 % MwSt. I.E.		1.358,00	298,76	298,76		1.656,76
	Summen		32.963,07	7.225,73	7.225,73		40.188,80

MwSt.Reg. Verkauf

Kode	Bezeichnung	G.b.	Grundlage	MwSt.	davon absetzbar	davon nicht absetzbar	Gesamt
22	22%		19.152,00	4.213,44	4.213,44		23.365,44
	Summen		19.152,00	4.213,44	4.213,44		23.365,44

MwSt.Reg. Verkauf (innergem. Erwerb)

Kode	Bezeichnung	G.b.	Grundlage	MwSt.	davon absetzbar	davon nicht absetzbar	Gesamt
22I	22 % MwSt. I.E.	x	1.358,00	298,76	298,76		1.656,76
	Summen		1.358,00	298,76	298,76		1.656,76

Buch der erhaltenen Rechnungen – *registro degli acquisti*

Firma: ____________________

Eintragung		Beschreibung		Gesamt-betrag	22 % MwSt.		10 % MwSt.		___% MwSt.		MwSt. nicht abziehbar		Beträge ohne MwSt.		andere Eintragungen	
Nr.	Datum		Lieferant, Ort		Grundlage	MwSt.	Grund-lage	MwSt.	Grund-lage	MwSt.	Grund-lage	MwSt.	Betrag	Grund		
01	15.01.	11	Mair & Co., Olang	1.220,00	1.000,00	220,00										
02	16.01.	221	Trantex S.p.A., Rovereto	5.124,00	4.200,00	924,00										
03	18.01.	229	Alpin Sport KG, Brixen	3.665,00	3.000,00	660,00							5,00	Art. 15		
04	20.01.	12	Biasion AG, Bozen	900,00			800,00	80,00					20,00	Art. 10		
05	24.01.	33	Argus Gasthof, Meran	80,00							72,72	7,28				
06	24.01.	44	City-Staff, Bruneck	903,40	470,00	103,40	300,00	30,00								
07	26.01.	57	Consulting K., Meran	5.495,00	4.500,00	990,00							5,00	Art. 15		
08	28.01.	66	Alber & Co., Leifers	1.006,00	800.00	176,00							30,00	Art. 15		
09	04.02.		Agip-Brixen (Benzin)	230,00							191,66	38,34				
			Summen – Übertrag	**18.623,40**	**13.970,00**	**3.073,40**	**1.100,00**	**110,00**			**264,38**	**45,62**	**60,00**			

Buch der ausgestellten Rechnungen – *registro delle fatture*

Firma: ______________

Eintragung		Beschreibung	Gesamt-betrag	22 % MwSt.		10 % MwSt.		___% MwSt.		Beträge ohne MwSt.				andere Eintragungen	
Nr.	Datum	Kunde, Ort		Grundlage	MwSt.	Grund-lage	MwSt.	Grund-lage	MwSt.	MwSt.-frei	nicht pflichtig	nicht besteuerbar	Grund		
01	02.01.	Haas & Co., Sterzing	488,00	400,00	88,00										
02	02.01.	Gruber Agnes, Vilpian	1.056,00	800,00	176,00							80,00	Art. 15		
03	04-.01.	Indesit S.p.A., Milano	7.720,00	2.000,00	440,00	4.800,00	480,00								
04	07.01	Agnesi S.p.A., Trento	11.712,00	9.600,00	2.112,00										
05	11.01.	Vollmer Kurt, München	2.000,00								2.000,00		Art. 41		
06	13.01	Cillar, Türkei	3.000,00								3.000,00		Art. 8		
07	15.01.	Enel AG, Bozen	825,80	490,00	107,80	200,00	20,00			8,00			Art. 10		
08	25.01.	Telecom, Bozen	2.562,00	2.100,00	462,00										
		Summen – Übertrag	**29.363,80**	**15.390,00**	**3.385,80**	**5.000,00**	**500,00**			**8,00**	**5.000,00**	**80,00**			

Buch der Tageseinnahmen – *registro dei corrispettivi*

Seite: ____________

Firma: ______________________

Eintragung		Beschreibung	Gesamtbetrag	Einnahmen mit Kassebelegen			Einnahmen mit Steuerbelegen			Beträge ohne MwSt.		andere Eintragungen	
Nr.	Datum			22 % MwSt.	10 % MwSt.	__% MwSt.	22 % MwSt.	10 % MwSt.	__% MwSt.	Betrag	Grund		
01	03.01.	Tageseinnahmen 02.01.	2.500,00	2.000,00	500,00								
02	04.01.	Tageseinnahmen 03.01.	3.400,00	2.500,00	900,00								
03	06.01.	Tageseinnahmen 05.01.	690,00				690,00						
04	09.01.	Tageseinnahmen 08.01.	1.600,00	1.200,00			400,00						
05	15.01.	Tageseinnahmen 14.01.	800,00	800,00									
06													
07													
08													
		Summen – Übertrag	**8.990,00**										
			MwSt.-Grundlage	**5.327,87**	**1.272,73**		**893,44**						
			MwSt.-Betrag	**1.172,13**	**127,27**		**196,56**						

Mehrwertsteuerabrechnung

Mehrwertsteuerabrechnung Monat: **JÄNNER 2018**

Firma: ______________________

MwSt.-Ausgangsrechnungsbuch	**3.885,80**	+
MwSt.-Tageseinnahmenbuch	**1.495,96**	+
MwSt.-Verkauf	**5.381,76**	=
MwSt.-Einkauf	**3.183,40**	–
MwSt.-Schuld/MwSt.-Guthaben	**2.198,36**	=

MwSt.-Guthaben	
MwSt.-Schuld	**2.198,36**
Schuld/Guthaben Vorperiode	
zu überweisen	**2.198,36**
Guthaben	

Betrag überwiesen am: **16.02.2018**

Bank: Raika Fil. Brixen

10.6 Die Verbuchung von Geschäftsfällen unter Berücksichtigung der Mehrwertsteuer

Für die Verbuchung der Mehrwertsteuer sind folgende Konten einzurichten:

„MwSt.-Einkauf" oder „MwSt.-Vorsteuer" *(IVA-credito)*
Auf diesem Konto wird die von den Lieferanten in Rechnung gestellte Vorsteuer verbucht. Es ist ein Forderungskonto gegenüber dem Finanzamt und damit ein aktives Bestandskonto.

„MwSt.-Verkauf" oder „Umsatzsteuer" *(IVA-debito)*
Dieses Konto dient der Erfassung der den Kunden angelasteten Mehrwertsteuer. Es weist die Verbindlichkeiten gegenüber dem Finanzamt aus und ist somit ein passives Bestandskonto.
Manchmal wird die MwSt. auf Verkäufe auch als Umsatzsteuer bezeichnet.

MwSt.-Verrechnungskonto *(IVA-c/erario)*
Auf dieses Sammelkonto werden die während eines Monates oder Trimesters erfassten MwSt.-Beträge und das MwSt.-Akonto übertragen. Der Saldo dieses Kontos zeigt den Betrag, der an das Finanzamt gezahlt werden muss, oder das Guthaben, das gegenüber dem Finanzamt besteht. **Dieses Konto kann daher sowohl ein aktives als auch ein passives Bestandskonto sein.**

10.6.1 Buchungen beim Verkauf von Waren und Leistungen im Inland

Für die Verkäufe von Waren und Leistungen stellt der Unternehmer Rechnungen mit der Anrechnung der Mehrwertsteuer. Verkauft er direkt an private Endverbraucher (Detailhandel, Gastgewerbe usw.), so stellt er anstelle der Rechnungen Kassen- oder Steuerbelege aus. Diese Belege werden einschließlich MwSt. ausgestellt. Bei der Verbuchung muss in solchen Fällen die Mehrwertsteuer herausgerechnet werden.

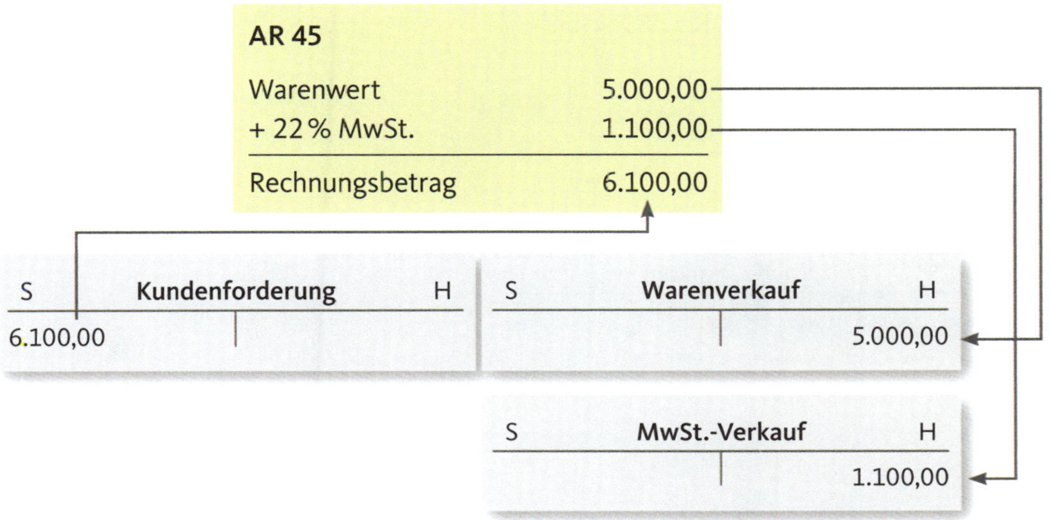

10.6.2 Buchungen beim Verkauf von Waren und Leistungen in das Ausland (EU und Drittländer)

Für Verkäufe in andere EU-Länder (innergemeinschaftlicher Güterverkehr) und für Exporte in Nicht-EU-Länder stellt der Unternehmer Rechnungen ohne Anlastung der MwSt. aus. In der Rechnung muss der entsprechende Artikel des MwSt.-Gesetzes angeführt werden.

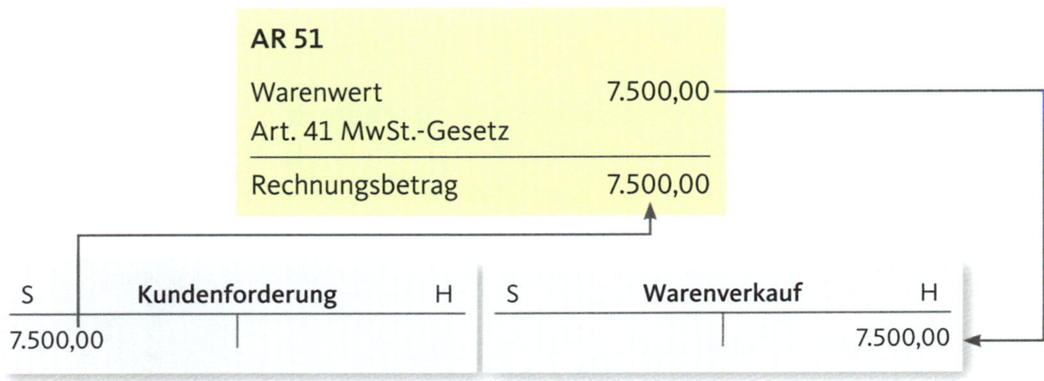

10.6.3 Buchung beim Einkauf von Waren und Leistungen im Inland

In Rechnungen inländischer Lieferanten müssen immer der Warenwert und die Mehrwertsteuer getrennt angeführt sein. **Ohne getrennte Ausweisung der MwSt. in der Rechnung ist ein Vorsteuerabzug nicht möglich.** Eine Ausnahme bilden die sogenannten Treibstoffkarten, in denen der getankte Treibstoff einschließlich MwSt. eingetragen wird. In diesem Fall muss die MwSt. aus dem Gesamtbetrag herausgerechnet werden.

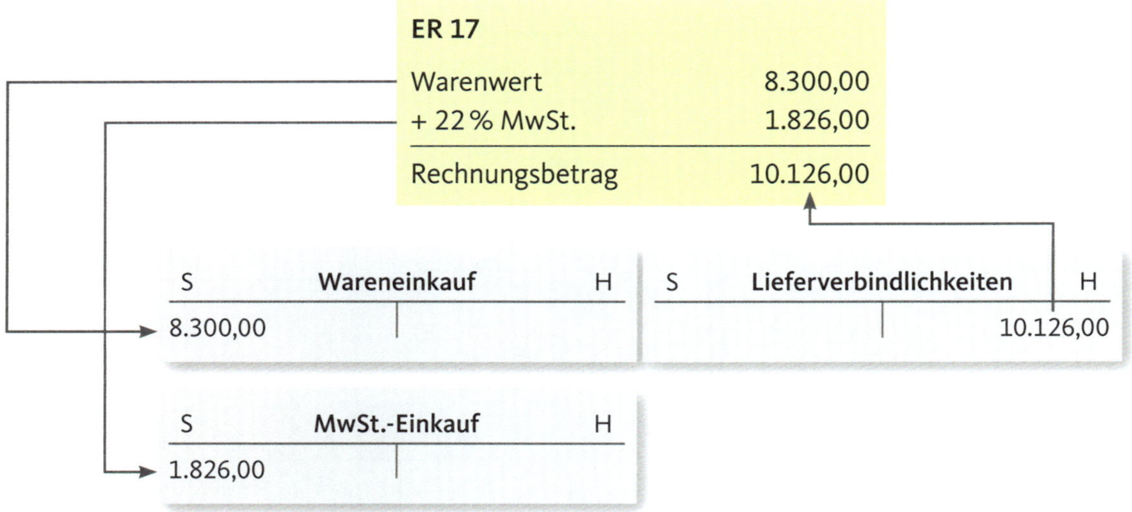

10.6.4 Buchungen beim Einkauf von Waren und Leistungen aus dem Ausland

Der Lieferant aus dem EU-Ausland stellt die Verkaufsrechnung ohne MwSt. aus. Der Käufer im Inland muss die Rechnung mit dem im Inland geltenden MwSt.-Satz ergänzen.

Buchung einer Einkaufsrechnung aus einem EU-Land

Beispiel: Die Firma Solar AG kauft bei der Firma Elektronik Systems in München Solarpaneele und erhält folgende Rechnung:

Elektronik Systems
M.-Weber-Straße 23
München
Deutschland

Kunde
Solar AG
Barbian
Italien

Rechnung Nr. 45 — München, 23.04.2018

Solarpaneele -SX45 — 4.500,00 €

Innergemeinschaftliche Lieferung

Ergänzung der Rechnung durch Solar AG

Steuergrundlage	4.500,00 €
+ 22 % MwSt	990,00 €
Gesamtbetrag	5.490,00 €

Datum	Text	Soll	Haben
	Wareneinkauf	4.500,00	
	MwSt.-Einkauf	990,00	
	MwSt.-Verkauf		990,00
	Lieferverbindlichkeit Elektronik Systems		4.500,00

Der inländische Unternehmer muss auf den Rechnungsbetrag die inländische MwSt. berechnen und muss diesen Betrag sowohl im MwSt.-Einkaufsbuch als Guthaben und im MwSt.-Verkaufsbuch als Schuld eintragen.

Buchung einer Rechnung aus einem Nicht-EU-Land

Beim Eintritt in das Staatsgebiet muss die importierte Ware der Zollbehörde zur Zollerklärung vorgelegt werden. Die Zollbehörde berechnet auf den Warenwert die im Inland gültige MwSt., die der inländische Unternehmer an den Staat zahlen muss. Als Grundlage für die Buchhaltung dient dann die von der Zollbehörde ausgestellte Zollbollette, in welcher der Warenwert und die an den Staat zu entrichtende MwSt. angeführt sind. Die MwSt. wird in der Regel von der Transportfirma an die Zollbehörde bezahlt (vorgestreckt) und dann dem Käufer zusammen mit den Transportkosten in Rechnung gestellt.

Beispiel: Die Firma Solar AG kauft bei der Firma H&M Systems in der Schweiz T-Träger aus Aluminium. Mit der Abwicklung des Importes wird eine Transportfirma beauftragt, die dafür 150,00 € verlangt. Die Transportfirma streckt auch für die Firma Solar AG die MwSt. am Zollamt vor. Die Zahlung der Rechnungen erfolgt mit Banküberweisung.

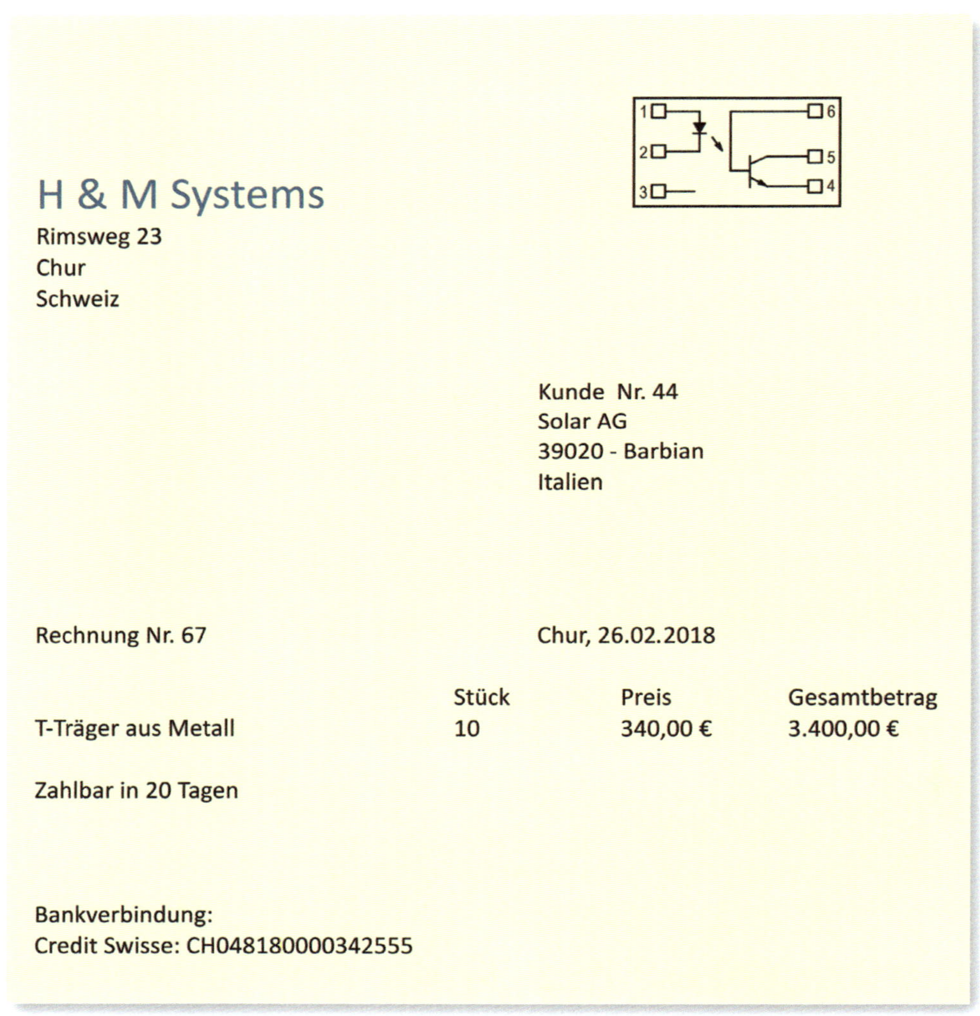

H & M Systems
Rimsweg 23
Chur
Schweiz

Kunde Nr. 44
Solar AG
39020 - Barbian
Italien

Rechnung Nr. 67 — Chur, 26.02.2018

	Stück	Preis	Gesamtbetrag
T-Träger aus Metall	10	340,00 €	3.400,00 €

Zahlbar in 20 Tagen

Bankverbindung:
Credit Swisse: CH048180000342555

Zollbollette (*bolletta doganale*)
(vereinfacht)

Import

T-Träger aus Metall	3.400,00 €
22 % MwSt.	748,00 €

MwSt.-Schuld 748,00 €

Rechnung der Transportfirma

Transportkosten	150,00 €
22 % MwSt.	33,00 €
Vorgestreckte MwSt.	748,00 €
Rechnungsbetrag	931,00 €

Es sind in diesem Fall drei verschiedene Dokumente zu verbuchen.

Datum	Text	Soll	Haben
	Wareneinkauf	3.400,00	
	Lieferverbindlichkeit H&M Systems		3.400,00
	(Rechnung von H&M Systems)		
	Waren-Import[1]	3.400,00	
	MwSt.-Einkauf	748,00	
	Verbindlichkeit Zollamt		4.148,00
	(Zollbollette)		
	Transportspesen	150,00	
	MwSt.-Einkauf	33,00	
	Vorgestreckte MwSt.[2]	748,00	
	Lieferverbindlichkeit Transportfirma		931,00
	(Rechnung der Transportfirma)		
	Verbindlichkeit Zollamt	4.148,00	
	Waren-Import		3.400,00
	Vorgestreckte MwSt.		748,00
	(Umbuchung Zollbollette)		
	Lieferverbindlichkeit Transportfirma	931,00	
	Bank		931,00
	Lieferverbindlichkeit H&M Systems	3.400,00	
	Bank		3.400,00

1 „Waren-Import" ist ein Durchlaufkonto, das zum Zwecke der Verbuchung der Zollbollette eingerichtet werden muss.
2 Das Konto „Vorgestreckte MwSt." ist ein Bestandskonto, auf dem die von der Transportfirma vorgestreckte MwSt. verbucht wird.

10.6.5 Abschluss der Mehrwertsteuer-Konten

1. Periodische Abrechnung

Anlässlich der monatlichen oder trimestralen MwSt.-Abrechnung werden zunächst die Konten „MwSt.-Einkauf“ und „MwSt.-Verkauf“ über das MwSt.-Verrechnungskonto abgeschlossen. Der dadurch auf dem MwSt.-Verrechnungskonto ermittelte Saldo stellt dann den zu überweisenden Betrag bzw. das Guthaben für die nächste Periode dar. Die periodische Zahlung der MwSt. erfolgt über das einheitliche Zahlungsformular F24.

Buchungssätze:

MwSt.-Verrechnung / MwSt.-Einkauf

MwSt.-Verkauf / MwSt.-Verrechnung

MwSt.-Verrechnung / Bank

Im Falle eines Guthabens bzw. bei einer Schuld bis zu 25,82 € bleibt das Verrechnungskonto bis zur nächsten Abrechnung offen.

2. Buchung am Jahresende

Beim Jahresabschluss per 31.12. wird das MwSt.-Verrechnungskonto direkt über die Bilanz oder häufiger über die Konten „Sonstige Forderungen“ oder „Sonstige Abgabenverbindlichkeiten“ abgeschlossen, da der Saldo erst im darauf folgenden Jahr zu überweisen ist.

Buchungssätze am 31.12.

MwSt.-Verrechnung / Abgabenverbindlichkeit

oder im Falle eines Guthabens

Forderung gegenüber Staat / MwSt.-Verrechnung

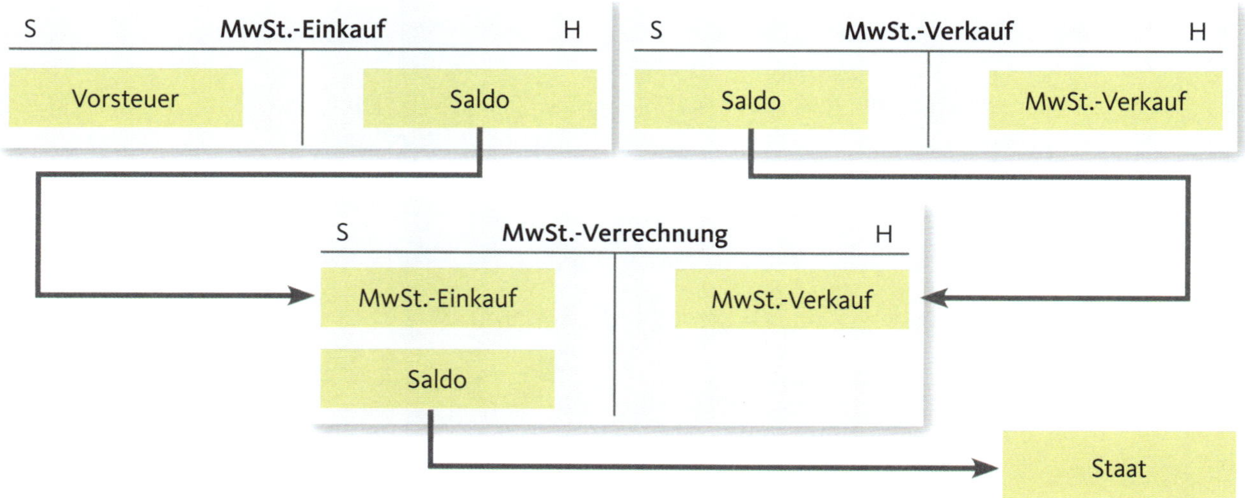

In EDV-geführten Buchhaltungen wird manchmal lediglich ein einziges MwSt.-Konto geführt, auf dem im Soll die MwSt. für die Einkäufe (Vorsteuer) und im Haben die MwSt. für die Verkäufe (Umsatzsteuer) verbucht werden. Das einzige MwSt.-Konto entspricht deshalb dem MwSt.-Verrechnungskonto.

Übung

Geschäftsfälle

1. Einkauf von Waren auf Ziel 1.000,00 € + MwSt.
2. Telefonrechnung 130,00 € + MwSt.
3. Kauf einer Maschine in einem Nicht-EU-Land 12.500,00 €; MwSt. laut Zollbollette, die Transportfirma wickelt den Import ab und verlangt dafür 560,00 €
4. Banküberweisung an den ausländischen Lieferanten und an die Transportfirma
5. Verbuchung des Treibstoffverbrauchs (laut Treibstoffkarte) für einen Monat 450,00 € einschl. MwSt.
6. Warenverkauf 4.500,00 € in ein Nicht-EU-Land
7. Tagesinkasso laut Kassenbelegen 2.590,00 € inkl. MwSt.
8. Stromrechnung 300,00 € + MwSt.
9. Kauf von Heizöl 3.500,00 € + MwSt.
10. Verkauf von Waren in das EU-Ausland 4.500,00 €
11. Kauf von Einrichtung im EU-Ausland 2.300,00 € + MwSt.
12. Warenverkauf 70,00 € + MwSt.
13. Kauf von Putzmaterial 120,00 € + MwSt.
14. Privatentnahme von Waren im Wert von 300,00 € + MwSt.

Aufgabe

Buchungen im Journal

Übung

Die Unternehmerin Carmen Roilo hat ein Handelsunternehmen, das am 01.01.20(n) folgende Eröffnungsbestände hat:
Kasse 40.000,00 €; Bank (Guthaben) 20.000,00 €; Waren 18.500,00 €; Fuhrpark 25.000,00 €; Wertberichtigung Fuhrpark 5.000,00 €; Lieferverbindlichkeiten 10.000,00 €; Kapital ____________________ €

Geschäftsfälle bis Ende Juli

15.01. Roilo nimmt bei der Bank ein Darlehen in Höhe von 100.000,00 € auf. Der Darlehensbetrag wird auf dem Bankkonto gutgeschrieben. Der Jahreszinssatz beträgt 4 % und die Zinsen sind trimestral nachschüssig (am Ende des laufenden Trimesters zu zahlen).

16.01. Kauf eines Geschäftslokales 85.000,00 € + MwSt. 4 %; Zahlung der Hälfte durch Banküberweisung, Rest bleibt offen

17.02. Miete eines Lagers 7.000,00 € + MwSt.; Barzahlung

18.02. Wareneinkauf 15.000,00 € + MwSt. auf Ziel

18.03. Warenverkauf 17.400,00 € + MwSt.; die Hälfte wird durch Banküberweisung kassiert

19.03. Abhebung vom Bankkonto für private Zwecke 150,00 € und Warenentnahme privat 150,00 € + MwSt.

25.03. Wareneinkauf im EU-Ausland 2.500 € + MwSt.

15.04. Rückzahlung einer Darlehensrate in Höhe von 5.000,00 € und der Zinsen für 3 Monate. Der Betrag wird vom Bankkonto abgebucht.

20.04. Einkauf Treibstoff 1.200,00 € inkl. MwSt.

25.04. Einkauf von Büromaterial im Wert von 250,00 € + MwSt.; Barzahlung

26.05 Warenverkauf 38.300,00 € + MwSt.; Bankinkasso von ⅔ des Rechnungsbetrages

26.05. Werbung 340,00 € + MwSt.; Banküberweisung

10.07. Wareneinkauf über 4.500,00 € + Normal-MwSt.-Satz und 2.000,00 € + ermäßigter MwSt.-Satz

11.07. Warenverkauf in das EU-Ausland 3.500,00 €

12.07. Privatentnahme: Waren im Wert von 870,00 € + MwSt.

13.07. Wareneinkauf – Nicht-EU-Ausland 3.200 € + MwSt. (Zollbollette), Banküberweisung

14.07. Telefonrechnung 150,00 € + MwSt.; Barzahlung

15.07. Rückzahlung einer weiteren Darlehensrate in Höhe von 5.000,00 € und der Zinsen für 3 Monate auf 95.000,00 €. Der Betrag wird vom Bankkonto abgebucht.

31.07. Abrechnung der MwSt.

Abschluss

1. Warenendbestand laut Inventur 23.400,00 €
2. Abschreibung Geschäftslokal 3,5 % und Fuhrpark 20 % (Jahresabschreibesätze)

Aufgabe

a) Eröffnung und laufende Buchungen
b) Abschluss und Erstellung des G&V und der Schlussbilanz
c) Führung der MwSt.-Bücher
d) Rohgewinn und Reingewinn

Verbuchung Geschäftsfälle

11. Die Verbuchung gängiger Geschäftsfälle

Täglich kommen in einem Unternehmen die verschiedensten Geschäftsfälle vor, Einkaufsrechnungen sind zu verbuchen, Waren sind zu liefern, Verkaufsrechnungen sind auszustellen, Reklamationen von Kunden sind zu bearbeiten und eine Reihe von Zahlungen sind über die Bank abzuwickeln. Alle diese Geschäftsfälle müssen dokumentiert sein, systematisch in die Bücher eingetragen werden und für eine spätere Überprüfung übersichtlich archiviert werden.

11.1 Die Buchungsbelege

Keine Buchung ohne Beleg

Die Grundlage für die Verbuchung von Geschäftsfällen bilden stets die Belege. Jede Buchung muss mit einem entsprechenden Dokument begründet werden. Belege sind schriftliche Aufzeichnungen über tatsächliche oder geplante betriebliche Vorgänge, die im Rechnungswesen erfasst werden müssen.
Sie sind das Bindeglied zwischen Geschäftsfall und Buchung und sind ein wesentlicher Bestandteil der Buchhaltung. Ihnen kommt außerdem in rechtlicher und steuerlicher Hinsicht primäre Bedeutung zu (Beweismittel).

Einteilung der Belege:

Externe Belege *(documenti di prova)*

Diese Belege entstehen durch die Außenbeziehungen des Unternehmens. Es handelt sich um ein- und ausgehende Schriftstücke wie Rechnungen und Zahlungsbestätigungen, Wechsel usw. (Beweismittel).

Interne Belege *(documenti di autorizzazione)*

Sie betreffen innerbetriebliche Vorgänge. Mit ihnen werden bestimmten Abteilungen oder Personen Weisungen erteilt, z. B. Materialbewegungen im Lager mit den Lagerscheinen (*bollette di carico e scarico*) und Weisungen an den Kassier mittels Zahlungsmandaten. Damit werden auch die Verantwortungsbereiche abgegrenzt.

Kontrollbelege und Gedächtnisstützen *(documenti di controllo e di memoria)*

Dies sind keine sogenannten Originalbelege für die Buchhaltung, sondern sonstige Aufzeichnungen oder Aufstellungen (z. B. K/K-Auszug, Primanota).

11.1.1 Beleggrundsätze

Die Eintragungen der Geschäftsfälle in die Bücher der Buchhaltung müssen nach **dem allgemeinen Grundsatz einer geordneten** Buchhaltung erfolgen, es gibt aber auch eine Reihe von **gesetzlichen Vorschriften**, deren Nichteinhaltung zu empfindlichen Strafen führen. Erleichtert werden heute die formalen Grundsätze einer geordneten und sauberen Buchhaltung durch die Verwendung von Betriebsprogrammen.

Die wichtigsten Grundsätze für die geordnete Buchhaltung sind:

1. Keine Buchung ohne Beleg (Belegprinzip)
2. Zur Vermeidung von Unklarheiten und Doppelbuchungen ist genau festzustellen, welcher Beleg als Buchungsunterlage dient, da zu einem Geschäftsfall oft mehrere Belege gehören (z. B. Rechnung und Zahlungsbestätigung).
3. Die Belege sind wie Urkunden zu behandeln, d. h. es darf nichts unleserlich gemacht werden. Notwendige Änderungen sind zu beglaubigen.
4. Die Belege sind laufend zu nummerieren und es sollen die Konten angegeben werden, auf denen gebucht wird (Vorkontierung).
5. Nach erfolgter Verbuchung ist dies auf dem Beleg zu vermerken (abhaken).
6. Die Belege sind – soweit dies möglich ist – abzusichern. Belege dürfen nicht verschwinden.
7. Die Belege sind geordnet und übersichtlich aufzubewahren (10 Jahre gemäß ZGB).

11.1.2 Belegorganisation

Die Schaffung eines geordneten Belegwesens ist eine wichtige und entscheidende Aufgabe der Organisation des betrieblichen Rechnungswesens. Die Belegordnung wird unter anderem von der Betriebsgröße bestimmt. Es werden Beleggruppen gebildet, innerhalb derselben erfolgt eine **fortlaufende Nummerierung**. Die verschiedenen Belegarten erhalten einen sogenannten **Buchungscode**, dies ist vor allem bei der Verbuchung mit EDV-Programmen von Vorteil.

Beispiele für Buchungscodes:

Eingangsrechnungen	ER
Ausgangsrechnungen	AR
Kassenbelege	K
Eintragung im Journal	SH
Zahlungsbelege	B

Eine Belegbearbeitung erfolgt im Wesentlichen in folgenden Schritten (Ablauforganisation):

1. Beleganfall (Ausstellung des Beleges)
2. Anbringen des Eingangs- oder Ausgangsstempels
3. In Kleinbetrieben werden Belege manchmal in einem Primanota-Buch ohne bestimmte Formvorschriften eingetragen.
4. Weiterleitung des Belegs an den Sachbearbeiter
5. Formale, rechnerische und sachliche Prüfung
6. Belegsortierung, Nummerierung
7. Kontierung (Angabe der Konten, auf denen der Beleg gebucht werden soll)
8. Verbuchung
9. Anbringung des Buchungsvermerkes auf dem Beleg
10. Belegablage, nach Belegart geordnet

11.1.3 Sachkonten und Personenkonten

Der Kontenplan des Unternehmens ist bekanntlich das organisatorische Grundgerüst für die systematische Erfassung der Geschäftsfälle. Neben dieser systematischen Aufgliederung der Sachkonten ist es in der Praxis zusätzlich erforderlich, für jeden einzelnen Kunden und Lieferanten ein eigenes Konto zu führen, auf dem dann alle Lieferungen, Zahlungen, Gutschriften usw. erfasst werden.

Diese Personenkonten bilden in ihrer Gesamtheit die Kunden- und Lieferantenkartei. Die beiden Sammelkonten **Kundenforderungen** und **Lieferverbindlichkeiten** werden in so viele Unterkonten (Personenkonten) aufgeteilt, wie der Betrieb Kunden bzw. Lieferanten hat. Am Jahresende werden die Salden der einzelnen Personenkonten in den jeweiligen Sammelkonten zusammengeführt.

Die Nummerierung der Konten ist so zu wählen, dass zu den Sammelkonten eine zwei- oder dreistellige Zahl hinzugefügt wird (je nach Anzahl der Kunden und Lieferanten).

Beispiel für Personenkonten:

Die Verbuchungen von Geschäftsfällen, die keine Personenkonten betreffen (z.B. eine Barabhebung vom Bankkonto), nennt man **Sachbuchungen** (oder **reine Journalbuchungen**).

In den Beispielen werden die Personenkonten – sofern keine Musterrechnungen vorliegen – vereinfachend nur „Kundenforderung" und „Lieferverbindlichkeit" genannt.

Beispiel für eine Belegbearbeitung:
Eingangsrechnung von der Firma Nova Alpin

NOVA Alpin

Fachhandel für Bergsport
I-39024 Tramin
Großer Graben 40
Tel. +39 0471 3824892
E-Mail: in-outdoor@nova.alpin.it

Eingegangen: 18. Juli 2018
Gebucht: ER 44/18 25. Juli 2018
Bezahlt: 17. August 2018

Firma Stefan Grandi
Penser Straße 12
I-39012 Sarnthein
MwSt-Nr. 02203840236

Rechnung Nr. 98

Tramin, 15. Juli 2018

I/Bestellung: Nr. 3 vom 03. Juli 2018

Art.	Beschreibung	Menge	Preis	Betrag	MwSt.
89	Scarpa Top	10	89,00	890,00	22
A10	Leki Flex	20	56,00	1.120,00	22
V4	Dynfit-Vertical	5	230,00	1.150,00	22

Steuergrundlage	22% MwSt.	10% MwSt.
3.160,00	695,20	

Gesamtbetrag	**3.855,20 €**

Zahlungsbedingung: Fällig am 17. August 2018

Ökobeitrag CONAI entrichtet sofern geschuldet

UID NR. IT09900050215
Reg.HK 3502/2
Ges.Kapitel 35.000,00 € v.g.

BTB Salurn
BLZ 18600
IBAN IT67R0811601000710101053

11.2 Einkauf und Verbuchung der Handelsware

Die meisten Geschäftsfälle betreffen den Einkauf von Handelswaren in einem Handelsbetrieb oder Einkäufe von Rohstoffen und Materialien in einem Produktionsbetrieb. Im Anhang findet sich der Kontenplan mit allen wichtigsten Konten.
Bevor eine Einkaufsrechnung verbucht werden kann, muss sie laufend nummeriert, vorkontiert und mit Eingangsdatum versehen werden.

Lehrbeispiel

Die Firma Thomas Lantschner & Co erhält von der Firma ProSystem GmbH folgende Rechnung:

ProSystem GmbH
Handel mit EDV-Zubehör
I-39012 **Brixen/Bressanone**
Wiesenweg 23
Tel. +39 0472 384892
Fax +39 0472 384842
ProSystem@tim.it

Thomas Lantschner & Co. OHG
EDV-Service
Handwerkerzone Kardaun
I-39053 Karneid
MwSt.-Nr. 02203840236
Kundennummer: 354

Eingegangen: 26. Februar 2018
Gebucht: ER 248/18 06.03.2018
Bezahlt: 30. März 2018

Rechnung Nr. 46/18 Brixen, 24. Februar 2018

Art.	Beschreibung	Menge	Preis	Betrag	MwSt.
XA2	Tastatur C2	2	34,00	68,00	22
A10	Shere-ZBox	5	67,50	337,50	22
L3T	Laser Jet Enterprice CP	1	135,00	135,00	22

Steuergrundlage	MwSt.	Gesamtbetrag
540,50	118,91	659,41

Zahlungsbedingung: zahlbar innerhalb von 30 Tagen

Ökobeitrag CONAI entrichtet sofern geschuldet

UID NR. IT09900030215
Reg.HK 3502/2
Ges.Kapitel 35.000,00 € v.g.

Volkskreditbank AG
BLZ 18600
IBAN IT45A0811160100071010105 3

Lösung

Journal

Datum	Text	Soll	Haben
06.03.	Wareneinkauf	540,50	
	MwSt.-Einkauf	118,91	
	ProSystem GmbH		659,41
	(ER 248/18)		

Hauptbuch

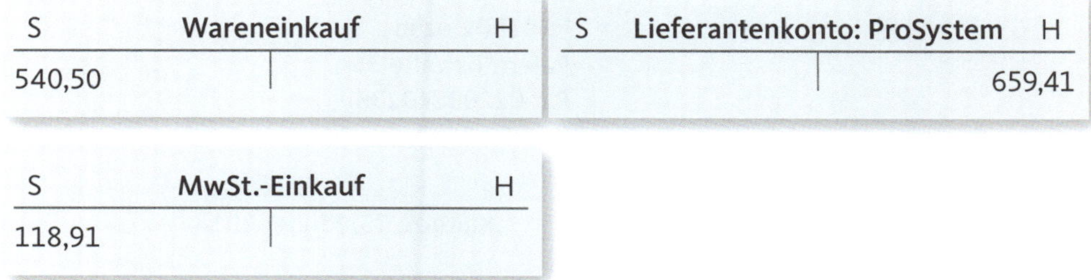

S	Wareneinkauf	H
540,50		

S	Lieferantenkonto: ProSystem	H
		659,41

S	MwSt.-Einkauf	H
118,91		

Zusammenfassung der Belegbearbeitung:

1. Buchungsbeleg
Grundlage für die Verbuchung ist die vom Lieferanten ausgestellte Rechnung. Die Eingangsrechnung erhält eine fortlaufende Nummer und wird dann in dieser Reihenfolge in den MwSt.-Büchern und im Journal verbucht.

2. Buchungszeitpunkt
Im Journal muss die Eingangsrechnung innerhalb von 60 Tagen nach Erhalt eingetragen werden.
Aus Gründen der Klarheit der Buchhaltung ist es aber besser, die Rechnungsverbuchung in allen Büchern gleichzeitig zu machen. In der EDV-Buchhaltung erfolgt dies automatisch.
Erhaltene Rechnungen, für die der Vorsteuerabzug vorgenommen wird, müssen spätestens bis zum Abrechnungszeitpunkt einer Abrechnungsperiode in den MwSt.-Büchern gebucht werden (Rechnungen vom Jänner bis 16.02. usw.).

3. Buchungsart
Die Verbuchung der Eingangsrechnungen erfolgt immer auf dem Personenkonto des Lieferanten, unabhängig vom Zeitpunkt der Zahlung. Der Zahlungsvorgang wird als zweiter Geschäftsfall angesehen, obwohl im Falle einer Barzahlung mit Zahlungsbestätigung auf der Rechnung (Quittungsvermerk) nur ein Beleg vorliegt.

Rechnungserhalt und **Zahlung** der Rechnung sind immer zwei verschiedene Geschäftsfälle.

Übung

Musterbeispiele Rechnungen

I-39028 Kaltern a. d. Weinstraße
Lavardi 34
Tel. +39 0471 384892
Fax +39 0471 384842
MTB@gmail.com

Lavamat
des A. Eiger & Co Kg
I-39100 Bozen
Palermostraße 35
P.I. 02203840236
Kundennummer: 74

Rechnung Nr. 25

Kaltern, 15. Jänner 2018

Art.	Beschreibung	Menge	Preis	Betrag	MwSt.
XA2	Schleudertrommel CCo	3	76,00	228,00	22
A10	Motor XL rapid	2	130,50	261,00	22

Steuergrundlage	**MwSt.**	**Gesamtbetrag**
489,00	107,58	596,58

Zahlungsbedingung: Überweisung nach Erhalt der Rechnung

Ökobeitrag CONAI entrichtet falls geschuldet

UID NR. 09900050215
Reg.HK 3502/2
Ges.Kapitel 35.000,00 € v.g.

Raika Kaltern
BLZ 18600
IBAN IT67R0811160100071010105 3

FISCHER & JÄGER

Judith Rainer
I-39028 Tramin a. d. Weinstraße
Dorfplatz 14
Tel. +39 0471 382482
Fax +39 0471 384842
E-Mail: rainer.judithMTB@tin.it

Gasthof Goldener Bär
P. Gschnell & Co OHG
I-39012 Meran
Lauben 2
P.I. 02203840236

Rechnung Nr. 25

Tramin, 15. Jänner 2018

Art.	Beschreibung	Menge	Preis	Betrag	MwSt.
89	Wurstwaren	15 kg	12,00	180,00	10
A10	Speck Original Bauernspeck	40 kg	15,30	612,00	10
V4	Roggenbrot	12 kg	3,50	42,00	04

Steuergrundlage	10% MwSt.	4% MwSt.
792,00	79,20	
42,00		1,68
Gesamtbetrag	**914,88**	

Zahlungsbedingung: Überweisung nach Erhalt der Rechnung

Ökobeitrag CONAI entrichtet sofern geschuldet

UID NR. IT09900050215
Reg.HK 3502/2
Bankverbindung:

Sparkasse Filiale Truden
BLZ 28600
IBAN IT67R4581116010000710101053

Aufgabe

Buchung der beiden Rechnungen für den Wareneinkauf und deren Zahlung

11.3 Verkauf und Verbuchung der Handelsware

Im **Großhandel** wird für jeden Verkauf eine Rechnung ausgestellt. Im **Detailhandel** wird den Privatkunden ein Kassenbeleg oder Steuerbeleg ausgestellt.

Die Verbuchung von Verkaufsrechnungen erfolgt nach demselben Grundprinzip wie die Verbuchung der Eingangsrechnungen. Im Großhandel muss für jeden Verkauf eine Rechnung mit getrennter Ausweisung der Mehrwertsteuer ausgestellt werden.

Die Verkaufsrechnungen müssen ebenfalls eine fortlaufende Nummer erhalten und das Datum der Ausstellung tragen. Bei EDV-Ausdrucken werden diese wesentlichen Bestandteile automatisch eingefügt.

Lehrbeispiel

Die Firma Rotolino aus Sterzing stellt an die Firma Paperbox in Meran folgende Rechnung aus:

ROTOlino
Büromaterial
I-39032 Sterzing/Vipiteno
Pulverturm 40
Tel. +39 0471 3824892
rotolino@tin.it

Firma Paperbox
Lange Gasse 45
I-39012 Meran
P.I. 02203840236

Rechnung Nr. 15 — Sterzing, 15. Jänner 2018

I/Bestellung: Nr. 3 vom 10. Jänner

Art.	Beschreibung	Menge	Preis	Betrag	MwSt
89	Laptoptaschen	5	45,00	225,00	22
A10	Taschenrechner Sharp	24	21,00	504,00	22
V4	Papierschneider	2	65,00	130,00	22

Steuergrundlage	22% MwSt.	10% MwSt.
859,00	188,98	

Gesamtbetrag	**1.047,98**

Zahlungsbedingung: Fällig am 15. Februar 2018

Ökobeitrag CONAI entrichtet sofern geschuldet

UID NR. 09900050215
Reg.HK 3502/2
Ges.Kapitel 35.000,00 € v.g.

Sparkasse Sterzing
BLZ 18600
IBAN IT67R0811601000710101053

Lösung

Journal

Datum	Text	Soll	Haben
20.01.	Paperbox	1.047,98	
	Warenverkauf		859,00
	MwSt.-Verkauf		188,98
	(AR 15 vom 15.01.2018)		

Hauptbuch

S	Kundenkonto Paperbox	H
1.047,98		

S	Warenverkauf	H
		859,00

S	MwSt-Verkauf	H
		188,98

Zusammenfassung der Belegbearbeitung:

1. Buchungsbeleg
Grundlage für die Verbuchung der Verkaufsrechnungen sind die Durchschläge der ausgestellten Rechnungen. Sie werden in der Reihenfolge der Rechnungsnummern verbucht.

2. Buchungszeitpunkt
Im Journal sind die Verkaufsrechnungen innerhalb von 60 Tagen zu verbuchen. Im MwSt.-Ausgangsrechnungsbuch sind Verkaufsrechnungen, die direkt mit der Ware mitgeschickt werden, innerhalb von 15 Tagen nach Ausstellung zu verbuchen (Sofortrechnungen).
Die Verkaufsrechnungen, denen ein Lieferschein zu einem früheren Zeitpunkt vorausgegangen ist – die Rechnung kann dann bis zum 15. des darauf folgenden Monats ausgestellt werden – müssen innerhalb des Ausstellungstermins, also bis zum 15. des Folgemonats im Ausgangsrechnungsbuch eingetragen werden.

Übung

Aufgabe
Verbuche die Rechnungen von MTB (Seite 166) und von Fischer & Jäger (Seite 167) aus der Sicht des Verkäufers.

11.3.1 Verbuchung von Warenverkäufen im Detailhandel

Kassenbelege werden mittels Registrierkassen im Detailhandel ausgestellt.

Im Detailhandel werden für die einzelnen Verkäufe keine Ausgangsrechnungen ausgestellt, sondern die Kunden erhalten einen Kassenbeleg *(scontrino fiscale)*, im Dienstleistungsbereich vielfach einen Steuerbeleg *(ricevuta fiscale)*.

Die ausgestellten Kassenbelege werden auf einer eigenen Rolle *(giornale di fondo)* der Registrierkasse gespeichert. Diese Kassenrolle enthält also alle Verkäufe eines Tages und ist somit ein Tagesbeleg. Werden anstelle der Kassenbelege Steuerbelege ausgestellt, so verbleiben die Originale der Steuerbelege im Betrieb und der Kunde erhält eine Kopie. Der Unternehmer kann wählen, ob er Kassenbelege oder Steuerbelege ausstellt.

Steuerbelege sind Quittungen für Dienstleistungen an Private.

Auf den Kassenbelegen und Steuerbelegen sind der Warenpreis und der dazugehörende MwSt.-Betrag nicht – wie auf den Rechnungen – getrennt ausgewiesen, sondern als gesamter Bruttobetrag einschließlich MwSt. Die Verbuchung wird daher zunächst auch brutto vorgenommen und in periodischen Abständen wird die MwSt. umgebucht. Bei EDV-Buchhaltungen geschieht dieser Vorgang täglich und ist automatisiert.

Im Detailhandel und im Gastgewerbe werden Rechnungen nur dann ausgestellt, wenn dies der Kunde verlangt. Dies wird dann der Fall sein, wenn der Kunde selbst ein Unternehmer ist und die Belege für seine Buchhaltung benötigt werden. Er kann solche Belege aber nur dann für seine Buchhaltung verwenden, wenn auf den Belegen die Adresse und die Steuernummer aufscheinen. Eine manuelle Ergänzung dieser Angaben auf dem Kassenbeleg ist nicht zulässig.

Lehrbeispiel

Der Restaurantbetrieb „Il giardino delle spezie“ und der Dienstleistungsbetrieb „Salone Luigi“ stellen folgende Belege für ihre Kunden aus:

Il giardino delle spezie

Il giardino delle Spezie
di Miorandi Michele e C. s.n.c.
Via Nazionale, 109 Loc. Due Laghi
38070 - Padergnone (TN)
P.Iva02071560227

		EURO
COPERTO	5X1,60	8,00
PROSCIUTTO CARCIOFI		6,50
QUATTRO FORMAGGI		7,40
TRENTINA		7,60
ZINGARA		6,50
MELANZANE		6,20
ACQUA NAT 1/2		1,60
CON FUORIFRIGO		
ACQUA GAS 1/2		1,60
CON FUORIFRIGO		
WEIZEN		5,00
CON 2 BICCHIERI		
RADLER PICCOLA		2,30
BIRRA MEDIA		3,90
.CAFFE'		1,00
SUBTOTALE		57,60
SCONTO SUB.		-0,60
PRODOTTI: 16		
TAV: 102		
TOTALE €		57,00
CONTANTI RISTORANTE		57,00
RESTO		0,00
21/03/18 19:52		N.0011

MF WI 5A300940

Grazie e Arrivederci
Tel. 0461 340122

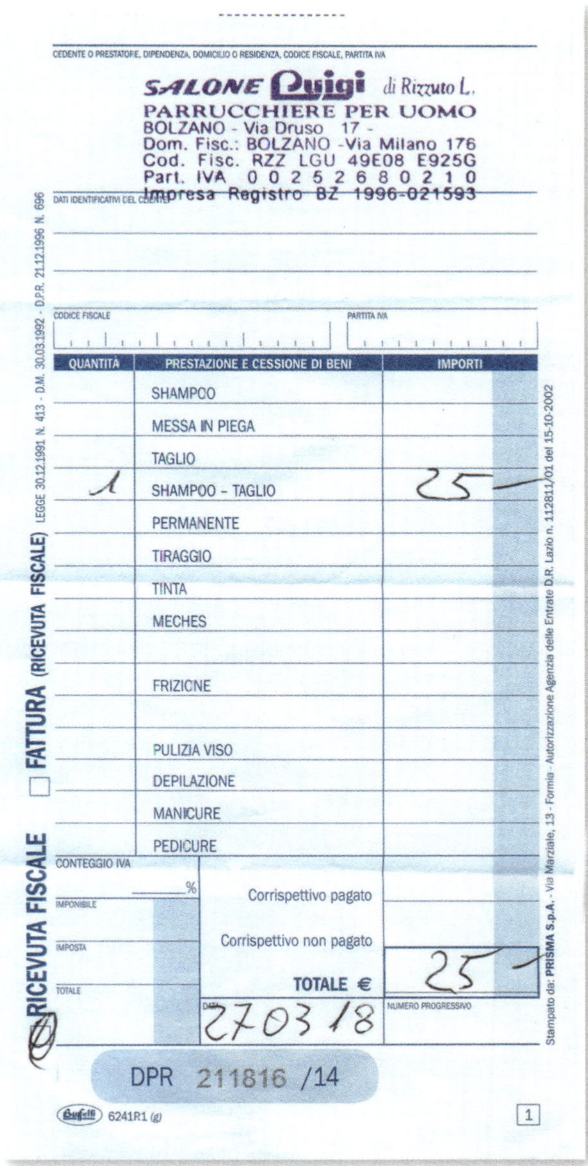
CEDENTE O PRESTATORE, DIPENDENZA, DOMICILIO O RESIDENZA, CODICE FISCALE, PARTITA IVA

SALONE Luigi di Rizzuto L.
PARRUCCHIERE PER UOMO
BOLZANO - Via Druso 17 -
Dom. Fisc.: BOLZANO - Via Milano 176
Cod. Fisc. RZZ LGU 49E08 E925G
Part. IVA 0 0 2 5 2 6 8 0 2 1 0
Impresa Registro BZ 1996-021593

DATI IDENTIFICATIVI DEL CLIENTE

CODICE FISCALE | PARTITA IVA

QUANTITÀ	PRESTAZIONE E CESSIONE DI BENI	IMPORTI
	SHAMPOO	
	MESSA IN PIEGA	
	TAGLIO	
1	SHAMPOO - TAGLIO	25 —
	PERMANENTE	
	TIRAGGIO	
	TINTA	
	MECHES	
	FRIZIONE	
	PULIZIA VISO	
	DEPILAZIONE	
	MANICURE	
	PEDICURE	

CONTEGGIO IVA ___%
IMPONIBILE
IMPOSTA
TOTALE

Corrispettivo pagato
Corrispettivo non pagato
TOTALE € 25 —

DATA 27 03 18 | NUMERO PROGRESSIVO

☐ FATTURA (RICEVUTA FISCALE) LEGGE 30.12.1991 N. 413 - D.M. 30.03.1992 - D.P.R. 21.12.1996 N. 696
☒ RICEVUTA FISCALE

DPR 211816 /14

6241R1 (g) 1

Stampato da: PRISMA S.p.A. - Via Marziale, 13 - Formia - Autorizzazione Agenzia delle Entrate D.R. Lazio n. 112811/01 del 15-10-2002

Aufgabe
Buchung des Kassenbeleges des Restaurants „Il giardino delle spezie“

Lösung
Journal

Datum	Text	Soll	Haben
22.03.	Kasse	57,00	
	Warenverkauf		57,00
	(Kassabeleg Nr. 0011)		
31.03.	Warenverkauf	5,18	
	MwSt.-Verkauf		5,18
	(Umbuchung der MwSt.)		

Diese Bruttomethode betrifft aber nur den Detailhandel und jene Unternehmen, die direkt an die Endverbraucher verkaufen (z. B. Gastgewerbe). Sind in einem Beleg Waren angeführt, die verschiedenen MwSt.-Sätzen unterliegen, so werden diese getrennt nach MwSt.-Beträgen verbucht.
In der Praxis wird nicht jeder einzelne Detailverkauf mit Kassenbeleg verbucht, sondern in einer Einmalbuchung der gesamten Tageseinnahmen am Ende des Tages.

Übung

Verbuche den Kassenbeleg der Firma Salone Luigi (Seite 171). Es wird der ordentliche MwSt.-Satz angewandt.

Übung

1. Bezahlung der Geschäftsmiete 2.000,00 € mit Banküberweisung
2. AR 204: Warenverkauf an die Fa. Investment AG
   Waren A 3.000,00 € + 22 % MwSt.
   Waren B 2.000,00 € + 10 % MwSt.
3. ER 84: Wareneinkauf von der Upim AG 5.400,00 € + MwSt., Banküberweisung
4. Tageseinnahmen 6.500,00 € einschl. MwSt. (3.000,00 € zu 22 % MwSt.; Rest zu 10 %)
5. Privatentnahme von Waren um 300,00 € einschließlich 22 % MwSt.
6. ER 85: Reparatur eines Lkw 400,00 € + MwSt., Banküberweisung
7. Überweisung der MwSt. an das Finanzamt mit Banküberweisung 3.200,00 €
8. Inkasso der AR 204 durch die Bank
9. ER 86: Büroschränke der Fa. Berger 5.400,00 € + MwSt., Banküberweisung

Aufgabe
Buchungen im Journal

Übung

Buchungen von der Eröffnung bis zum Abschluss für das Jahr 20(n)

Schlussbilanz im Jahr 20(n-1)

Aktiva	Bilanz 31.12.20(n-1)		Passiva
Gebäude	20.000,00	Darlehen	30.000,00
Geschäftsausstattung	50.000,00	Lieferverbindlichkeit	35.578,10
Waren	70.838,10	MwSt.-Schuld	5.830,00
Kasse	5.106,70	WB-Ausstattung	8.738,00
Bank	4.000,00	WB-Gebäude	10.000,00
Kundenforderungen	22.824,00	Kapital	82.622,70
	172.768,80		172.768,80

Geschäftsfälle

02.01. ER 1 Wareneinkauf von der Fa. G. Carli & Co 3.900,00 € + MwSt.
04.01. AR 1 Warenverkauf an die Fa. Alimarket 6.200,00 € + MwSt., Inkasso 3.000,00 €; Rest offen
05.01. Banküberweisung MwSt.-Schuld 5.800,00 €
10.01. ER 2 Telefonrechnung von der Fa. Telecom 280,00 € + MwSt., Banküberweisung
12.01. ER 3 Wareneinkauf von der Fa. Carli & Co 1.700,00 € + MwSt.
16.01 Abhebung vom Bankkonto für private Zwecke 150,00 €
18.01 Inkasso einer Kundenforderung durch die Bank 1.900,00 €
20.01. AR 2 Warenverkauf an die Fa. Müller 12.800,00 € + MwSt., Inkasso durch die Bank
22.01. Zahlung der Geschäftsmiete 1.500,00 € an einen Privaten, Banküberweisung
24.01. Tageseinnahmen 1.200,00 € einschl. MwSt.
25.01. AR 3 Warenverkauf an die Fa. Müller 8.800,00 € + MwSt.
27.01. AR 4 Warenverkauf an die Fa. Stocker in München 8.800,00 €
31.01. Umbuchung der MwSt.
31.01. Abschluss:
1. Warenendbestand laut Inventur 71.390,00 €
2. Abschreibung der Geschäftsausstattung 8 %; Abschreibung Gebäude 3 %

Aufgabe

a) Eröffnung des Hauptbuches und Verbuchung der laufenden Geschäftsfälle
b) Buchung der Geschäftsfälle im Journal
c) Eintragung in den MwSt.-Büchern
d) Abschluss der Konten
e) Abschluss der MwSt.-Bücher
f) Bilanz 20(n) und Erfolgsrechnung 20(n)

11.4 Buchung der Bezugs- und Versandspesen

11.4.1 Bezugsspesen

Einstandspreis =
Warenpreis
+ Bezugsspesen

Für den Einkauf von Waren, Maschinen oder Einrichtungen usw. werden dem Käufer häufig zusätzliche Spesen für Transport oder Verpackung in Rechnung gestellt. Diese zusätzlichen Bezugsspesen erhöhen den Einkaufspreis der Waren. Warenpreis und Bezugsspesen zusammen bilden dann den Einstandspreis der Waren.

Bezugsspesen sind:

- Transportspesen
- Zoll und sonstige Grenzgebühren
- Provisionen
- Prämien für die Transportversicherung
- Verpackungen
- Montage von Geräten
- usw.

Bei der Verrechnung der Bezugsspesen unterscheiden wir mehrere Möglichkeiten und Buchungsformen. Dies hängt im Wesentlichen von den Vertragsklauseln „frei Haus" oder „ab Lager" ab. Wird eine Ware „frei Haus" geliefert, so sind in einer Rechnung keine zusätzlichen Spesen angeführt, es wird aber der Preis der Ware etwas höher liegen. Wird eine Ware „ab Lager" geliefert, so können in der Rechnung die zusätzlichen Spesen (z. B. Transport) getrennt angeführt sein.

Fall 1: Verkäufer stellt den Transport in Rechnung (Vertragsklausel „ab Lager")

Lehrbeispiel

Für den Einkauf von Waren stellt die Lieferfirma außer der Ware auch Spesen für den Transport in Rechnung.
Der tabellarische Teil der Rechnung:

ER 234	
Ware	1.000,00
Transport	100,00
Steuergrundlage	1.100,00
22 % MwSt.	242,00
Gesamtbetrag	1.342,00

In diesem Fall kann die Ware zum Einstandspreis verbucht werden – d. h. einschließlich der Zusatzspesen – oder die Ware und die Zusatzspesen werden getrennt verbucht. Mit der zweiten Buchungsmethode erhält man eine bessere Übersicht über die verschiedenen Kostenarten.

Tipp:
Verbuche Warenpreis und Zusatzkosten getrennt.

Aufgabe
Buchungen im Journal

Lösung
Buchung des Einstandspreises:
Journal

Datum	Text	Soll	Haben
	Wareneinkauf	1.100,00	
	MwSt.-Einkauf	242,00	
	Lieferverbindlichkeit (ER 234)		1.342,00

oder

Buchung des Warenpreises und der Bezugsspesen getrennt:
Journal

Datum	Text	Soll	Haben
	Wareneinkauf	1.000,00	
	Bezugsspesen	100,00	
	MwSt.-Einkauf	242,00	
	Lieferverbindlichkeit (ER 234)		1.342,00

Fall 2: Es sind zwei Firmen beteiligt: Warenlieferant und Transportfirma

Lehrbeispiel

Ein Warenlieferant liefert die Ware und stellt dafür die Rechnung aus, der Transport wird aber auf Kosten des Empfängers von einer beauftragten Transportfirma durchgeführt. Beide Firmen stellen getrennte Rechnungen.

Rechnung des Warenlieferanten

ER 240	
Ware	1.000,00
22 % MwSt.	220,00
Gesamtbetrag	1.220,00

Rechnung der Transportfirma

ER 241	
Transport Zustellung	100,00
22 % MwSt.	22,00
Gesamtbetrag	122,00

Aufgabe
Buchungen im Journal

Lösung
Journal

Datum	Text	Soll	Haben
	Wareneinkauf (für Ware)	1.000,00	
	MwSt.-Einkauf	220,00	
	Lieferantenkonto – Ware (ER 240)		1.220,00
	Bezugsspesen	100,00	
	MwSt.-Einkauf	22,00	
	Lieferantenkonto – Transport (ER 241)		122,00

Beide Rechnungen werden getrennt auf den entsprechenden Konten und in den MwSt.-Büchern verbucht.

11.4.2 Versandspesen

Für den Verkauf von Waren können dem Kunden Zusatzspesen für Transport, Versicherung usw. in Rechnung gestellt werden.

Versandspesen sind:

- Frachtspesen
- Paketversandspesen
- Provisionen und Versicherungsprämien
- Installationen und Montage
- usw.

Es ergeben sich wiederum mehrere Möglichkeiten:
Beim Verkauf von Handelswaren werden in der Verkaufsrechnung neben der Ware auch noch Spesen für Transport oder Versicherung usw. in Rechnung gestellt. Dies ist immer dann der Fall, wenn eine Ware „ab Lager" verkauft wird und alle Zusatzspesen zu Lasten des Käufers gehen.

Lehrbeispiel

Ein Betrieb stellt für einen Kunden eine Verkaufsrechnung aus und verlangt für die Ware 2.000,00 € und zusätzlich für die Zustellung 200,00 €.

AR 23-15	
Ware	2.000,00
Transport	200,00
Steuergrundlage	2.200,00
22 % MwSt.	484,00
Gesamtbetrag	2.684,00

Auch in diesem Fall kann die Warenverkaufsrechnung einschließlich der Transportspesen verbucht werden, aber es gilt auch in diesem Fall: Getrennte Buchung aller Positionen bringt eine bessere Übersicht.

Aufgabe
Buchungen im Journal

Lösung
Journal

Datum	Text	Soll	Haben
	Warenverkauf		2.200,00
	MwSt.-Verkauf		484,00
	Kundenforderung	2.684,00	

oder

Unterliegt eine Ware dem **verminderten MwSt.-Satz,** so gilt der verminderte MwSt.-Satz auch für die Zusatzspesen.

Buchung des Warenpreises und der Transportspesen getrennt:

Datum	Text	Soll	Haben
	Warenverkauf		2.000,00
	Ertrag aus Transport (Nebenerlös)		200,00
	MwSt.-Verkauf		484,00
	Kundenforderung	2.684,00	

Übung

Bezugsspesen

25.11. ER 221 Wareneinkauf bei der Fa. Strobl: Waren 12.400,00 € + MwSt.; Transportkosten 120,00 € + MwSt.
27.11. ER 224 Wareneinkauf bei der Fa. Strobl: 13.400,00 € + MwSt.
27.11. ER 225 Der Transport wird auf unsere Rechnung von der Fa. Ferrini durchgeführt 200,00 € + MwSt.
30.11. ER 230 Wareneinkauf bei der Fa. Morandi 13.000,00 € + verminderte MwSt. + Zustellung 250,00 € + verminderte MwSt.
05.12. ER 235 Wareneinkauf bei der Fa. Morandi 4.500,00 € + verminderte MwSt.
05.12. ER 241 Der Transport wird auf unsere Rechnung von der Fa. Ferrini durchgeführt 200,00 € + MwSt.
14.11. AR 222 Warenverkauf an die Fa. Ambach 12.000,00 € + MwSt.; Lieferung „frei Haus“
16.11. AR 223 Warenverkauf an die Fa. Astri „ab Lager“: Waren 6.300,00 € + MwSt. und für den Transport 200,00 € + MwSt.

Aufgabe
Buchungen im Journal

11.5 Verbuchung von Dienstleistungen

Neben den Wareneinkäufen bezieht ein Unternehmen von anderen Unternehmen Dienstleistungen (z. B. Strom, Beratungen, Reparaturen), die für die Abwicklung seiner Tätigkeit notwendig sind. Wie bereits bei der Verbuchung der Transportspesen gezeigt wurde, gilt für die Verbuchung von Rechnungen für Dienstleistungen dasselbe Prinzip wie bei den Warenrechnungen. Der Beleg für die Verbuchung ist die Eingangsrechnung (Stromrechnung) oder ein gleichwertiger Beleg (Quittung für Postspesen).
Die Verbuchung erfolgt auf dem jeweiligen Aufwandskonto. Kommen bestimmte Dienstleistungen nur sehr selten vor, so werden sie auf ein Sammelkonto „Sonstiger Verwaltungsaufwand“ gebucht.

Dienstleistungen für ein Unternehmen sind:

- Reinigung
- Instandhaltung Fahrzeuge
- Mieten von Anlagen
- Vertreterprovision
- Rechtsberatung
- Werbeaufwand
- Versicherungen
- usw.

Fallen in einem Unternehmen z. B. Großreparaturen oder einmalige hohe Werbekosten an, so können solche außerordentliche Aufwendungen als sogenannte **mehrjährige Kosten** bezeichnet werden. Diese mehrjährigen Kosten werden dann in der Buchhaltung auf mehrere Jahre aufgeteilt. Der Nutzen aus diesen Aufwendungen erstreckt sich ja auch auf mehrere Jahre und daher ist es sinnvoll, auch die entsprechenden Aufwendungen auf mehrere Jahre aufzuteilen. Diese mehrjährigen Kosten gehören in der Buchhaltung zu den immateriellen Anlagewerten und werden planmäßig abgeschrieben.

Mehrjährige Kosten müssen auf die Jahre des Nutzens verteilt werden.

Lehrbeispiel

Die Firma Secur und die Firma Print It stellen für ihre Leistungen folgende Rechnungen aus:

SECUR Srl
I-38100 Trento
Via Brennero 10
Tel. +39 0461 384892
Fax +39 0461 384842
E-Mail: secur@gmail.com

SECUR

AGROTECH AG
I-39100 Bolzano
Via Giotto 35
P.I. 02103840214
Cliente n. 74

Fattura 48/18 — Trento, 15 marzo 2018

Servizio di sorveglianza	450,00
IVA 22%	99,00
Totale fattura	549,00

Pagamento: scadenza fattura 31 marzo 2018

UID NR. IT09700050204
C.C. 263502/1
C.Sociale 6.000,00 € i.v.

BTB- Trento
c/c 0006101010432
IBAN IT67R0811160100061010104320

Print It
I-39024 Laives
Via Kennedy-Straße 43/a
Tel. +39 0471 384892
Fax +39 0471 384842
print@alice.it

Print& Design

C.O.O.P. AG
I-39100 Bozen
Venediger Straße 35
P.I. 02203840236
Cliente n. 712

Rechnung 14/18 — Leifers, 25. April 2018

Drucklegung von 1.000 Broschüren	4.450,00
Rollup deluxe	340,00
Steuergrundlage	4.790,00
MwSt. 22%	1.053,80
Rechnungsbetrag	5.843,80

Zahlungsbedingung:
14 Tage abzüglich 0,5% Skonto oder innerhalb von 45 Tagen netto

Ökobeitrag CONAI entrichtet falls geschuldet

UID NR. IT09900050215
C.C. 3502/2
C.Sociale 15.000,00 € i.v.

BTB - Trento
c/c 000710101050
IBAN IT67R081116010007101010503

Aufgabe

Buchungen im Journal

Lösung
Journal

Datum	Text	Soll	Haben
	Überwachungsdienst	450,00	
	MwSt.-Einkauf	99,00	
	Lieferantenkonto Secur		549,00
	Werbeaufwand	4.790,00	
	MwSt.-Einkauf	1.053,80	
	Lieferantenkonto Print It		5.843,80

Übung

Geschäftsfälle
15.02. ER 24 Rundfunkwerbung Rai 350,00 € + MwSt.
23.04. ER 55 PKW-Reparatur Fiat 1.200,00 € + MwSt.; Barzahlung
25.04. ER 56 Reinigung der Büros durch die Fa. Schneeweiss 2.560,00 € + MwSt.
03.05. Zahlung der ER 24 mit Banküberweisung
04.05. ER 59 Transportrechnung der Fa. Fercam 570,00 € + MwSt.
12.06. ER 77 Stromrechnung Enel 360,00 € + MwSt.
14.06. ER 80 Beratung durch Rechtsanwalt Huber & Partner 450,00 € + MwSt.
15.06. Zahlung der ER 59 mit Banküberweisung
18.06. Versicherungspolizze Secur AG: Feuerversicherung 1.200,00 € (MwSt.-frei)
20.06. Zahlung der Versicherung mit Banküberweisung

Aufgabe
Buchungen im Journal

11.6 Verbuchung von Verbrauchsmaterialien und Verbrauchsgütern

Für die betriebliche Leistungserstellung benötigt ein Unternehmen vor allem in der Verwaltung und für die ordentliche Instandhaltung aller Geräte und Einrichtungen – neben den Waren – eine Reihe von Verbrauchsmaterialien (Heizöl, Reinigungsmittel, Verpackungsmaterialien usw.) und Verbrauchsgütern (Ordner, Schreibgeräte, Schreibpapier und sonstiges Büromaterial). Die Verbuchung von Verbrauchsmaterialien und Verbrauchsgütern erfolgt nach demselben Prinzip wie die Verbuchung der Handelswaren, d. h. die Einkäufe werden auf entsprechenden Aufwandskonten erfasst.

Verbrauchsmaterialeinkäufe werden auf Aufwandskonten gebucht.

Verbrauchsmaterialien sind:
- Heizmaterial
- Büromaterial
- Treibstoffe
- Schmierstoffe
- Verpackungsmaterial
- usw.

Lehrbeispiel

Die Firma Termo AG stellt für die Lieferung von Heizöl folgende Rechnung aus:

ER 67	
Heizöl	5.000,00
+ 22 % MwSt.	1.100,00
Rechnungsbetrag	6.100,00

Aufgabe
Buchungen im Journal

Lösung
Journal

Datum	Text	Soll	Haben
	Lieferantenkonto Termo AG		6.100,00
	Einkauf Heizöl	5.000,00	
	MwSt.-Einkauf	1.100,00	

Die Firma Copyservice Spa stellt für die Lieferung von Papier folgende Rechnung aus:

ER 68	
Papier Copy A4	300,00
+ 22 % MwSt.	66,00
Rechnungsbetrag	366,00

Aufgabe
Buchungen im Journal

Lösung
Journal

Datum	Text	Soll	Haben
	Lieferantenkonto Copyservice		366,00
	Büromaterial	300,00	
	MwSt.-Einkauf	66,00	

Abschluss der Verbrauchsmaterialkonten:
Anlässlich der Inventur am Ende des Geschäftsjahres können noch beachtliche Bestände an Verbrauchsmaterialien und -gütern vorhanden sein (z. B. Heizöl, Verpackungsmaterial). Falls diese Bestände nicht so gering sind, dass sie vernachlässigt werden können, werden die Lagerbestände auf den jeweiligen Vorratskonten („Vorrat an ...") ausgewiesen. Diese Konten werden wie das Warenvorratskonto behandelt, d. h. mit Verbuchung des Vorrates, der Bestandsminderung oder der Bestandsvermehrung.

Lehrbeispiel

Die Firma Xenia GmbH hat am Jahresanfang 20(n) im Lager einen Bestand an Verpackungsmaterial in Höhe von 1.230,00 €.

Im Laufe des Jahres erhält die Firma folgende Rechnungen für Verpackungsmaterialkäufe:

03.02. ER 125 Rechnung über Einkauf von Kartons und Etiketten um 320,00 € + MwSt.

17.08. ER 236 Kauf von Packpapier 136,00 € + MwSt.

31.12. Endbestand Verpackungsmaterial laut Inventur am 31.12.20(n) 1.040,00 €

Aufgabe

a) Buchungen im Journal

b) Eröffnung und Abschluss der notwendigen Hauptbuchkonten

Lösung

a) Journal

Datum	Text	Soll	Haben
01.01.	Verpackungsmaterialvorrat	1.230,00	
	EBK		1.230,00
03.02.	Einkauf Verpackungsmaterial	320,00	
	MwSt.-Einkauf	70,40	
	Lieferverbindlichkeit		390,40
17.08.	Einkauf Verpackungsmaterial	136,00	
	MwSt.-Einkauf	29,92	
	Lieferverbindlichkeit		165,92
31.12.	Bestandsminderung	190,00	
	Verpackungsmaterialvorrat		190,00
31.12.	G&V	190,00	
	Bestandsminderung		190,00
31.12.	SBK	1.040,00	
	Verpackungsmaterialvorrat		1.040,00

b) Hauptbuch

Vorrat Verpackungsmaterial

Datum	Text	Soll	Haben
01.01.	EBK	1.230,00	
31.12.	Bestandsminderung		190,00
31.12.	SBK		1.040,00
		1.230,00	1.230,00

Einkauf Verpackungsmaterial

Datum	Text	Soll	Haben
03.02.	ER 126	320,00	
17.01.	ER 236	136,00	
31.12.	G&V		456,00
		456,00	456,00

MwSt.-Einkauf

Datum	Text	Soll	Haben
03.02.	ER 126	70,40	
17.08.	ER 236	29,92	

Dieses Konto wird über das Verrechnungskonto abgeschlossen.

Bestandsminderung Verpackungsmaterial

Datum	Text	Soll	Haben
31.12.	Verpackungsmaterial	190,00	
31.12.	G&V		190,00

Übung

Hubert Oberhofer hat ein Spielwarengeschäft. Am 01.01. hat er folgende Eröffnungsbestände:

Kundenforderungen	11.000,00 €
Lieferverbindlichkeiten	9.000,00 €
Heizölvorrat	1.200,00 €
Darlehen	17.000,00 €
Waren	29.000,00 €
Lieferwagen	12.000,00 €
Einrichtung	22.000,00 €
Bank (Guthaben)	10.000,00 €
Kasse	7.000,00 €
WB-Lieferwagen	4.000,00 €
WB-Einrichtung	10.000,00 €
Kapital	______________

Geschäftsfälle

02.01. Zahlung verschiedener Gebühren 150,00 € in bar
02.01. Rechnung für Werbung 500,00 € + MwSt.; Banküberweisung
03.01. Gutschrift für aktive Bankzinsen 200,00 €
04.01. Banküberweisung an Lieferanten 3.000,00 €
05.01. Wareneinkauf 3.000,00 € + 100,0 € Zustellung + MwSt. auf Ziel
06.01. Gehaltszahlung 1.300,00 €; Banküberweisung
07.01. Warenverkauf: Tagesinkasso 6.000,00 € inkl. 22 % MwSt.
08.01. Privatentnahme von Waren 200,00 € + MwSt. und 1.000,00 € vom Bankkonto
09.01. Wareneinkauf 1.980,00 € + MwSt. und Transport 50,00 € + MwSt.
10.01. Warenverkauf „ab Lager“ 7.500,00 € + MwSt. Transportversicherung 120,00 € (mehrwertsteuerfrei)
10.01. Einkauf von Heizöl 2.500,00 €; Banküberweisung
11.01. Tagesinkasso 4.500,00 € inkl. MwSt.
12.01. Darlehenszinsen in Höhe von 200,00 € und eine Darlehensrate in Höhe von 5.000,00 € werden bar gezahlt.
13.01. Wareneinkauf ab Werk im Werte von 2.000,00 € + verminderte MwSt.; Transport 50,00 € + verminderte MwSt.
14.01. Kauf eines Lagerraumes um 55.000,00 € + MwSt. auf Ziel
15.01. Stromrechnung 150,00 € + MwSt.
16.01. Einkauf von Verpackungsmaterial 4.000,00 € + MwSt.
17.01. Abrechnung der MwSt.

Angaben zum Abschluss:

- Abschreibung: Einrichtung 8 %; Lieferwagen 20 %; Lager 3 %
- Warenendbestand lt. Inventur 21.000,00 €
- Endbestand an Verpackungsmaterial 2.500,00 €
- Endbestand an Heizöl 950,00 €

Aufgabe

a) Erstellung der Eröffnungsbilanz
b) Laufende Buchungen im Journal
c) Eintragung der Rechnungen in die MwSt.-Bücher
d) Schlussbilanz und G&V
e) Berechnung der Kennzahlen der Vermögens- und der Kapitalstruktur

11.7 Verbuchung der Zahlung von Rechnungen

Für den Zeitpunkt des Rechnungsausgleiches ist die zwischen den Geschäftspartnern vereinbarte bzw. die in einer Rechnung angegebene Zahlungskondition maßgebend.

Die Zahlung und das Inkasso von Rechnungen erfolgen zwischen Unternehmen und mit Privaten in verschiedensten Formen:

- Barzahlung
- Zahlung mit Scheck oder Wechsel
- SEPA-Lastschrift
- Ri.Ba.-Überweisungsaufträge
- Kredit- und Zahlkarten
- MAV und Freccia-Bankeinzugsverfahren
- RID-Inkasso
- Online-Banking
- weitere Formen vor allem im internationalen Zahlungsverkehr

SEPA: Single Euro Payments Area

Ri.Ba.: *Ricevuta bancaria elettronica*

RID: *Rapporto interbancario diretto*

MAV: *Pagamento mediante avviso*

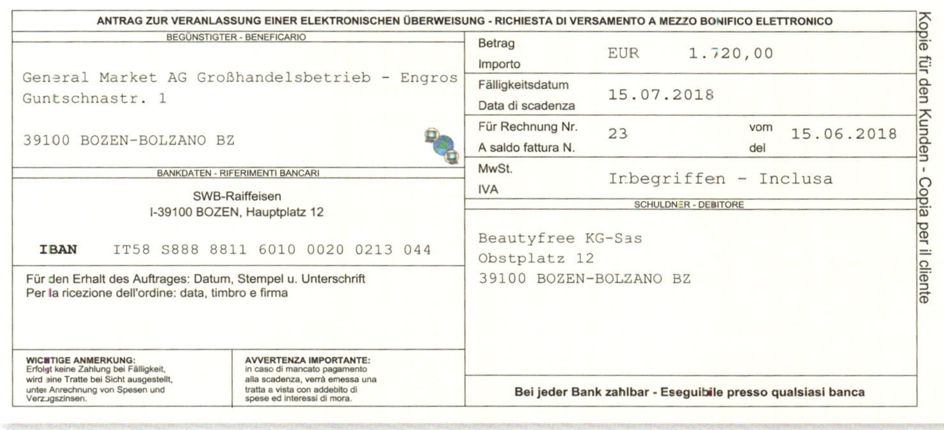

ANTRAG ZUR VERANLASSUNG EINER ELEKTRONISCHEN ÜBERWEISUNG - RICHIESTA DI VERSAMENTO A MEZZO BONIFICO ELETTRONICO

BEGÜNSTIGTER - BENEFICARIO

General Market AG Großhandelsbetrieb - Engros
Guntschnastr. 1

39100 BOZEN-BOLZANO BZ

BANKDATEN - RIFERIMENTI BANCARI

SWB-Raiffeisen
I-39100 BOZEN, Hauptplatz 12

IBAN IT58 S888 8811 6010 0020 0213 044

Für den Erhalt des Auftrages: Datum, Stempel u. Unterschrift
Per la ricezione dell'ordine: data, timbro e firma

Betrag / Importo	EUR 1.720,00
Fälligkeitsdatum / Data di scadenza	15.07.2018
Für Rechnung Nr. / A saldo fattura N.	23 vom / del 15.06.2018
MwSt. / IVA	Inbegriffen - Inclusa

SCHULDNER - DEBITORE

Beautyfree KG-Sas
Obstplatz 12
39100 BOZEN-BOLZANO BZ

WICHTIGE ANMERKUNG:
Erfolgt keine Zahlung bei Fälligkeit, wird eine Tratte bei Sicht ausgestellt, unter Anrechnung von Spesen und Verzugszinsen.

AVVERTENZA IMPORTANTE:
in caso di mancato pagamento alla scadenza, verrà emessa una tratta a vista con addebito di spese ed interessi di mora.

Bei jeder Bank zahlbar - Eseguibile presso qualsiasi banca

Kopie für den Kunden - Copia per il cliente

Muster einer **Zahlungsaufforderung** zur elektronischen Überweisung zum Inkasso einer Kundenforderung

Je nach der Art des Rechnungsausgleiches (Barzahlung, Banküberweisung, Postüberweisung usw.) wird gebucht:

Zahlung einer Eingangsrechnung

Lieferverbindlichkeit / Bank (Kasse, Post K/K)

Inkasso einer Ausgangsrechnung

Bank (Kasse, Post-K/K) / Kundenforderung

Erhaltene oder ausgestellte Schecks können über ein eigenes Scheckkonto oder direkt über das Bankkonto gebucht werden.

Buchungsgrundlage für die Zahlungen bilden die Kassenquittungen, Bankquittungen, Überweisungsbestätigungen, Zahlungsabschnitte und Kontoauszüge der Banken in Verbindung mit den beiliegenden Belegen.

11.7.1 Auf- und Abrundungen des Rechnungsbetrages *(ribassi e arrotondamenti)*

Manchmal wird bei der Zahlung oder beim Inkasso einer Rechnung der Rechnungsbetrag ab- oder aufgerundet. Die Verbuchung dieser kleinen Differenzbeträge bei der Zahlung erfolgt auf den Konten „Rundungsaufwand“ oder „Rundungsertrag“.

Lehrbeispiel

Der Kunde überweist bei Fälligkeit der Rechnung einen Betrag von 1.083,00 €.

ROTOlino
Büromaterial
I-39032 Sterzing/Vipiteno
Pulverturm 40
Tel. +39 0471 3824892
rotolino@tin.it

Firma Paperbox
Lange Gasse 45
I-39012 Meran
P.I. 02203840236

Rechnung Nr. 15 Sterzing, 15. Jänner 2018

I/Bestellung: Nr. 3 vom 10. Jänner

Art.	Beschreibung	Menge	Preis	Betrag	MwSt
89	Laptoptaschen	5	45,00	225,00	22
A10	Taschenrechner Sharp	24	21,00	504,00	22
V4	Papierschneider	2	65,00	130,00	22

Steuergrundlage	22% MwSt.	10% MwSt.
859,00	188,98	
Gesamtbetrag	**1.047,98**	

Zahlungsbedingung: Fällig am 15. Februar 2018

Ökobeitrag CONAI entrichtet sofern geschuldet

UID NR. 09900050215
Reg.HK 3502/2
Ges.Kapitel 35.000,00 € v.g.

Sparkasse Sterzing
BLZ 18600
IBAN IT67R0811160100071010105 3

Aufgabe
Buchungen im Journal

Lösung
Journal

Datum	Text	Soll	Haben
15.01.	Kundenkonto Paperbox	1.047,98	
	Warenverkauf		859,00
	MwSt.-Verkauf		188,98
	(AR 15)		
15.02.	Bank	1.047,00	
	Kundenkonto Paperbox		1.047,98
	Rundungsaufwand	0,98	
	(Inkasso)		

Übung

Geschäftsfälle

1. Zahlung des Kunden zum Ausgleich einer AR über 2.400,95 €; Überweisung 2.400,00 €
2. Begleichung einer ER über 1.245,87 €; Barzahlung 1.245,00 €
3. Der Kunde T. Carli hat als Ausgleich einer Ausgangsrechnung über 5.000,00 € auf unser Bankkonto 4.950,00 € überwiesen.
4. Wir erhalten einen Scheck über 2.950,00 € als Ausgleich einer Ausgangsrechnung über 3.000,00 €
5. Der Kunde Stuefer & Co hat als Ausgleich der AR über 7.350,00 € auf unser Bankkonto 7.250,00 € überwiesen.
6. Wir zahlen die Eingangsrechnung über 8.405,00 € und überweisen 8.400,00 €.
7. Überweisung von 8.300,00 als Ausgleich der ER von Gruber & Partner über 8.300,80 €
8. Zahlung der ER über 2.500,00 € an Ninz & Co Kg; Zahlung mit Scheck 2.450,00 €
9. Überweisung an A. Agostini 3.400,00 € als Ausgleich einer ER über 3.398,50 €

Aufgabe
Buchungen im Journal

11.7.2 Verbuchung des Skontos *(sconto commerciale)*

Unter Skonto versteht man einen **Preisabzug**, der vereinbarungsgemäß gewährt wird, wenn eine Schuld vor ihrer Fälligkeit bezahlt wird. Er wird bei Vertragsabschluss vereinbart und als sogenannte **Zahlungsbedingung** in der Rechnung angeführt. Die Inanspruchnahme des Skontos hängt damit allein vom Willen des Schuldners ab.
Beispiel für eine Zahlungsbedingung in einer Rechnung:
„Zahlung des Rechnungsbetrages in 3 Monaten oder sofortige Zahlung unter Abzug von 1,5 % vom Rechnungsbetrag".

Print& Design

Print It
I-39024 Laives
Via Kennedy-Straße 43/a
Tel. +39 0471 384892
Fax +39 0471 384842
print@alice.it

C.O.O.P. AG
I-39100 Bozen
Venediger Straße 35
P.I. 02203840236
Cliente n. 712

Rechnung 14/18 — Leifers, 25. April 2018

Drucklegung von 1.000 Broschüren	4.450,00
Rollup deluxe	340,00
Steuergrundlage	4.790,00
MwSt. 22%	1.053,80
Rechnungsbetrag	5.843,80

Zahlungsbedingung:
14 Tage abzüglich 0,5% Skonto oder innerhalb von 45 Tagen netto

Ökobeitrag CONAI entrichtet falls geschuldet

UID NR. IT09900050215
C.C. 3502/2
C.Sociale 15.000,00 € i.v.

BTB - Trento
c/c 000710101050
IBAN IT67R0811160100071010105 03

Lehrbeispiel

Wird der Skonto in Anspruch genommen, so entstehen folgende Buchungen beim Lieferanten und beim Kunden:

Beim Lieferanten Print It:
Journal

Datum	Text	Soll	Haben
	Bank	5.814,58	
	Kundenkonto		5.843,80
	Kundenskonti	29,22	

Beim Kunden C.o.o.p.:
Journal

Datum	Text	Soll	Haben
	Lieferantenkonto	5.843,80	
	Bank		5.814,58
	Lieferskonti		29,22

Wird der Skonto nicht in Anspruch genommen, so wird bei Fälligkeit der volle Rechnungsbetrag beglichen. Die in Anspruch genommenen Skonti gehören zu den Finanzaufwendungen bzw. Finanzerträgen.
Will ein Unternehmer entscheiden, ob eine sofortige oder spätere Zahlung von Vorteil ist, so muss der gewährte **Skonto** in einen **Jahreszinssatz** umgerechnet werden, um Vergleiche anstellen zu können.

Beispiel:
„Sofortige Zahlung unter Abzug von 1,5 % vom Rechnungsbetrag oder in 90 Tagen ohne Abzug“

Rechnung

$$\frac{1{,}5\,\%}{90} \times 365 = 6{,}08\,\%$$

Der versprochene Skontoabzug entspricht einem Jahreszinssatz von 6,08 %. Die Entscheidung hängt nun davon ab, wie hoch die Zinsen für Bankguthaben und für Bankkredite sind.

Übung

Geschäftsfälle

1. AR 13 Warenverkauf an die Fa. Müller 14.200,00 € + MwSt.
2. Der Kunde Müller begleicht die AR 13 abzüglich 3 % Skonto in bar.
3. ER 20 Wareneinkauf von der Fa. Peri Spa 1.247,00 € + MwSt.
4. AR 11 Warenverkauf an die Fa. Sonne & Mond GmbH 23.000,00 € + MwSt., bei sofortiger Zahlung 2 % Skonto, in 3 Monaten voller Rechnungsbetrag
5. Zahlung ER 20 mittels Banküberweisung; Überweisung 1.520,00 €
6. AR 15 Warenverkauf 32.425,00 € + MwSt., fällig in 30 Tagen
7. Inkasso AR 11 abzüglich des Skonto
8. ER 24 Wareneinkauf 2.400,00 € + 20 % MwSt. fällig in 3 Monaten, bei Barzahlung Skonto von 2 % vom Rechnungsbetrag
9. Zahlung ER 24 nach 3 Monaten
10. Inkasso AR 15 bei Fälligkeit

Aufgabe

Buchungen im Journal

Übung

Geschäftsfälle

1. ER 45 Wareneinkauf 1.400,00 € + MwSt.; fällig in 10 Tagen mit Abzug von 1 % vom Rechnungsbetrag
2. Zahlung der ER 45 in 10 Tagen
3. Scheck über 3.450,00 € an einen Lieferanten als Ausgleich der Rechnung ER 46 über 3.456,00 e
4. AR 99 Warenverkauf 3.400,00 € + MwSt. + Transport 69,00 € + MwSt.; fällig in 3 Monaten oder Barzahlung unter Abzug von 2 % Skonto
5. Barzahlung der AR 99
6. ER 48 Wareneinkauf: Ware A 12.000,00 € + 22 % MwSt.; Ware B 4.000,00 € + 10 % MwSt. Vertragsbedingung: Bei sofortiger Zahlung 2 % Skonto, bei Zahlung in 4 Monaten voller Rechnungsbetrag
7. Sofortige Überweisung der ER 48
8. AR 100 Warenverkauf ab Lager 31.400,00 € + MwSt.; wir zahlten für den Käufer im Voraus 340,00 € für den Transport (Konto „Vorgestreckte Spesen“); Erstellung der gesamten Verkaufsrechnung
9. Der Kunde überweist die AR 100 abzüglich 0,5 %.

Aufgabe

Buchungen im Journal

11.7.3 Rabatte auf den Warenpreis *(sconto incondizionato)*

Rabatte sind Preisnachlässe, die dem Kunden aus verschiedenen Gründen gewährt werden. Man unterscheidet **Mengenrabatte, Treuerabatte, Wiederverkäuferrabatte** usw. Rabatte verringern den ursprünglichen Warenpreis (Listenpreis) und damit auch die Steuergrundlage für die Mehrwertsteuer. Rabatte werden nicht gebucht, es wird lediglich der rabattierte Wert gebucht. **Im Italienischen werden Rabatte und Skonti als *sconti* bezeichnet.**

Lehrbeispiel

Wir erhalten am 05.05. folgende Rechnung der Firma Print It:

Print & Design

Print It
I-39024 Laives
Via Kennedy Straße 43/a
Tel. +39 0471 384892
Fax +39 0471 384842
E-Mail: print@alice.it

Albert Nones
I-39100 Bozen
Cadornastr. 15
MwSt.-Nr. 02203840736

Rechnung 17/18 — Leifers, 1. Mai 2018

500 Faltprospekte	1.250,00
20 Plakate in Farbe	340,00
Summe	1.590,00
5% Rabatt	79,50
Steuergrundlage	1.510,50
22% MwSt.	332,31
Rechnungsbetrag	1.842,81

Zahlungsbedingung:
14 Tage abzüglich 0,5% Skonto oder innerhalb von 45 Tagen netto

Ökobeitrag CONAI entrichtet falls geschuldet

UID NR IT09900050215
C.C. 3502/2
C.Sociale 15.000,00 € i.v.

BTB - Trento
c/c 710101050
IBAN IT67R0811160100071010503

Rabatt
= Waren- oder kundenspezifischer Preisabschlag

Skonto
= Zahlungsbezogener Abschlag

Journal

Datum	Text	Soll	Haben
08.05.	Werbematerial	1.510,50	
	MwSt.-Einkauf	332,31	
	Lieferantenkonto Print It		1.842,81
	(ER 17/18)		

11.7.4 Nachträglich gewährte Preisnachlässe *(ribassi e abbuoni)*

Bei dieser Form von Preisnachlässen handelt es sich um einen Abzug, der einem Kunden nach Vertragsabschluss und Lieferung der Waren meist als Entschädigung für mangelhafte oder nicht vertragskonforme Ware gewährt wird.
Solche Änderungen des ursprünglich vereinbarten Entgeltes führen zu einer Verminderung des schon verbuchten Einstandswertes beim Käufer bzw. zu einer Verminderung des schon verbuchten Warenerlöses beim Verkäufer. **Grundlage für die Verbuchung sind die ausgestellten Gutschriftrechnungen.**

Die nachträglichen Preisabzüge sind beim Käufer **Berichtigungen zu den Einkäufen** und beim Verkäufer **Berichtigungen zu den Verkäufen**.
Die erhaltenen Preisnachlässe werden beim Käufer auf dem Ertragskonto **„Liefergutschrift"** ***(abbuono attivo)*** und beim Verkäufer auf dem Aufwandskonto **„Kundengutschrift"** ***(abbuono passivo)*** verbucht.

Gutschriften
sind Berichtigungen zu Einkäufen und Verkäufen aufgrund von nicht vertragskonformen Leistungen.

Der Grund für die Ausweisung der Gutschrift auf einem eigenen Konto liegt darin, dass sich durch die Gutschrift nicht die Menge der Lieferung – und damit des Lagers – ändert, sondern lediglich der Wert der Lieferung. Erst bei der Bilanzierung am Jahressende werden beide Berichtigungskonten mit den entsprechenden Hauptkonten „Wareneinkauf" und „Warenverkauf" verrechnet. In der Bilanz wird nur der Nettobetrag ausgewiesen.

Lehrbeispiel

Die von der Firma Print It an die Firma Albert Nones gelieferten Plakate entsprechen nicht den im Vertrag vereinbarten Maßen. Die beiden Parteien einigen sich auf eine Preisreduzierung von 30 % auf den Listenpreis der Plakate.
Die Firma Print It stellt am 15.05. eine entsprechende Gutschrift aus.

Print& Design

Print It
I-39024 Laives
Via Kennedy Straße 43/a
Tel. +39 0471 384892
Fax +39 0471 384842
print@alice.it

Albert Nones
I-39100 Bozen
Cadornastraße 15
MwSt.-Nr. 02203840736

Gutschrift 3/18 — Leifers, 15. Mai 2018

Gutschrift zu Rechnung Nr. 17/18	
Preisreduzierung 30% für 500 Prospekte	–375,00
22% MwSt.	–82,50
Gesamtbetrag	–457,50

Bitte überweisen Sie die Rechnung Nr. 17/18 abzüglich Gutschrift Nr. 3/18

Ökobeitrag CONAI entrichtet falls geschuldet

UID NR. 09900050215
C.C. 3502/2
C.Sociale 15.000,00 € i.v.

BTB -Trento
c/c 710101050
IBAN IT67R0811160100007101010503

Aufgabe

Buchungen im Journal

Lösung

Buchung der erhaltenen Gutschrift beim Käufer *(abbuono attivo)*
Journal

Datum	Text	Soll	Haben
20.05.	Lieferantenkonto PrintIt	457,50	
	Liefergutschrift		375,00
	MwSt.-Einkauf		82,50
	(Gutschrift 3/18)		
30.05.	Lieferantenkonto PrintIt	1.385,31	
	Bank		1.385,31
	(Überweisung an PrintIt ER 17/18 abzüglich G. 3/18)		

Lösung

Buchung der gewährten Gutschrift beim Verkäufer *(abbuono passivo)*

Journal

Datum	Text	Soll	Haben
20.05.	Kundenkonto A. Nones		457,50
	Kundengutschrift	375,00	
	MwSt.-Verkauf	82,50	
30.05.	Bank	1.385,31	
	Kundenkonto A. Nones		1.385,31

- Bei Warenrücksendungen und Gutschriften ist eine Rückbuchung der MwSt. möglich.
- Häufig werden die Gutschriftrechnungen wie die normalen Einkaufs- oder Verkaufsrechnungen verbucht, allerdings mit negativem Vorzeichen.
- Gutschriften dürfen nicht auf den Konten der Auf- und Abrundungen oder Skonti verbucht werden.
- Skonti sind Finanzaufwendungen oder Finanzerträge.
- Gutschriften sind Berichtigungen zu Einkäufen oder Verkäufen.

Übung

Geschäftsfälle

1. Tageseinnahmen 4.044,00 € inkl. MwSt.
2. Rechnung der Fa. Amonn 4.300,00 € + MwSt.; 10 % Rabatt auf die Ware
3. Fracht für Warenversand 120,00 € + MwSt; bar bezahlt
4. Überweisung der Rechnung an die Fa. Amonn
5. Rechnung an die Fa. Berger 2.700,00 € + MwSt. für Warenverkauf frei Haus
6. Bahnfracht für die Lieferung an die Fa. Berger 38,00 € + MwSt.
7. Inkasso der Rechnung von der Fa. Berger 3.220,00 €
8. Warenverkauf an Fa. Steger: Ware 12.500,00 €; 5 % Rabatt + MwSt.
9. Inkasso des Warenverkaufs von der Fa. Steger durch die Bank
10. Tageseinnahmen 5.350,00 €
11. Einkauf von Fa. Mattivi AG 2.300,00 €, 10 % Rabatt + MwSt.
12. Zahlung an Fa. Mattivi 2.520,00 €

Aufgabe

Buchungen im Journal

Übung

Anfangsbestände 01.01.20(n)
Kassa 1.430,00 €; Bankguthaben 2.850,00 €; Kundenforderungen 14.872,00 €; Warenvorrat 31.300,00 €; MwSt.-Schuld 2.631,40 €

Geschäftsfälle

04.01. Wareneinkauf 4.000,00 €; 5 % Mengenrabatt + MwSt.
08.01. Warenverkauf 8.250,00 € + MwSt.
10.01. Gutschrift an den Kunden 280,00 € + MwSt., da die Ware Mängel aufweist
11.01. Inkasso des Warenverkaufs durch die Bank
12.01. Teilzahlung des Wareneinkaufes durch Banküberweisung 2.000,00 €
20.01. Rechnung der Fa. Gruber 240,00 € + MwSt., fällig in 2 Monaten, bei sofortiger Zahlung 1 % Skonto
31.01. Barzahlung
31.01. Abschluss: Warenvorrat laut Inventur 30.100,00 €
Überweisung der Mehrwertsteuer

Aufgabe

a) Erstellung der Eröffnungsbilanz
b) Verbuchung der Geschäftsfälle im Journal
c) Verbuchung der Geschäftsfälle im Hauptbuch
d) Schlussbilanz und G&V

11.7.5 Verbuchung von Termin- und Verzugszinsen

1. Terminzinsen *(interessi di dilazione)*

Wird in einer Rechnung ein späterer Zahlungstermin unter Anrechnung von Zinsen angegeben, so handelt es sich um **Terminzinsen.** Sie müssen in der Rechnung angegeben werden, sind aber mehrwertsteuerfrei (Art. 10).

Terminzinsen sind MwSt.-frei (Art. 10), aber rechnungspflichtig.

Lehrbeispiel

Ware	1.000,00
+ 22 % MwSt.	220,00
Gesamtbetrag	1.220,00
+ Terminzinsen 10 %, 3 Monate	30,50
Rechnungsbetrag	1.250,50
Fällig in 3 Monaten unter Anrechnung von 10 % Zinsen	

Aufgabe

Buchungen im Journal

Lösung

Buchungen des Verkäufers

Journal

Datum	Text	Soll	Haben
	Kundenforderung	1.250,50	
	Warenverkauf		1.000,00
	MwSt.-Verkauf		220,00
	Zinsen von Kunden		30,50

Buchungen des Käufers

Journal

Datum	Text	Soll	Haben
	Wareneinkauf	1.000,00	
	MwSt.-Einkauf	220,00	
	Zinsen an Lieferanten	30,50	
	Lieferverbindlichkeit		1.250,50

2. Verzugszinsen *(interessi di mora)*

Hält ein Kunde das gewährte Zahlungsziel nicht ein, so wird er mit **Verzugszinsen** belastet. Die Verzugszinsen unterliegen nicht der MwSt. (Art. 15) und es muss dafür keine Rechnung ausgestellt werden. Verzugszinsen sind kein Ertrag, sondern ein Schadenersatz für einen entgangenen Gewinn.

Ist in einer Rechnung keine Fälligkeit angegeben, so gilt üblicherweise eine Zahlungsfrist bis zu 30 Tagen.

Verzugszinsen unterliegen nicht der MwSt. und es ist dafür keine Rechnung auszustellen.

Für angelastete Verzugszinsen ergeben sich folgende Buchungen:

Beim Gläubiger:

Kundenforderung / Zinsen von Kunden

Beim Schuldner:

Zinsen an Lieferanten / Lieferverbindlichkeit

Für die Verbuchung der Verzugszinsen können eigene Konten „Verzugszinsen" eingerichtet werden, da sie vielfach eng mit den „Zweifelhaften Forderungen" zusammenhängen. Bei Nichtbezahlung fälliger Rechnungen werden laut Gesetz Verzugszinsen in Höhe von circa 9 % fällig, die auch in der Buchhaltung ausgewiesen werden müssen, wenn sie eingefordert wurden.

11.8 Warenrücksendungen *(resa della merce)*

Rücksendungen ergeben sich, wenn gekaufte oder verkaufte Waren wegen nicht vertragsmäßiger Lieferung oder aus anderen Gründen an den Verkäufer rückgesandt werden.
Warenrücksendungen an Lieferanten werden auf dem Berichtigungskonto „Unsere Rücksendungen" oder mit **Minusvorzeichen** auf dem Konto „Wareneinkauf" gebucht. Warenrücksendungen von unseren Kunden werden auf dem Berichtigungskonto „Ihre Rücksendungen" oder mit **Minusvorzeichen** auf dem Konto „Warenverkauf" gebucht.
Grundlage für die Verbuchung ist – wie bei den Gutschriften allgemein – die vom Verkäufer ausgestellte **Gutschriftrechnung *(nota di accredito)*.** Die Gutschriften werden wie die Rechnungen fortlaufend nummeriert.

Lehrbeispiel

Die Laptoptaschen, die die Firma Rotolino an die Firma Paperbox geliefert und fakturiert hat, sind fehlerhaft und werden zurückgeschickt. Die Firma Rotolino stellt eine Gutschrift aus.

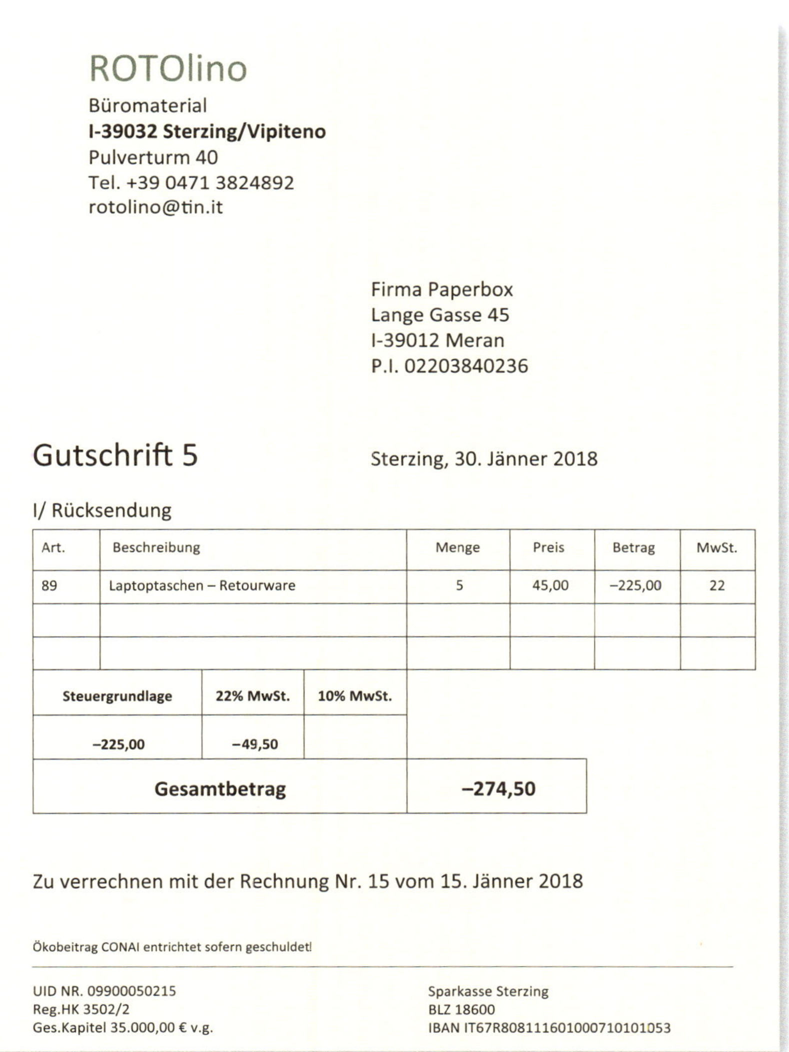

ROTOlino
Büromaterial
I-39032 Sterzing/Vipiteno
Pulverturm 40
Tel. +39 0471 3824892
rotolino@tin.it

Firma Paperbox
Lange Gasse 45
I-39012 Meran
P.I. 02203840236

Gutschrift 5

Sterzing, 30. Jänner 2018

I/ Rücksendung

Art.	Beschreibung	Menge	Preis	Betrag	MwSt.
89	Laptoptaschen – Retourware	5	45,00	–225,00	22

Steuergrundlage	22% MwSt.	10% MwSt.
–225,00	–49,50	

Gesamtbetrag	**–274,50**

Zu verrechnen mit der Rechnung Nr. 15 vom 15. Jänner 2018

Ökobeitrag CONAI entrichtet sofern geschuldet!

UID NR. 09900050215
Reg.HK 3502/2
Ges.Kapitel 35.000,00 € v.g.

Sparkasse Sterzing
BLZ 18600
IBAN IT67R0811160100071010105 3

Aufgabe
Buchungen im Journal

Lösung
Buchungen beim Käufer Paperbox
Journal

Datum	Text	Soll	Haben
15.01.	Lieferantenkonto Rotolino		1.047,98
	Wareneinkauf	859,00	
	MwSt.-Einkauf	188,98	
30.01.	Lieferantenkonto Rotolino		−274,50
	Wareneinkauf	−225,00	
	MwSt.-Einkauf	−49,50	
28.02.	Lieferantenkonto Rotolino	773,48	
	Bank		773,48

Buchung beim Verkäufer Rotolino
Journal

Datum	Text	Soll	Haben
15.01.	Kundenkonto Paperbox	1.047,98	
	Warenverkauf		859,00
	MwSt.-Verkauf		188,98
30.01.	Kundenkonto Paperbox	−274,50	
	Warenverkauf		−225,00
	MwSt.-Verkauf		−49,50
05.03.	Bank	773,48	
	Kundenkonto Paperbox		773,48

Die Rückrechnung und damit Stornierung der MwSt. ist nicht Pflicht. Die Entscheidung darüber liegt beim Aussteller der Gutschrift. Handelt es sich um kleinere Beträge, so wird eine MwSt.-Stornierung aus bürokratischen Gründen meist nicht vorgenommen.
Wird eine Ware nach ihrer Bezahlung zurückgeschickt und sind keine Außenstände, mit denen verrechnet werden könnte, offen, so wird der Betrag bei der Warenrückgabe entweder zurückbezahlt (Kassenbuchung) oder es wird eine Gutschrift für eine zukünftige Verrechnung ausgestellt.

In den MwSt.-Büchern werden die Gutschriften für Rücksendungen mit Minusvorzeichen eingetragen, im MwSt.-Ausgangsrechnungsbuch die ausgestellten Gutschriften und im MwSt.-Eingangsrechnungsbuch die erhaltenen Gutschriften.

11.9 Anzahlungen

Wird aufgrund eines Kaufvertrages ein Teil des Kaufpreises vor der Lieferung einer Ware oder einer Anlage bezahlt, so spricht man von einer **Anzahlung**. Wird der gesamte Preis vor der Lieferung bezahlt, so liegt eine **Vorauszahlung** vor.
Die Vorauszahlung wird buchungsmäßig wie die Anzahlung behandelt. Anzahlungen werden häufig als Sicherheit für die Vertragserfüllung bei Großaufträgen oder Spezialanfertigungen gefordert.

Für **Anzahlungen** und **Vorauszahlungen** sind Rechnungen mit Anrechnung der MwSt. auszustellen.

In der Buchhaltung ist zwischen Anzahlungen von Kunden und Anzahlungen an Lieferanten zu unterscheiden.

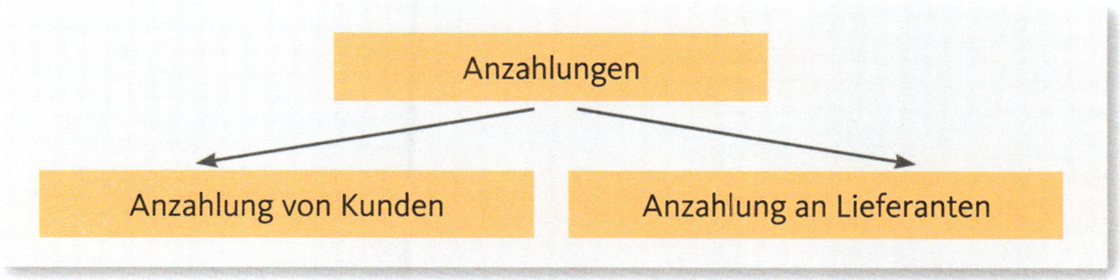

Für Anzahlungen werden eigene Konten eingerichtet, beim Käufer das Forderungskonto **„Anzahlungen an Lieferanten“ *(fornitori c/acconti)*** und beim Verkäufer das Verbindlichkeitenkonto **„Anzahlungen von Kunden“ *(clienti c/acconti)***.

Lehrbeispiel

Die Firma Agroimport verkauft an die Firma Landgut einen Traktor YXR 030 um 34.000,00 € + MwSt. Die Firma Agroimport verlangt eine Anzahlung in Höhe von 4.000,00 € + MwSt. Agroimport stellt zuerst die Rechnung für die Anzahlung aus und nach Lieferung die Saldorechnung.

Für Anzahlungen müssen Rechnungen ausgestellt werden. Die Anzahlung wird in der **Saldorechnung** angerechnet.

Aufgabe
Buchungen im Journal

Agroimport

Landmaschinen
I-39058 Schlanders
Staatsstraße 45
Tel. +39 0471 3824892
E-Mail: agroimport@tin.it

Firma Landgut GmbH
Römerweg 45
I-39032 Innichen
MwSt.-Nr. 02203840236

Rechnung Nr. 45

Schlanders, 30. Juni 2018

Art.	Beschreibung	Menge	Preis	Betrag	MwSt.
89	Anzahlung Traktor YXR 030	1		4.000,00	22

Steuergrundlage	22% MwSt.	10% MwSt.
4000,00	880,00	

Gesamtbetrag	**4.880,00**

Betrag dankend erhalten.

Ökobeitrag CONAI entrichtet sofern geschuldet

UID NR. IT09900050217
Reg.HK 3502/2
Ges.Kapitel 35.000,00 € v.g.

RAIKA Schlanders
BLZ 18600
IBAN IT67R0811160100071010105 4

Agroimport

Landmaschinen
I-39058 Schlanders
Staatsstraße 45
Tel. +39 0471 3824892
E-Mail: agroimport@tin.it

Firma Landgut GmbH
Römerweg 45
I-39032 Innichen
MwSt.-Nr. 02203840236

Rechnung Nr. 67

Schlanders, 20. Juli 2018

Art.	Beschreibung	Menge	Preis	Betrag	MwSt.
89	Traktor YXR 030	1		34.000,00	22
	- Anzahlung			4.000,00	

Steuergrundlage	22% MwSt.	10% MwSt.
30.000,00	6.600,00	

Gesamtbetrag	**36.600,00**

Zahlung: in 30 Tagen unter Abzug von 0,5%

Ökobeitrag CONAI entrichtet sofern geschuldet

UID NR. IT09900050217
Reg.HK 3502/2
Ges.Kapitel 35.000,00 € v.g.

RAIKA Schlanders
BLZ 18600
IBAN IT67R0811160100071010105 4

Lösung

Buchungen des Verkäufers Agroimport

Journal

Datum	Text	Soll	Haben
30.06.	Kunde Landgut	4.880,00	
	Anzahlung von Kunden		4.000,00
	MwSt.-Verkauf		880,00
	(Anzahlung AR 45)		
05.07.	Bank	4.880,00	
	Kunde Landgut		4.880,00
	(Inkasso der Anzahlung)		
20.07.	Kunde Landgut	36.600,00	
	Anzahlung von Kunden	4.000,00	
	Warenverkauf		34.000,00
	MwSt.-Verkauf		6.600,00
	(Saldorechnung AR 67)		
30.07.	Bank	36.417,00	
	Kundenskonto	183,00	
	Kunde Landgut		36.600,00
	(Inkasso der Saldorechnung)		

Buchungen des Käufers Landgut

Journal

Datum	Text	Soll	Haben
30.06.	Lieferant Agroimport		4.880,00
	Anzahlung an Lieferanten	4.000,00	
	MwSt.-Einkauf	880,00	
	(ER 45)		
03.07.	Bank		4.880,00
	Lieferant Agroimport	4.880,00	
	(Zahlung der Rechnung)		
20.07.	Lieferant Agroimport		36.600,00
	Anzahlung an Lieferanten		4.000,00
	Maschinen	34.000,00	
	MwSt.-Einkauf	6.600,00	
	(ER 67)		
30.07.	Bank		36.417,00
	Lieferskonto		183,00
	Lieferant Agroimport	36.600,00	
	(Zahlung der Saldorechnung)		

Das Konto **„Anzahlung an Lieferanten"** wird in der strukturierten Bilanz am Jahresende nicht bei den Handelsforderungen eingeordnet, sondern bei den **Vorräten** (Bilanzposition C.I.5: Geleistete Anzahlungen).

Das Inkasso der Anzahlung kann auch vor Ausstellung der Akontorechnung erfolgen, wenn der Kunde dem Lieferanten sofort einen Scheck über einen gewissen Betrag übergibt und die entsprechende Akontorechnung erst später ausgestellt wird. In diesem Falle ist der Scheckbetrag teils eine Anzahlung auf die Ware und teils ein Anzahlung auf die MwSt. und die MwSt. muss erst herausgerechnet werden (Prozentrechnung auf 100).

Bei der Saldorechnung ist die MwSt. nur mehr auf die Differenz zwischen Warenpreis und Anzahlung zu berechnen.

Übung

Geschäftsfälle

15.11. Anzahlung unseres Kunden Grohe 1.000,00 € mit Scheck für eine Zimmereinrichtung im Wert von 6.500 € + MwSt.
18.11. Wir stellen die Akontorechnung aus. (Achtung: Prozentrechnung auf 100)
14.12. Lieferung und Ausstellung der Rechnung für die gesamte Einrichtung
20.12. Begleichung des Restbetrages durch Banküberweisung

Aufgabe

Buchungen im Journal

Übung

Geschäftsfälle

1. Wir erhalten die Akontorechnung für die Anzahlung an den Lieferanten Morini S.p.A. 20.000,00 € + MwSt.; Zahlung mit Scheck
2. Der Kunde Holz & Leim überweist uns eine Anzahlung von 500,00 € inkl. MwSt. für bestellte Waren über 2.100,00; Akontorechnung
3. Morini liefert die Ware und stellt die Endrechnung aus; Warenwert insgesamt 74.600,00 € + MwSt.
4. Lieferung an Holz & Leim mit Endrechnung
5. Anzahlung an den Lieferanten Kayland AG 1.500,00 € inkl. MwSt. mit Scheck; wir erhalten die Akontorechnung.
6. Rechnung von Kayland AG für gelieferte Waren im Wert von 7.400,00 € + MwSt.
7. Begleichung des Restbetrages an Kayland AG
8. Der Kunde Poli & Co KG kauft Waren im Wert von 3.400,00 € + MwSt. Wir verlangen eine Anzahlung auf die Ware in Höhe von 10 % des Warenwertes und stellen die Akontorechnung aus.
9. Der Kunde Poli & Co KG überweist uns das Akonto.
10. Lieferung der Ware an Poli & Co KG und Fakturierung; die Saldorechnung hat eine Fälligkeit von 3 Monaten; bei Barzahlung Abzug von 0,2 % Skonto
11. Barzahlung

Aufgabe

Buchungen im Journal

Löhne & Lohnnebenkosten

12. Die Löhne und Lohnnebenkosten

„Mehr Netto vom Brutto!" Was meinen Arbeitgeber und Arbeitnehmer mit dieser oft geäußerten Forderung? Der Arbeitgeber denkt dabei vor allem an die Lohnkosten samt den an das Finanzamt zu entrichtenden Abgaben, der Arbeitnehmer mehr an das, was er effektiv als Auszahlungsbetrag in seiner Lohntüte vorfindet. Beiden geht es also um den großen Unterschied zwischen effektiven Lohnkosten und dem Betrag, der dem Arbeitnehmer ausbezahlt wird und dann wieder als Konsumausgabe in die Unternehmen zurückfließt.

12.1 Aufbau der Löhne

Lohn *(salario)* für Arbeiter
Gehalt *(stipendio)* für Angestellte

Arbeitnehmer erhalten vom Arbeitgeber für ihre Leistungen ein Entgelt in Form von Geld oder auch in Form von Naturalien (Unterkunft, Essen usw.).

Das ihnen zustehende Entgelt ist der **Bruttolohn** (Arbeiter) oder auch das **Bruttogehalt** (Angestellte). Der Bruttolohn wird im Wesentlichen durch Kollektivverträge festgelegt und bildet die Basis für die Berechnung von Versicherungen und Steuern.

Zwischen Bruttolohn und Auszahlungsbetrag besteht jedoch ein großer Unterschied. Der Arbeitgeber muss einen Teil des Bruttolohnes als **Pflichtbeitrag** zur **Sozial- und Rentenversicherung *(ritenute previdenziali)*** und als **Lohnsteuer *(ritenuta fiscale)*** einbehalten und an das Finanzamt oder den Staat abliefern.

Der Arbeitnehmer erhält zusätzlich zum Lohn – falls ein Anspruch gegeben ist – das Familiengeld *(assegno familiare)*.

Bruttolohn = *retribuzione lorda*

Sozialversicherungsbeiträge = *ritenute previdenziali*

Steuergrundlage = *imponibile fiscale*

Lohnsteuer = IRPEF

Steuerabsetzbeträge = *ritenute fiscali*

Der Lohn, der dem Arbeiter bzw. Angestellten ausgezahlt wird, wird nach folgendem Grundschema errechnet:

Bruttolohn
– Beitrag zur Sozialversicherung

= Versteuerbarer Lohn (Steuergrundlage)
– Lohnsteuer

= Nettolohn
+ Familiengeld
+ Krankengeld und Mutterschaftsgeld

= Auszahlungsbetrag

Bruttolohn *(retribuzione lorda)*

Er setzt sich aus verschiedenen Lohnelementen zusammen: Grundlohn, Teuerungszulage, Dienstalterszulage, Gefahrenzulage, Nachtarbeit, Überstunden und sonstige Zulagen.

Sozialversicherung (SV) *(ritenute previdenziali)*

Beschäftigt ein Unternehmer Arbeiter und Angestellte, so muss er sie bei verschiedenen Versicherungsinstituten anmelden. Das Institut für Soziale Fürsorge **(Istituto Nazionale per la previdenza Sociale – INPS** oder **NISF)** ist zuständig für die Renten- und Pensionsversicherung, die Krankenversicherung, die Arbeitslosenversicherung usw. für die Arbeiter und Angestellten. Das Arbeitsunfallinstitut **(Istituto Nazionale per l'Assicurazione contro gli Infortuni sul Lavoro – INAIL)** ist zuständig für die Versicherung gegen Unfälle am Arbeitsplatz. Jeder Arbeitnehmer muss bei diesen beiden Versicherungsinstituten versichert werden.
Der Gesamtbeitrag zur gesetzlichen Pflichtversicherung der Arbeitnehmer beträgt circa 25 bis 35 % des Bruttolohnes. Davon trägt der Arbeitnehmer circa 9 bis 10 % und der Arbeitgeber circa 20 bis 30 % als Lohnnebenkosten.
Der **Arbeitnehmeranteil** – also 9 bis 10 % vom Bruttolohn – wird direkt vom Arbeitgeber vom Bruttolohn abgezogen.
Der **Arbeitgeberanteil** – 20 bis 30 % vom Bruttolohn – ist zu Lasten des Arbeitgebers und bildet somit den größten Teil der Lohnnebenkosten.
Der Arbeitgeber muss die monatlichen Sozialversicherungsbeiträge (Arbeitnehmer- und Arbeitgeberanteil) bis zum 16. des darauffolgenden Monats an das zuständige Versicherungsinstitut überweisen.
Die Prämie für die Arbeitsunfallversicherung ist an das INAIL als Akonto im laufenden Geschäftsjahr und als Saldozahlung zu Beginn des nächsten Jahres zu überweisen. Die Kosten für diese Versicherung trägt allein der Arbeitgeber.

Lohnsteuer *(imposta sul reddito delle persone fisiche –* IRPEF*)*

Der Bruttolohn abzüglich Sozialversicherungsbeitrag stellt das zu versteuernde Lohneinkommen des Arbeitnehmers dar. Die Einkommensteuer IRPEF – beim Lohn als **Lohnsteuer** bezeichnet – wird dem Arbeitnehmer gleich wie die Beiträge zur Sozialversicherung vom Bruttolohn abgezogen.
Die Lohnsteuer ist eine gestaffelte (progressive) Steuer und reicht derzeit je nach Höhe des Lohnes von 23 bis 43 %.
Von der so berechneten Bruttolohnsteuer können aber die sogenannten **Steuerabsetzbeträge *(ritenute fiscali)*** abgezogen werden, die im Wesentlichen von der Familiensituation abhängen, z. B. für zu Lasten lebende Kinder, für zu Lasten lebende Ehepartner.
Die Lohnsteuer berechnet der Arbeitgeber aufgrund der Eintragungen im Lohnbuch und der Meldungen, die er vom Arbeitnehmer zur Familiensituation erhalten hat. Die einbehaltene Lohnsteuer auf die Löhne ist bis spätestens den 16. des Folgemonats nach Lohnzahlung an das Finanzamt zu überweisen.
Am Ende des Jahres muss der Arbeitgeber dem Arbeitnehmer eine Sammelbescheinigung für alle getätigten Zahlungen und Abzüge aushändigen (CU = *certificazione unica*).

Familiengeld *(assegno per il nucleo familiare)*

Unter bestimmten Voraussetzungen erhalten Arbeitnehmer für zu Lasten lebende Familienmitglieder Familiengeld. Dieser Betrag, der zu Lasten des Sozialversicherungsinstitutes geht, wird ihnen vom Arbeitgeber ausbezahlt. Dieser bringt den ausbezahlten Betrag bei der Überweisung der Pflichtversicherungsbeiträge in Abzug.

Beispiel für einen Lohnstreifen

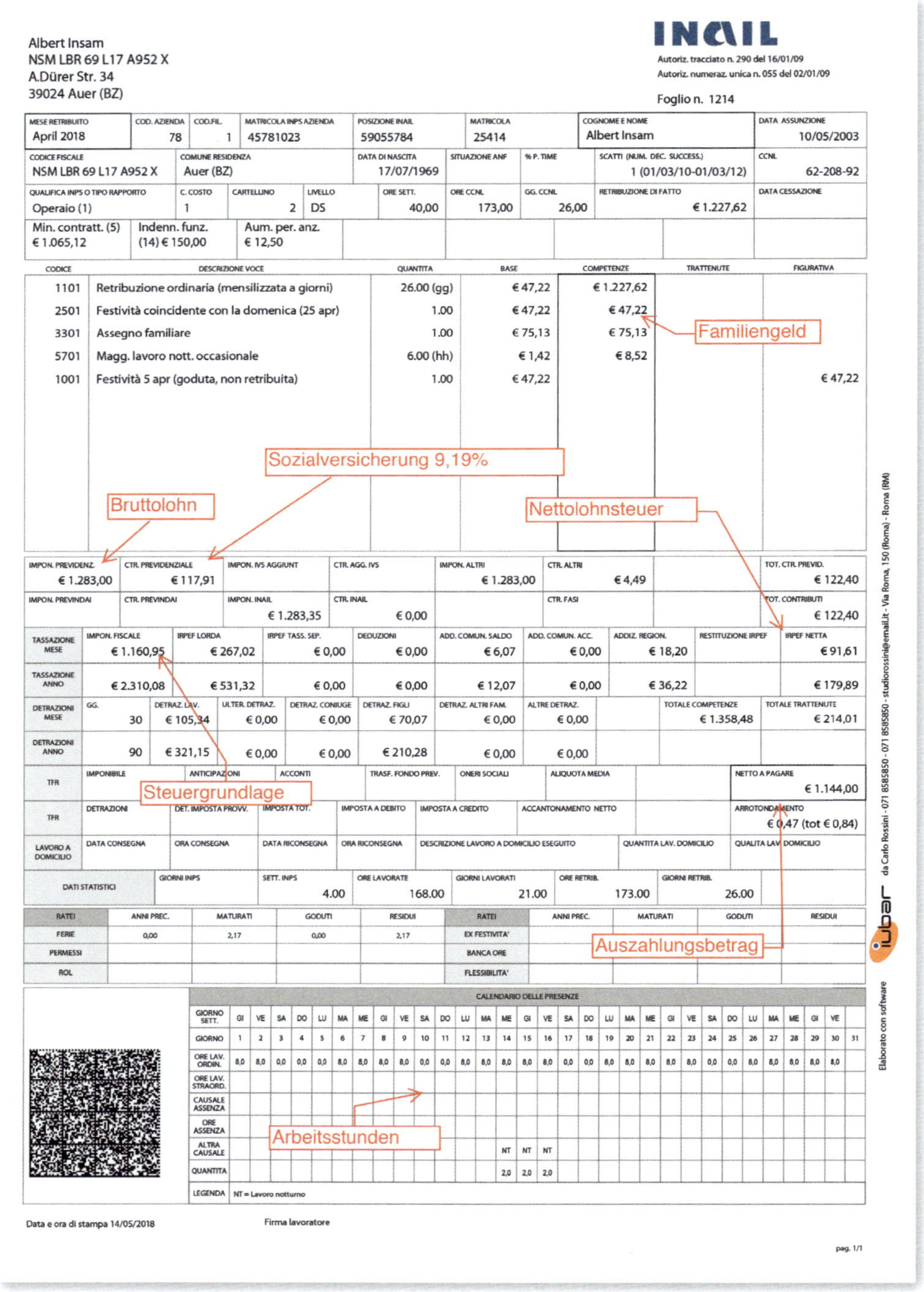

Albert Insam
NSM LBR 69 L17 A952 X
A.Dürer Str. 34
39024 Auer (BZ)

INAIL
Autoriz. tracciato n. 290 del 16/01/09
Autoriz. numeraz. unica n. 055 del 02/01/09

Foglio n. 1214

MESE RETRIBUITO	COD. AZIENDA	COD.FIL.	MATRICOLA INPS AZIENDA	POSIZIONE INAIL	MATRICOLA	COGNOME E NOME	DATA ASSUNZIONE
April 2018	78	1	45781023	59055784	25414	Albert Insam	10/05/2003

CODICE FISCALE	COMUNE RESIDENZA	DATA DI NASCITA	SITUAZIONE ANF	% P. TIME	SCATTI (NUM. DEC. SUCCESS.)	CCNL
NSM LBR 69 L17 A952 X	Auer (BZ)	17/07/1969			1 (01/03/10-01/03/12)	62-208-92

QUALIFICA INPS O TIPO RAPPORTO	C. COSTO	CARTELLINO	LIVELLO	ORE SETT.	ORE CCNL	GG. CCNL	RETRIBUZIONE DI FATTO	DATA CESSAZIONE
Operaio (1)	1	2	DS	40,00	173,00	26,00	€ 1.227,62	

Min. contratt. (5) € 1.065,12	Indenn. funz. (14) € 150,00	Aum. per. anz. € 12,50

CODICE	DESCRIZIONE VOCE	QUANTITA	BASE	COMPETENZE	TRATTENUTE	FIGURATIVA
1101	Retribuzione ordinaria (mensilizzata a giorni)	26.00 (gg)	€ 47,22	€ 1.227,62		
2501	Festività coincidente con la domenica (25 apr)	1.00	€ 47,22	€ 47,22		
3301	Assegno familiare	1.00	€ 75,13	€ 75,13		
5701	Magg. lavoro nott. occasionale	6.00 (hh)	€ 1,42	€ 8,52		
1001	Festività 5 apr (goduta, non retribuita)	1.00	€ 47,22			€ 47,22

Familiengeld

Sozialversicherung 9,19%

Bruttolohn

Nettolohnsteuer

IMPON. PREVIDENZ.	CTR. PREVIDENZIALE	IMPON. IVS AGGIUNT	CTR. AGG. IVS	IMPON. ALTRI	CTR. ALTRI		TOT. CTR. PREVID.
€ 1.283,00	€ 117,91			€ 1.283,00	€ 4,49		€ 122,40
IMPON. PREVINDAI	**CTR. PREVINDAI**	**IMPON. INAIL**	**CTR. INAIL**		**CTR. FASI**		**TOT. CONTRIBUTI**
		€ 1.283,35	€ 0,00				€ 122,40

	IMPON. FISCALE	IRPEF LORDA	IRPEF TASS. SEP.	DEDUZIONI	ADD. COMUN. SALDO	ADD. COMUN. ACC.	ADDIZ. REGION.	RESTITUZIONE IRPEF	IRPEF NETTA
TASSAZIONE MESE	€ 1.160,95	€ 267,02	€ 0,00	€ 0,00	€ 6,07	€ 0,00	€ 18,20		€ 91,61
TASSAZIONE ANNO	€ 2.310,08	€ 531,32	€ 0,00	€ 0,00	€ 12,07	€ 0,00	€ 36,22		€ 179,89

	GG.	DETRAZ. LAV.	ULTER. DETRAZ.	DETRAZ. CONIUGE	DETRAZ. FIGLI	DETRAZ. ALTRI FAM.	ALTRE DETRAZ.		TOTALE COMPETENZE	TOTALE TRATTENUTE
DETRAZIONI MESE	30	€ 105,34	€ 0,00	€ 0,00	€ 70,07	€ 0,00	€ 0,00		€ 1.358,48	€ 214,01
DETRAZIONI ANNO	90	€ 321,15	€ 0,00	€ 0,00	€ 210,28	€ 0,00	€ 0,00			

TFR	IMPONIBILE	ANTICIPAZIONI	ACCONTI	TRASF. FONDO PREV.	ONERI SOCIALI	ALIQUOTA MEDIA		NETTO A PAGARE € 1.144,00
TFR	DETRAZIONI	DET. IMPOSTA PROVV.	IMPOSTA TOT.	IMPOSTA A DEBITO	IMPOSTA A CREDITO	ACCANTONAMENTO NETTO		ARROTONDAMENTO € 0,47 (tot € 0,84)
LAVORO A DOMICILIO	DATA CONSEGNA	ORA CONSEGNA	DATA RICONSEGNA	ORA RICONSEGNA	DESCRIZIONE LAVORO A DOMICILIO ESEGUITO		QUANTITA LAV. DOMICILIO	QUALITA LAV. DOMICILIO

Steuergrundlage

DATI STATISTICI	GIORNI INPS	SETT. INPS	ORE LAVORATE	GIORNI LAVORATI	ORE RETRIB.	GIORNI RETRIB.
		4.00	168.00	21.00	173.00	26.00

RATEI	ANNI PREC.	MATURATI	GODUTI	RESIDUI	RATEI	ANNI PREC.	MATURATI	GODUTI	RESIDUI
FERIE	0,00	2,17	0,00	2,17	EX FESTIVITA'				
PERMESSI					BANCA ORE				
ROL					FLESSIBILITA'				

Auszahlungsbetrag

CALENDARIO DELLE PRESENZE

GIORNO SETT.	GI	VE	SA	DO	LU	MA	ME	GI	VE	SA	DO	LU	MA	ME	GI	VE	SA	DO	LU	MA	ME	GI	VE	SA	DO	LU	MA	ME	GI	VE	
GIORNO	1	2	3	4	5	6	7	8	9	10	11	12	13	14	15	16	17	18	19	20	21	22	23	24	25	26	27	28	29	30	31
ORE LAV. ORDIN.	8,0	8,0	0,0	0,0	0,0	8,0	8,0	8,0	8,0	0,0	0,0	8,0	8,0	8,0	8,0	8,0	0,0	0,0	8,0	8,0	8,0	8,0	8,0	0,0	0,0	8,0	8,0	8,0	8,0	8,0	
ORE LAV. STRAORD.																															
CAUSALE ASSENZA																															
ORE ASSENZA																															
ALTRA CAUSALE														NT	NT	NT															
QUANTITA														2,0	2,0	2,0															
LEGENDA	NT = Lavoro notturno																														

Arbeitsstunden

Data e ora di stampa 14/05/2018 Firma lavoratore

pag. 1/1

Elaborato con software iubar da Carlo Rossini - 071 8585850 - 071 8585850 - studiorossini@email.it - Via Roma, 150 (Roma) - Roma (RM)

Tabelle der Einkommensteuersätze

Jahreseinkommen	Änderung	Steuersatz	Änderung
bis 15.000,00	________	23 %	________
von 15.000,01–28.000,00	________	27 %	________
von 28.000,01–55.000,00	________	38 %	________
von 55.000,01–75.000,00	________	41 %	________
darüber	________	43 %	________

Diese Prozentsätze werden normalerweise noch um den Regionalzuschlag erhöht und zusätzlich können die Gemeinden einen Zuschlag vornehmen.

Nützliche Adressen
www.agenziaetrate.it
www.inps.it
www.inail.it

12.2 Verbuchung der Löhne

Zuerst müssen die Löhne und die entsprechenden Abgaben auf den Konten der Buchhaltung verbucht werden. Zusätzlich muss der Arbeitgeber weitere Angaben zu jedem Arbeiter und Angestellten aufzeichnen: Arbeitszeit, Abwesenheit, Krankheit, Familiensituation usw. Diesen Aufzeichnungen kommt besondere Beweiskraft in Konfliktsituationen zu. Der Arbeitnehmer kann auch jederzeit in diese persönlichen Aufzeichnungen Einsicht nehmen.
Da die Berechnung der Löhne zeitaufwendig und auch kompliziert ist, wird dieser Bereich von den Unternehmen häufig spezialisierten Freiberuflern oder ihren Interessenverbänden übergeben.

Die wichtigsten Konten einer einfachen Lohnbuchhaltung sind:

Kontobezeichnung	Kontobeschreibung
Löhne – Gehälter	Auf diesem Aufwandskonto werden die monatlichen Bruttolöhne verbucht.
Abgabenverbindlichkeit – INPS	Dieses passive Bestandskonto nimmt die vom Arbeitgeber geschuldeten Versicherungsbeiträge auf, d. h. den gesamten Sozialversicherungsbeitrag, den der Arbeitgeber an das Versicherungsinstitut zu zahlen hat (Arbeitgeber- und Arbeitnehmeranteil). Ausgezahlte Familiengelder und Krankengelder, die zu Lasten des Versicherungsinstitutes gehen, werden abgezogen.
Lohnsteuereinbehalt – IRPEF	Dieses passive Bestandskonto nimmt die Lohnsteuer auf, die der Arbeitgeber dem Arbeitnehmer abgezogen hat.
Entlohnungsverbindlichkeit	Auf diesem Konto werden die gesamten Lohnverbindlichkeiten gebucht.

Lohnvorschüsse	Lohnvorauszahlungen stellen Forderungen des Arbeitgebers gegenüber dem Arbeitnehmer dar. Sie werden mit der nächsten Lohnabrechnung verrechnet.
Sozialversicherungsbeiträge	Auf diesem Aufwandskonto wird der Arbeitgeberanteil zur Sozialversicherung der Arbeitnehmer gebucht.

Buchungen im Rahmen einer Lohnzahlung:

- Verbuchung der Bruttolöhne

Löhne – Gehälter / Entlohnungsverbindlichkeit

- Verbuchung der Abgaben (Sozialabgaben und Lohnsteuer)

Entlohnungsverbindlichkeit / Abgabenverbindlichkeit – INPS
Lohnsteuereinbehalt – IRPEF

- Verbuchung des Familiengeldes

Abgabenverbindlichkeit – INPS / Entlohnungsverbindlichkeit

- Verbuchung der Lohnzahlung

Entlohnungsverbindlichkeit / Bank

12.3 Verbuchung der Lohnnebenkosten

Neben den eigentlichen Bruttolöhnen hat der Arbeitgeber eine Reihe von Lohnnebenkosten zu tragen. Den wichtigsten Anteil – berechnet auf die Bruttolöhne – bildet der Arbeitgeberanteil zur Sozialversicherung, der im Normalfall circa 20 bis 30 % der Bruttolöhne beträgt.
Der Arbeitgeber kann noch zusätzlich freiwillig bestimmte Leistungen für seine Mitarbeiter übernehmen, z. B. eine Zusatzversicherung im Krankheitsfall.
Falls ein Arbeitnehmer Beiträge in einen Zusatzrentenfonds einzahlt, so muss auch der Arbeitgeber einen Teil der Beiträge übernehmen.

Der Gesamtbetrag zur Sozialversicherung für Arbeiter und Angestellte im Handel setzt sich aus verschiedenen Versicherungspositionen zusammen:

- Beitrag für die Rentenversicherung
- Arbeitslosenversicherung
- Abfertigungsgarantiefonds
- Krankengeld
- Familiengeld
- Mutterschaftsgeld

Die Höhe der Beiträge hängt vom Wirtschaftsbereich, von der Anzahl der Beschäftigten und von verschiedenen Begünstigungen ab (z. B. Lehrlinge, Neueinstellung

von Personal in unterentwickelten Gebieten). Die jeweils gültigen Beitragsätze für die verschiedenen Wirtschaftsbereiche werden vom Sozialversicherungsinstitut veröffentlicht.
Zusätzlich zu diesen Pflichtbeiträgen muss der Arbeitgeber die Unfallversicherungsprämien an das Arbeitsunfallinstitut (INAIL) zahlen. Diese Prämien – zu Lasten des Arbeitgebers – betragen 0,5 bis 15 % der Lohnsumme, je nach Gefährlichkeitseinstufung der Arbeit.

Lohnnebenkosten insgesamt: circa **30 bis 35 %** des **Bruttolohnes**
Arbeitnehmeranteil: circa 9 %
Arbeitgeberanteil: circa 20 bis 25 %

Buchung der Sozial- und Unfallversicherungsbeiträge zu Lasten des Arbeitgebers:

Sozialversicherungsbeiträge / Abgabenverbindlichkeit – INPS

Unfallversicherungsbeiträge / Abgabenverbindlichkeit – INAIL

Die Überweisung und Auszahlung der Gehälter und die Zahlung der Abgabenverbindlichkeit erfolgt über die Bank.

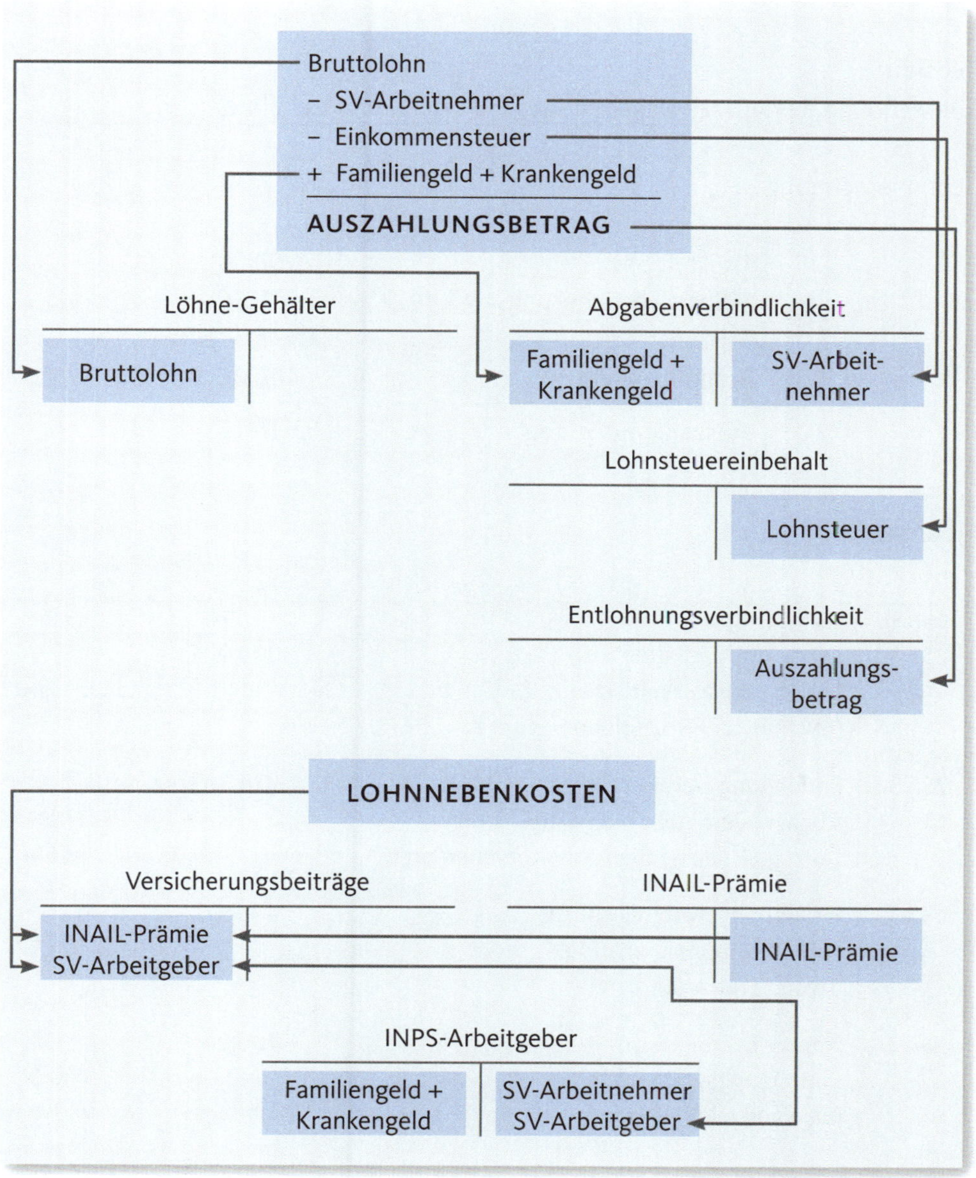

Lehrbeispiel

Verbuchung von Gehältern
Im Monat März ergeben die Eintragungen in die Lohnbücher für die Angestellten folgende Zahlen:

- Bruttolöhne (insgesamt): 15.000,00 €
- Sozialversicherung Arbeitnehmeranteil: 9,19 %
- Sozialversicherung Arbeitgeberanteil: 27 %
- Lohnsteuer: durchschnittlich 25 %
- Familiengeld: 400,00 €

Die Nettolöhne werden den einzelnen Mitarbeitern auf die jeweiligen Bankkonten überwiesen.

Aufgabe
a) Berechnung des Lohnauszahlungsbetrages
b) Buchungen im Journal

Lösung
Berechnung des Auszahlungsbetrages (Summe der Einzellöhne)

Die **Lohnsteuer (IRPEF)** ist auf den Bruttolohn abzüglich Sozialabgaben zu berechnen.

Lohnberechnung

Bruttolöhne		15.000,00
– Sozialversicherung AN	9,19 %	1.378,50
– Lohnsteuer		3.405,37
+ Familiengeld		400,00
Auszahlungsbetrag		10.616,13

Journal

Datum	Text	Soll	Haben
25.03.	Löhne und Gehälter	15.000,00	
	Entlohnungsverbindlichkeit		15.000,00
	(Buchung der Bruttolöhne März)		
25.03.	Entlohnungsverbindlichkeit	1.378,50	
	Abgabenverbindlichkeit-INPS		1.378,50
	(Abzug Sozialabgaben Arbeitnehmeranteil)		
25.03.	Entlohnungsverbindlichkeit	3.405,37	
	Lohnsteuereinbehalt-IRPEF		3.405,37
	(Abzug Steuer auf Löhne)		
25.03.	Abgabenverbindlichkeit-INPS	400,00	
	Entlohnungsverbindlichkeit		400,00
	(Familiengeld)		

27.03.	Entlohnungsverbindlichkeit Bank (Lohnauszahlung)	10.616,13	 10.616,13
25.03.	Sozialversicherungsbeiträge Abgabenverbindlichkeit-INPS (Sozialbeiträge zu Lasten Arbeitgeber 27 %)	4.050,00	 4.050,00
15.04.	Abgabenverbindlichkeit INPS Bank (F24 Überweisung Sozialabgaben INPS)	5.028,50	 5.028,50
15.04.	Lohnsteuereinbehalt-IRPEF Bank (F24 Überweisung IRPEF)	3.405,37	 3.405,37

Übung

Für den Monat April gehen aus den Lohnbüchern folgende Angaben hervor:

- Bruttolöhne: 23.500,00 €
- SV-Arbeitnehmeranteil: 8,9 %
- Lohnsteuer: durchschnittlich 24 %
- Familiengeld: 500,00 €
- Sozialversicherungsbeitrag Arbeitgeberanteil: 26 %
- Überweisung der Nettolöhne durch die Bank
- Überweisung aller Abgaben durch die Bank

Aufgabe
a) Berechnung der Nettolöhne und der Abgaben
b) Buchungen im Journal

Übung

Ein Beherbergungsbetrieb zahlt an eine Arbeiterin laut Kollektivvertrag folgenden Lohn: Grundlohn 1.200,00 €; Kontingenzzulage 532,85; Dienstalterszulage 34,00 €. Für Sozialabgaben werden der Arbeiterin 9,19 % vom Bruttolohn abgezogen; die Lohnsteuer beträgt 23 %.
Sie erhält Familiengeld in Höhe von 60,00 €.
Die Sozialabgaben insgesamt (Arbeitgeber- und Arbeitnehmeranteil) betragen 33 % des Bruttolohnes.

Aufgabe
a) Berechnung des Nettolohns und der Abgaben
b) Buchungen im Journal

12.4 Die Abfertigung *(trattamento fine rapporto lavoro)*

Die Arbeitnehmer erhalten bei Auflösung des Arbeitsverhältnisses eine Abfertigung in Form einer Einmalzahlung oder später in Form einer zusätzlichen Rente.

Die **Abfertigung** beträgt ungefähr einen Monatslohn mal die Dienstjahre.

Für jedes volle Beschäftigungsjahr reift eine Abfertigung in Höhe eines Monatslohnes an.
Die Abfertigung am Ende des Beschäftigungszeitraumes beträgt daher brutto ungefähr einen durchschnittlichen Monatslohn multipliziert mit der Anzahl der Dienstjahre. Diese Bruttoabfertigung unterliegt der Einkommensteuer, effektiv ausbezahlt wird dann die Nettoabfertigung.

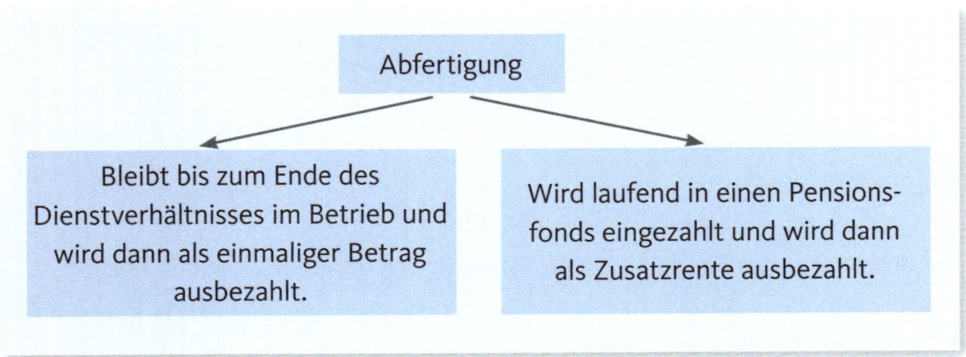

Die Arbeitnehmer können über **zwei Arten der Behandlung** der jährlich anreifenden Abfertigung entscheiden. Die einmal getroffene Entscheidung ist endgültig.
Im ersten Fall gewähren die Arbeitnehmer dem Unternehmen einen Kredit – d. h. der Betrieb hat Verbindlichkeiten gegenüber den Arbeitnehmern bis zu deren Dienstaustritt.
Im zweiten Falle muss der Unternehmer laufend die anreifende Abfertigung an den Pensionsfonds überweisen, daher entstehen dem Unternehmen keine größeren Verbindlichkeiten gegenüber den Arbeitnehmern. Die Entscheidung der Arbeitnehmer hat also für ein Unternehmen weitreichende finanzielle Folgen.

12.4.1 Einzahlung der Abfertigung in einen Pensionsfonds

Haben sich die Arbeitnehmer für die Einzahlung ihrer anreifenden Abfertigung in einen Pensionsfonds entschieden, so muss der Unternehmer diese Beträge auf ein Konto des Pensionsfonds einzahlen.

Lehrbeispiel

In einem Unternehmen – alle Arbeitnehmer haben sich für die Einzahlung in einen Rentenfonds entschieden – fallen im Monat Mai Bruttolöhne in Höhe von 12.500,00 € an.
Welchen Betrag muss das Unternehmen an den Rentenfonds für die Abfertigung überweisen?

Aufgabe
a) Berechnung der Abfertigungsquote
b) Buchungen im Journal

Lösung

Abfertigungsquote Mai	12.500,00/13,5*	+ 925,93
Abzug für Pensionsfonds	12.500 x 0,5 %*	– 62,50
zu überweisen an den Pensionsfonds		**= 863,43**

* gesetzlich festgelegt

Journal

Datum	Text	Soll	Haben
31.05.	Abfertigungsaufwand	863,43	
31.05.	Verbindlichkeit Pensionsfonds		863,43
10.06.	Verbindlichkeit Pensionsfonds	863,43	
10.06.	Bank		863,43

Am Jahresende – anlässlich des Jahresabschlusses – werden die gesamten Löhne des Jahres neu durchgerechnet und es muss dann eventuell eine Ausgleichszahlung vorgenommen werden.

12.4.2 Die Abfertigung verbleibt im Unternehmen

Haben sich die Arbeitnehmer entschieden, ihre Abfertigung bis zum Ende des Dienstverhältnisses im Unternehmen zu lassen, so muss das Unternehmen die angereiften Beträge als **Abfertigungsschulden** in der Bilanz ausweisen und diese Beträge jedes Jahr der Inflation anpassen. Unternehmen mit mehr als 50 Arbeitern und/oder Angestellten müssen die Abfertigung auf jeden Fall in einen eigenen Fonds überweisen.

Inflationsanpassung der Abfertigung: 1,5 % + 75 % des ISTAT-Index

Die so angereifte **Bruttoabfertigung** ist bei Auszahlung an den Arbeitnehmer zu **versteuern**. Ein Teil der Abfertigung – nämlich die jährliche Aufwertung – muss aber laufend mit einer Ersatzsteuer in Höhe von 17 % besteuert werden. Die einbehaltene Steuer auf die Aufwertung wird – wie bei den Löhnen – vom Unternehmer an den Staat überwiesen.

Die jährliche Abfertigung wird nach folgendem Grundschema berechnet:

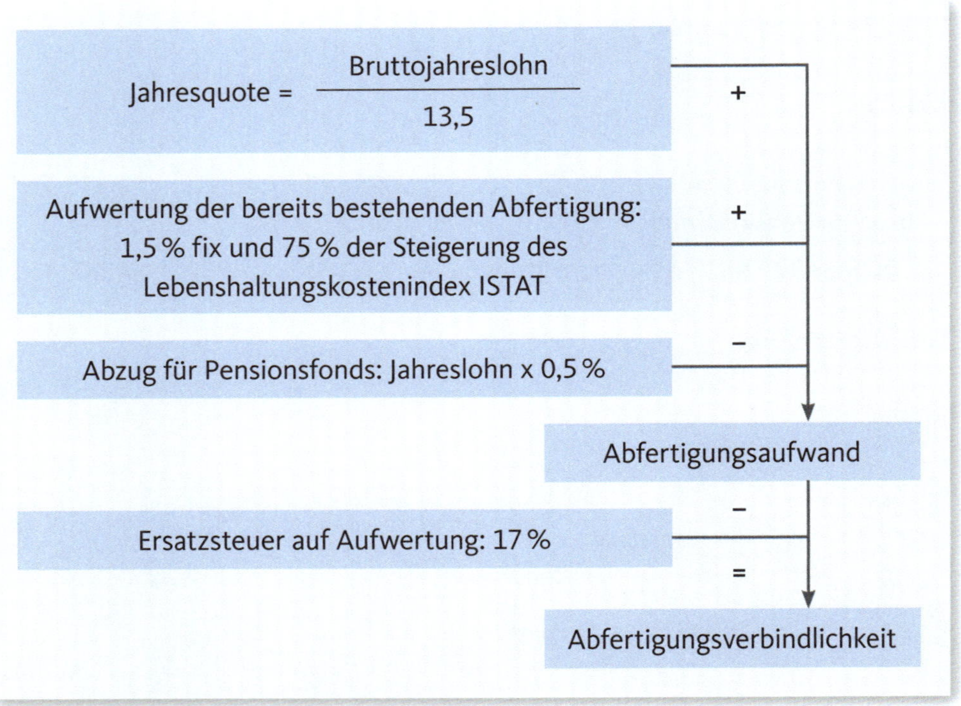

Lehrbeispiel

Am Jahresanfang hat ein Unternehmen eine Abfertigungsverbindlichkeit aus den vergangenen Jahren in Höhe von 23.600,00 €. Im laufenden Jahr betragen die Bruttolöhne 95.600,00 €. Am Jahresende ist die Abfertigungsverbindlichkeit um den vom Gesetz vorgeschriebenen Betrag aufzustocken. Die Steigerung des ISTAT-Lebenshaltungskostenindex bezogen auf das Vorjahr beträgt 4 %.

Aufgabe

a) Berechnung der Zuweisung auf die Abfertigungsverbindlichkeit für das laufende Jahr

b) Buchungen im Journal

Lösung

Jahresquote	95.600,00/13,5	+ 7.081,48
Aufwertung	23.600 x (1,5 % + 4 % x 75 %)	+ 1.062,00
Abzug für Pensionsfonds	95.600,00 x 0,5 %	– 478,00
Abfertigungsbetrag (Aufwand)		= 7.665,48
Abzug Steuereinbehalt	1.062,00 x 17 %	– 180,54
Abfertigungsverbindlichkeit		**= 7.484,94**

Journal

Datum	Text	Soll	Haben
31.12	Zuweisung Abfertigungsverbindlichkeit	7.665,48	
31.12	Abfertigungsverbindlichkeit		7.484,94
31.12	Verbindlichkeit Steuereinbehalt		180,54

12.4.3 Auszahlung der Abfertigung

Am Ende des Dienstverhältnisses erhält der Arbeitnehmer die Abfertigung ausbezahlt. Die auf die Abfertigung zu entrichtende Steuer wird vom Arbeitgeber einbehalten und an das Finanzamt überwiesen. Der Arbeitnehmer erhält die Nettoabfertigung ausbezahlt, er muss sie daher nicht weiter versteuern.
Wenn ein Arbeitnehmer im Laufe eines Jahres aus dem Unternehmen ausscheidet, so erhält er die angereifte Abfertigung für die vergangenen Dienstjahre und die noch zustehende Abfertigungsquote für das laufende Jahr.

Lehrbeispiel

Für einen Arbeitnehmer ist im Laufe der Jahre eine Abfertigung in Höhe von 60.000 € angereift und im Unternehmen auf das Konto „Abfertigungsverbindlichkeit" gebucht worden. Der Arbeitnehmer hat im laufenden Jahr von Jänner bis Mai einen Bruttolohn in Höhe von 18.000,00 € erhalten. Mit Ende Mai scheidet der Arbeitnehmer aus dem Betrieb aus.

Aufgabe
a) Berechnung der zustehende Abfertigung
b) Buchungen im Journal

Lösung
Die Abfertigung in Höhe von 60.000,00 € für die vergangenen Jahre muss noch bis Ende Mai des laufenden Jahres aufgewertet werden und die Abfertigung bis Ende Mai ist noch zu berechnen. Die gesamte Abfertigung ist zu versteuern.
(Annahme: Inflationsindex bis Mai 1,2 %)

Abfertigung der Vorjahre		+ 60.000,00
Aufwertung bis Mai	60.000,00 x (0,62 % + 0,9 %)	+ 912,00
Abfertigung bis Mai	(18.000,00/13,5)	+ 1.333,33
Abzug für Pensionsfonds	(18.000,00 x 0,5 %)	- 90,00
Bruttoabfertigungsbetrag		= 62.155,33
Steuereinbehalt auf Aufwertung	(912,00 x 17 %)	- 155,04
Steuer auf Abfertigung (Annahme)		- 13.000,00
Nettoabfertigung		**= 49.000,29**

Journal

Datum	Text	Soll	Haben
31.05	Abfertigungsaufwand	2.155,33	
31.05	Abfertigungsverbindlichkeit		2.155,33
	(Abfertigung des Jahres)		
31.05	Abfertigungsverbindlichkeit	62.155,33	
31.05	Steuereinbehalt		13.100,32
31.05	Bank		49.055,01
	(Auszahlung der Nettoabfertigung)		
16.06	Steuereinbehalt	13.100,32	
16.06	Bank		13.100,32
	(Überweisung der Steuereinbehalte)		

Übung

Am Jahresanfang hat ein Unternehmen eine Abfertigungsverbindlichkeit gegenüber einer Angestellten in Höhe von 34.700,00 €. Die Angestellte scheidet am 01.10. aus dem Betrieb aus und hat bis dahin einen Bruttolohn in Höhe von 27.000,00 €. Der Lebenshaltungskostenindex beträgt bis Oktober 1,1 %, die Einkommensteuer beträgt 5.600,00 €.

Aufgabe

a) Berechnung der Abfertigung
b) Buchungen im Journal

Anlage-vermögen

13. Das Anlagevermögen

Was unterscheidet ein Anlagegut von einem Konsumgut in der Buchhaltung? Beide Güter stehen dem Betrieb für seine Tätigkeit zur Verfügung, die Anlagegüter für mehrere Jahre, die Konsumgüter aber nur für ein Jahr. Aus dieser Grundüberlegung folgt die Einordnung in der Buchhaltung: Erfassen des Gutes auf Bestandskonten der Bilanz oder Erfassen des Gutes auf Aufwandskonten des Jahres?

Das **Anlagevermögen** umfasst alle **Vermögensteile**, die zur **Erreichung des Betriebszweckes über mehrere Jahre im Unternehmen** eingesetzt und genutzt werden. Es können dies **materielle Güter** wie technische Anlagen und Maschinen sein oder auch **immaterielle Güter** wie Patente oder Lizenzen. Unternehmen können auch an anderen Unternehmen beteiligt sein und von diesen Vermögenswerte in Form von Quoten oder anderen Beteiligungen besitzen. In diesem Fall handelt es sich um finanzielles Anlagevermögen.

Das betriebliche Anlagevermögen – hier wird nur das materielle Anlagevermögen behandelt – wird in der doppelten Buchhaltung auf den jeweiligen Hauptbuchkonten und zusätzlich in einem eigenen Anlagenspiegel (Buch der mehrjährigen Wirtschaftsgüter) erfasst. Die Hauptbuchkonten enthalten gleichartige Gütergruppen, z. B. Maschinen, Einrichtung. Es kann aber auch für jedes einzelne Anlagegut ein eigenes Konto eingerichtet werden. Das Buch der mehrjährigen Wirtschaftsgüter enthält detailliert alle Angaben zu den einzelnen Anlagegütern und homogenen Gütergruppen in Bezug auf Anschaffungskosten, Anschaffungsjahr, Abschreibungsdauer, Ausscheiden usw.

SecuritySystems Gen.m.b.H.
Guntschnastr 1
Bozen
Tel.: 0471 281055 - Fax.: 0471 400392

Anlagen Abschreiberegister
Steuerrechtlich
Abschreibejahr 2013, Auswahl: Alle, Druckdatum: 08.06.2015

2013 - 001

A Abschreibungsgrundlage
B Nicht abzugsfähige Abschreibung
C Verkauft (Jahr) / Verschrottet (Jahr)

Geschäftsjahr	Nutzungsbeginn Kontonr.	Inv.Nr	Bezeichnung	A	Normale Abschreibung %	Normale Abschreibung	Vorzeitig/Reduziert %	Totale Abschreibung %	Totale Abschreibung	Fond	Restbuchwert	B	C
2013	02-000	3425	Tastatur 15.01.2014 / R-3 - Artemida OHG Übungsfirma	1.050,00	10,00	105,00		10,00	105,00	105,00	945,00		
2013	02-001	2212	Galaxy Gear 17.02.2014 / 27 - Space Electronics GmbH Übungsfirma	600,00							600,00		
2013	02-002		Drehtürschrank-Regal 12.02.2014 / 16 - Mobilia Wohndesign KG Üungsfirma	296,00	10,00	29,60		10,00	29,60	29,60	266,40		
2013	02-003		Ergonomische Tastatur 26.02.2014 / 31 - Freshmaker KG Übungsfirma	250,00	10,00	25,00		10,00	25,00	25,00	225,00		
2013	02-004	241	Töpfe 20.02.2014 / R-40 - Topfit KG Übungsfirma	1.108,50	10,00	110,85		10,00	110,85	110,85	997,65		
2013	03-000	4455	Monitor HP1755 15.01.2014 / R-3 - Artemida OHG Übungsfirma	1.250,00	10,00	125,00		10,00	125,00	125,00	1.125,00		
2013	03-001		PCs und Farbdrucker	17.500,00	10,00	1.750,00		10,00	1.750,00	1.750,00	15.750,00		
2013	04-001		Schränke und Stühle	20.425,00	6,00	1.225,50		6,00	1.225,50	1.225,50	19.199,50		
2013	05-001		PKW BZ926KY	30.000,00	10,00	3.000,00		10,00	3.000,00	3.000,00	27.000,00		
2013	05-002		e-BIKE 26.11.2013 / 2 - Sun&Move Gen.m.b.H. Übungsfirma WFO I	1.190,00	10,00	119,00		10,00	119,00	119,00	1.071,00		

13.1 Anschaffung von Anlagen

Der Ankauf von Anlagegütern durch ein Unternehmen wird zunächst buchungstechnisch gleich behandelt wie jeder andere Ankauf. Der Anschaffungswert einer Anlage setzt sich aus dem eigentlichen Preis der Anlage und allen Nebenkosten zusammen, die anfallen, damit ein Anlagegut in Betrieb gehen kann. Zu den Anschaffungsnebenkosten zählen die Transportkosten, die Installations- und Montagekosten, die Kosten für die technische Abnahme usw. All diese Nebenkosten erhöhen den Anschaffungswert einer Anlage und werden zusammen mit der Anlage auf dem entsprechenden Anlagenkonto verbucht.
Auch können spätere Großreparaturen oder Erweiterungen – etwa bei Gebäuden – dazukommen.

Anlagen sind betriebliche Güter mit **mehrjähriger Nutzung**.

Lehrbeispiel

Das Detailhandelsgeschäft Sano-Pur AG erneuert die Geschäftseinrichtung und erhält von der Firma Waldner & Co die Rechnung in Höhe von 15.677,00 €.

Raumausstattung & Einrichtung

Waldner & Co OHG
I-39028 Klausen
Brennerstraße 90
Tel. +39 0471 384892
Fax +39 0471 384842
raumausstattung@gmail.com

SANO-Pur AG
I-39100 Bozen
Vintlerstraße 12
P.I. 02203840236
Kundennummer: 74

Rechnung Nr. 25 — Klausen, 13. Juni 2018

Art.	Beschreibung	Menge	Preis	Betrag	MwSt.
XA2	Regale (Holz)	15	120,00	1.800,00	22
A10	Boden – Eiche natur	200 m²	45,00	9.000,00	22
B78	Eingangstür XXA - mit Alarmanlage	1	850,00	850,00	22
M	Montage (Stunden)	20	60,00	1.200,00	22

Steuergrundlage	MwSt.	Gesamtbetrag
12.850,00	2.827,00	15.677,00

Zahlungsbedingung: 50% des Rechnungsbetrages nach Erhalt der Rechnung
Rest in 90 Tagen mit Zinsen in Höhe von 5%

UID NR. 09900050215
Reg.HK 3502/2

UniCredit Bozen/Bolzano
BLZ 18600
IBAN IT67R6081116010000710101053

Aufgabe

a) Buchung der Rechnung im Journal

b) Buchungen der Zahlungen

Lösung

Journal

Datum	Text	Soll	Haben
13.06.	Geschäftseinrichtung	12.850,00	
	MwSt.-Einkauf	2.827,00	
	Lieferantenkonto Waldner		15.677,00
	(ER 25 vom 13.06.2018)		
15.06.	Lieferantenkonto Waldner	7.838,50	
	Bank		7.838,50
	(Zahlung 50 %)		
15.06.	Lieferantenkonto Waldner	7.838,50	
	Zinsen an Lieferanten	97,98	
	Bank		7.936,48
	(Zahlung 50 %)		

Die beim Kauf von Anlagen gezahlte MwSt.-Einkauf wird in voller Höhe bei der nächsten MwSt.-Abrechnung abgezogen.

Für einige Anlagegüter, z. B. Handy und Personenkraftwagen, sieht das MwSt.-Gesetz keinen oder nur einen begrenzten Vorsteuerabzug vor. Es handelt sich dabei vor allem um Anlagegüter, die betrieblich, aber auch privat vom Unternehmer genutzt werden können. Der nicht abziehbare Anteil der MwSt. wird in solchen Fällen zu den Anschaffungskosten dazu gezählt. Abschreibebasis ist dann der Anschaffungspreis plus die nicht abziehbare Mehrwertsteuer.

13.2 Verkauf von alten Anlagen und Umtausch

13.2.1 Verkauf von Anlagegütern

Alle technischen Anlagegüter in einem Betrieb werden im Laufe der Jahre abgenutzt und aufgrund des technischen Fortschrittes auch unproduktiv. Daher muss ein Unternehmen durch regelmäßige Investitionen alte Anlagen durch neue und technisch verbesserte ersetzen.

Neuinvestition = Kauf neuer und verbesserter Anlagen

Ersatzinvestition = Austausch der alten Anlagen

Durch den Verkauf gebrauchter Anlagegüter scheiden diese aus dem Betrieb aus. Buchungstechnisch muss dafür eine Verkaufsrechnung mit MwSt. ausgestellt werden und die Anlagen sind von allen Konten zu löschen.

Dabei können sich folgende Fälle ergeben:
- Der erzielte Verkaufserlös ist gleich dem Buchwert der Anlage.
- Der erzielte Verkaufserlös ist höher als der Buchwert.
- Der erzielte Verkaufserlös ist niedriger als der Buchwert.

Bei der Ausbuchung der Anlage ist zunächst immer der Buchwert zu ermitteln. Es ist dies der ursprüngliche Anschaffungswert des Anlagegutes abzüglich der Wertberichtigung, d. h. der Wertminderung im Laufe der Jahre.
In der Buchhaltung wird daher zunächst das Wertberichtigungskonto über das Anlagenkonto aufgelöst.

Der **Anschaffungswert** ist der Kaufpreis der Anlagen. Der **Buchwert** ist der Anschaffungswert abzüglich der Wertberichtigungen.

Lehrbeispiel

Eine Maschinenanlage mit einem Anschaffungswert von 50.000,00 € + MwSt. wurde vor vier Jahren auf das Anlagenkonto „Maschinen“ gebucht. Die Maschine wurde vier Jahre mit einem Abschreibungssatz von 10 % linear abgeschrieben. Am Anfang des fünften Jahres wird die Anlage verkauft.

Aufgabe

a) Berechnung des Buchwertes

b) Journalbuchungen: Annahme von verschiedenen Verkaufspreisen der Anlage:
- 1. Fall: Verkaufspreis 30.000,00 €
- 2. Fall: Verkaufspreis 35.000,00 €
- 3. Fall: Verkaufspreis 20.000,00 €

Lösung

Berechnung des Buchwertes	
Anschaffungswert	50.000,00
Wertberichtigung in 4 Jahren	20.000,00
Buchwert	30,000,00

Fall 1: Der Verkaufserlös beträgt 30.000,00 € + MwSt. Dies entspricht genau dem Buchwert.

Journal

Datum	Text	Soll	Haben
	WB-Maschinen	20.000,00	
	Maschinen		20.000,00
	(Auflösung der Wertberichtigung)		
	Forderungen	36.600,00	
	Maschinen		30.000,00
	MwSt.-Verkauf		6.600,00
	(Verkauf der Anlage)		
	Bank	36.600,00	
	Forderungen		36.600,00
	(Inkasso)		

Fall 2: Der Verkaufserlös der alten Anlage beträgt 35.000,00 € + MwSt. Die Anlage hat in der Buchhaltung aber nur einen Wert von 30.000,00 €, sie kann daher mit einem Gewinn von 5.000,00 € verkauft werden.

Das Konto **„Veräußerungsgewinn“ *(plusvalenza patrimoniale)*** ist ein **Ertragskonto.**

Journal

Datum	Text	Soll	Haben
	WB-Maschinen	20.000,00	
	Maschinen		20.000,00
	(Auflösung der Wertberichtigung)		
	Forderungen	42.700,00	
	Maschinen		35.000,00
	MwSt.-Verkauf		7.700,00
	(Verkauf der Anlage)		
	Maschinen	5.000,00	
	Veräußerungsgewinn		5.000,00
	(Umbuchung des Mehrpreises)		
	Bank	42.700,00	
	Forderungen		42.700,00
	(Inkasso)		

Steuerrechtlich kann der Unternehmer die Besteuerung der Veräußerungsgewinne unter bestimmten Voraussetzungen auf fünf Jahre aufteilen. Die Veräußerungsgewinne aus Anlagenverkäufen zählen im Normalfall zu den sonstigen betrieblichen Erträgen. Lediglich die beim Verkauf ganzer Betriebszweige entstehenden Veräußerungsgewinne werden zu den außerordentlichen Erträgen gerechnet. Diese Unterscheidung ist wichtig für die Berechnung der Wertschöpfungssteuer IRAP.

Fall 3: Der Verkaufserlös der alten Anlage beträgt lediglich 20.000,00 € + MwSt. Die alte Anlage kann nicht mehr um den in der Buchhaltung angegebenen Restwert verkauft werden.

Journal

Datum	Text	Soll	Haben
	WB-Maschinen	20.000,00	
	Maschinen		20.000,00
	(Auflösung der Wertberichtigung)		
	Forderungen	24.400,00	
	Maschinen		20.000,00
	MwSt.-Verkauf		4.400,00
	(Verkauf der Anlage)		
	Veräußerungsverlust	10.000,00	
	Maschinen		10.000,00
	(Umbuchung des Minderpreises)		
	Bank	24.400,00	
	Forderungen		24.400,00
	(Inkasso)		

Das Konto **„Veräußerungsverlust“ *(minusvalenza patrimoniale)*** ist ein **Aufwandskonto**.

Veräußerungsverluste können steuerrechtlich zur Gänze im Jahr der Entstehung geltend gemacht werden.
Die MwSt. ist immer auf den tatsächlichen Verkaufserlös zu berechnen. Falls beim Kauf der Anlage kein oder nur ein teilweiser Vorsteuerabzug möglich war (z. B. Pkw), so ist auch beim Verkauf die MwSt. nur zum Teil oder überhaupt nicht zu berechnen.

Übung

Die Firma Hydropower GmbH hat vor 5 Jahren einen Elektromotor im Wert von 13.500,00 € gekauft und in der Zwischenzeit jedes Jahr 15 % abgeschrieben. Dieser Elektromotor wird nun verkauft.
Angenommen:
a) Der Verkaufspreis entspricht dem Buchwert.
b) Der Verkaufspreis beträgt 1.200,00 €.
c) Der Verkaufspreis beträgt 8.200,00 €.

Aufgabe
a) Berechnung des Buchwertes
b) Buchungen im Journal

13.2.2 Umtausch von Anlagegütern

Bei Anschaffung einer neuen Anlage nimmt häufig die Lieferfirma die alte Anlage gegen einen angemessenen Betrag in Zahlung; der Käufer zahlt dann nur die Differenz zwischen dem Anschaffungswert der neuen Anlage und dem Wert der eingegebenen alten Anlage.
Der Umtausch muss wie zwei getrennte Geschäftsfälle betrachtet werden, auch wenn der Geschäftsfall insgesamt Zug um Zug abgewickelt wird:
a) Verkauf der alten Anlage
b) Kauf der neuen Anlage

Lediglich beim Zahlungsvorgang wird „verrechnet". Es müssen jedenfalls zwei getrennte Rechnungen mit MwSt. ausgestellt werden, eine für die verkaufte alte Anlage und eine für die neue Anlage.

Lehrbeispiel

Die Baufirma Tiefbau AG kauft beim Autohändler Nordauto AG einen neuen Lkw zum Preis von 70.000,00 € + MwSt. Nordauto nimmt den alten Lkw der Firma Tiefbau in Zahlung. Der alte Lkw wird mit 15.000,00 € (ohne MwSt.) bewertet. Er hatte einen Anschaffungswert von 42.500,00 € und war bereits zu 60 % abgeschrieben.
Der geschuldete Betrag wird durch die Bank überwiesen.
Die Firma Nordauto ist gleichzeitig einmal Kunde und einmal Lieferant.

Aufgabe
a) Berechnung des Restbuchwertes
b) Berechnung der Restzahlung
c) Buchungen im Journal der Firma Nordauto und der Firma Tiefbau

Lösung
Berechnung des Restbuchwertes

Alter Lkw	Anschaffungspreis	42.500,00
	Wertberichtigung	25.500,00
	Buchwert	17.000,00
	Verkaufspreis	15.000,00
	Veräußerungsverlust	2.000,00

Berechnung der Restzahlung

Neuer Lkw	Anschaffungspreis	70.000,00
	22 % MwSt.	15.400,00
	Rechnungsbetrag	85.400,00

Alter Lkw	Verkaufspreis	15.000,00
	22% MwSt.	3.300,00
	Rechnungsbetrag	18.300,00
Zahlung	Neuer Lkw	85.400,00
	Alter Lkw	18.300,00
	Restzahlung	67.100,00

Journal der Firma Tiefbau AG

Datum	Text	Soll	Haben
	Fuhrpark – Lkw	70.000,00	
	MwSt.-Einkauf	15.400,00	
	Verbindlichkeit Nordauto		85.400,00
	(Kauf des neuen Lkw von Nordauto)		
	Forderung Nordauto	18.300,00	
	Fuhrpark – Lkw		15.000,00
	MwSt.-Verkauf		3.300,00
	(Verkauf des alten Lkw an Nordauto)		
	Verbindlichkeit Nordauto	85.400,00	
	Forderung Nordauto		18.300,00
	Bank		67.100,00
	(Überweisung des Differenzbetrages)		
	WB-Fuhrpark	25.500,00	
	Fuhrpark – Lkw		25.500,00
	Veräußerungsverlust	2.000,00	
	Fuhrpark – Lkw		2.000,00

Übung

In einem Unternehmen soll am 15.04. eine Maschine ausgetauscht werden. Die alte Maschine wurde vor Jahren am 20.02. um 40.000,00 € gekauft und jährlich mit 15 % abgeschrieben (im Jahr der Anschaffung zur Hälfte). Von der gleichen Firma soll nun eine neue Maschine zum Anschaffungswert von 55.000,00 € + MwSt. gekauft werden. Es wird die alte Maschine eingegeben und als Zahlung wird ein Scheck in Höhe von 45.000,00 € ausgestellt.
(Achtung: Der Differenzbetrag von 45.000,00 € ist inkl. MwSt.)

Aufgabe

a) Berechnung des Tauschwertes
b) Buchungen im Journal

13.2.3 Verlust von Anlagegütern

Gehen Anlagen aufgrund von bestimmten Ereignissen verloren, etwa ein Lkw aufgrund eines Unfalles oder eine Maschine durch Brand, so entsteht für das Unternehmen ein Aufwand aus Schadensfällen.

Buchungstechnisch muss zunächst das Wertberichtigungskonto aufgelöst werden und der Buchwert der Anlage ist je nach Schwere des Falles als ordentlicher oder außerordentlicher **Aufwand aus Schadensfällen** zu verbuchen.

Lehrbeispiel

Eine Maschine wurde vor Jahren um 14.000,00 € gekauft und ist in der Zwischenzeit mit 60 % wertberichtigt. Diese Maschine geht durch einen Brand verloren.

Aufgabe
Buchungen im Journal

Lösung
Journal

Datum	Text	Soll	Haben
	WB-Maschinen	8.400,00	
	Maschinen		8.400,00
	(Auflösung der Wertberichtigung)		
	Aufwand aus Schadensfällen	5.600,00	
	Maschinen		5.600,00

Wird der Schaden durch eine Versicherung abgedeckt, so wird der kassierte Versicherungsbetrag über das Ertragskonto „Rückerstattung Schadenersatz" gebucht. Dadurch wird der gebuchte „Aufwand aus Schadensfällen" zur Gänze oder zum Teil neutralisiert.

Übung

Ein Lkw wurde vor 3 Jahren um 55.000,00 € gekauft und mit 20 % abgeschrieben. Zu Beginn des 4. Jahres ist ein Unfall mit Totalschaden zu verzeichnen. Die Versicherung zahlt an das Unternehmen einen Schadenersatz in Höhe von 18.000,00 €.

Aufgabe
a) Buchungen im Journal
b) Buchung der Schadensvergütung

13.2.4 Geringwertige Wirtschaftsgüter

Die geringwertigen Wirtschaftsgüter sind jene Anlagegüter, die zwar mehrere Jahre im Betrieb eingesetzt werden, deren Anschaffungswert jedoch relativ gering ist. Gemäß Steuergesetz gelten Anlagegüter bis zu einem Anschaffungswert von **516,46 €** als geringwertig (z. B. ein elektrischer Bohrer).

Solche Anlagegüter können bereits im Jahr der Anschaffung voll abgeschrieben werden (Abschreibungssatz 100 %). Das entsprechende Anlagenkonto und das Wertberichtigungskonto sind somit gleich hoch. Die geringwertigen Wirtschaftsgüter werden aber trotzdem in das Buch der mehrjährigen Wirtschaftsgüter eingetragen.

Lehrbeispiel

Die Firma S.a.l.a. kauft am 03.03. einen Laserdrucker LA102 um 250,00 € + MwSt. Die Verbuchung erfolgt auf dem Konto „Geringwertige Anlagegüter". Der Laserdrucker wird in das Verzeichnis der Anlagegüter aufgenommen.

Aufgabe
Buchungen im Journal

Lösung
Journal

Datum	Text	Soll	Haben
03.03.	Geringwertige Anlagegüter	250,00	
	MwSt.-Einkauf	55,00	
	Lieferverbindlichkeit		305,00
	(ER 55)		
31.12.	Abschreibung ger. Anlage	250,00	
	WB-geringwertige Anlage		250,00
	(Abschreibung am Jahresende)		

Übung

Diese Übung enthält alle bisher behandelten Geschäftsfälle.

Unser Handelsunternehmen hat am 01.10. folgende Eröffnungsbestände:

Einrichtung	115.000,00	
WB-Einrichtung		28.500,00
Fuhrpark	68.500,00	
WB-Fuhrpark		32.150,00
Bank	51.956,00	19.430,00
Kasse	9.939,00	8.470,00
Kundenforderungen	47.512,00	13.985,00
Lieferverbindlichkeiten	19.530,00	21.587,00
MwSt.-Verrechnung	35,00	1.735,00
Darlehen	5.000,00	45.800,00
Warenvorrat	10.000,00	
Wareneinkauf	68.950,00	
Löhne	22.030,00	
Warenverkauf		119.795,00
Eigenkapital		127.000,00

Geschäftsfälle während des restlichen Jahres

02.10. Wareneinkauf 10.000,00 € + MwSt.; Transport 450,00 € + MwSt.

05.10 Abhebung für private Zwecke: Waren im Wert von 950,00 € + MwSt. und 2.500,00 € vom Bankkonto

06.10. Verkauf der gesamten Einrichtung um 87.000,00 € + MwSt.

10.10. Kauf neuer Einrichtung bei derselben Fa. um 110.000,00 € + MwSt.

15.10. Ausstellung eines Wechsels über den geschuldeten Betrag an die Einrichtungsfirma, Wechselfälligkeit am 15.02.20(n+1)

18.10. Warenverkauf 9.500,00 € + MwSt.; fällig in 2 Monaten, wir reichen die Rechnung zur Bevorschussung ein und erhalten 80 % auf das Bevorschussungskonto überwiesen.

20.10. Warenverkauf „ab Lager" um 25.000,00 € + MwSt., für den Transport werden 200,00 € + MwSt. in Rechnung gestellt; sofortiges Inkasso unter Abzug von 0,5 %

25.10 Abschluss eines Wareneinkaufsvertrages über 8.500,00 €; Akontozahlung in Höhe von 10 % des Warenwertes

08.11 Erhalt der Ware laut vorherigem Geschäftsfall und Endabrechnung

10.11. Zahlungsbedingung in der Saldorechnung: Zahlung in 2 Monaten des vollen Rechnungsbetrages oder sofortige Überweisung mit einem Skonto von 0,3 %; Entscheidung für sofortige Überweisung

12.11. Wareneinkauf um 5.000,00 € + MwSt.

13.11. Die Ware ist zum Teil defekt und wir erhalten eine Gutschrift in Höhe von 500,00 € + MwSt.

14.11. Wir überweisen den geschuldeten Betrag für den Wareneinkauf.

15.11. Einkauf: Waren 8.500,00 €; Transportspesen 70,00 € (Ware und Transport haben einen MwSt.-Satz von 10 %), Zahlungsbedingung: Barzahlung mit

Kasseskonto 1 % vom Rechnungsbetrag oder Bezahlung des vollen Betrages in drei Monaten; wir überweisen sofort den Nettobetrag.

20.11. Stromrechnung über 850,30 € + MwSt.

25.11. Wir zahlen die Stromrechnung über die Bank; die Überweisung erfolgt auf ganze € gerundet.

02.12. Wir überweisen an die Arbeiter ein Akonto für die Löhne 8.000,00 €.

08.12. Warenverkauf: Ware 12.000,00 € + MwSt; Ausstellung eines Wechsels

10.12. Einreichung des Wechsels zum Diskont, Diskontannahmetag 13.12., Diskontsatz 5 %, Bankspesen 20,00 €

15.12. Wir wechseln den Fuhrpark aus, kaufen einen neuen Fuhrpark um 39.000,00 € + MwSt. und geben dafür den gebrauchten Fuhrpark mit einem AW in Höhe von 25.000,00 € und zu 80 % abgeschrieben ein. Wir müssen noch insgesamt 42.000,00 € bezahlen.

18.12. Die Bank kassiert die Rechnung vom 18.10. und verrechnet Bankzinsen für 2 Monate in Höhe von 6,5 %.

20.12. Überweisung des geschuldeten Betrages zum Fuhrparkumtausch

27.12. Löhne: Bruttolöhne 24.000,00 €; Sozialabgaben zu Lasten der Arbeitnehmer 9,19 %; Einkommensteuer 25 %, Familiengeld 1.200,00 €

27.12. Sozialabgaben zu Lasten des Arbeitgebers 28 %

27.12. Überweisung des Nettolohnes durch die Bank und Verrechnung des Lohnvorschusses

Angaben zum Abschluss:
Warenvorrat 8.000,00 €; Abschreibung: Einrichtung 12 %; Fuhrpark 20 %

Aufgabe

a) Buchungen im Journal
b) Erstellung des G&V und der Bilanz

Besondere Geschäftsfälle

14. Besondere Geschäftsfälle

14.1 Gründung eines Unternehmens

14.1.1 Neugründung

Bei der Neugründung eines Unternehmens bringt der Eigentümer Geld und vielfach auch Güter in das neue Unternehmen ein. Dadurch werden sein privates Geld und seine eingebrachten privaten Güter zu Betriebsvermögen und stellen das Eigenkapital des Unternehmens dar.

Die Gründung eines Unternehmens und der Beginn der Buchhaltung werden – vereinfacht dargestellt – mit folgender Eröffnungsbuchung im Journal vorgenommen:

Kasse / Eigenkapital

Bank

Gebäude

Einrichtung

usw.

Werden Güter in das Unternehmen eingebracht, so muss ihr Wert geschätzt werden. Als Kriterium dient dabei der sogenannte **Wiederbeschaffungswert *(valore di riacquisto)***, d. h. man geht von dem Preis aus, den das entsprechende Gut auf dem Markt kosten würde. Auf jeden Fall ist das Grundprinzip der vorsichtigen Schätzung anzuwenden, falls keine anderen objektiven Bewertungskriterien vorliegen (etwa Börsenkurse bei Wertpapieren).
Die Gründung selbst ist mit verschiedenen Kosten verbunden (Gebühren, Honorar des Notars usw.). Diese mit der Gründung zusammenhängenden Aufwendungen nennt man **Gründungsspesen *(spese d'impianto)***.

Lehrbeispiel

Katharina Girardi eröffnet ein Geschäft für Designmöbel. Sie verfügt über 40.000,00 € und über ein Geschäftslokal im Wert von 70.000,00 €. Für die Gründung am 17.07. sind verschiedene Spesen in Höhe von 2.500,00 € zu zahlen.

Aufgabe
Eröffnungsbuchungen im Journal

Lösung

Journal

Datum	Text	Soll	Haben
	Kasse	40.000,00	
	Geschäftsgebäude	70.000,00	
	Eigenkapital		110.000,00
	(Gründung am 17.07.)		
	Gründungsspesen	2.500,00	
	Kasse		2.500,00
	(Verschiedene Gründungsspesen)		

Nach dem Eröffnungsbuchungssatz kann mit der Verbuchung der Gründungsspesen und der laufenden Geschäftsfälle begonnen werden.

Die Kosten für die Gründung (Gründungsspesen) können auch auf mehrere Jahre verteilt, d. h. abgeschrieben werden. Dies betrifft in der Regel nur Gesellschaften, bei denen die Gründungsformalitäten kompliziert und kostspielig sind (notarielle Urkunden, Gründungsversammlungen usw.).

14.1.2 Erwerb von Unternehmungen

Häufig werden Betriebe von anderen Unternehmern übernommen, d. h. ein bestehender Betrieb wird zu einem vereinbarten Preis gekauft. Der Kaufpreis wird aufgrund der Bewertung der einzelnen Vermögens- und Schuldenteile **(Substanzwert)**, der zu erwartenden Gewinne **(Ertragswert)** sowie der Marktentwicklung vereinbart. Ist der Preis höher als die Summe aller Einzelbewertungen, so wird dem Unternehmen als Ganzes noch ein zusätzlicher Wert zuerkannt, der sogenannte **Firmenwert *(avviamento)***. Der Firmenwert ergibt sich etwa aus einer günstigen Lage, einem guten Kundenstock, einer Monopolstellung usw. Es ist dies ein immaterieller Vermögenswert, den der neue Unternehmer zusätzlich zum materiellen Vermögen übernimmt und von dem er Nutzen zieht.

Substanzwert
= Wert aller Vermögens- und Schuldenteile eines Unternehmens

Ertragswert
= Bewertung des Unternehmens aufgrund der Gewinnerwartung

Lehrbeispiel

Silvio Berger verfügt über ein Barvermögen in Höhe von 300.000,00 € und kauft von Romana Prast ein Lebensmittelgeschäft, das in einer günstigen Zone liegt, zum vereinbarten Preis von 270.000,00 €. Die 300.000,00 € werden in das Unternehmen eingebracht und damit werden das Unternehmen selbst und die Gründungsspesen, die anfallen werden, bezahlt. Die einzelnen Vermögensteile des gekauften Unternehmens werden laut Schätzung eines Wirtschaftsberaters folgendermaßen bewertet:
Gebäude: 120.000,00 €
Einrichtung: 40.000,00 €
Waren: 30.000,00 €

Aufgabe

a) Ermittlung des Firmenwerts

b) Verbuchung der Gründung des Unternehmens

Lösung

Gebäude	120.000,00
Einrichtung	40.000,00
Waren	30.000,00
Substanzwert	190.000,00
Kaufpreis	**270.000,00**
Firmenwert	80.000,00

Die Gründungsbuchungen erfolgen in mehreren Schritten:

Journal

Datum	Text	Soll	Haben
...	Bank	300.000,00	
	Eigenkapital		300.000,00
	(Bankeinlage und Gründung)		
...	Gebäude	120.000,00	
	Einrichtung	40.000,00	
	Waren	30.000,00	
	Firmenwert	80.000,00	
	Verbindlichkeit Romana Prast		270.000,00
	(Kauf des Unternehmens von Romana Prast)		
...	Verbindlichkeit	270.000,00	
	Bank		270.000,00
	(Zahlung des Unternehmens an Romana Prast)		

Vermögensaufstellung nach dem Erwerb dieses Unternehmens

Aktiva	Bilanz		Passiva
Gebäude	120.000,00	Eigenkapital	300.000,00
Einrichtung	40.000,00		
Waren	30.000,00		
Bank	30.000,00		
Firmenwert	80.000,00		
	300.000,00		300.000,00

Selbstverständlich können beim Erwerb eines bestehenden Unternehmens auch Schulden übernommen werden, wodurch sich der Kaufpreis entsprechend verringert.

Übung

Renate Brunner eröffnet ein Modegeschäft. Sie legt ihr Kapital in Höhe von 290.000,00 € auf ein Bankkonto ein.

Geschäftsfälle

1. Kauf von Einrichtung 23.000,00 € + MwSt., Zahlung über die Bank
2. Wareneinkauf 53.000,00 € + MwSt.
3. Abhebung vom Bankkonto 1.200,00 € für die Betriebskasse
4. Zahlung von verschiedenen Gründungsspesen in Höhe von 900,00 € in bar
5. Warenverkauf in bar (Tageseinnahmen) 29.400,00 € inkl. MwSt.
6. Mietzahlung 7.500,00 € durch die Bank
7. Löhne 11.900,00 €, Sozialabgaben insgesamt 29,5 %, davon Arbeitnehmeranteil 9,19 %; Familiengeld 1.200,00 €, Einkommensteuer 23 %; Zahlung der Nettolöhne durch die Bank
8. Warenverkauf 18.300,00 € + MwSt. auf Ziel
9. Verschiedene Betriebsspesen 3.450,00 € + MwSt., Zahlung durch Banküberweisung 4.100,00 €
10. Abrechnung der MwSt.

Abschluss: Warenendbestand 39.000,00 €
Abschreibung der Einrichtung pro Jahr 15 %

Aufgabe
a) Buchungen im Journal
b) Erstellung des G&V und der Bilanz

14.2 Buchung von Honorarrechnungen

Ein Unternehmer kauft nicht nur Waren, Verbrauchsmaterialien und Dienstleistungen von anderen Unternehmen ein, er beansprucht auch die Dienste und Beratungen von Wirtschaftsprüfern, Steuerberatern, Projektanten usw.
Rechnungen dieser **freien Mitarbeiter** – auch als **Freiberufler** bezeichnet – werden **Honorarnoten** genannt und weisen gegenüber normalen Rechnungen für Waren und Materialien einige Besonderheiten auf.

Diese Besonderheiten sind:
- **Anrechnung eines Beitrages zur Fürsorgekasse des Freiberuflers**
- **Steuereinbehalt durch den Unternehmer bei Zahlung der Rechnung**

Zusätzlich zum Honorar stellt der Freiberufler noch 2 % oder 4 % des Honorarbetrages für seine Fürsorgekasse in Rechnung.

Der Unternehmer, der die Honorarnote dann begleicht, zahlt an den Freiberufler jedoch nicht den gesamten Rechnungsbetrag, sondern nimmt einen **Steuereinbehalt *(ritenuta di acconto)*** auf die Honorarnote vor. Diesen Steuereinbehalt überweist das Unternehmen direkt an das Finanzamt.
Mit dieser Abrechnungsform wird das Honorar eines Freiberuflers bereits an der Quelle durch den Unternehmer teilweise besteuert. Der Freiberufler erhält somit nicht die gesamte Honorarnote (Rechnung) ausbezahlt, sondern hat bereits eine Anzahlung auf seine Einkommensteuer geleistet.
Den getätigten Steuereinbehalt durch den Unternehmer kann der Freiberufler dann bei der endgültigen Berechnung seiner Einkommensteuer am Jahresende geltend machen.

Der **Steuereinbehalt** ist eine **Akontozahlung** auf die Einkommensteuerschuld des Honorarempfängers.

Lehrbeispiel

Die Wirtschaftsprüfer Weger & Partner stellen dem Unternehmen Grandi & Co. folgende Honorarnote:

Weger & Partner

Weger & Partner
Wirtschafts- und Steuerberater
I-39032 Schlanders
Spitalgasse 4
Tel. +39 0473 384892 - Fax +39 0473 384842
wegerpartner@alice.it

W. Grandi & Co Kg
I-39100 Bozen
Musterplatz 35
P.I. 02203840236
Kunde Nr. 212

Honorar Nr. 112/18 — Schlanders, 5. Mai 2018

Wir erbrachten für Sie folgende Leistungen im Monat April:

Laufende Buchhaltung laut Beleg	320,00
Lohnberechnung	120,00
MwSt.-Abrechnung	90,00
4% Fürsorgekasse	21,20
Steuergrundlage	551,20
MwSt. 22%	121,26
Gesamtbetrag	672,46
Steuereinbehalt 20% (Grundlage 530,00)	106,00
Zu überweisender Betrag	566,46

Fälligkeit: bei Erhalt

Der Steuereinbehalt wird termingerecht an das Finanzamt überwiesen.

UID NR. 09900050218
Eintragungsnr. 342

Sparkasse Bozen
c/c 710101050
IBAN IT67R0811160100071010105O3

Aufgabe
Buchungen im Journal

Lösung
Journal

Datum	Text	Soll	Haben
...	Beratungsaufwand	551,20	
	MwSt.-Einkauf	121,16	
	Verbindlichkeit Weger & Partner		672,36
	(Buchung der Honorarnote 112/18)		
	Verbindlichkeit Weger & Partner	106,00	
	Steuereinbehalt		106,00
	(Umbuchung des Steuereinbehaltes)		
	Verbindlichkeit Weger & Partner	566,46	
	Bank		566,46
	(Überweisung an den freien Mitarbeiter)		
	Steuereinbehalt	106,00	
	Bank		106,00
	(F24 Zahlung Steuereinbehalt)		

Der **Steuereinbehalt wird ausschließlich auf das Honorar** berechnet.
Werden in einer Honorarnote andere dokumentierte Spesen (z. B. Eintragungsgebühr bei der Handelskammer) in Rechnung gestellt, so unterliegen diese weder der MwSt. noch dem Steuereinbehalt.

Das Unternehmen muss den Steuereinbehalt auf Honorarnoten zusammen mit dem Steuereinbehalt auf die Löhne bis zum 16. des darauffolgenden Monats mit dem Vordruck F24 an das Finanzamt überweisen.

Übung

Die Wirtschaftsprüfer von Fisco & Conta stellen einem Unternehmen für die Buchhaltung und die Abfassung der Steuererklärung folgende Honorarnote:

Buchhaltung 1.340,00 €
Abfassung der Steuererklärung 320,00 €
Für den Kunden vorgestreckte Gebühren 370,00 € (nicht mehrwertsteuerpflichtig)
Fürsorgekasse 4 %
Steuereinbehalt 20 %

Aufgabe
a) Erstellung der Honorarnote
b) Buchungen im Journal einschließlich Zahlungen

14.3 Buchungen zum Wechsel

Werden Waren und Dienstleistungen mit Gewährung einer bestimmten Zahlungsfrist verkauft, so ergibt sich für den Verkäufer das Problem der **Sicherheit** seiner Forderung.

Besitzwechsel
= Wechselforderung
Schuldwechsel
= Wechselverbindlichkeit

Diese Sicherheit kann durch die Ausstellung eines Wechsels erhöht werden (Wechselgesetz). Die normale Kundenforderung bzw. Lieferverbindlichkeit wird durch die Ausstellung eines Wechsels zu einer **Wechselforderung** bzw. **Wechselverbindlichkeit**. Man spricht dann auch von **Besitzwechsel** ***(cambiali attive)*** und von **Schuldwechsel** ***(cambiali passive)***.

Um diese besonders abgesicherten Forderungen und Verbindlichkeiten in der Buchhaltung besser sichtbar zu machen, werden dafür eigene Hauptbuchkonten eingerichtet:

Besitzwechsel ***(cambiali attive)***

Schuldwechsel ***(cambiali passive)***

14.3.1 Wechselausstellung

Arten von Wechsel
Eigenwechsel oder Solawechsel (= Schuldner stellt den Wechsel aus); gezogener Wechsel oder Tratte (= Gläubiger stellt den Wechsel aus)

Alle mit der Ausstellung von Rechnungen entstehenden Forderungen und Verbindlichkeiten werden zunächst auf den normalen Personenkonten (Kundenkonto bzw. Lieferantenkonto) erfasst. Bei Vorliegen des Wechsels **(Solawechsel** oder **Tratte)** erfolgt dann eine Umbuchung auf die entsprechenden Wechselkonten. Dadurch wird auch in der Buchhaltung ersichtlich, dass es sich nun um besonders gesicherte Forderungen oder besondere Verbindlichkeiten handelt.

Lehrbeispiel

13.10. AR 192: Die Fa. Alber & Co verkauft an den Kunden Fa. Pattis Waren um 3.200,00 € + MwSt., zwei Monate Zahlungsziel. Die Ausstellung eines Wechsels (Tratte) wird vereinbart.
16.10. Der Kunde Pattis akzeptiert den Wechsel in Höhe des Rechnungsbetrages.
16.12. Der Wechsel wird eingelöst.

Aufgabe
a) Ausstellung der Tratte
b) Buchungen aus der Sicht der Fa. Alber & Co

Lösung

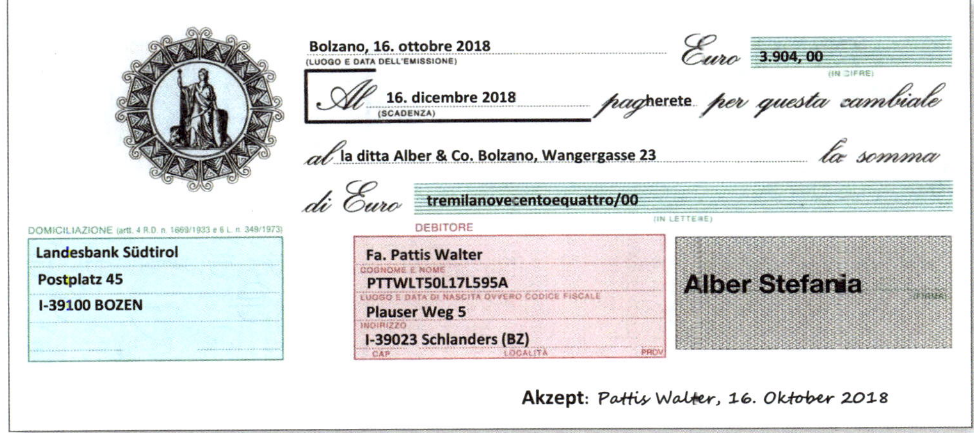
Bolzano, 16. ottobre 2018
(LUOGO E DATA DELL'EMISSIONE)
Euro 3.904, 00
(IN CIFRE)
Al 16. dicembre 2018
(SCADENZA)
pagherete per questa cambiale
al la ditta Alber & Co. Bolzano, Wangergasse 23 la somma
di Euro tremilanovecentoequattro/00
(IN LETTERE)
DOMICILIAZIONE
Landesbank Südtirol
Postplatz 45
I-39100 BOZEN
DEBITORE
Fa. Pattis Walter
COGNOME E NOME
PTTWLT50L17L595A
LUOGO E DATA DI NASCITA OVVERO CODICE FISCALE
Plauser Weg 5
INDIRIZZO
I-39023 Schlanders (BZ)
CAP LOCALITÀ PROV
Alber Stefania
FIRMA

Akzept: Pattis Walter, 16. Oktober 2018

Journal

Datum	Text	Soll	Haben
13.10.	Kundenkonto Pattis	3.904,00	
	Warenverkauf		3.200,00
	MwSt.-Verkauf		704,00
16.10.	Besitzwechsel	3.904,00	
	Kundenkonto Pattis		3.904,00

14.3.2 Inkasso und Zahlung des Wechsels

Bei Fälligkeit des Wechsels legt der letzte Wechselinhaber dem Bezogenen den Wechsel zur Zahlung vor und kassiert den Betrag ein. In der Praxis wird meistens eine Bank mit dem Inkasso des Wechsels beauftragt, die dafür eine Inkassoprovision verlangt. Der Wechselnettobetrag wird auf dem Kontokorrent gutgeschrieben.

Lehrbeispiel Fortsetzung

16.12 Der Schuldner (Bezogener) Fa. Pattis zahlt den Wechsel über 3.904,00 € ordnungsgemäß durch die Bank an die Fa. Alber. Die Bank verlangt für die Bearbeitung 20,00 €.

Journal

Datum	Text	Soll	Haben
16.12.	Bank	3.904,00	
	Besitzwechsel		3.904,00

Buchung im Journal der Firma Pattis

Datum	Text	Soll	Haben
16.12.	Bank		3.924,00
	Schuldwechsel	3.904,00	
	Spesen im Geldverkehr	20,00	

Sowohl die Bank des Gläubigers als auch die des Schuldners werden im Normalfall für die Abwicklung der Zahlung eine Vergütung verlangen.
Die Besitzwechsel, die zum Inkasso einer Bank übergeben werden, können zuerst auf ein eigenes Finanzkonto „Werte zum Inkasso" umgebucht werden. Dadurch werden sie buchungstechnisch von den anderen noch nicht fälligen Besitzwechseln getrennt.

Übung

Geschäftsfälle

1. Unser Kunde Bauer hat zum Ausgleich der AR 487 über 9.600,00 € einen von uns ausgestellten Wechsel über 9.600,00 € akzeptiert.
2. Wir haben einen von der Firma Keller auf uns gezogenen Wechsel über 3.000,00 € akzeptiert.
3. Inkasso eines Wechsels über 2.000,00 €, Bankspesen 15,00 €
4. Inkasso eines Wechsels über 9.000,00 €, keine Bankspesen
5. Der Kunde Fischer gibt uns als Teilzahlung der AR 350 über 9.000,00 € einen Wechsel über 4.800,00 €.
6. Der Wechsel über 4.800,00 € wird als Teilzahlung unserer ER 289 an die Fa. Schatzer weitergegeben.
7. Die Bank hat für uns einen fälligen Besitzwechsel über 3.000,00 € kassiert, die Inkassospesen betragen 0,8 % des Wechselbetrages.
8. Warenverkauf an Fischer 3.000,00 € + MwSt., AR 512
9. Wir ziehen auf den Kunden eine Tratte in Höhe des Rechnungsbetrages AR 512.
10. Weitergabe eines Wechsels über 2.450,00 € an Keller

Aufgabe

a) Ausstellung der Wechsel
b) Buchungen im Journal

14.3.3 Wechseldiskontierung

Unter Diskontierung *(sconto di cambiali)* versteht man den Ankauf von noch nicht fälligen Wechseln durch eine Bank.
Dadurch gewährt die Bank dem Wechseleinreicher vom Abrechnungstag (ist nicht der Einreichtag) des Wechsels bis zu dessen Fälligkeit einen Kredit, der als **Diskontkredit** bezeichnet wird. Der Wechseleinreicher übergibt der Bank den ordnungsgemäß indossierten Wechsel und erhält dafür den **Diskonterlös *(netto ricavo)***. Darunter verstehen wir den Wechselbetrag abzüglich der von der Bank in Rechnung gestellten Zinsen, der Wechselprovision und sonstigen Bearbeitungsgebühren. Der Diskonterlös wird in der Regel nicht bar ausbezahlt, sondern auf dem Konto des Einreichers gutgeschrieben.
Wie die Wechsel zum Inkasso können auch die Besitzwechsel, die zum Diskont eingereicht werden, zunächst auf ein eigenes Finanzkonto „Wechsel zum Diskont" umgebucht werden.

Indossament heißt **Weitergabe** eines **Wechsels** mit Unterschrift auf der Rückseite an eine andere Person oder an eine Bank.

Lehrbeispiel

Ein am 17.07. ausgestellter Wechsel über 1.000,00 € – fällig am 17.10. – wird am 18.07. zum Diskont eingereicht und am 20.07. von der Bank zum Diskont angenommen: Diskontsatz 5 %, Banktage 7, Spesen 15,00 €
Der Diskontnettobetrag wird dem Konto gutgeschrieben.

Aufgabe
a) Berechnung des Diskontnettobetrages
b) Buchungen im Journal

Lösung
Berechnung des Diskontnettobetrages

Wechselbetrag	1.000,00
Diskontzinsen	15,78
Spesen im Geldverkehr	15,00
Diskontnettoerlös	**969,22**

Berechnung:
Tage: 20.07.–17.10. = 89 + 7 = 96

$$\text{Diskontzins} = \frac{1.000{,}00 \times 5 \times 96}{36.500} = 14{,}32$$

Journal

Datum	Text	Soll	Haben
20.07.	Bank	970,68	
	Zinsen für Wechseldiskont	14,32	
	Spesen im Geldverkehr	15,00	
	Besitzwechsel		1.000,00

Wird ein diskontierter Wechsel am Fälligkeitstag nicht gezahlt, so wird die Bank auf den Bankkunden **Rückgriff (Regress)** nehmen. Solange also ein Wechsel nicht vom Hauptschuldner eingelöst wurde, stellt der Wechsel für den Bankkunden ein Risiko dar.

Übung

Geschäftsfälle

Geschäftspartner: Unser Unternehmen: Firma Xenia; Geschäftspartner: Firma Franz

1. AR 516 Warenverkauf an die Fa. Franz 7.800,00 € + MwSt.
2. Teilzahlung der AR 516: Der Kunde Fa. Franz stellt einen Solawechsel in Höhe von 5.000,00 € aus.
3. Diskont dieses Wechsels: 59 Tage + 7 Banktage, 5 % Diskontsatz, Spesen 25,00 €
4. ER 32 Wareneinkauf bei der Fa. Franz 12.000,00 € + MwSt.
5. Für diesen Einkauf akzeptiert unser Unternehmen einen Wechsel, der in 60 Tagen fällig ist.
6. Nach Fälligkeit wird dieser Schuldwechsel durch Banküberweisung gezahlt. Die Bank berechnet 20,00 € Bearbeitungsgebühr.

Aufgabe

a) Buchungen im Journal der Fa. Xenia
b) Buchungen im Journal der Fa. Franz

14.3.4 Nichtzahlung eines fälligen Wechsels

Löst ein Wechselbezogener am Fälligkeitstag einen Wechsel nicht ein, so wird der Begünstigte normalerweise durch einen Notar Protest erheben lassen, um sich alle wechselrechtlichen Ansprüche (Regressrechte) zu sichern.
Ein Wechsel, der bei Fälligkeit nicht kassiert werden kann, wird auf ein eigenes Konto „Notleidende Wechsel" *(cambiali in sofferenza)* umgebucht.
In solchen Fällen übernimmt die Bank normalerweise im Auftrag des Kunden die Protesteinleitung und belastet dann sein Konto mit dem Wechselnominalbetrag und zusätzlich mit den Protestspesen und Bearbeitungsgebühren.

Lehrbeispiel

Ein Wechsel über 1.000,00 € kann durch unsere Hausbank nicht kassiert werden. Die Protestspesen betragen 50,00 €.

Aufgabe
Buchungen im Journal

Lösung
Journal

Datum	Text	Soll	Haben
	Notleidende Wechselforderung	1.000,00	
	Bankspesen	50,00	
	Bank-Kontokorrent		1.050,00

Übung

Geschäftsfälle

1. ER 33 Kauf von Einrichtung 5.900,00 € + MwSt., Zahlung durch Banküberweisung
2. ER 45 Einbauarbeiten der Einrichtung 320,00 € + MwSt. (auf Einrichtung buchen)
3. AR 66 Warenverkauf 2.800,00 € + MwSt.; Ausgleich mit Tratte 90 Tage
4. Einreichung der Tratte zum Diskont, Gutschrift des Nettobetrages auf dem Bankkonto, Diskontsatz 5 %, Tage: 90 + 7, Bankspesen 15,00 €
5. AR 67 Warenverkauf 4.500 € + MwSt., Zustellung 50,00 € + MwSt.
6. Der Kunde verlangt eine Preisreduzierung in Höhe von 20 % des Warenwertes, da die Ware zum Teil defekt ist. Erstellen einer Gutschrift G 13
7. Inkasso der AR 67 abzüglich G 13
8. ER 68 Wareneinkauf 7.400,00 € + MwSt., Ausgleich zur Hälfte mit einem Scheck und zur Hälfte durch Indossament eines Wechsels
9. Honorarnote über 2.500,00 €, Fürsorgekasse 4 %; Steuereinbehalt 20 %, MwSt.-Normalsatz
10. Verbuchung der Honorarnote und Zahlungen

Aufgabe
Buchungen im Journal

14.5 Verpackungen und Kautionen

Die Verpackung macht Waren transportfähig, schützt sie vor Beschädigung und dient in vielen Fällen der Verkaufsförderung (Aufmachung).
Je nach Art der Verpackung und marktüblichen Bräuchen wird die Verpackung von Gütern unterschiedlich behandelt:

Dabei gibt es drei verschiedene Möglichkeiten:

1. Verpackung gratis
Hat das Verpackungsmaterial im Verhältnis zur Ware geringen Wert und dient es ausschließlich ihrer Transportfähigkeit, so wird dafür normalerweise kein Entgelt verlangt. Die Kosten für die Verpackung werden dann auf den Warenpreis abgewälzt.
Immer häufiger wird aber für die Verpackung ein Entgelt verlangt (etwa Verkaufstaschen), um dadurch den Verbrauch einzuschränken.

2. Verpackung extra
Wird für die Verpackung der Ware ein Entgelt verlangt, so ist dies wie ein normaler Verkauf zu behandeln, in Rechnung zu stellen und mehrwertsteuerpflichtig wie die Ware. Der Erlös für die Verpackung kann auf einem eigenen Konto „Verkauf Verpackungsmaterial“ oder direkt auf dem Warenverkaufskonto gebucht werden.

3. Leihverpackung
Hat die Verpackung einen größeren Wert (Container) und kann sie wiederholt verwendet werden (Flaschen), so kann sie der Käufer wieder zurückgeben. Oft verlangt der Verkäufer die Hinterlegung einer Kaution, die dem Käufer nach ordnungsgemäßer Rückgabe der Verpackung wieder zurückgegeben wird. Bringt der Käufer die Verpackung nicht zurück, so wird nachträglich die Leihverpackung an den Kunden verkauft, wofür eine Rechnung mit MwSt.-Berechnung auszustellen ist. Die kassierte Kaution wird dann mit dem Preis der Leihverpackung verrechnet und die eventuelle Differenz zurückgegeben oder zusätzlich kassiert.

In der Buchhaltung unterscheiden wir zwischen Verpackungsgut und Verpackungsmaterial.

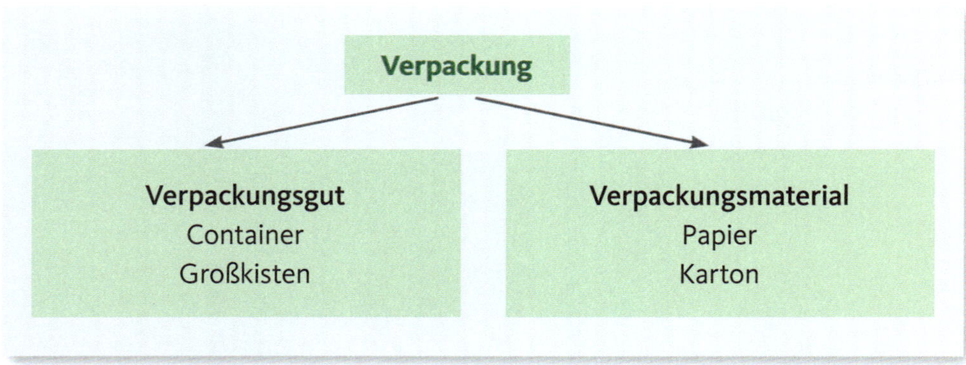

Ist die Verpackung von relativ geringem Wert, so gehört sie zu den Verbrauchsmaterialien und damit im Einkauf zu den normalen betrieblichen Aufwendungen oder auch Erträgen, falls beim Verkauf der verpackten Waren ein Entgelt verlangt wird.

Das langlebige Verpackungsgut kann in einem Unternehmen einen nicht unwesentlichen Wert haben – z. B. Großkisten in einer Obstgenossenschaft. In diesem Fall zählt das Verpackungsgut zum Anlagevermögen und wird wie alle anderen Anlagegüter auch im Laufe der Jahre abgeschrieben. Das Verpackungsgut wird meist als Leihverpackung mit Kaution behandelt.

Verpackungsgut
= Anlagevermögen
Verpackungsmaterial
= Betriebsaufwendungen

14.5.1 Die Verpackung wird nicht in Rechnung gestellt

Wenn die Verpackung von geringem Wert (Karton) ist oder wenn es sich um Leihverpackungen von relativ hohem Wert (Stahlflaschen) handelt, so wird sie dem Kunden meistens nicht separat in Rechnung gestellt. Geringwertige Verpackung fließt in die allgemeine Preisberechnung ein. Hochwertige Leihverpackung wird vielfach auf eigenen Karteien mengenmäßig aufgezeichnet, der Verbleib wird überwacht. Bei einer Endabrechnung wird dann für eventuell nicht zurückgegebene Leihverpackung eine getrennte Rechnung mit Anrechnung der MwSt. ausgestellt.

14.5.2 Die Verpackung wird getrennt in Rechnung gestellt

Wird die Verpackung getrennt vom Warenwert in Rechnung gestellt und ist eine Rückgabe nicht vorgesehen, so wird sie wie die sonstigen Erträge bzw. Zusatzkosten in der Rechnung behandelt.

Buchung beim Verkäufer:

Kundenforderung / Warenverkauf
Verkauf Verpackungsmaterial
MwSt.-Verkauf

Buchung beim Käufer:

Wareneinkauf / Lieferverbindlichkeit
Bezugsspesen
MwSt.-Einkauf

14.5.3 Die Leihverpackung (mit Kaution)

Wird für Leihverpackungen (Leergut, Retourgut) eine Kaution in Rechnung gestellt, ist darauf keine MwSt. zu berechnen, da es sich nicht um einen Verkauf handelt. Erst bei einer eventuellen Nicht-Rückgabe der Leihverpackung folgt eine Rechnung mit Anrechnung der MwSt.

Buchungen beim Verkäufer

Der Verkäufer bucht die dem Kunden in Rechnung gestellte Kaution für Leihverpackung auf dem Konto „Verbindlichkeit Kautionen".

Kundenforderung / Warenverkauf
MwSt.-Verkauf
Verbindlichkeit Kautionen

Bei Rücksendung der Leihverpackung durch den Käufer wird ihm die Kaution gutgeschrieben bzw. mit dem nächsten Verkauf verrechnet, selten wird bar zurückgezahlt.

Verbindlichkeit Kautionen / Kundenforderung

Wird die Leihverpackung nicht zurückgegeben, so wird dafür eine Verkaufsrechnung ausgestellt:

Kundenforderung / Verpackungsmaterialverkauf
MwSt.-Verkauf

Der Ausgleich dieser Forderung erfolgt mit der bereits kassierten Kaution:

Verbindlichkeit Kautionen / Kundenforderung

Reicht die kassierte Kaution nicht aus oder wurde zu viel Kaution hinterlegt, so wird sie zurückbezahlt oder bis zum nächsten Geschäftsfall gutgeschrieben.

Buchungen beim Käufer

Der Käufer erfasst den Wert der in Rechnung gestellten Leihverpackung auf dem Konto „Forderungen Kautionen".

Wareneinkauf / Lieferverbindlichkeit
MwSt.-Einkauf
Forderungen Kautionen

Wird die Verpackung zurückgegeben, so wird die Buchung storniert:

Lieferverbindlichkeit / Forderungen Kautionen

14.5.4 Hinterlegung einer Kaution

Für die Beanspruchung bestimmter Dienste – Wasseranschluss, Telefonanschluss – wird in der Regel die Hinterlegung einer Kaution für die Installation von Anschlussgeräten verlangt. Diese Geräte bleiben im Besitz des Dienstanbieters, stehen aber meistens für unbestimmte Zeit dem Dienstnehmer zur Verfügung. Da es sich bei der Kaution um keinen Verkauf handelt, sind solche Beträge auch **nicht mehrwertsteuerpflichtig** (Art. 15 des MwSt.-Gesetzes).

Buchung beim Verkäufer:

Bank / Hinterlegte Kautionen

Buchung beim Käufer:

Hinterlegte Kaution / Bank

Lehrbeispiel

1. Rechnung Nr. 190 Einkauf von 500 kg einer Ware, abgepackt in 10 Kisten, Preis der Ware 5,00 €/kg, MwSt. 2 %, Kaution pro Kiste 40,00 €
2. 8 Kisten werden zurückgegeben. Für die restlichen 2 erhalten wir die Rechnung Nr. 191. Der Kautionspreis von 40,00 € ist so angesetzt, dass er bereits die MwSt. von 2 % enthält.
3. Ausgleich dieses Geschäftsfalles durch Banküberweisung

Aufgabe

a) Erstellung der Rechnungen ER 190 und 191
b) Buchungen im Journal des Käufers
c) Buchungen im Journal des Verkäufers

Lösung

Rechnung Nr. 190: Rechnung für die Ware	
Ware	2.500,00
+ 22 % MwSt.	550,00
+ Kaution (10 Kisten)	400,00
Rechnungsbetrag	**3.450,00**

Rechnung Nr. 191: Rechnung für die Kisten	
2 Kisten	65,57
+ 22 % MwSt.	14,43
Rechnungsbetrag	**80,00**

Journal des Käufers

Datum	Text	Soll	Haben
	Wareneinkauf	2.500,00	
	Kautionen Forderungen	400,00	
	MwSt.-Einkauf	550,00	
	Lieferverbindlichkeit		3.450,00
	(Rechnung Nr. 190)		
	Verpackungsgut	65,57	
	MwSt.-Einkauf	14,43	
	Lieferverbindlichkeit		80,00
	(Rechnung Nr. 191)		
	Lieferverbindlichkeit	3.530,00	
	Kautionen Forderungen		400,00
	Bank		3.130,00
	(Überweisung der R 190 und R 191 und Rückgabe von 8 Kisten)		

Journal des Verkäufers

Datum	Text	Soll	Haben
	Kundenforderung	3.450,00	
	Warenverkauf		2.500,00
	Kautionen Verbindlichkeiten		400,00
	MwSt.-Verkauf		550,00
	(Rechnung Nr. 190)		
	Kundenforderung		80,00
	Verpackungsgut		65,57
	MwSt.-Verkauf		14,43
	(Rechnung Nr. 191)		
	Bank	3.130,00	
	Kundenforderung		3.530,00
	Kautionen Verbindlichkeit	400,00	
	(Inkasso der R. 190 und R 191 und Rücknahme von 8 Kisten)		

Übung

Geschäftsfälle

06.07. Wareneinkauf um 980,00 € + MwSt., es wird eine Kaution in Höhe von 72,00 € in Rechnung gestellt.

07.07. Warenverkauf 3.260,00 € + MwSt., Zahlung ¼ sofort, Rest in 2 Monaten

08.07. Vom Wirtschaftsberater erhalten wir die Honorarnote über 350,00 € + MwSt. für Beratungstätigkeit.
Zusätzlich dokumentierte Spesen 150,00 €: Erstelle die Honorarnote.

22.07. An einen Transporteur zahlen wir auf Rechnung unseres Kunden 132,00 € in bar. In unserer Warenverkaufsrechnung über 2.300,00 € stellen wir dem Kunden diese Spesen in Rechnung und zusätzlich Verpackungsspesen in Höhe von 50,00 € + MwSt.

23.07. Der Kunde zahlt die Rechnung durch Banküberweisung.

25.07. AR 100 Warenverkauf um 8.900,00 € + MwSt. auf Ziel, für Leergut werden 40,00 € in Rechnung gestellt.

30.07. Der Kunde zahlt die Rechnung und gibt die Hälfte des Leergutes zurück.

02.08. Für das nicht zurückgebrachte Leergut stellen wir eine Rechnung aus, wobei die 20,00 € für die nicht zurückgegebene Kaution inkl. MwSt. zu verstehen sind.

03.08. Wir bezahlen an einen Lieferanten eine ER über 3.245,50 €, wir überweisen 3.245,00 €.

05.08. Wareneinkauf um 12.400,00 € + MwSt. zu folgender Zahlungsbedingung: Bei Barzahlung wird ein Kasseskonto von 3 % gewährt, ansonsten ist der volle Rechnungsbetrag in 4 Monaten zu zahlen.

16.08. Wir überweisen sofort den Nettobetrag der Rechnung.

27.08. Wir verkaufen einen Lieferwagen zum Preis von 18.000,00 € + MwSt. und stellen dafür einen Wechsel aus, fällig in 5 Monaten; Anschaffungskosten 40.000,00 €; WB 24.000,00 €.

29.08. Der Wechsel wird diskontiert: Diskontzins 5 %, Bankspesen 10,00 €

15.09. Warenverkauf 8.200,00 € + MwSt., Rabatt 15 % + 5 % auf die Ware ab Lager; für die Zustellung berechnen wir 150,00 € + MwSt.

20.09. Wir zahlen für einen Wareneinkauf in Höhe von 12.000,00 € + 10 % MwSt. ein Akonto in Höhe von 4.000,00 € + 10 % MwSt. durch Banküberweisung. Wir erhalten die Akontorechnung.

25.09. Erhalt der Ware und der Endrechnung: Die Rechnung ist in 45 Tagen fällig, es werden Terminzinsen in Höhe von 8 % dazugerechnet.

Aufgabe
Buchungen im Journal

14.6 Verbuchung der Einkommensteuern

Am Jahresende muss der Unternehmer den Gewinn seines Unternehmens ermitteln und alle anfallenden Steuern und Abgaben berechnen und an das Finanzamt überweisen.

Die Arten und die Berechnungsformen zur Ermittlung der Steuern auf das Einkommen werden häufig abgeändert. Die wichtigsten Steuern auf die Gewinne der Unternehmen sind:

- Die Einkommensteuer der physischen Personen (IRPEF). Bei dieser progressiven Steuer steigt der Prozentsatz mit der Höhe des Einkommens. Derzeit reichen die Einkommensteuersätze von 23 bis 43 %.
- Die Körperschaftssteuer der juristischen Personen (IRES). Diese proportionale Einkommensteuer beträgt derzeit circa 24 %.

- Die Wertschöpfungssteuer IRAP: Es handelt sich dabei um eine proportionale Steuer auf den erzeugten Mehrwert im Unternehmen, derzeit circa 2 bis 3 %.

Das zu versteuernde betriebliche Einkommen steht erst nach Erstellung des Jahresabschlusses fest. Die Einhebung der Steuern erfolgt in Form von Steuervorauszahlungen im laufenden Geschäftsjahr und in Form von Restzahlungen nach Abschluss eines Geschäftsjahres.

Die vom Unternehmer auf das Betriebseinkommen zu entrichtenden Einkommensteuern sind steuerrechtlich keine abziehbaren Aufwendungen. Berechnungsbasis für die Einkommensteuern ist also der Gewinn vor Steuern.

Im Wesentlichen sind folgende Buchungen vorzunehmen:

Verbuchung der Steuervorauszahlungen während des Jahres:

Steuerakonto / Bank

Verbuchung der Einkommensteuern am Jahresende:
Am Jahresende wird die endgültige Steuer berechnet und verbucht. Die noch zu überweisende Restzahlung im nächsten Jahr wird am Jahresende auf das Konto „Abgabenverbindlichkeit" gebucht.

Steueraufwand / Bank
Abgabenverbindlichkeit

Verbuchung der Restzahlung im Laufe des darauffolgenden Geschäftsjahres:
Im Laufe des darauffolgenden Jahres und unter Einhaltung festgelegter Termine muss der Unternehmer seine Steuererklärung abfassen und bei einer Bank die Restzahlung vornehmen oder auch ein Guthaben zurückfordern, auf nächste Steuerperioden übertragen oder mit anderen Abgaben ausgleichen (kompensieren).

Abgabenverbindlichkeit / Bank

Die Überweisung der Steuern und Abgaben erfolgt über den Einzahlungsvordruck F24.

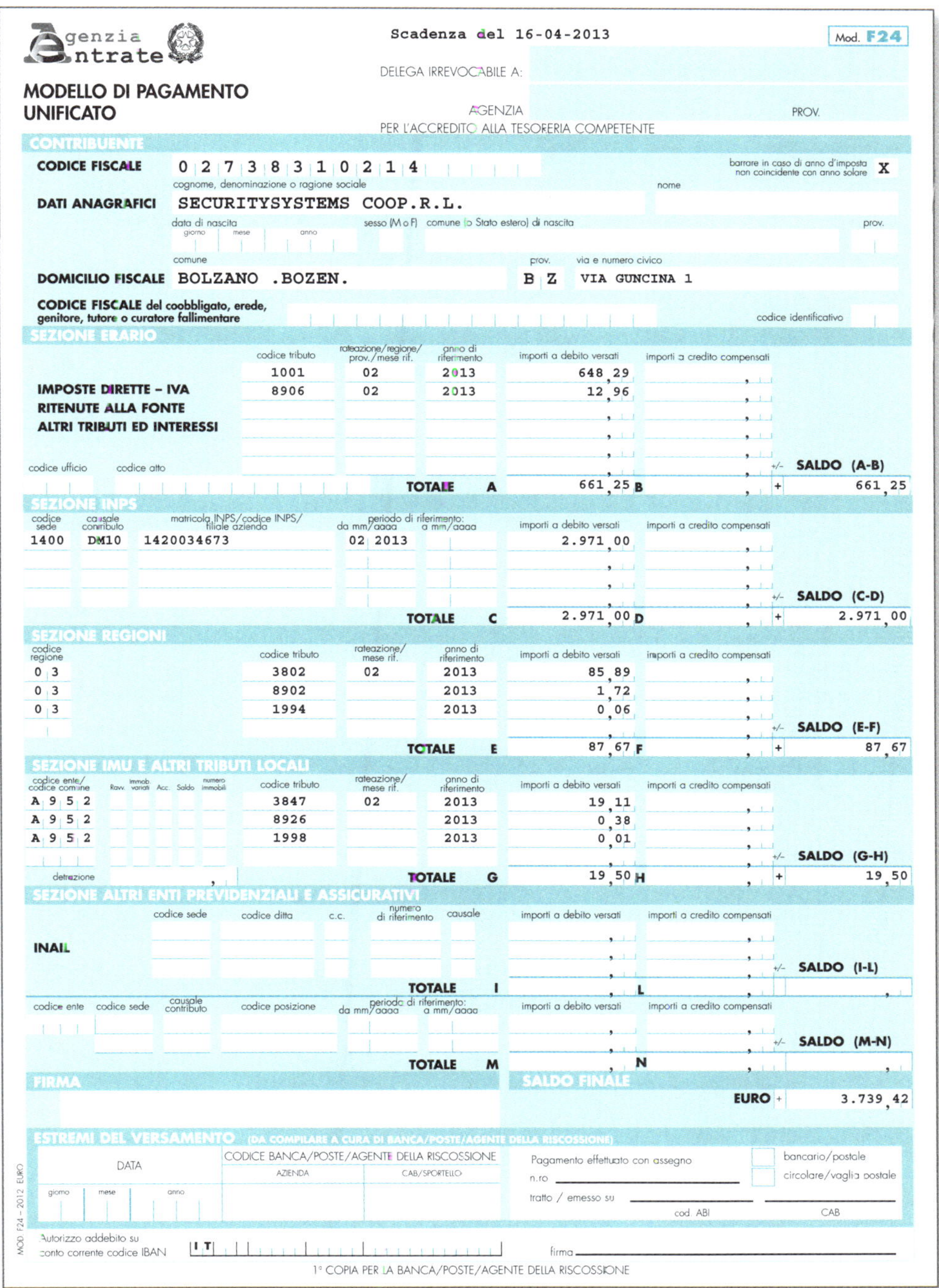

Agenzia Entrate — Scadenza del 16-04-2013 — Mod. F24

MODELLO DI PAGAMENTO UNIFICATO

DELEGA IRREVOCABILE A:

AGENZIA — PROV.

PER L'ACCREDITO ALLA TESORERIA COMPETENTE

CONTRIBUENTE

CODICE FISCALE 0 2 7 3 8 3 1 0 2 1 4 — barrare in caso di anno d'imposta non coincidente con anno solare X

cognome, denominazione o ragione sociale — nome

DATI ANAGRAFICI SECURITYSYSTEMS COOP.R.L.

data di nascita (giorno, mese, anno) — sesso (M o F) — comune (o Stato estero) di nascita — prov.

comune — prov. — via e numero civico

DOMICILIO FISCALE BOLZANO .BOZEN. — B Z — VIA GUNCINA 1

CODICE FISCALE del coobbligato, erede, genitore, tutore o curatore fallimentare — codice identificativo

SEZIONE ERARIO

IMPOSTE DIRETTE – IVA
RITENUTE ALLA FONTE
ALTRI TRIBUTI ED INTERESSI

codice tributo	rateazione/regione/prov./mese rif.	anno di riferimento	importi a debito versati	importi a credito compensati
1001	02	2013	648,29	
8906	02	2013	12,96	

codice ufficio — codice atto — **TOTALE A** 661,25 **B** — **SALDO (A-B)** + 661,25

SEZIONE INPS

codice sede	causale contributo	matricola INPS/codice INPS/filiale azienda	periodo di riferimento: da mm/aaaa	a mm/aaaa	importi a debito versati	importi a credito compensati
1400	DM10	1420034673	02 2013		2.971,00	

TOTALE C 2.971,00 **D** — **SALDO (C-D)** + 2.971,00

SEZIONE REGIONI

codice regione	codice tributo	rateazione/mese rif.	anno di riferimento	importi a debito versati	importi a credito compensati
0 3	3802	02	2013	85,89	
0 3	8902		2013	1,72	
0 3	1994		2013	0,06	

TOTALE E 87,67 **F** — **SALDO (E-F)** + 87,67

SEZIONE IMU E ALTRI TRIBUTI LOCALI

codice ente/codice comune	Ravv.	Immob. variati	Acc.	Saldo	numero immobili	codice tributo	rateazione/mese rif.	anno di riferimento	importi a debito versati	importi a credito compensati
A 9 5 2						3847	02	2013	19,11	
A 9 5 2						8926		2013	0,38	
A 9 5 2						1998		2013	0,01	

detrazione — **TOTALE G** 19,50 **H** — **SALDO (G-H)** + 19,50

SEZIONE ALTRI ENTI PREVIDENZIALI E ASSICURATIVI

INAIL — codice sede — codice ditta — c.c. — numero di riferimento — causale — importi a debito versati — importi a credito compensati

TOTALE I — **L** — **SALDO (I-L)**

codice ente — codice sede — causale contributo — codice posizione — periodo di riferimento: da mm/aaaa a mm/aaaa — importi a debito versati — importi a credito compensati

TOTALE M — **N** — **SALDO (M-N)**

FIRMA

SALDO FINALE — **EURO** + 3.739,42

ESTREMI DEL VERSAMENTO (DA COMPILARE A CURA DI BANCA/POSTE/AGENTE DELLA RISCOSSIONE)

DATA (giorno, mese, anno) — CODICE BANCA/POSTE/AGENTE DELLA RISCOSSIONE (AZIENDA, CAB/SPORTELLO) — Pagamento effettuato con assegno n.ro — bancario/postale — circolare/vaglia postale — tratto / emesso su — cod. ABI — CAB

Autorizzo addebito su conto corrente codice IBAN I T — firma

1ª COPIA PER LA BANCA/POSTE/AGENTE DELLA RISCOSSIONE

MOD. F24 - 2012 EURO

Lehrbeispiel

Am 30.06.20(n) zahlt ein Unternehmer für das laufende Geschäftsjahr ein Steuerakonto in Höhe von 13.800,00 € und am 30.11. zahlt er ein weiteres Akonto in Höhe von 15.700,00 €.
Der Gewinn des Geschäftsjahres beträgt 70.000,00 €. Die Gesamtsteuer auf den Gewinn beträgt circa 35.000,00 €.

Aufgabe
a) Buchungen der Vorauszahlungen im laufenden Geschäftsjahr
b) Buchung am 31.12.
c) Buchung der Saldozahlung Ende Juni des darauf folgenden Jahres

Lösung
Journal

Datum	Text	Soll	Haben
30.06.	Steuerakonto	13.800,00	
	Bank		13.800,00
	(Überweisung erste Rate)		
30.11.	Steuerakonto	15.700,00	
	Bank		15.700,00
	(Überweisung zweite Rate)		
31.12.	Steueraufwand	35.000,00	
	Steuerakonto		29.500,00
	Abgabenverbindlichkeit		5.500,00
	(Verbuchung der Gesamtsteuer)		
Juni 20(n+1)	Abgabenverbindlichkeit	5.500,00	
	Bank		5.500,00

14.7 Bevorschussung von Forderungen und Effekten

Ein wesentlicher Bereich für eine reibungslose Geschäftstätigkeit ist eine ausreichende Liquidität des Unternehmens, d. h. ein **Gleichgewicht zwischen laufenden Einzahlungen (Inkasso der Verkäufe)** und **laufenden Auszahlungen (Zahlung der Einkäufe)**. Ist dieser Kassenzufluss (Cashflow) gestört, so kann es zu gefährlichen Liquiditätsproblemen im Unternehmen kommen.
Es kann aber immer wieder vorkommen, dass ein Unternehmer seinen Kunden ein längeres Zahlungsziel gewähren muss, während ihm seine Lieferanten nur kurze Zahlungsfristen gewähren. Die Gründe für diese unterschiedlichen Zahlungsfristen sind sehr vielfältig. Gründe für solche Ungleichgewichte könnten sein: Gewinnung neuer Kunden oder neuer Märkte, Zahlungsgewohnheiten in anderen Ländern usw.

Steht nun ein Unternehmer vor einem solchen Cashflow-Problem, so kann er sich **Liquidität** beschaffen, indem er **Forderungen mit späterer Fälligkeit bei Banken zu einer Bevorschussung** einreicht. Die Ausstellung von Wechseln und deren Diskontierung ist zwar auch eine Form der vorzeitigen Liquidierung von Forderungen, jedoch wird diese Form immer seltener angewandt.

Vorschüsse auf Forderungen

= smobilizzo di crediti

Das Inkasso von Forderungen geschieht heute meist über elektronische Einzugsverfahren (ELV), Homebanking bzw. durch Ausstellung von Bankquittungen (Ri.Ba.).

s. b. f.

= salvo buon fine oder „Eingang vorbehalten"

Will nun ein Unternehmer von seiner Bank Vorschüsse auf Rechnungen oder auf andere Effekten erhalten *(smobilizzo di crediti commerciali)*, so wird ihm die Bank den Vorschussbetrag auf seinem Bankkonto gut schreiben. Die Höhe des Vorschusses hängt von der Qualität der eingereichten Rechnungen und Effekten und vom Bankkunden selbst ab.
Die Gutschrift auf dem Konto erfolgt allerdings nicht definitiv, sondern fast immer „mit Eingang vorbehalten" *(s. b. f. – salvo buon fine)*, d. h. die Bank wird den gutgeschriebenen Betrag sofort wieder zurückbuchen, wenn die Rechnung am Fälligkeitstag von der Bank nicht kassiert werden kann.
Durch diese provisorische Gutschrift verfügt das Unternehmen über Liquidität und es kann seinen Zahlungsverpflichtungen nachkommen. Für den Vorschussbetrag zahlt das Unternehmen an die bevorschussende Bank Zinsen und Bearbeitungsgebühren.

Die wesentlichen Unterschiede zwischen Bevorschussungen und Wechseldiskont:
- Bei Bevorschussungen werden die Zinsen nicht auf den ganzen Rechnungsbetrag berechnet, sondern nur auf den tatsächlich erhaltenen Vorschussbetrag.
- Der Vorschussbetrag wird dem Bankkonto des Gläubigers sofort gutgeschrieben.
- Im Vergleich zum Wechseldiskont ist diese Finanzierungsform der laufenden Geschäftstätigkeit eines Unternehmens wesentlich elastischer.

Lehrbeispiel

Ein Handelsbetrieb hat offene Rechnungen und andere Effekten (Bankquittungen) im Wert von 50.000,00 €, die im Durchschnitt in 3 Monaten fällig sind. Der Betrieb muss aber seinerseits Rechnungen bezahlen. Daher werden die Forderungen am 15.03. zur Bevorschussung an die Hausbank eingereicht, die 80 % des Gesamtbetrages abzüglich Spesen auf dem Kontokorrent mit „Eingang vorbehalten" gutschreibt. Die Bank verlangt Bearbeitungsgebühren in Höhe von 50,00 € und Zinsen für den Vorschuss in Höhe von 8 % bis zur Fälligkeit. Bei Fälligkeit der Quittungen und Rechnungen am 15.06. kassiert die Bank von den Kunden die Rechnungen und Quittungen und teilt dem Unternehmer das Inkasso mit. Damit werden in der Buchhaltung die Kundenforderungen gelöscht.

Aufgabe

a) Berechnung des Vorschusses

b) Buchungen im Journal

Lösung

Zunächst ist ein eigenes Konto **„Bevorschussung Effekten"** (Bankquittungen oder Rechnungen) einzurichten.

Dieses passive Bestandskonto nimmt im Haben den von der Bank vorgestreckten Betrag auf. Der vorgestreckte Betrag stellt für den Unternehmer ja eine Verbindlichkeit gegenüber der Bank dar. Das Gegenkonto dazu ist die Gutschrift auf dem normalen Bankkontokorrent.

Bei Fälligkeit und Inkasso der Forderungen bzw. Bankquittungen wird das Konto „Bevorschussung Effekten" wieder gelöscht und die Differenz auf dem Bank-Kontokorrent geschrieben.

Journal

Datum	Text	Soll	Haben
15.03.	Bank-Kontokorrent	40.000,00	
	Bevorschussung Effekten		40.000,00
	(vorgestreckte Forderung s.b.f.)		
15.03.	Bankspesen	50,00	
	Bank-Kontokorrent		50,00
	(Belastung mit Bankspesen)		
15.06.	Kundenforderung		50.000,00
	Bevorschussung Effekten	40.000,00	
	Bank-Kontokorrent	10.000,00	
	(Inkasso Forderung)		

Die Forderungen bleiben immer bis zum endgültigen Inkasso auf dem Konto der Kundenforderungen offen bestehen (offener Posten), d. h. eine Ausbuchung erfolgt erst dann, wenn die Bank das erfolgte Inkasso mitteilt. Im Falle einer Nichtzahlung wird die Gutschrift auf dem Bankkonto zuzüglich Spesen wieder storniert.

Übung

Geschäftsfälle

1. ER 16 Wareneinkauf 14.000,00 € + MwSt., Zahlung mit Scheck
2. Scheck über 3.500,00 € an den Lieferanten Mair zum Ausgleich der ER 14 über 3.505,00 €
3. AR 12 Warenverkauf 12.000,00 € + MwSt., Zahlung in 3 Monaten oder sofort unter Abzug von 1,5 % vom Rechnungsbetrag
4. Inkasso der AR 12 durch die Bank
5. ER 17 Einkauf Heizöl 5.600,00 € + MwSt., Ausstellung eines Wechsels, fällig in 3 Monaten, Wechselbetrag erhöht um 7 % Zinsen
6. AR 13 Warenverkauf 15.000,00 € + MwSt.
7. Ware im Wert von 3.000,00 € wird zurückgeschickt, Gutschrift
8. AR 14 Warenverkauf 2.500,00 € + MwSt., fällig in 4 Monaten
9. AR 14 wird zur Bevorschussung s. b. f. bei der Bank eingereicht; wir erhalten 80 % des Rechnungsbetrages; die Bearbeitungsgebühren betragen 20,00 € und die Zinsen für den Vorschuss 7 %.
10. Am 30.11. wird ein Akonto für die Einkommensteuern des laufenden Jahres in Höhe von 3.400,00 € durch die Bank an den Staat überwiesen.
11. Die Bank meldet das erfolgte Inkasso des AR 14; der Restbetrag wird auf dem Bankkonto gutgeschrieben und mit den Zinsen belastet.
12. Am 31.12. errechnet das Unternehmen eine Einkommensteuer von insgesamt 4.500,00 €.
13. Am 30.06. wird die Restzahlung der Steuer vorgenommen.

Aufgabe

Buchungen im Journal

Übung

Am 30.09. hat das Hauptbuch unseres Handelsunternehmens folgende Kontensummen:

Geschäftseinrichtung	135.000,00	
Wertberichtigung Einrichtung		28.500,00
Fuhrpark	68.500,00	
Wertberichtigung Fuhrpark		20.000,00
Bank	41.956,00	19.430,00
Kasse	9.939,80	8.470,00
Lohnvorauszahlung	2.000,00	
Kundenforderungen	45.512,50	33.985,00
Lieferverbindlichkeit	19.530,80	21.587,50
MwSt.-Verrechnung	10.035,00	11.735,00
Darlehen	5.000,00	50.000,00
Kautionsverbindlichkeit		800,00
Waren	10.000,00	
Wareneinkauf	68.950,00	

Verkauf Verpackungsmaterial		2.261,00
Verschiedene Aufwendungen	22.030,00	
Warenverkäufe		119.685,60
Kapital		122.000,00

Im letzten Trimester werden noch folgende Geschäfte getätigt:

1. Wir entnehmen für private Zwecke Waren im Wert von 150,00 € + MwSt.
2. Wareneinkauf 11.200,00 € + MwSt. + Kaution in Höhe von 300,00 € für 10 Container
3. Wir erhalten einen Scheck von 7.000,00 € als Akonto für einen abgeschlossenen Warenverkaufsvertrag in Höhe von 37.500,00 €. Wir stellen die Akontorechnung aus.
4. Warenlieferung und Ausstellung der Endrechnung
5. Zu Punkt 2: Wir geben 6 Container zurück und behalten die restlichen 4. Für die 4 Container à 30,00 € wird uns die Rechnung geschickt + MwSt.; wir zahlen anschließend die geschuldete Summe.
6. Die Einrichtung wird ausgetauscht: Die alte Einrichtung – mit einem Anschaffungswert von 20.000,00 € zu 50 % abgeschrieben – wird eingegeben. Die neue Einrichtung hat einen Wert von 30.000,00 € + MwSt.; wir geben die alte Einrichtung in Zahlung und müssen einen Differenzbetrag von 20.000,00 € zahlen.
7. Löhne: Bruttolöhne 13.400,00 €, SV-Arbeitnehmer 9,19 %, IRPEF 22 %, SV-Arbeitgeber 28 %
8. Wir zahlen die Nettolöhne noch im Dezember aus, die Lohnvorauszahlung wird verrechnet; die Abgaben werden aber erst im Jänner überwiesen.
9. Wir zahlen eine Darlehensrate in Höhe von 5.000,00 € zurück und 6 % Zinsen für 3 Monate auf 40.000 € durch Banküberweisung.
10. Wir erhalten von der Bank einen Vorschuss auf die Rechnung in Höhe von 80 % (Punkt 4).
11. Inkasso der Rechnung (Punkt 4) durch die Bank, Ausbuchung des Vorschusses, Zinsbelastung 7 % für 2 Monate

Angaben zum Abschluss:

1. Abschreibung: Einrichtung 8 %, Fuhrpark 20 %, neue Einrichtung 4 %
2. Warenbestand laut Inventur: 8.530,00 €

Aufgabe

a) Buchungen im Journal
b) Erstellung des G&V und der Bilanz
c) Rohgewinn, Reingewinn
d) Prozentuelle Zusammensetzung der Bilanz

Jahresabschluss

15. Der Jahresabschluss

„Bilanz ziehen und Rechenschaft ablegen!" Dieser Grundsatz gilt – wie für jede menschliche Tätigkeit – auch für Unternehmer und Geschäftsführer am Ende eines Jahres. Dabei geht es nicht nur um die formale Richtigkeit der buchhalterischen Aufzeichnungen, sondern vor allem um die wahrheitsgetreue Zusammenfassung und Offenlegung des betrieblichen Geschehens. Auf der Grundlage des Jahresabschlusses können aus Fehlern Konsequenzen gezogen und neue Pläne für die Zukunft ausgearbeitet werden.

15.1 Allgemeines

Der Jahresabschluss bildet den Schlusspunkt einer Abrechnungsperiode und fällt im Normalfall mit dem Jahresende zusammen.

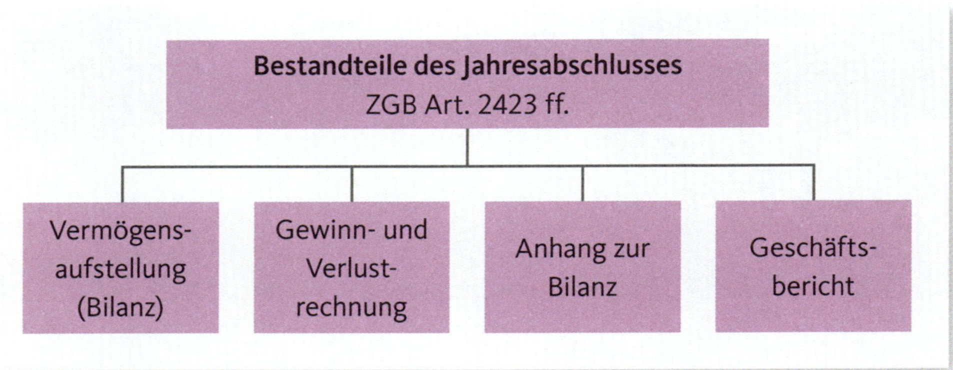

Der Jahresabschluss hat die Aufgabe,

- das Vermögen des Unternehmens am Jahresende festzustellen und
- den betrieblichen Erfolg zu ermitteln (Erfolgsrechnung und Vermögensvergleich).

Das Ergebnis der Abschlussarbeiten sind die **Bilanz** (Vermögensaufstellung) und die **Erfolgsrechnung** (Gewinn- und Verlustrechnung). Der Jahresabschluss *(bilancio d'esercizio)* im weiteren Sinn umfasst sowohl die Vermögensaufstellung als auch die Erfolgsrechnung. Der Jahreserfolg wird in der doppelten Buchhaltung auf zweifache Weise ermittelt, und zwar durch den Vermögensvergleich und die Erfolgsrechnung. Zusätzlich zur Bilanz und Erfolgsrechnung muss am Jahresende ein Geschäftsbericht verfasst werden und in einem Anhang zur Bilanz sind die einzelnen Posten näher zu erläutern.

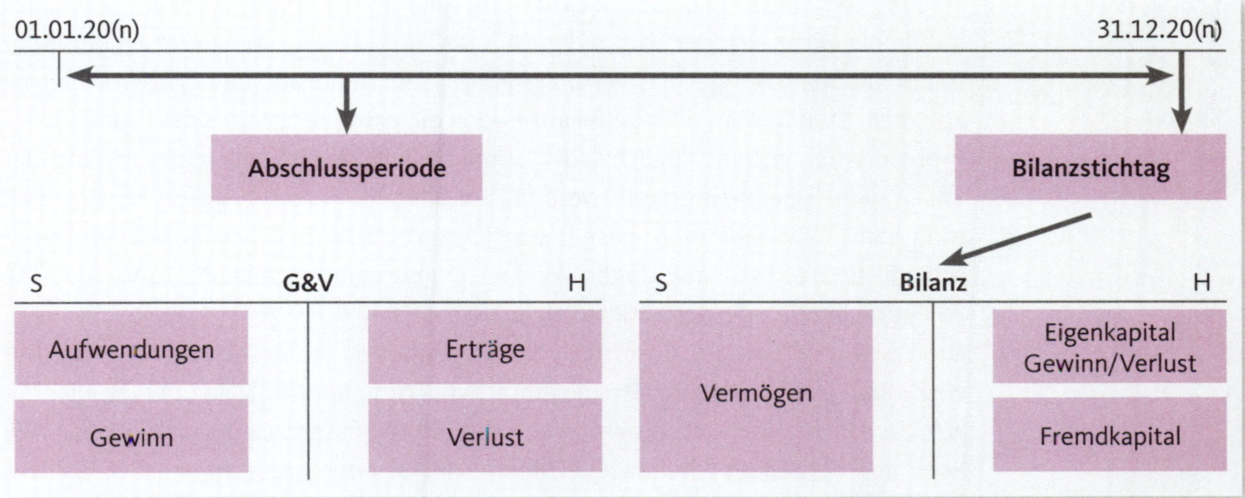

Die Bilanz stellt eine **Momentaufnahme des Vermögens- und Schuldenstandes** am Ende des Geschäftsjahres dar.

Die G&V-Rechnung ist eine **Zeitraumrechnung**; sie zeigt die periodenreinen Aufwendungen und Erträge während des Geschäftsjahres.

Während des Geschäftsjahres werden alle betrieblichen Geschäftsvorfälle in der Buchhaltung (auf den Konten) festgehalten. Am Jahresende muss nun überprüft werden, ob alle gebuchten Geschäftsfälle auch tatsächlich zur Abrechnungsperiode gehören oder ob sie ganz oder teilweise auf das nächste Geschäftsjahr zu übertragen sind. Umgekehrt können Geschäftsfälle bis zum Jahresende noch nicht verbucht worden sein, die aber noch in das laufende Geschäftsjahr fallen.

Die Hauptarbeit anlässlich des Jahresabschlusses besteht neben der Bewertung des Vermögens in diesem „Übertragen“ und „Hereinnehmen“ von gebuchten oder noch nicht gebuchten Aufwendungen und Erträgen. In der Erfolgsrechnung einer Abrechnungsperiode – meist ein Jahr – dürfen schließlich nur **periodenreine** Aufwendungen und Erträge aufscheinen (z. B. keine gezahlte Miete für das nächste Geschäftsjahr). Alle gebuchten Aufwendungen und Erträge, die zukünftige Geschäftsjahre betreffen, sind abzugrenzen und in die Bilanz zu übertragen.

Die Erfolgsrechnung nimmt also alle Werte auf, die das abgelaufene Geschäftsjahr betreffen, die Bilanz nimmt alle Werte auf, die die künftigen Geschäftsjahre betreffen.

15.2 Die Probebilanz *(bilancio di verifica)*

Ausgangspunkt für den Jahresabschluss ist zunächst die Saldierung aller Aufzeichnungen auf den Konten. Werden die Soll- und Habenseiten sämtlicher Hauptbuchkonten addiert und diese Summen in eine Tabelle eingetragen, so entsteht die **Summenbilanz *(bilancio di verifica per totali)***; sie stellt die einfachste Form einer Probebilanz dar. Aufgrund der lückenlosen Erfassung der Geschäftsfälle in Soll und Haben muss in der Summenbilanz die Summe der Sollseite gleich der Summe der Habenseite sein.

Aus der Summenbilanz kann noch die **Saldenbilanz *(bilancio di verifica per eccedenze – situazione contabile)*** entwickelt werden, worunter man die Zusammen-

stellung der Salden aller Konten versteht. Sie ergibt sich aus der Summenbilanz, indem die Differenz (der Saldo) der Soll- und der Habensumme eines jeden Kontos in die Spalte eingesetzt wird, die in der Summenbilanz den größeren Betrag aufweist. Summen- und Saldenbilanz bilden die erweiterte Form der Probebilanz.
Probebilanzen sollen möglichst oft, zumindest monatlich, zur Überprüfung der Soll-Haben-Gleichheit erstellt werden. Vor allem bei manuell geführter Buchhaltung kann es vorkommen, dass irrtümlicherweise im Soll und im Haben unterschiedliche Beträge eingetragen wurden. Durch eine Probebilanz können solche Fehler rechtzeitig gesucht und korrigiert werden.
Die Erstellung bzw. der Ausdruck von Probebilanzen (auch Auszüge über die Bewegungen eines Tages) ist also die einfachste Form der Kontrolle über die Richtigkeit der Buchungen. Außerdem geben die Probebilanzen einen ersten Überblick über das Betriebsgeschehen (z. B. Höhe der Kundenforderungen). Die Saldenbilanzen können auch in zwei Aufstellungen getrennt werden: eine Aufstellung der aktiven und passiven Bestandskonten *(situazione patrimoniale)* und eine Aufstellung der Erfolgskonten *(situazione economica)*. Aus der Probebilanz dürfen aber nicht voreilig Schlüsse auf die wirtschaftliche und finanzielle Lage eines Unternehmens gezogen werden.

Fuhrpark	Soll	Haben
EBK	35.000,00	
Ankauf	18.000,00	
Verkauf		12.000,00
SBK		**41.000,00**

PROBEBILANZ AM 30.04.20(n)

	Summenbilanz		Saldenbilanz	
Beschreibung	**Soll**	**Haben**	**Soll**	**Haben**
Ausstattung	45.000,00		45.000,00	
Fuhrpark	**53.000,00**	**12.000,00**	**41.000,00**	
WB-Anlagen	8.000,00	24.000,00		16.000,00
Kasse	9.890,00	8.790,00	1.100,00	
Bank	11.970,00	11.143,00	827,00	
Kundenforderung	13.970,00	12.780,00	1.190,00	
MwSt.-Einkauf	1.670,00	1.670,00		
Lieferverbindlichkeit	9.884,00	10.936,00		1.052,00
MwSt.-Verkauf	2.005,00	2.005,00		
MwSt.-Verrechnung	1.978,00	2.043,00		65,00
Wareneinkauf	54.500,00		54.500,00	
Personalaufwand	14.000,00		14.000,00	
Verschiedene Spesen	8.600,00		8.600,00	
Warenverkauf		96.000,00		96.000,00
Veräußerungsgewinn		2.000,00		2.000,00
Verschiedene Erträge		300,00		300,00
Kapital		52.000,00		52.000,00
Privat	1.200,00		1.200,00	
	235.667,00	235.667,00	167.417,00	167.417,00

Übung

Am 28.12.20(n) hat das Unternehmen T.n.c. AG folgende Salden auf den Hauptbuchkonten:

Datum	Beschreibung	Soll	Haben
02.10.	Betriebsgebäude	370.000,00	
02.30.	Maschinen	25.000,00	
02.60.	Einrichtung	34.000,00	
02.50.	Büromaschinen	6.400,00	
02.50.	EDV-Anlage	29.000,00	
02.70.	Fuhrpark	44.000,00	
05.10.	Kundenforderungen	170.000,00	
05.20.	Wechselforderungen	3.500,00	
06.10.	MwSt.-Einkauf	34.000,00	
04.10.	Warenvorrat	210.000,00	
10.40.	Privatkonto Unternehmer	34.035,00	
08.30.	Kasse	2.645,00	
02.11.	WB-Betriebsgebäude		56.000,00
02.31.	WB-Maschinen		19.000,00
02.61.	WB-Einrichtung		30.000,00
02.51.	WB-Büromaschinen und EDV		28.000,00
02.71.	WB-Fuhrpark		17.000,00
13.20.	Bank-Kontokorrent		30.000,00
14.10.	Lieferverbindlichkeiten		134.800,00
15.10.	MwSt.-Verkauf		26.000,00
15.50.	MwSt.-Verrechnung		3.000,00
15.60.	Lohnsteuereinbehalt IRPEF		1.600,00
15.80.	Abgabenverbindlichkeit INPS		12.450,00
15.50.	Entlohnungsverbindlichkeit		20.200,00
13.10.	Hypothekardarlehen		85.000,00
15.80.	Erhaltene Kautionen		6.000,00
10.10.	Eigenkapital		232.000,00
30.10.	Handelswareneinkauf	1.240.000,00	
30.20.	Verbrauchsmaterial	44.000,00	
31.10.	Frachtspesen	74.000,00	
31.15.	Instandhaltung Fuhrpark	1.650,00	
31.20.	Büromaterial	15.640,00	
32.10.	Mietaufwand	32.400,00	
32.20.	Leasing Fuhrpark	9.750,00	
41.10.	Zinsen für Bankkredite	8.600,00	
41.20.	Zinsen für Lieferantenkredite	950,00	
33.10.	Löhne und Gehälter	129.000,00	
33.20.	Sozialversicherungsbeiträge	58.000,00	
39.50.	Forderungsverluste	4.100,00	
20.40.	Kundengutschriften	8.600,00	
20.10.	Warenverkauf		1.855.050,00
20.30.	Spesenrückvergütung		31.200,00
21.20.	Veräußerungsgewinn		1.200,00
21.30.	Betriebszuschüsse		770,00
		2.589.270,00	2.589.270,00

In den letzten Dezembertagen fallen noch folgende Geschäftsfälle an:

29.12. Privatabhebung in bar 350,00 € und Warenentnahme 500,00 € + MwSt.

29.12. AR 234 Ware 11.300,00 €, 8 % + 3 % Rabatt; Transport 125,00 €; MwSt.-Normalsatz

29.12. Inkasso der AR 234 durch die Bank

30.12. Die Büromaschinen werden ausgewechselt. Sie sind zu 90 % abgeschrieben: Verkaufserlös 770,00 € + MwSt. (AR 235). Von derselben Firma werden neue Büromaschinen um 7.000,00 € + MwSt. (ER 438) gekauft.

30.12. Die Hälfte des geschuldeten Betrages aus obigem Austausch wird durch Banküberweisung beglichen.

31.12. Rückzahlung einer Tilgungsrate des Darlehens: 15.430,00 € (davon 13.000,00 € Kapitalanteil); der gesamte Betrag wird dem Bank-Kontokorrent angelastet.

31.12. Abrechnung der MwSt. für Dezember

Aufgabe

a) Noch ausstehende Buchungen vom 28.12. bis 31.12. in Journalform

b) Abschlussbuchungen

c) Abschreibung: Gebäude 4 %, Maschinen 12 %, Einrichtung 15 %, Büromaschinen und EDV 18 %, Fuhrpark 20 %

d) Warenendbestand: 205.000,00 €

e) Neue Saldenbilanz

15.3 Reihenfolge der Abschlussarbeiten und Abschlussbuchungen

Die Erstellung des Jahresabschlusses erfolgt in mehreren Schritten. Bevor die einzelnen Konten abgeschlossen und die endgültige **Erfolgsrechnung** und die **Schlussbilanz** erstellt werden können, sind eine Reihe von vorbereitenden Arbeiten zu erledigen. Es können nämlich noch Aufzeichnungen fehlen oder gemachte Buchungen nicht zum Geschäftsjahr gehören oder erst zu einem späteren Zeitpunkt genau bekannt sein. Auch sind die Anlagen und die Lagerbestände neu zu bewerten.

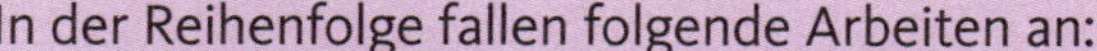

In der Reihenfolge fallen folgende Arbeiten an:

1. **Erstellung einer ersten Summen- und Saldenbilanz *(bilancio di verifica)***, um die Soll-Haben-Gleichheit der Konten zu kontrollieren
2. **Inventur:** Ermittlung der Vermögens- und Schuldenteile sowie des Endbestandes an Waren und sonstigen Materialien und deren Bewertung
3. Überprüfung der Übereinstimmung zwischen Aufzeichnungen in den Konten der Buchhaltung und anderen Aufzeichnungen außerhalb der Buchhaltung (Bankauszug, MwSt.-Bücher usw.)
4. **Fehlersuche** und **Korrektur** eventueller Ungleichheiten
5. **Erstellung einer weiteren Summen- und Saldenbilanz (Rohbilanz)**
6. **Aufstellung der vorbereitenden Abschlussbuchungen *(scritture di assestamento)***: Mit den Vorabschlussbuchungen wird der Buchungsstand am Jahres-

ende ergänzt oder berichtigt, damit eine wahrheitsgetreue Erfolgsrechnung und Bilanz eines Geschäftsjahres erstellt werden können.
7. Erfassung der Vorabschlussbuchungen im Hauptbuch
8. **Abschluss der Erfolgskonten über das Gewinn- und Verlustkonto:** Als Saldo ergibt sich der Gewinn oder der Verlust des Geschäftsjahres.
9. **Abschluss der Bestandskonten über das Schlussbilanzkonto**
10. **Erstellung der endgültigen Bilanz und des G&V**
11. Entscheidung über die Verwendung des Gewinnes oder die Deckung des Verlustes
12. Überarbeitung des Jahresabschlusses und Berechnung von Kennzahlen
13. **Auswertung der Bilanz** und Erstellung der Planungsrechnung für das nächste Geschäftsjahr

Die Daten der Buchhaltung sind am Jahresende hinsichtlich ihrer Vollständigkeit, Wertrichtigkeit (z. B. Forderungen, Anlagen usw.) und der wirtschaftlichen Zugehörigkeit zum laufenden Geschäftsjahr (z. B. Jahresprämie für Versicherung) zu überprüfen.

Aufgrund dieses wirtschaftlichen Wahrheits- und Zuständigkeitsprinzips *(principio di competenza economica)* werden die Vorabschlussbuchungen eingeteilt in:

Nachbuchungen *(scritture di completamento)*

1. Buchungen betreffend die Steuer auf den Gewinn
2. Bankzinsen am Jahresende
3. noch auszustellende Rechnungen
4. Löschung uneinbringlicher Forderungen
5. Verbuchung der Abfertigung
6. andere (abhängig von der Betriebsart)

Wertberichtigungsbuchungen *(scritture di ammortamento)*

1. Abschreibung des materiellen und immateriellen Vermögens
2. Wertberichtigung von Forderungen

Berichtigungsbuchungen *(scritture di rettifica)*

1. Buchungen zu den Lagerbestandsänderungen
2. Aktivierung von Aufwendungen (z. B. Werbekosten)
3. Ausbuchung der nicht in das Geschäftsjahr fallenden Erträge und Aufwendungen (transitorische Abgrenzungen)

Ergänzungsbuchungen *(scritture di integrazione)*

1. noch nicht verbuchte Anteile von Erträgen und Aufwendungen (antizipative Abgrenzungen)
2. Zuweisung auf Rückstellungen für zukünftige Risiken und Spesen

In diesem Kapitel werden nur die drei wichtigsten Abschlussvorgänge behandelt:

- **Lagerbestände an Waren und Verbrauchsmaterialien**
- **Verbuchung der Abgrenzungen zur periodenreinen Ausweisung von Aufwendungen und Erträgen in der Bilanz**
- **Wertberichtigung von Forderungen**

15.4 Lagerbestände an Waren und Verbrauchsmaterialien

Die Art der Verbuchung der Lagerbestände an Waren und sonstigen Verbrauchsmaterialien am Jahresende wurde bereits in früheren Kapiteln behandelt. Die Bestände an Handelswaren und Verbrauchsmaterialien werden zunächst durch die **Inventur** ermittelt und dann bewertet. Die Höhe der Bewertung der Endbestände wirkt sich besonders stark auf das Jahresergebnis aus. Daher gelten für die Bewertung der Endbestände besondere gesetzliche Regelungen, damit nicht das Jahresergebnis eines Unternehmens verfälscht werden kann.

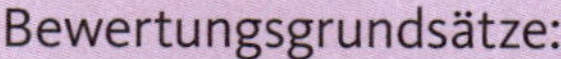

!

Bewertungsgrundsätze:

- Die Waren und Materialbestände werden zu ihrem durchschnittlichen Anschaffungswert bewertet.
- Ist der Marktwert am Jahresende niedriger als der Anschaffungswert, so ist der niedrigere Wert zu nehmen (Art. 2426, Punkt 10).
- Es wird generell angenommen, dass die zuletzt eingekaufte Ware bereits verkauft wurde und dass sich daher ältere Ware im Lager befindet (LIFO-Bewertungssystem: last in – first out).

Beispiel zur Lagerbewertung nach dem LIFO-System

Das LIFO-Lagerbewertungssystem ist das am häufigsten angewandte Bewertungssystem der Lagerbestände.

Dabei wird angenommen, dass sich im Lager am Jahresende immer alte Ware befindet, und dass die Ware, die zuletzt eingekauft wurde, schon verkauft ist.

Die verschiedenen Waren werden zuerst zu homogenen Gütergruppen zusammengefasst und zu ihrem durchschnittlichen Anschaffungswert bewertet. Bleibt in den weiteren Jahren die Lagermenge gleich, so kann immer der alte Lagerwert beibehalten werden. Nimmt jedoch die Lagermenge von einem Jahr zum nächsten zu, so muss für die gestiegene Lagermenge der durchschnittliche Anschaffungswert des laufenden Jahres genommen werden.

Lehrbeispiel

Jahr 20(n)
Einkauf während des Jahres

Menge		Preis
50	x	20,00
20	x	40,00
30	x	50,00

Durchschn. Einkaufspreis (EKP) = 33,00

Inventur am 31.12.20(n): Im Lager befinden sich noch 15 Stück.
Der Warenbestand hat somit einen Wert von
15 x 33,00 = 495,00

Jahr 20(n+1)
Einkauf während des Jahres

Menge		Preis
40	x	50,00
80	x	80,00

Durchschn. EKP = 70,00

Inventur am 31.12.20(n): Im Lager befinden sich noch 20 Stück.
Der Warenbestand hat somit einen Wert von
15 x 33,00 = 495,00 (Lagerwert vom Jahr n)
5 x 70,00 = 350,00 (Lagerwert der zusätzlichen Menge)
845,00

Nur für die gestiegene Menge muss der neue durchschnittliche Einkaufspreis genommen werden.

Übung

Im Jahre 20(n) ergab die Inventur am Jahresende einen Lagerbestand von 80 Stück zum durchschnittlichen Wert pro Stück von 110,00 €. Im Jahre 20(n+1) wurden eingekauft:
35 Stück à 90,00 €
70 Stück à 120,00 €
40 Stück à 115,00 €
50 Stück à 130,00 €

Fall a) Am Jahresende befinden sich noch 95 Stück im Lager.
Fall b) Am Jahresende befinden sich noch 70 Stück im Lager.

Aufgabe
Berechnung des Werts des Warenendbestandes für beide angenommenen Fälle

15.5 Die Rechnungsabgrenzung

Aufgabe der Rechnungsabgrenzung ist die periodenreine Ausweisung der Aufwendungen und Erträge. **Periodenrein** sind die Aufwendungen und Erträge dann, wenn jene Beträge im Gewinn- und Verlustkonto ausgewiesen sind, die **wirtschaftlich und zeitlich in die Abschlussperiode** gehören.

Die meisten Erfolgsvorgänge eines Geschäftsjahres betreffen auch wirtschaftlich genau den Zeitraum eines Jahres, in dem sie gebucht werden. Es gibt aber auch Erfolgsvorgänge, die zwei oder auch mehrere Geschäftsjahre gleichzeitig betreffen.

Periodenreiner Aufwand

Am 01.12. wird die Miete für das Geschäftslokal bis zum 31.12. des laufenden Jahres in Höhe von 5.500,00 € gezahlt.
Dieser Mietaufwand betrifft genau einen Monat im laufenden Geschäftsjahr und ist daher **periodenrein**.

Nicht periodenreiner Aufwand

Am 01.05. des laufenden Geschäftsjahres wird die Jahresprämie für eine Feuerversicherung im Voraus in Höhe von 840,00 € gezahlt.
Warum ist die Buchung des Versicherungsaufwandes am 01.05. nicht periodenrein? Vom Versicherungsaufwand betreffen 8 Monate das laufende Jahr, 4 Monate sind aber bereits für das nächste Jahr vorausgezahlt worden.
Im laufenden Jahr dürfen daher in der Erfolgsrechnung nur 560,00 € als Versicherungsaufwand verbucht werden, die restlichen 280,00 € sind in die Erfolgsrechnung des nächsten Jahres zu übertragen.

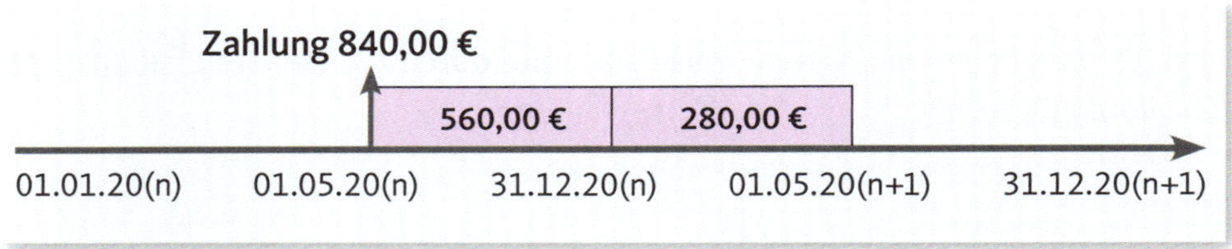

Die Rechnungsabgrenzung ist also eine Erfolgsregulierung, da dadurch das Jahresergebnis (Gewinn/Verlust) berichtigt oder ergänzt wird.
Die Abgrenzung von Aufwendungen und Erträgen am Jahresende wird in zwei Gruppen unterteilt:

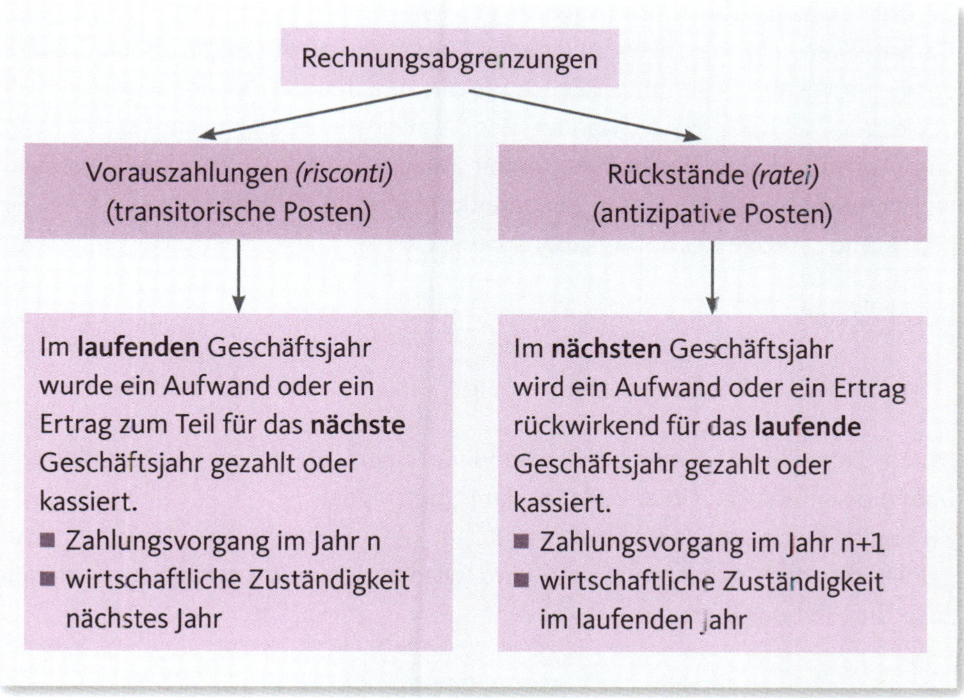

Im obigen Versicherungsbeispiel handelt es sich um eine Prämienvorauszahlung im laufenden Geschäftsjahr zum Teil für das nächste Geschäftsjahr. Der gebuchte Aufwand ist zu berichtigen.

15.5.1 Vorauszahlungen (transitorische Posten – *risconti*)

Vorauszahlungen sind im laufenden Geschäftsjahr gebuchte Aufwendungen oder Erträge (Zahlungsvorgang bzw. Beleg im abgelaufenen Jahr), die aber wirtschaftlich zum Teil zum nächsten Geschäftsjahr gehören.

Vorauszahlungen müssen deshalb über die Schlussbilanz und die Eröffnungsbilanz in das neue Geschäftsjahr „hinübergenommen" – transferiert – werden.
Bei den Vorauszahlungen muss zwischen **eigenen** und **fremden Vorauszahlungen** unterschieden werden:

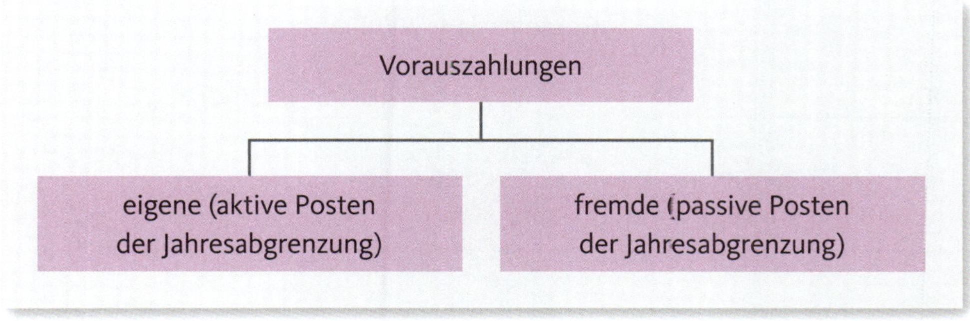

Eigene Vorauszahlungen *(risconti attivi)*

Darunter versteht man die vom eigenen Unternehmen vorausgezahlten Aufwendungen für einen bestimmten Zeitraum, die zum Teil das nächste Geschäftsjahr betreffen. Der Teil eines Aufwandes, der das nächste Geschäftsjahr betrifft, muss vom Aufwandskonto, auf dem er bei der Zahlung oder beim Beleganfall gebucht wurde, ausgeschieden werden (Habenbuchung). Die Gegenbuchung erfolgt auf dem Konto **„Aktive Rechnungsabgrenzung (ARA)“** oder **„transitorische Aktiva“**.

Buchungssatz:

Aktive Rechnungsabgrenzung (ARA) / Aufwandskonto

Durch diese Buchung wird der Aufwand verringert, ein Teil des Aufwandes wird über die Schlussbilanz in das nächste Jahr übertragen.
Zu Beginn des neuen Jahres wird das Konto „Aktive Rechnungsabgrenzung“ aufgelöst, der dort gebuchte Betrag wird wieder dem entsprechenden Aufwand zugeführt mit der Buchung:

Aufwandskonto / Aktive Rechnungsabgrenzung (ARA)

vorschüssig: Zahlung am Anfang einer Periode

nachschüssig: Zahlung am Ende einer Periode

Das Konto „Aktive Rechnungsabgrenzung (ARA)“ ist ein aktives Bestandskonto und ist über die Schlussbilanz abzuschließen.

Lehrbeispiel

Am 01.10.20(n) wird eine Jahresprämie für die Unfallversicherung in Höhe von 1.200,00 € im Voraus, d. h. vorschüssig gezahlt.

Aufgabe

a) Berechnung des Betrags der Abgrenzung
b) Buchung der Abgrenzung im Jahr n und im Jahr n+1

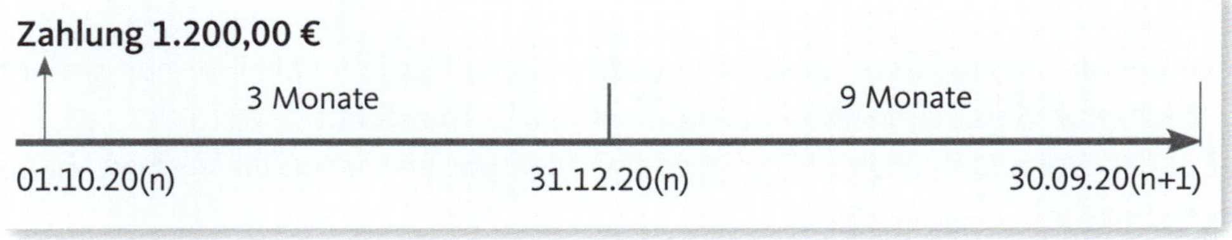

Geschäftsjahr 20(n)

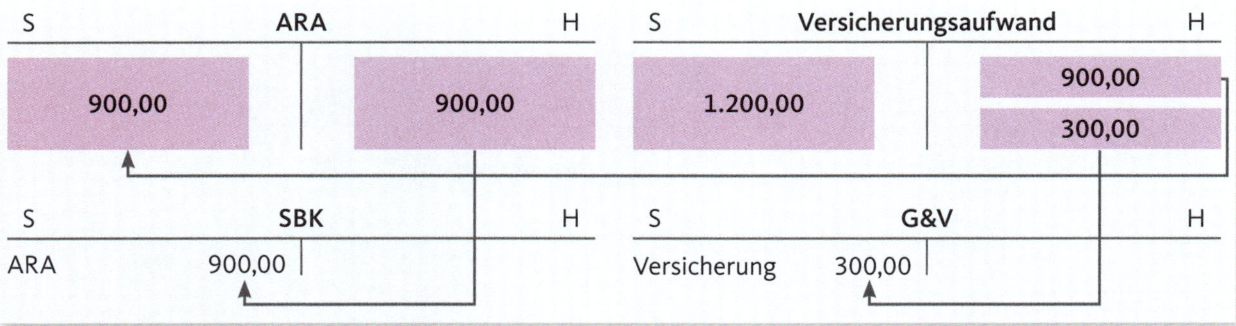

Geschäftsjahr 20(n+1)

Die Auflösung des Abgrenzungskontos erfolgt am Anfang des neuen Geschäftsjahres:

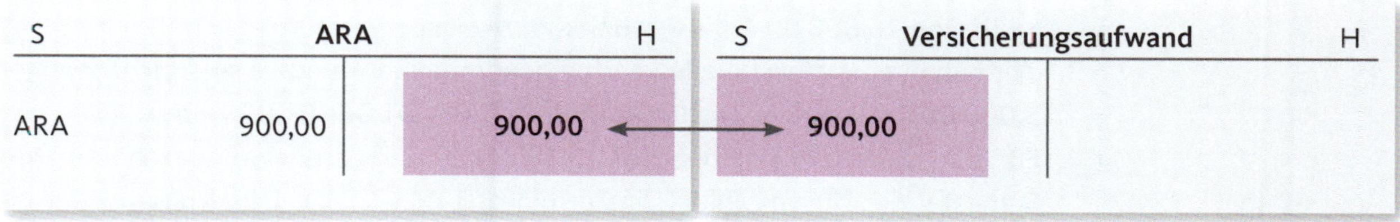

Lösung

Journal

Geschäftsjahr 20(n)

Datum	Text	Soll	Haben
01.10.	Versicherungsaufwand	1.200,00	
	Bank		1.200,00
	(Zahlung der Prämie)		
31.12.	Aktive Abgrenzung	900,00	
	Versicherungsaufwand		900,00
	(Abgrenzung von 9 Monaten)		
31.12.	G&V	300,00	
	Versicherungsaufwand		300,00
	(Abschluss)		
31.12.	SBK	900,00	
	Aktive Abgrenzung		900,00
	(Abschluss)		

Geschäftsjahr 20(n+1)

Journal

Datum	Text	Soll	Haben
01.01.	Aktive Abgrenzung	900,00	
	Eröffnungsbilanzkonto		900,00
	(Jahreseröffnung)		
01.01.	Versicherungsaufwand	900,00	
	Aktive Rechnungsabgrenzung		900,00
	(Umbuchung Versicherung)		

Übung

1. Am 01.09. haben wir für eine Diebstahlversicherung eine Jahresprämie von 3.600,00 € im Voraus gezahlt.
2. Am 01.08. haben wir im Voraus die Jahresmiete für das Geschäftslokal in Höhe von 16.800,00 € mittels Banküberweisung gezahlt.
3. Wir haben eine Maschine in Leasing genommen. Im Voraus sind pro Trimester 3.000,00 € zu zahlen. Zahlungstermine 01.03., 01.06., 01.09. und 01.12.
4. Für ein Darlehen in Höhe von 150.000,00 € müssen wir vorschüssig pro Semester die Zinsen zahlen. Zinstermine: 01.04.–01.10., Jahreszinssatz 6 %

Aufgabe
a) Buchungen im Journal für das laufende und das nächste Geschäftsjahr
b) Darstellung auf den Hauptbuchkonten

Fremde Vorauszahlungen *(risconti passivi)*

Darunter versteht man im Voraus erhaltene Erträge für einen bestimmten Zeitraum, der sich zum Teil auf das laufende und zum Teil auf das folgende Geschäftsjahr erstreckt. Die Ertragsanteile des folgenden Geschäftsjahres müssen daher vom Ertragskonto ausgebucht werden (Sollbuchung). Die Habenbuchung erfolgt auf dem Konto **„Passive Rechnungsabgrenzung (PRA)"** oder **„Transitorische Passiva"**. Das alte Geschäftsjahr hat sozusagen eine Verbindlichkeit an das neue Geschäftsjahr.

Buchungssatz:

Ertragskonto / Passive Rechnungsabgrenzung (PRA)

Wie bei der aktiven Rechnungsabgrenzung wird am Anfang des neuen Jahres der abgegrenzte Betrag wieder den Erträgen zugeführt mit der Buchung:

Passive Rechnungsabgrenzung (PRA) / Ertragskonto

Lehrbeispiel

Am 01.06.20(n) kassiert das Unternehmen im Voraus (vorschüssig) eine Jahresmiete in Höhe von 15.000,00 € für ein vermietetes Lager.

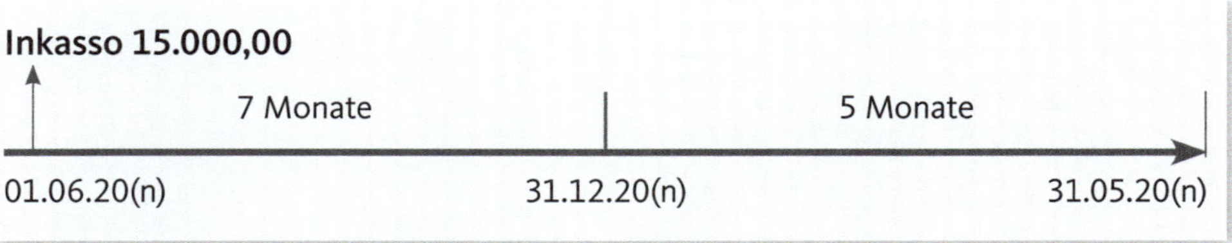

Geschäftsjahr 20(n)

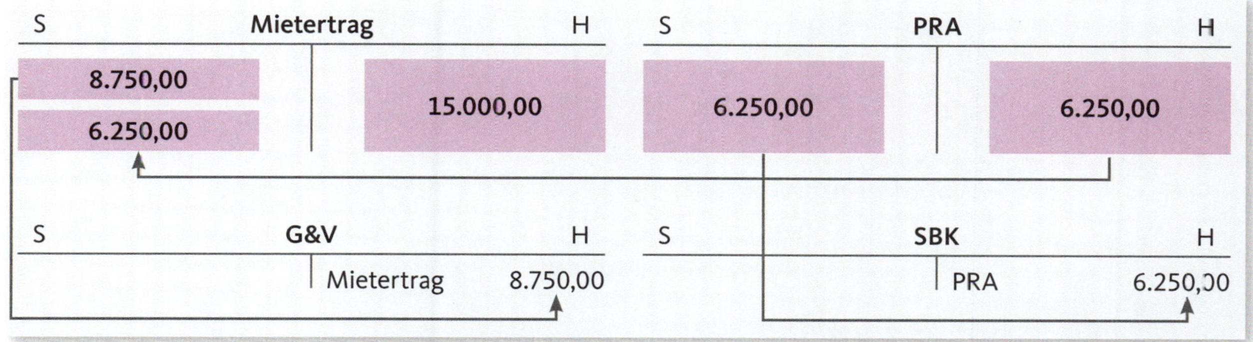

Geschäftsjahr 20(n+1)

Die Auflösung des Abgrenzungskontos erfolgt am Anfang des neuen Geschäftsjahres:

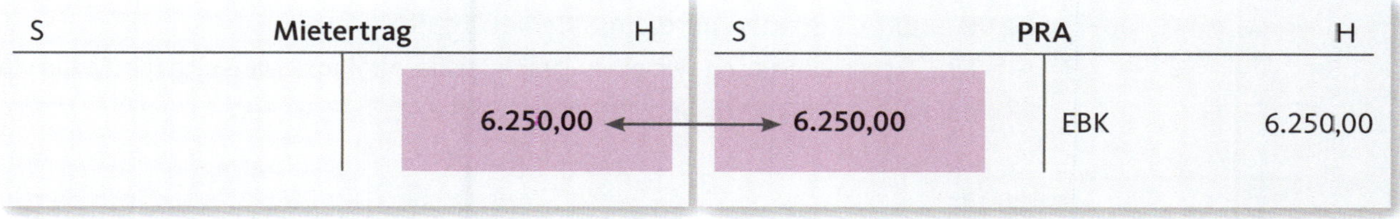

Lösung

Journal

Geschäftsjahr 20(n)

Datum	Text	Soll	Haben
01.06.	Bank	15.000,00	
	Mietertrag		15.000,00
	(Inkasso der Miete)		
31.12.	Mietertrag	6.250,00	
	Passive Abgrenzung		6.250,00
	(Jahresabgrenzung)		
31.12.	Mietertrag	8.750,00	
	G&V		8.750,00
	(Jahresabschluss)		
31.12.	Passive Abgrenzung	6.250,00	
	Schlussbilanzkonto		6.250,00
	(Jahresabschluss)		

Geschäftsjahr 20(n+1)

Datum	Text	Soll	Haben
01.01.	Eröffnungsbilanzkonto	6.250,00	
	Passive Abgrenzung		6.250,00
	(Jahreseröffnung)		
01.01.	Passive Abgrenzung	6.250,00	
	Mietertrag		6.250,00
	(Auflösung der Abgrenzung)		

Übung

1. Am 01.09. kassieren wir über die Bank vorschüssig eine Jahresmiete für ein vermietetes Geschäftslokal in Höhe von 24.000,00 €.
2. Für einen gewährten Kredit über 90.000,00 € an ein befreundetes Unternehmen kassieren wir vorschüssig die Zinsen in Trimesterraten (01.03., 01.06., 01.09. und 01.12.); der Jahreszinssatz beträgt 5 %.
3. Am 15. Oktober erhalten wir eine vorschüssige Banküberweisung für Zinsen in Höhe von 1.200,00 € für den Zeitraum: 15.10.–15.02.

Aufgabe

a) Aufstellung der Buchungssätze während des Geschäftsjahres
b) Abgrenzungsbuchungen am Jahresende
c) Auflösung der Abgrenzungen zu Jahresbeginn

15.5.2 Rückstände (antizipative Posten – *ratei*)

Rückstände sind Aufwendungen und Erträge, die ganz oder teilweise in das Abschlussjahr gehören, die aber erst im nächsten Jahr gezahlt oder kassiert werden. Der Beleganfall ist im nächsten Geschäftsjahr.

Rückstände müssen deshalb in das Abschlussjahr „hereingenommen" – antizipiert – werden. Bei den Rückständen muss ebenfalls unterschieden werden zwischen **eigenen** und **fremden Rückständen**:

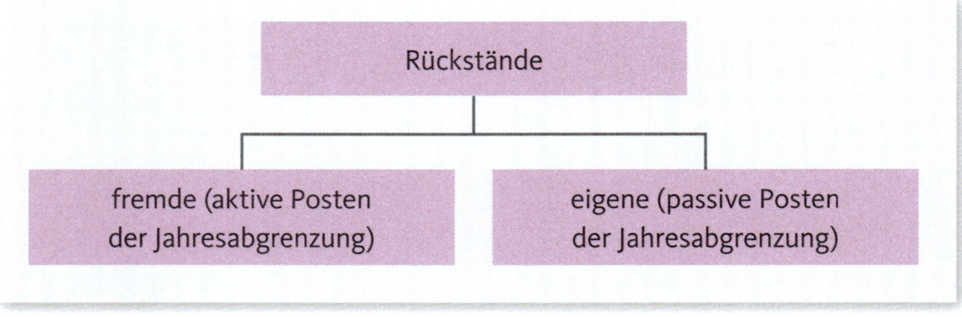

Fremde Rückstände *(ratei attivi)*

Darunter versteht man Erträge, die teilweise das laufende Geschäftsjahr betreffen, die aber am Abschlusstag noch nicht kassiert wurden. Es entsteht also eine Forderung gegenüber dem nächsten Geschäftsjahr.

Die Buchung des Ertrages erfolgt im Haben des jeweiligen Ertragskontos, die Forderung kann auf einem eigenen Forderungskonto oder auf dem Konto **„Aktive Rechnungsabgrenzung (ARA)"** oder **„Antizipative Aktiva"** gebucht werden.

Buchungssatz:

Aktive Rechnungsabgrenzung (ARA) / Ertragskonto

Durch diese Buchung erhöht sich der Ertrag des laufenden Geschäftsjahres. Gleichzeitig erhöhen sich auch die Aktiva.
Am Jahresanfang wird das Konto „Aktive Rechnungsabgrenzung" aufgelöst, der dort gebuchte Betrag wird im Soll (Berichtigung) des entsprechenden Ertragskontos gebucht:

Ertragskonto / Aktive Rechnungsabgrenzung (ARA)

Bei Inkasso im Laufe des neuen Jahres wird der gesamte Ertrag auf dem Ertragskonto gebucht:

Bank / Ertragskonto

Die Auflösung des Kontos „Aktive Rechnungsabgrenzung (ARA)" und damit die Löschung der Forderung können auch erst zum Zeitpunkt des Inkassos erfolgen.

Meist werden auf dem Konto „Aktive Rechnungsabgrenzung ARA" sowohl die Vorauszahlungen als auch die Rückstände verbucht, auch wenn es sich bei den Rückständen um keine Abgrenzungsposten im engeren Sinne handelt. Die Aufteilung des Kontos in ein Vorauszahlungskonto *(risconti)* und in ein Rückständekonto *(ratei)* ist nicht Pflicht.

Lehrbeispiel

Am 01.12.20(n) schließen wir einen Vertrag über die Vermietung eines Geschäftslokales ab. Die Miete pro Trimester beträgt 6.000,00 €. Sie wird uns jeweils am Ende eines Trimesters (nachschüssig) überwiesen.

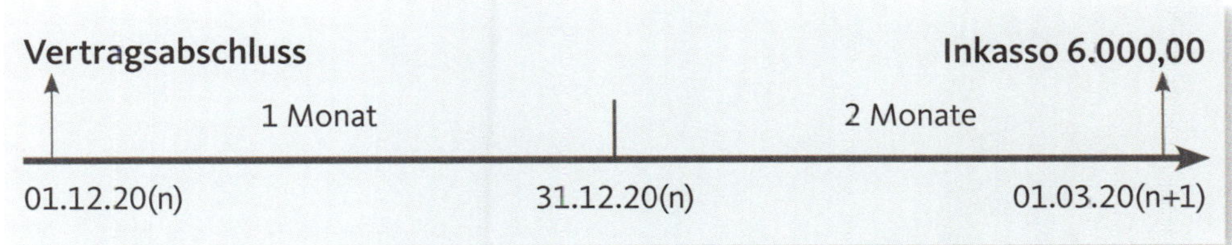

Geschäftsjahr 20(n)

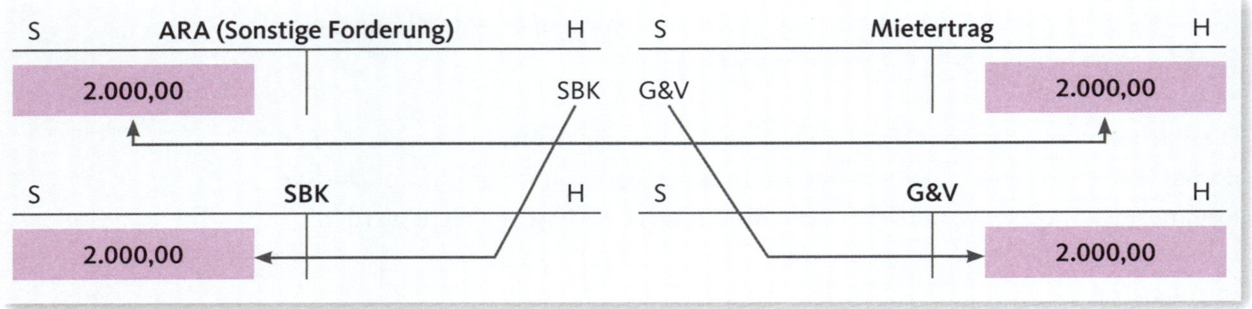

Geschäftsjahr 20(n+1)

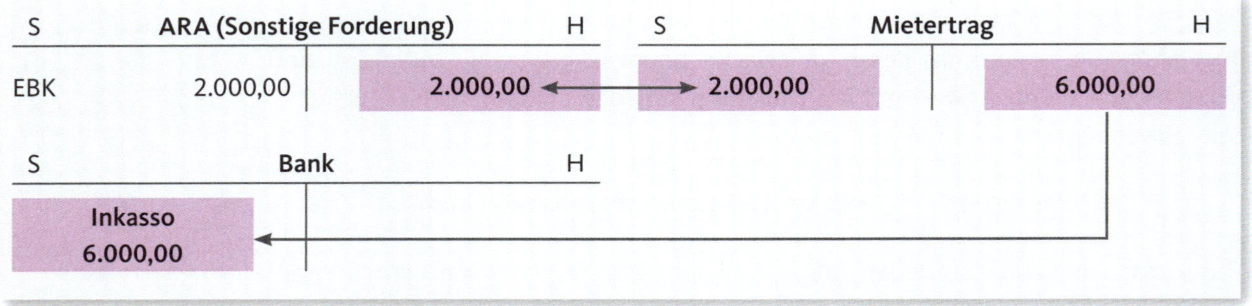

Lösung
Journal

Datum	Text	Soll	Haben
31.12.20(n)	Aktive Abgrenzung	2.000,00	
	Mietertrag		2.000,00
	(Jahresabgrenzung)		
01.01.20(n+1)	Mietertrag	2.000,00	
	Aktive Abgrenzung		2.000,00
	(Auflösung Abgrenzung)		
01.03.20(n+1)	Bank	6.000,00	
	Mietertrag		6.000,00
	(Inkasso der Miete)		

N. B.: Man kann das Konto „ARA“ auch erst am 01.03. auflösen.

Übung

1. Am 10.09. haben wir einem Kunden eine Verlängerung einer Forderung in Höhe von 5.400,00 € für weitere 4 Monate gewährt. Nach 4 Monaten muss der Kunde den Rechnungsbetrag plus Zinsen zahlen. Wir verlangen einen Zinssatz von 6 %.
2. Für eine Forderung in Höhe von 32.000,00 € kassieren wir trimestral nachschüssig jeweils am 01.02., 01.05. usw. Zinsen; der Zinssatz ist 8 %.
3. Wir gewähren am 12.11. einen Zahlungsaufschub auf eine fällige Rechnung in Höhe von 2.500,00 € für drei Monate. Am Fälligkeitstag sollen zusätzlich Zinsen in Höhe von 9 % gezahlt werden.
4. Auf einem Bankkonto haben wir 15.000,00 €. Die Zinsen erhalten wir semestral nachschüssig jeweils am 01.04. und 01.10., der Zinssatz ist 3,5 %.

Aufgabe
a) Abgrenzung der Zinsen am 31.12.
b) Buchung beim Inkasso der Forderung

Eigene Rückstände *(ratei passivi)*

Darunter versteht man Aufwendungen, die ganz oder zum Teil in diesem Jahr entstanden sind, die aber erst im nächsten Geschäftsjahr bezahlt werden. Es entsteht in diesem Geschäftsjahr eine Verbindlichkeit gegenüber dem nächsten Geschäftsjahr.
Die Verbuchung erfolgt auf dem jeweiligen Aufwandskonto und auf einem eigenen Verbindlichkeitenkonto oder auf dem Konto **„Passive Rechnungsabgrenzung" (PRA)** oder **„Antizipative Passiva"**.

Buchungssatz:

Aufwandskonto / Passive Rechnungsabgrenzung (PRA)

Durch diese Buchung am 31.12. erhöhen sich die Aufwendungen und die Verbindlichkeiten.

Zu Jahresbeginn wird das Konto „PRA" aufgelöst:

Passive Rechnungsabgrenzung (PRA) / Aufwandskonto

Bei der Zahlung im nächsten Jahr wird gebucht:

Aufwandskonto / Bank

N.B.: Auch in diesem Fall ist eine Auflösung des PRA-Kontos erst bei Zahlung möglich.

Lehrbeispiel

Am 01.12.(n) schließen wir mit einem Privaten einen Mietvertrag für ein Geschäftslokal ab. Die Miete pro Bimester beträgt 6.000,00 €. Wir zahlen die Zweimonatsmiete nachschüssig durch die Bank.

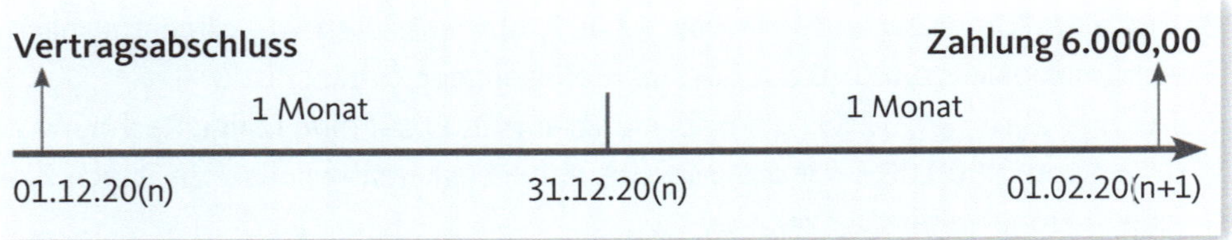

Geschäftsjahr 20(n)

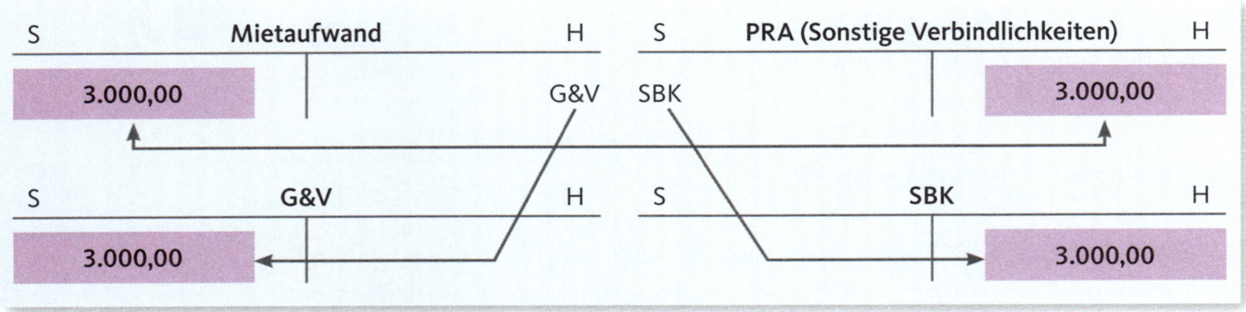

Geschäftsjahr 20(n+1)

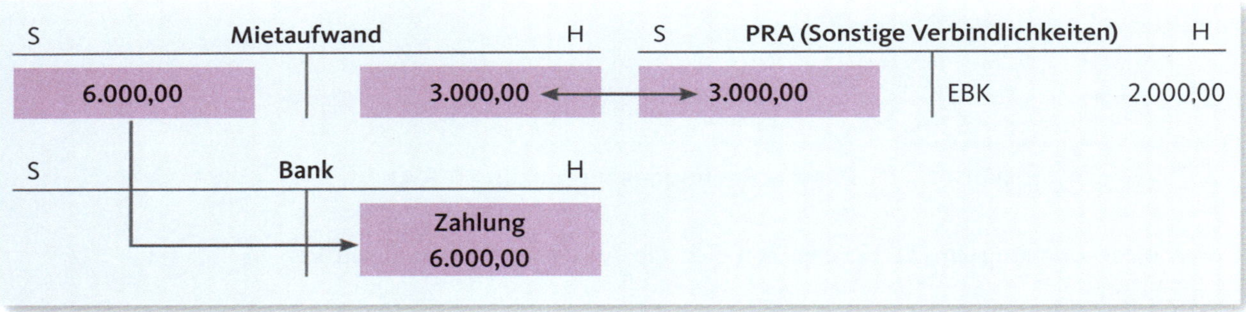

Aufgabe

Buchungen im Journal

Lösung

Journal

Datum	Text	Soll	Haben
31.12.20(n)	Mietaufwand	3.000,00	
	PRA		3.000,00
	(Miete für Dezember)		
01.01.20(n+1)	PRA	3.000,00	
	Mietaufwand		3.000,00
	(Auflösung der Abgrenzung)		
01.02.20(n+1)	Mietaufwand	6.000,00	
	Bank		6.000,00
	(Zahlung der Bimestermiete)		

Übung

1. Am 26.11. erhalten wir die Verlängerung eines Schuldwechsels in Höhe von 5.700,00 € für weitere 4 Monate. Die Zinsen für die Verlängerung betragen 8 % pro Jahr und sind nach 4 Monaten in bar zu bezahlen.
2. Am 01.04. erhalten wir ein Darlehen in Höhe von 150.000,00 € zum Zinssatz von 5 %. Die Zinsen sind nachschüssig semestral zu bezahlen.
3. Wir erhalten am 12.11. einen Zahlungsaufschub auf eine fällige Rechnung in Höhe von 12.500,00 € für drei Monate. Am Fälligkeitstag sollen zusätzlich Zinsen gezahlt werden; der Zinssatz ist 10 %.
4. Wir zahlen nachschüssig jeweils am 01.04. des Jahres eine Jahresrate für eine Miete in Höhe von 8.400,00 € durch Banküberweisung.
5. Wir zahlen nachschüssige Bimesterraten für einen Dauervertrag für Reparaturen von Maschinen. Die Bimesterraten zu je 460,00 € sind jeweils am 01.02., 01.04. usw. zu überweisen.

Aufgabe

a) Alle laufenden Buchungen
b) Buchungen am 31.12.
c) Buchungen im nächsten Jahr

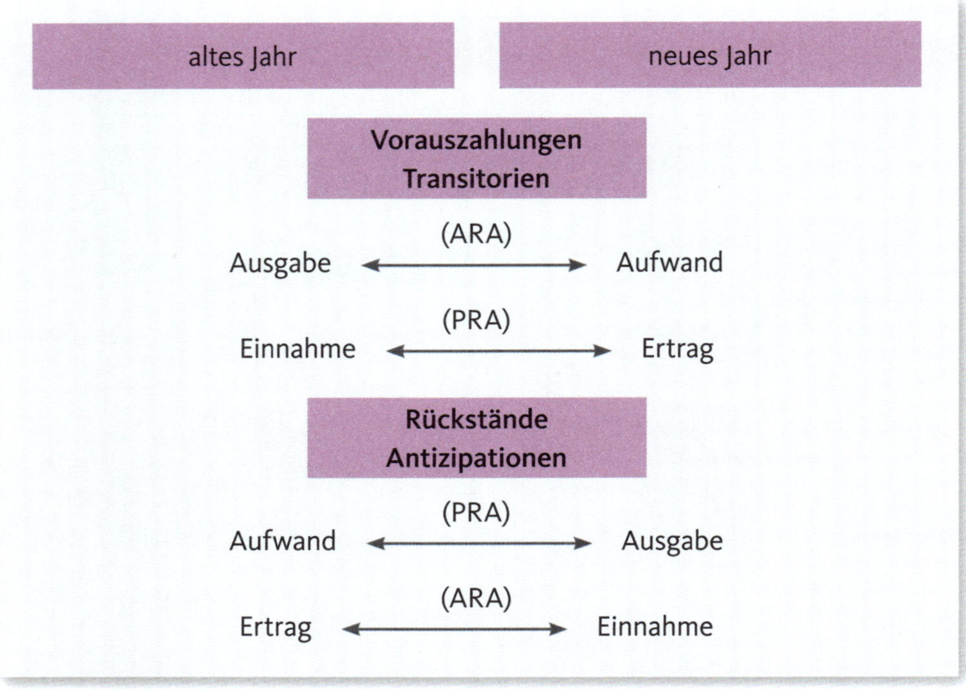

Übung

Am 31.12.20(n) hat ein Einzelunternehmen folgende Saldenbilanz:

Text	Soll	Haben
Gebäude	1.810.000,00	
WB-Gebäude		1.275.000,00
Maschinen	1.880.000,00	
WB-Maschinen		588.000,00
Bank	407.000,00	
Forderungen	568.000,00	
Darlehen		320.000,00
Lieferverbindlichkeit		459.000,00
MwSt.-Verrechnung		33.500,00
Handelswarenvorrat	1.100.000,00	
Heizölvorrat	4.000,00	
Einkauf Waren	4.680.000,00	
Einkauf Heizöl	19.000,00	
Personalaufwand	982.000,00	
Versicherungsaufwand	32.000,00	
Zinsaufwand	47.000,00	
Verschiedene Aufwendungen	498.000,00	
Warenverkauf		7.653.000.00
Mieterträge		109.000,00
Kapital		1.654.500,00
Privat	65.000,00	
	12.092.000,00	12.092.000,00

Angaben zum Abschluss:

1. Abschreibung Gebäude 4 %, Abschreibung Maschinen 18 %
2. Am 03.10. wurde eine neue Maschine um 15.000,00 € + MwSt. gekauft und in Betrieb genommen. Der Abschreibungssatz beträgt 9 %.
3. Warenendbestand 1.231.000,00 €, Endbestand an Heizöl 5.900,00 €
4. Am 02.10. wurde im Voraus eine Jahresprämie in Höhe von 12.400,00 € für eine Versicherung gezahlt.
5. Am 30.11. haben wir einen Mietbetrag in Höhe von 15.000,00 € für drei Monate im Voraus erhalten.
6. Für das Darlehen wurden am 28.10. an die Bank 65.000,00 € überwiesen, davon waren 60.000,00 € Darlehenstilgung und 5.000,00 € Zinsen für das nächste halbe Jahr.
7. Das Konto „Verschiedene Aufwendungen" enthält einen vorschüssig gezahlten Aufwand für eine Maschinenwartung: Semesterrate 9.000,00 € vom 15.09. bis 15.03.
8. Am 31.12. sind aktive Bankzinsen in Höhe von 800,00 angereift. Sie sind noch einzubuchen.

Aufgabe

a) Erstellung die Vorabschlussbuchungen
b) Ermittlung des Gewinnes und des Rohgewinnes
c) Bilanz; Prozentbilanz

15.6 Die Wertberichtigung von Forderungen

Mit der **Forderungsabschreibung** werden bereits eingetretene oder zu erwartende **Forderungsverluste** berücksichtigt. Forderungen müssen nach dem vermutlichen Einbringlichkeitswert in der Bilanz ausgewiesen werden (ZGB Art. 2426, Punkt 8).

Die Forderungen gegenüber Kunden, die am Jahresende auf den Personenkonten der Buchhaltung aufscheinen, müssen auf ihre tatsächliche Einbringlichkeit hin überprüft werden.
Es kann sich nämlich herausstellen, dass einige Forderungen nicht oder nur zum Teil kassiert werden können. Ursache für Forderungsverluste ist vor allem die Zahlungsunfähigkeit des Kunden. Aufgrund des **Vorsichtsprinzips** beim Wertansatz in der Bilanz sind zweifelhafte oder uneinbringliche Forderungen abzuschreiben oder auszubuchen, sobald Insolvenzverfahren eingeleitet oder abgeschlossen sind (außergerichtlicher Vergleich, Zwangsliquidierung, Konkurs).

Bezüglich ihrer Einbringlichkeit und der damit verbundenen Notwendigkeit einer Wertberichtigung am Jahresende können Forderungen in folgende Gruppen unterteilt werden:

Ordentliche Kundenforderungen

Alle einzelnen Kundenkonten werden zunächst zum Sammelkonto „Kundenforderungen" zusammengefasst. Dasselbe gilt für die Forderung in Form von Besitzwechseln. All diese Forderungen, die von der normalen Geschäftstätigkeit herrühren, können nun einzeln oder pauschal mit einem **geschätzten Prozentsatz wertberichtigt** werden **(Pauschalwertberichtigung – *rischi su crediti*)**.

Zweifelhafte (dubiose) Kundenforderungen

Als zweifelhaft werden jene Kundenforderungen bezeichnet, die wahrscheinlich ganz oder teilweise uneinbringlich sind. Dies ist der Fall, wenn gegen den Schuldner Insolvenzverfahren eingeleitet wurden. Am Jahresende werden solche Forderungen dem **erwarteten Forderungsverlust** entsprechend abgeschrieben **(Einzelwertberichtigung – *svalutazione crediti*)**.

Andere Forderungen

Forderungen, die sich nicht auf die normale Geschäftstätigkeit beziehen (z. B. Forderungen aus dem Verkauf von Anlagegütern, MwSt.-Forderungen, Forderungen gegenüber Staat, Gemeinden), werden am Jahresende nicht wertberichtigt.
Forderungen gegenüber einem Schuldner, gegen den ein Insolvenzverfahren bzw. ein Konkurs eingeleitet wurde, gelten als zweifelhaft bezüglich Inkasso.
Solche Forderungen werden um den voraussichtlich nicht einbringlichen Betrag am Jahresende abgeschrieben.
Will man diese zweifelhaften Forderungen in der Bilanz getrennt von den normalen Forderungen ausweisen, dann müssen sie zunächst auf ein eigenes Konto umgebucht werden.

Zweifelhafte Forderungen / Kundenforderungen

Die Abschreibung von Forderungen erfolgt nach demselben Prinzip wie die Abschreibung des Anlagevermögens.

Auf jeden Fall können Forderungen erst nach einem definitiven Verlust als uneinbringlich ausgebucht werden. Solange dies nicht feststeht, da z. B. das Konkursverfahren nicht abgeschlossen ist, bleiben solche Forderungen auf den Konten.

Die Abschreibung dieses voraussichtlichen Forderungsverlustes erfolgt über das Aufwandskonto **„Abschreibung Forderung"** ***(svalutazione crediti)*** und das Wertberichtigungskonto (Passives Bestandskonto): **„Wertberichtigung Forderungen"** ***(fondo svalutazione crediti)***

Die Buchung am Jahresende lautet:

Abschreibung Forderung / Wertberichtigung Forderung

Lehrbeispiel

Ein Unternehmen hat am 31.12.20(n) folgende Forderungen:
Kundenforderungen: 35.000,00 €
Besitzwechsel: 15.000,00 €

Der Besitzwechsel kann bei Fälligkeit sicher nur zum Teil kassiert werden, gegen den Schuldner wird der Konkurs eröffnet. Wir rechnen mit einem Verlust von 70 % dieser Forderung und buchen den Besitzwechsel zunächst auf das Konto „Zweifelhafte Besitzwechsel" um. Am Jahresende nehmen wir eine Einzelwertberichtigung dieses Besitzwechsels vor. Zusätzlich ist eine Kundenforderung in Höhe von 4.000,00 € zu 40 % uneinbringlich.

Aufgabe

a) Berechnungen zum Forderungsverlust

b) Aufstellung der Buchungen am 31.12.

Lösung

Voraussichtlicher Forderungsverlust des Besitzwechsels (15.000,00 € x 70 % = 10.500,00 €)

Voraussichtlicher Forderungsverlust der Kundenforderung (4.000,00 € x 40 % = 1.600,00 €)

Journal

Datum	Text	Soll	Haben
	Zweifelhafter Besitzwechsel	15.000,00	
	Besitzwechsel		15.000,00
	(Umbuchung)		
	Abschreibung zw. Besitzwechsel	10.500,00	
	Wertberichtigung zw. Besitzwechsel		10.500,00
	Abschreibung Forderung	1.600,00	
	Wertberichtigung Forderung		1.600,00

Übung

Am 31.12.20(n) hat ein Unternehmen folgende Forderungen:
Kundenforderungen: 120.000,00 €
Besitzwechsel: 50.000,00 €
Andere Forderungen: 3.000,00 €

Von den Kundenforderungen werden 20.000,00 € zweifelhaft und von den Wechseln 3.000,00 €. Diese Forderungen werden auf das Konto „Zweifelhafte Forderungen" umgebucht, sie werden zu 70 % abgeschrieben.

Aufgabe

a) Umbuchung der zweifelhaften Forderungen

b) Buchung der Abschreibungen

15.7 Ausbuchung uneinbringlicher Forderungen

Wird eine Forderung definitiv ganz oder teilweise uneinbringlich, so wird sie gelöscht und ausgebucht. Es ergeben sich dann folgende Buchungen:

Ausbuchen einer Forderung des laufenden Geschäftsjahres

Forderungen des laufenden Geschäftsjahres, die ganz oder teilweise uneinbringlich sind, werden über das Aufwandskonto „Forderungsverlust" *(perdite su crediti)* ausgebucht.

Forderungsverlust / Kundenforderung

oder bei teilweisem Inkasso:

Forderungsverlust / Kundenforderung
Bank

Ausbuchen einer Forderung aus früheren Geschäftsjahren

Wurde die Forderung aus vergangenen Geschäftsjahren bereits ganz oder teilweise abgeschrieben, so wird sie nun ausgebucht und die Wertberichtigung wird aufgelöst. Der von der Wertberichtigung nicht abgedeckte Teil der Forderung wird als Forderungsverlust verbucht. Wurde die Forderung in der Vergangenheit nicht wertberichtigt, so wird der Gesamtbetrag als Forderungsverlust gebucht.
Es kann auch vorkommen, dass der Forderungsausfall geringer ist als die dazugehörige Wertberichtigung, da ein Teil der Forderung kassiert werden konnte. In diesem Fall ist die Differenz als außerordentlicher Ertrag zu verbuchen.

Buchungen:
Auflösung des Wertberichtigungskontos

Wertberichtigung Forderung / Kundenforderung

Verbuchung des restlichen Forderungsverlustes

Forderungsverlust / Kundenforderung

Verbuchung des außerordentlichen Ertrages bei zu hoch angesetzter Wertberichtigung

Forderungsverlust / Außerordentlicher Ertrag

Lehrbeispiel

Ein Unternehmer hat am Jahresende neben anderen folgende Kontensalden:
Kundenforderungen: 20.000,00 €
Zweifelhafte Forderungen: 7.000,00 €
Besitzwechsel: 15.000,00 €
Wertberichtigung zweifelhafte Forderung: 5.000,00 €

Die zweifelhafte Forderung wird definitiv zu 100 % uneinbringlich. Ein Wechsel in Höhe von 3.000,00 € ist ebenfalls als uneinbringlich auszubuchen.

Aufgabe
Buchung am 31.12.

Lösung
Journal

Datum	Text	Soll	Haben
	WB-Forderung	5.000,00	
	Zweifelhafte Forderung		5.000,00
	(Auflösung der Wertberichtigung)		
	Forderungsverlust	2.000,00	
	Zweifelhafte Forderung		2.000,00
	(Restbetrag des Forderungsausfalles)		
	Forderungsverlust	3.000,00	
	Besitzwechsel		3.000,00
	(Ausbuchung eines Besitzwechsels)		

Lehrbeispiel

Ein Unternehmer hat am Jahresende neben anderen folgende Kontensalden:
Kundenforderungen: 20.000,00 €
MwSt.-Forderungen: 500,00 €
Zweifelhafte Forderung (aus dem Vorjahr): 7.000,00 €
Wertberichtigung zweifelhafte Forderung: 6.000,00 €
Von der zweifelhaften Forderung können noch 10 % kassiert werden, der Rest ist uneinbringlich.

Aufgabe
Buchung am 31.12.

Lösung

Journal

Datum	Text	Soll	Haben
	Bank	700,00	
	Zweifelhafte Forderung		700,00
	(Teilinkasso)		
	WB-Forderung zweifelhafte Forderung	6.000,00	
	Forderungsverlust	300,00	
	Zweifelhafte Forderung		6.300,00
	(Ausbuchung der Forderung)		

Übung

Am 31.12. hat ein Unternehmen folgende Forderungen:
Kundenforderungen: 156.000,00 €
Zweifelhafte Forderungen: 19.400,00 €
Besitzwechsel: 28.500,00 €

Anlässlich des Jahresabschlusses werden die Forderungen auf ihre Einbringlichkeit hin bewertet:

- Die zweifelhaften Forderungen sind Forderungen des laufenden Geschäftsjahres. 5.200,00 € sind sicher uneinbringlich, von anderen zweifelhaften Forderungen in Höhe von 4.500,00 € können wahrscheinlich 30 % kassiert werden.
- Von den Kundenforderungen kann eine Forderung in Höhe von 6.000,00 € sicher nicht mehr kassiert werden.

Aufgabe

a) Berechnung der Forderungsausfälle
b) Buchungen im Journal

Übung

Die Firma Globo AG hat am 31.12.20(n) folgende Saldenbilanz:

Text	Soll	Haben
Geschäftsausstattung	271.000,00	
Fuhrpark	260.000.00	
Bank		28.000,00
Kundenforderungen	69.500,00	
Besitzwechsel	12.000,00	
Warenvorrat	46.000,00	
Wertberichtigungen Anlagen		203.000,00
Wertberichtigung Forderungen		2.000,00
Lieferverbindlichkeiten		86.000,00
MwSt.-Einkauf	2.500,00	
MwSt.-Verkauf		5.000,00
Wareneinkauf	660.000,00	
Bezugskosten	3.500,00	
Personalaufwand	76.000,00	
Verschiedene Aufwendungen	3.000,00	
Warenverkauf		854.000,00
Verschiedene Erträge		23.000,00
Kapital		214.500,00
Privatentnahmen	12.000,00	
	1.415.500,00	1.415.500,00

Angaben zum Abschluss:

1. Warenendbestand laut Inventur 51.000,00 €
2. Abschreibung Geschäftsausstattung 4 %, Fuhrpark 15 %
3. Ein Besitzwechsel des vorigen Jahres in Höhe von 3.000,00 € kann als uneinbringlich ausgebucht werden.
4. Eine Kundenforderung in Höhe von 9.000,00 € muss mit 40 % wertberichtigt werden.
5. Die Bank belastet die Globo AG mit 230,00 € Zinsen.

Aufgabe

a) Aufstellung der Abschlussbuchungen
b) Ermittlung des Gewinnes

Rückstellungen

16. Rückstellungen

Rückstellungen sind Verbindlichkeiten für Aufwendungen, die im Abschlussjahr entstanden sind, deren Höhe und/oder Fälligkeit am Jahresende noch nicht bekannt sind.

Mit der Bildung von Rückstellungen (RS) will der Unternehmer die laufenden Risiken aus seiner Geschäftstätigkeit in der Erfolgsrechnung berücksichtigen.

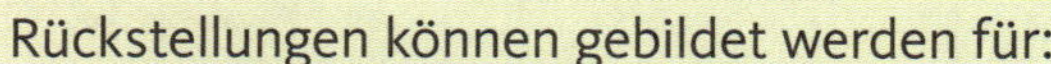

Rückstellungen können gebildet werden für:

- zu erwartende Reparaturen
- Garantieansprüche von Kunden
- Prämien und Preisnachlässe
- Spesen für laufende Prozesse
- pauschale Forderungsausfälle (Delkredere)
- Steuernachzahlungen
- Wechselkursschwankungen

Rückstellungen sind geschätzte Aufwendungen, die wahrscheinlich anfallen werden, aber noch nicht belegt sind.

Je nach dem eingeschätzten Risiko wird der Unternehmer Rückstellungen bilden, was dem **Bilanzprinzip der Vorsicht** entspricht.
Das Steuerrecht erkennt aber grundsätzlich keine Aufwendungen für unsichere Ereignisse an. Steuerrechtlich absetzbar sind nur Zuweisungen zu Rückstellungen, wenn dies ausdrücklich vom Gesetz vorgesehen ist, wie etwa die Rückstellung für Abfertigungen und die Delkredererückstellung in beschränktem Ausmaß.

Die **Rückstellungen *(fondi rischi e spese)*** unterscheiden sich von den eigenen Rückständen (PRA) durch den Charakter der **Ungewissheit der Aufwendung**, die zwar im laufenden Jahr entsteht, aber voraussichtlich erst im nächsten oder in späteren Jahren zu zahlen sein wird (ungewisse Verbindlichkeit). Diese Ungewissheit kann den Zahlungszeitpunkt allein betreffen *(fondo spese future)*; es kann aber auch sein, dass sowohl Höhe **als auch** Zahlungszeitpunkt ungewiss sind *(fondo rischi)*.

16.1 Bildung von Rückstellungen

Rückstellungen werden am Jahresende gebildet. Sie erhöhen die Aufwendungen und verringern daher den Gewinn des laufenden Geschäftsjahres.

Der Buchungssatz lautet:

Zuführung Rückstellung für ____ Rückstellung für ____

Nach der Bildung der Rückstellungen am Jahresende scheinen in der Erfolgsrechnung und in der Bilanz folgende Positionen auf:

Erfolgsrechnung (G&V)	
Zuführung Rückstellung für...	

Bilanz	
	Rückstellung für ...

Lehrbeispiel

In Anlehnung an die **italienische Bezeichnung „fondo ...“** werden im deutschen Sprachgebrauch die Konten häufig mit „Fonds für ...“ bezeichnet.

Aufgrund eines Unfalles im Jahre 20(0+1) wird im Laufe des Jahres 20(n) mit Schadenersatzansprüchen in Höhe von 24.000,00 € gerechnet. Es wird daher am Jahresende eine Rückstellung für eventuelle Schadenersatzansprüche (Risikorückstellung) in gleicher Höhe gebildet.
Bei dieser Art von Rückstellung ist weder die Höhe noch der genaue Zeitpunkt der eventuellen Schadenersatzansprüche bekannt.

Aufgabe
Buchungen im Journal am 31.12.

Lösung
Journal

Datum	Text	Soll	Haben
31.12.	Zuführung RS Schadensfälle	24.000,00	
	Rückstellung für Schadensfälle		24.000,00
31.12.	G&V	24.000,00	
	Zuführung RS Schadensfälle		24.000,00
31.12.	Rückstellung für Schadensfälle	24.000,00	
	SBK		24.000,00

Übung

31.12. Für einen laufenden Prozess wird eine Rückstellung in Höhe von 2.500,00 € für Prozesskosten gebildet (Rückstellung Prozesskosten).
31.12. In einem Steuerstreitverfahren erwarten wir Steuernachzahlungen in Höhe von 7.200,00 €.
31.12. Für geleistete Garantien für durchgeführte Arbeiten erwarten wir Ersatzansprüche in Höhe von 4.600,00 € (Konto Rückstellung für Garantieleistung).

Aufgabe
Buchungen im Journal am 31.12.

16.2 Verwendung von Rückstellungen

Rückstellungen werden wieder aufgelöst, wenn das Risiko – für das sie seinerzeit gebildet wurden – wegfällt (Garantieleistung) oder wenn der Zahlungszeitpunkt tatsächlich eintritt. In diesem Fall wird die Rückstellung verwendet.
Die Rückstellung kann daher in richtiger Höhe, zu niedrig oder auch zu hoch gebildet worden sein.

a) Die Rückstellung wurde in richtiger Höhe gebildet und der Aufwand wird gezahlt.

Rückstellung für ____ / Bank

b) Die Rückstellung war zu niedrig. Die Differenz zum tatsächlichen Aufwand wird als Aufwand verbucht.

Rückstellung für ____ / Bank
Aufwandskonto

c) Die Rückstellung war zu hoch oder das Risiko fällt ganz weg. Die nicht verwendete Rückstellung kann aufgelöst werden über das Ertragskonto: Auflösung Rückstellung.

Rückstellung für ____ / Auflösung Rückstellung

Lehrbeispiel

Für eine Großreparatur einer Förderanlage wurde im Jahr n eine Rückstellung in Höhe von 13.500,00 € gebildet. Im Jahre n+1 wurde die Reparatur durchgeführt.
Es können sich folgende Situationen ergeben:
a) Die Reparatur wurde um genau 13.500,00 € durchgeführt und bezahlt.
b) Die Reparatur hat 15.000,00 € gekostet.
c) Die Reparatur hat 10.000,00 € gekostet.

Aufgabe
Buchungen im Journal

Lösung

a) Die Reparatur entspricht genau der gebildeten Rückstellung.

Journal

Text	Soll	Haben
Reparaturaufwand	13.500,00	
MwSt.-Einkauf	2.970,00	
Verbindlichkeit		16.470,00
(Rechnung für die Reparatur)		
Rückstellung für Reparaturen	13.500,00	
Reparaturaufwand		13.500,00
(Verwendung der Rückstellung)		

b) Die gebildete Rückstellung reicht nicht aus.

Text	Soll	Haben
Reparaturaufwand	15.000,00	
MwSt.-Einkauf	3.300,00	
Verbindlichkeit		18.300,00
(Rechnung für die Reparatur)		
Rückstellung für Reparaturen	13.500,00	
Reparaturaufwand		13.500,00
(Verwendung der Rückstellung)		

Die Differenz zwischen tatsächlichem Aufwand und dem mit der Rückstellung geschätzten Aufwand (Rückstellung) bildet den Aufwand des laufenden Jahres, in diesem konkreten Fall 1.500,00 €.

c) Die Reparatur kostet weniger, als ursprünglich geschätzt wurde.

Text	Soll	Haben
Reparaturaufwand	10.000,00	
MwSt.-Einkauf	2.200,00	
Verbindlichkeit		12.200,00
(Rechnung für die Reparatur)		
Rückstellung für Reparaturen	13.500,00	
Reparaturaufwand		10.000,00
Auflösung Rückstellung (Ertragskonto)		3.500,00

Die nicht verwendete Rückstellung in Höhe von 3.500,00 € kann auch weiterhin bestehen bleiben, wenn in Zukunft weitere Reparaturen zu erwarten sind.

Übung

Im Jahresabschluss des Jahres 20(n) sind in der Bilanz eines Unternehmens folgende Rückstellungen ausgewiesen:

- Rückstellung für Prozesskosten: 1.800,00 €
- Rückstellung für Garantieleistungen: 4.500,00 €
- Rückstellung für Pensionsansprüche: 2.900,00 €

05.04. Die Honorarnote des Rechtsanwaltes für die Prozessabwicklung beträgt 2.500,00 € + MwSt.; Überweisung der Honorarnote abzüglich Steuereinbehalt.

06.06. Für Pensionsansprüche werden 2.200,00 € bezahlt.

07.07. Es wurden keine Schadenersatzansprüche gestellt. Die Rückstellung kann aufgelöst werden.

Aufgabe
Buchungen im Journal

16.3 Rückstellung für Forderungsausfälle (Delkredererückstellung)

Als **„Delkredere“** wird die pauschale Wertberichtigung von Handelsforderungen bezeichnet.

Eine besondere Form von Risiko bilden die zu erwartenden Ausfälle von Kundenforderungen. Diese pauschalen Risikoeinschätzungen sind klar zu trennen von Einzelwertberichtigungen von Forderungen, bei denen der zu erwartende Forderungsausfall etwa durch einen Konkurs eines Kunden festgestellt wurde. Die geschätzten Forderungsausfälle werden häufig auch als pauschale Abschreibung von Kundenforderungen bezeichnet.
Es gibt eine Reihe von Kunden, die einige Rechnungen nicht oder nur zum Teil zahlen werden, deswegen aber noch lange nicht in Konkurs gehen müssen. Der Verkäufer wird nun einen bestimmten Prozentsatz seiner gesamten Kundenforderungen als Rückstellung in seiner Buchhaltung verbuchen, um so sein Inkassorisiko nach dem Bilanzierungsprinzip der Vorsicht zu berücksichtigen. Er wird also seine gesamten Kundenforderungen pauschal wertberichtigen. Der Prozentsatz richtet sich nach Erfahrungswerten oder nach den steuerrechtlich zulässigen Höchstsätzen (steuerliche Absetzbarkeit). Die Bildung solcher Rückstellungen nennt man Pauschalwertberichtigungen von Forderungen oder Delkredererückstellung.

Das **Steuerrecht** sieht einen jährlichen Pauschalprozentsatz von höchstens 0,5 % der Handelsforderungen vor. Erreicht diese pauschale Wertberichtigung (Delkredererückstellung) insgesamt 5 % der gesamten Handelsforderungen am Jahresende, so darf steuerrechtlich keine weitere Erhöhung dieser Rückstellung vorgenommen werden. Bei Überschreitung der 5-%-Obergrenze ist die Delkredererückstellung wieder bis auf die 5-%-Grenze aufzulösen.
Zu den Handelsforderungen *(crediti commerciali)* zählen gemäß Steuerrecht nur die Forderungen, die aufgrund der normalen Geschäftstätigkeit entstanden sind.

Buchungssatz für die Bildung der Delkredererückstellung

Zuführung Delkredererückstellung / Delkredererückstellung

Buchungssatz für die Verwendung der Delkredererückstellung, falls die Forderung uneinbringlich ist:

Delkredererückstellung / Kundenforderung

Die Delkredererückstellung darf aber nur für jene Forderungsausfälle verwendet werden, die sich auf Forderungen der vergangenen Jahre beziehen. Forderungsausfälle von Forderungen des laufenden Jahres werden direkt über das Aufwandskonto „Forderungsverlust" ausgebucht.

Lehrbeispiel

Ein Unternehmen hat am 31.12. vor den Abschlussbuchungen folgende Salden auf den Konten, die die Forderungen betreffen :
Kundenforderungen: 134.000,00 €
Besitzwechsel: 84.000,00 €
Forderungen aus Beiträgen des Landes: 12.000,00 €
MwSt.-Forderung: 3.400,00 €
Delkredererückstellung: 7.500,00 €

Aufgrund der Erfahrungen ist mit Forderungsverlusten in Höhe von 2 % der Forderungen und Besitzwechsel zu rechnen. Die Delkredererückstellung wird daher um 2 % erhöht.
Im nächsten Jahr ist eine Kundenforderung in Höhe von 6.500,00 € uneinbringlich.

Aufgabe

a) Berechnung des Rückstellungsbetrages
b) Buchung der Zuweisung auf die Rückstellung
c) Buchung der Verwendung der Rückstellung

Lösung

Berechnung

Kundenforderungen	134.000,00
Besitzwechsel	84.000,00
Berechnungsbasis	218.000,00
2 % Delkredere	4.360,00

Journal

Text	Soll	Haben
Zuführung Delkredere	4.360,00	
Delkredererückstellung		4.360,00
(Bildung der Rückstellung)		
Delkredererückstellung	6.500,00	
Kundenforderung		6.500,00
(Verwendung der Rückstellung)		

Übung

Ein Unternehmen hat am Jahresende folgende Forderungen:
Kundenforderungen: 24.000,00 €
Besitzwechsel: 3.000,00 €
Forderungen aus Anlageverkäufen: 1.200,00 €
MwSt.-Guthaben: 2.400,00 €
Delkredererückstellung: 850,00 €
Der Unternehmer schätzt den Forderungsausfall auf 3 %.
Welche Forderungen sind dabei zu berücksichtigen?
Eine Forderung in Höhe von 12.000,00 € wird uneinbringlich.

Aufgabe
Buchungen im Journal

Übung

Am 31.12.20(n) hat das Handelsunternehmen Zorzi & Co. folgende Kontensituation:

Text	Soll	Haben
Betriebsgebäude	285.000,00	
Betriebsausstattung	27.200,00	4.500,00
Fuhrpark	25.600,00	5.200,00
WB-Gebäude		12.000,00
WB-Ausstattung	4.300,00	17.500,00
WB-Fuhrpark	5.200,00	15.700,00
Delkredererückstellung		500,00
Kasse	26.000,00	25.100,00
Bank-Kontokorrent	236.900,00	232.700,00
Kundenforderungen	258.100,00	232.800,00
MwSt.-Einkauf	23.000,00	12.800,00
Lieferverbindlichkeiten	173.500,00	184.500,00
MwSt.-Verkauf	16.000,00	30.700,00
Abfertigungsverbindlichkeiten		26.700,00
Verschiedene Verbindlichkeiten		3.800,00
Eigenkapital		265.900,00

Privat	10.000,00	
Waren	26.000,00	
Wareneinkauf	131.000,00	
Verschiedener Betriebsaufwand	12.000,00	
Verpackungsmaterialeinkauf	5.000,00	
Versicherungsaufwand	4.000,00	
Kundenskonti	800,00	
Lohnaufwand	25.800,00	
Veräußerungsverlust	2.000,00	
Warenverkauf		225.000,00
Lieferantenskonti		2.000,00
	1.297.400,00	1.297.400,00

Angaben zum Abschluss:

1. Warenbestand am Jahresende 27.300,00 €, Endbestand Verpackungsmaterial 2.000,00 €
2. Abschreibung Betriebsgebäude 3,5 %, Betriebsausstattung 12 %, Fuhrpark 20 % (Vorsicht bei der Abschreibung)
3. Die Delkredererückstellung soll 3 % der Handelsforderungen betragen.
4. Das Konto „Verschiedener Betriebsaufwand" enthält eine vorschüssig gezahlte Trimestermiete für November–Jänner in Höhe von 6.000,00 €.
5. Aktive Bankzinsen in Höhe von 120,00 € brutto (Steuereinbehalt 20 %) sind noch zu verbuchen.
6. Es wird eine Rückstellung für Prozesskosten in Höhe von 1.200,00 € gebildet.
7. Für die Abfertigung ist die Zuweisung zu berechnen; der Lebenshaltungskostenindex beträgt 3 %.
8. Am 01.02. des nächsten Jahres werden wir nachschüssig eine Miete für ein Trimester in Höhe von 9.000,00 € kassieren.

Aufgabe

a) Erstellung der Vorabschlussbuchungen
b) Ermittlung des Jahreserfolges
c) Erstellung der Bilanz

Rücklagen

17. Die Rücklagen

Ein guter Unternehmer ist ein sparsamer und weitsichtiger Unternehmer. In guten Geschäftsjahren wird er einen Teil seines erwirtschafteten Gewinnes auf die Seite legen, um auch in schwierigen Geschäftsjahren das Unternehmen sicher weiterführen zu können und um die Abhängigkeit von Kreditgebern zu verringern.

Am Jahresende muss der Unternehmer – bei Gesellschaften die Vollversammlung – entscheiden, was mit dem erwirtschafteten Gewinn geschehen soll. Er kann den Gewinn entnehmen und für private Zwecke nutzen oder im Betrieb belassen, um später Investitionen zu tätigen. Mit dem Gewinn können auch eventuelle Verluste vergangener Jahre ausgeglichen werden.

Es ist ein Grundsatz weitsichtiger unternehmerischer Tätigkeit, dass der **erwirtschaftete Gewinn möglichst im Betrieb für Neu- und Ersatzinvestitionen bleiben soll**. Einen Teil des Gewinnes wird der Unternehmer für private Bedürfnisse verwenden. Bei Gesellschaften wird ein großer Teil in Form von Renditen oder Dividenden an die Gesellschafter ausbezahlt. Je weniger Gewinne der Unternehmer aus dem Betrieb herausnimmt, umso mehr Finanzmittel bleiben dem Betrieb für neue Investitionsvorhaben. Das Unternehmen ist dann weniger auf Fremdkapital oder auf Beiträge der öffentlichen Hand angewiesen. Entnimmt ein Unternehmer den ganzen Gewinn aus seinem Betrieb, **so kann er häufig** ohne fremde Hilfe **keine Neu- und Erweiterungsinvestitionen** finanzieren.

Andere Bezeichnungen für Rücklagen: Reserven, *fondi di riserva*

Beiträge der öffentlichen Hand verleiten manchen Unternehmer zu einem geringeren Sparsinn, betriebswirtschaftliche Überlegungen über die Rentabilität von Investitionen können in den Hintergrund gedrängt werden. In Zeiten knapper öffentlicher Kassen und verschärfter Konkurrenz kann es fatale Folgen für einen Betrieb haben, wenn er in guten Zeiten keine Reserven angelegt hat.

17.1 Die Bildung von Rücklagen

Um Rücklagen bilden zu können, müssen entweder zuerst Gewinne erwirtschaftet werden oder der Wert des Unternehmens insgesamt steigt aufgrund von guten Zukunftsperspektiven.

Die Rücklagen (Reserven) können grundsätzlich eingeteilt werden in:

- **offene Rücklagen:** Sie entstehen durch Nichtauszahlung von Gewinnen, durch Kapitalbeiträge der öffentlichen Hand oder durch Aufwertung von Anlagevermögen.
- **stille Rücklagen:** Sie entstehen durch eine Unterbewertung des Vermögens, d. h. das Vermögen wurde schneller abgeschrieben, als es dem tatsächlichen Wertverlust entsprechen würde, oder das Vermögen hat aus einem anderen Grund eine Wertsteigerung erfahren (z. B.: Ein Grundstück wurde in eine Bau-

zone umgewidmet.) Stille Reserven werden erst durch eine eventuelle Veräußerung offen gelegt.

Rücklagen sind Teile des Nettovermögens, die nicht auf dem Eigenkapitalkonto, sondern auf eigenen Rücklagekonten ausgewiesen werden.

Arten von Rücklagen

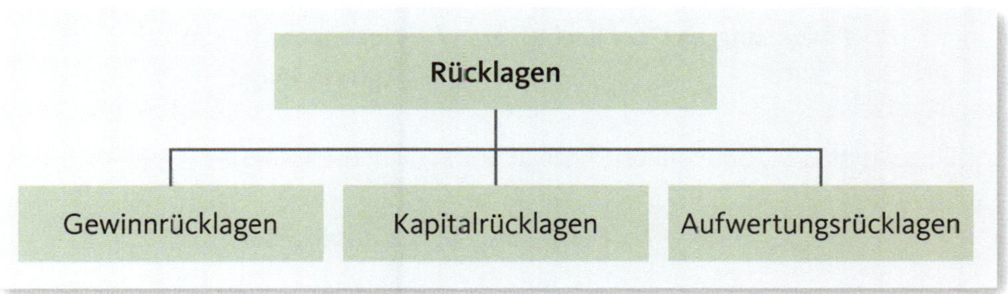

17.1.1 Gewinnrücklagen *(riserve di utili)*

Sie entstehen durch Nichtbehebung von Gewinnen.

Der **Jahresgewinn** (bei Aktiengesellschaften als **Dividende** bezeichnet) wird nicht zur Gänze ausgeschüttet, sondern auf ein eigenes **Rücklagenkonto** gebucht. Der Unternehmer kann auch ganz gezielt für bestimmte künftige Investitionsvorhaben Rücklagen bilden, so etwa in einem Skigebiet eine „Rücklage für Modernisierung einer Seilbahn" usw. Die Rücklage bildet dann ein Finanzpolster für die Finanzierung der zukünftigen Investition. Das Unternehmen muss dadurch weniger auf Fremdkapital zurückgreifen. Kapitalgesellschaften haben die Pflicht, einen Teil des Gewinnes auf eine Gewinnrücklage zu buchen.

5 % des Gewinnes müssen Kapitalgesellschaften zurücklegen, bis die Rücklage 20 % des Gesellschaftskapitals erreicht.

Buchung:

Gewinn Jahr 20(n) / Gewinnrücklage

17.1.2 Kapitalrücklagen *(riserve di capitale)*

Kapitalrücklagen können entstehen durch:

- **Kapitalbeiträge der öffentlichen Hand** an das Unternehmen für bestimmte Investitionsvorhaben *(contributi c/capitale)*

Buchung

1. Nach der Genehmigung des Investitionsbeitrages

Forderung / Rücklage für Investition

2. Nach der Auszahlung des Investitionsbeitrages an das Unternehmen

Bank / Forderung

- **Kapitalerhöhungen bei Kapitalgesellschaften**, wenn neue Aktien ausgegeben werden, die auf dem Markt mit einem Aufpreis auf den Nennwert verkauft werden **(Agiorücklage – *riserva di sovrapprezzo*)**

Buchung:

1. Beschluss der Vollversammlung zur Kapitalerhöhung

Forderung an Gesellschafter / Gesellschaftskapital
Agiorücklage

2. Einzahlung der gezeichneten Anteile durch die Gesellschafter

Bank / Forderung an Gesellschafter

17.1.3 Aufwertungsrücklagen *(fondi di rivalutazione)*

Aufwertungsrücklagen entstehen durch Aufwertung von Gütern des Anlagevermögens. Das betriebliche Anlagevermögen wird zum Anschaffungswert in die Buchhaltung übernommen und jährlich um den Abschreibungsbetrag wertberichtigt. In Wirklichkeit kann Anlagevermögen anstelle einer Wertminderung aber auch eine **Wertsteigerung** erfahren, z. B. ein Betriebsparkplatz im Stadtgebiet. Diese Wertsteigerung wird aber in der Bilanz normalerweise nicht ausgewiesen, wodurch es im Laufe der Jahre zu einer Unterbewertung von Bilanzposten und damit zu einem falschen Bilanzbild kommen kann.
Unter gewissen Umständen – Erhöhung der Kreditwürdigkeit, internationale Aktivitäten, geplanter Börsengang – kann es für ein Unternehmen vorteilhaft sein, diese stillen Rücklagen offen zu legen und die Anlagegüter aufzuwerten. Allerdings ist die Offenlegung solcher stillen Rücklagen normalerweise auch mit einer Besteuerung verbunden, da damit ja Einkommen offengelegt wird. Daher wird eine Aufwertung meist nur dann vorgenommen, wenn der Staat eine Sonderregelung trifft und eine Steuerbefreiung oder zumindest eine Steuererleichterung vorsieht.

Buchung:

Anlagevermögen (Gebäude, Grundstück) / Aufwertungsrücklage

17.2 Die Auflösung von Rücklagen

Rücklagen werden aufgelöst, indem sie auf das Eigenkapital umgebucht oder ausgezahlt werden, wenn das Unternehmen einen Teil der Rücklagen nicht mehr benötigt. Es kann auch sein, dass ein Unternehmen in guten Wirtschaftszeiten Teile des Gewinnes auf eine Rücklage gebucht hat, um in Zeiten niedriger Gewinne trotzdem eine Rendite an die Gesellschafter für ihre Anteile auszahlen zu können. Dies ist vor allem für Kapitalanleger in Aktien wichtig, da sie bei geringen Dividendenauszahlungen dazu neigen, die Aktien zu verkaufen, was das Unternehmen in Schwierigkeiten bringen kann.

Buchungen:

1. Umbuchung auf das Eigenkapitalkonto

Rücklage / Eigenkapital

2. Ausschüttung an die Gesellschafter bei einer Überkapitalisierung

Rücklage / Bank

Um Rücklagen ausschütten zu können, müssen die gesetzlichen Voraussetzungen gegeben sein.

Übung

Das Unternehmen Kios GmbH hat am 31.12. folgende Kontensituation:

Text	Soll	Haben
Einrichtung	3.250,00	
Fuhrpark	50.000,00	
Gebäude	170.000,00	
WB-Einrichtung		1.000,00
WB-Fuhrpark		4.000,00
Kasse	500,00	
Besitzwechsel	62.000,00	
Kundenforderungen	123.000,00	
Bank		5.000,00
Lieferverbindlichkeiten		40.000,00
Schuldwechsel		11.000,00
MwSt.-Einkauf	3.000,00	
MwSt.-Verkauf		3.400,00
Warenbestand	3.000,00	
Delkredererückstellung		9.600,00
Abfertigungsverbindlichkeit		3.000,00
Wareneinkauf	161.250,00	
Lohnaufwand	18.000,00	
Kundenskonti	1.000,00	
Verkaufskosten	4.000,00	
Allgemeiner Verwaltungsaufwand	15.600,00	
Privatspesen	6.000,00	
Mietaufwand	1.400,00	
Zinsertrag		800,00
Mietertrag		9.000,00
Warenverkauf		484.200,00
Gesellschaftskapital		40.000,00
Gewinnrücklage		11.000,00
	622.000,00	622.000,00

Angaben zum Abschluss:

1. Eine Forderung des Vorjahres in Höhe von 8.300,00 € ist als uneinbringlich auszubuchen.
2. Die Delkredererückstellung soll 4% der Handelsforderungen betragen.
3. Am 01.12. haben wir eine vorschüssig zu zahlende Miete in Höhe von 3.000,00 € für ein Trimester kassiert.
4. Eine Semestermiete in Höhe von 8.000,00 € müssen wir nachschüssig am 01.04. des nächsten Jahres zahlen.
5. Abfertigungsberechnung: Lebenshaltungskostenindex 3 %
6. Den Vertretern der Firma stehen am Jahresende Provisionen in Höhe von 2.450,00 € zu.
7. Abschreibungen Jahressätze: Gebäude 4 % (am 01.06. gekauft), Fuhrpark 20 %, Einrichtung 8 %
8. Zinsaufwand in Höhe von 154,00 € und Bankspesen in Höhe von 90,00 € sind noch zu verbuchen.
9. Warenendbestand 4.500,00 €
10. Vom Staat wird am Jahresende für eine Investition die Zusage eines Beitrages in Höhe von 50.000,00 € gegeben.
11. Vom Jahresgewinn werden 10 % auf die Gewinnrücklage gebucht, der Rest wird auf das Konto „Auszuzahlende Gewinnanteile" umgebucht.

Aufgabe

a) Erstellung der Abschlussbuchungen
b) Erstellung des G&V und der Bilanz

Bilanz-
erstellung

18. Die Bilanzerstellung

Bilanzierungsvorschriften
Italienisches Zivilgesetzbuch, 5. Buch (Arbeitsrecht), Art. 2423 ff. (Jahresabschluss)

Die Dokumente des Jahresabschlusses sind die wichtigsten Dokumente für den Unternehmer, das Management, die Geschäftspartner, den Staat und die am Betriebsgeschehen interessierte Öffentlichkeit. Für die Abfassung dieser Abschlussdokumente gelten daher die strengen Buchhaltungsregeln der Wahrheit und der Klarheit.

Ein Jahresabschluss besteht aus:
- der Vermögensaufstellung *(stato patrimoniale)*
- der Erfolgsrechnung *(conto economico)*
- dem Anhang zur Bilanz *(nota integrativa)*
- dem Geschäftsbericht *(relazione sulla gestione)*

Im **engeren Sinn ist die Bilanz** nur die **Vermögensaufstellung**, umgangssprachlich versteht man darunter den gesamten Jahresabschluss mit allen Dokumenten.

Die Erstellung der endgültigen Bilanz und der Erfolgsrechnung erfolgt nach bestimmten formalen und inhaltlichen Kriterien, die vom Gesetzgeber oder von internationalen Richtlinien festgelegt sind. Während Einzelunternehmen und Personengesellschaften ihre Bilanzen frei gestalten können, müssen sich Kapitalgesellschaften an das gesetzliche **Bilanzierungsschema (ZGB Art. 2424 und 2425)** halten. Es ist für alle Unternehmen – Einzelunternehmen und Personengesellschaften – vorteilhaft, sich an das allgemeingültige Schema zu halten, auch wenn sie dazu nicht verpflichtet sind. Die allgemeinen Bilanzierungsgrundsätze erleichtern die Betriebsanalyse und den Vergleich von Unternehmen untereinander. Die Bewertung der einzelnen Posten der Bilanz darf nicht willkürlich erfolgen, sondern muss den gesetzlichen Bewertungsvorschriften entsprechen und ist im Anhang zur Bilanz zu erklären.

Der **Jahresabschluss** – nicht die Sonderbilanzen – hat folgende Aufgaben zu erfüllen:
- Er zeigt die Zusammensetzung des **Vermögens**, des **Eigen- und Fremdkapitals** an einem bestimmten Zeitpunkt **(Bilanzstichtag)**.
- Er weist den **Erfolg** nach.
- Er stellt die **Entwicklung des Unternehmens** durch Vergleich mit früheren Bilanzen dar.
- Er dient als Grundlage für die **Besteuerung** des Unternehmens, für die **Bilanzanalyse** und für weitere Auswertungen.

Die **wichtigsten Bilanzierungsgrundsätze** sind: Bilanzwahrheit, Bilanzklarheit

Vor der Erstellung der Bilanz müssen auch einige Konten gegeneinander saldiert werden. So sind etwa von den Konten der Anlagegüter die entsprechenden Wertberichtigungen abzuziehen, da in der Bilanz die Werte mit dem Restbuchwert ausgewiesen werden und nicht mit dem Anschaffungswert. Ebenso werden die Forderungen um die Delkredererückstellung vermindert und die gewährten und erhaltenen Skonti und Rücksendungen werden von den Einkäufen und Umsätzen abgezogen.

18.1 Gliederung des Vermögens und des Kapitals

Die Bilanz im engeren Sinn wird nach einem allgemein gültigen **Gliederungsschema** erstellt, wobei sich die Kapitalgesellschaften an die gesetzlichen Vorgaben und die internationalen Richtlinien halten müssen. In Italien gilt allgemein das Gliederungsschema gemäß **ZGB Art. 2424.**

Aktiva	Bilanz am 31.12.20(n) Passiva
Anlagevermögen *(immobilizzazioni)*	**Reinvermögen *(patrimonio netto)***
Immaterielle Vermögenswerte	Eigenkapital
Sachanlagen	Rücklagen
Finanzanlagen	Jahresgewinn
Umlaufvermögen *(attivo circolante)*	**Fremdkapital *(capitale di terzi)***
Vorräte, Waren und Materialien	Rückstellungen
Forderungen	Abfertigungsverbindlichkeit
Liquide Mittel	Andere Verbindlichkeiten
Aktive Posten der Jahresabgrenzung *(ratei-risconti attivi)*	**Passive Posten der Jahresabgrenzung *(ratei-risconti passivi)***

18.2 Gliederung der Erfolgsrechnung

Auch die Erfolgsrechnung ist nach dem gesetzlich vorgeschriebenen Schema abzufassen: Bei der Erfolgsrechnung wird die Aufgliederung in Soll und Haben aufgegeben und die Aufstellung erfolgt in **Staffelform**, da der Schwerpunkt auf **Zwischenergebnisse** gelegt wird. Der Informationsgehalt der Erfolgsrechnung wird so für interessierte Außenstehende erhöht.

Die Erfolgsrechnung kann nach mehreren Methoden gegliedert werden. Die Art der Gliederung hängt vom Informationsanspruch ab, der an die Erfolgsrechnung gestellt wird, und auch von den Buchhaltungsvorschriften in verschiedenen Ländern. In Italien gilt allgemein das Gliederungsschema gemäß **ZGB Art. 2425.**

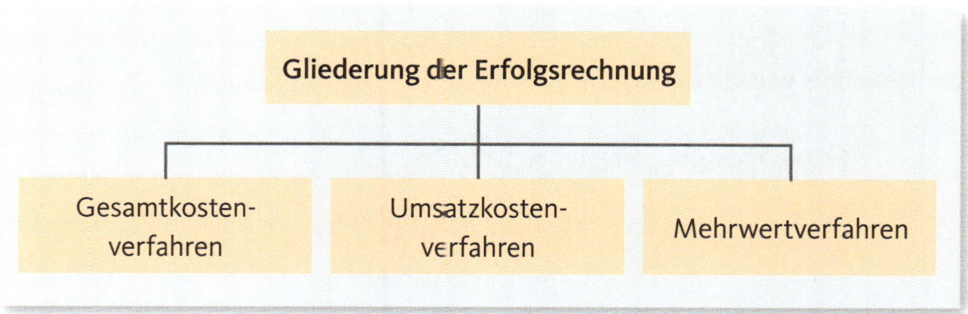

a) **Gesamtkostenverfahren**

Die betrieblichen Aufwendungen werden bei dieser Darstellungsform nach ihrer Art dargestellt. Dadurch erhält man Informationen darüber, wie hoch die Aufwendungen für Dienstleistungen, für Mieten usw. waren. Wenige Informationen liefert diese Darstellungsform darüber, in welchem betrieblichen Bereich die Aufwendungen entstanden sind. In der Kostenrechnung wird diese Darstellungsform als **Kostenartenrechnung** bezeichnet.

+ **Betriebliche Gesamtleistung** ***(valore della produzione)***
  - \+ Umsatzerlöse
  - +/– Bestandsänderungen Fertigerzeugnisse
  - \+ Verschiedene Erträge
  - \+ Aktivierte Eigenleistungen

– **Aufwendungen für die Leistungserstellung** ***(costi della produzione)***
  - – Wareneinkauf und Materialien
  - – Dienstleistungen
  - – Mieten von Gütern
  - – Aufwendungen für Personal
  - – Abschreibungen
  - +/– Bestandsänderung bei Waren
  - – Zuweisung auf Rückstellungen
  - – Andere betriebliche Aufwendungen

= **Betriebsergebnis**

+/– **Finanzergebnis**
  - \+ Finanzerträge
  - – Finanzaufwendungen

= **Ergebnis der Geschäftstätigkeit** ***(risultato della gestione)***

+/– **Wertberichtigung des Finanzvermögens**
  - \+ Aufwertungen
  - – Abwertungen

= **Ergebnis vor Steuern** ***(risultato prima delle imposte)***

  - – Steuern auf das Jahresergebnis

= **Gewinn/Verlust des Jahres** ***(utile/perdita d'esercizio)***

b) **Umsatzkostenverfahren**

Mit dieser Darstellungsform wird gezeigt, wie hoch die Aufwendungen für die Produktion oder für die verkauften Güter oder Waren gewesen sind und in welchen betrieblichen Bereichen die sonstigen Aufwendungen angefallen sind. In der Kostenrechnung werden solche Bereiche als **Kostenstellen** bezeichnet.

+ **Nettoverkaufserlöse** ***(ricavi netti di vendita)***
– **Herstellungskosten der verkauften Güter** ***(costo del venduto)***
  + Einsatz an Rohstoffen und Waren
  + Dienstleistungen
  + Personalkosten in der Produktion
  + Abschreibungen in der Produktion
  + Sonstige Produktionskosten
  – Aktivierte Eigenleistungen

= **Bruttoergebnis vom Umsatz** ***(margine lordo)***

  – Kosten der Verwaltung
  – Kosten des Vertriebs
  – Sonstige Aufwendungen
  + Sonstige Erträge

= **Betriebsergebnis** ***(risultato operativo)***

  +/– Finanzergebnis
  +/– Ergebnis der Nebentätigkeiten

= **Ergebnis der Geschäftstätigkeit** ***(risultato della gestione)***

  +/– Wertberichtigung des Finanzvermögens

= **Ergebnis vor Steuern** ***(risultato prima delle imposte)***

  – Steuern auf das Jahresergebnis

= **Gewinn/Verlust des Jahres** ***(utile/perdita d'esercizio)***

Diese Gliederungsform setzt also eine **Gliederung der Betriebstätigkeit in Kostenstellen** voraus und eignet sich mehr für **Industriebetriebe**.

c) **Mehrwertverfahren**

Bei dieser Darstellungsform steht der **geschaffene Wertzuwachs** im Vordergrund, also die Wertsteigerung der im Unternehmen eingesetzten Produktionsfaktoren. In Produktionsbetrieben ist das die **Wertsteigerung vom Rohstoff bis zum Produkt**, im Handelsbetrieb ist es – vereinfacht – die **Handelsspanne ohne Berücksichtigung der Personalkosten**.

A Betriebliche Gesamtleistung ***(valore della produzione)***
- \+ Nettoverkaufserlöse
- +/– Bestandsveränderung der Produkte
- \+ Sonstige betriebliche Erträge
- \+ Aktivierte Leistungen

B Gesamtkosten der Produktion ***(costi della produzione)***

- \+ Aufwendungen für Rohstoffe und Waren
- +/– Bestandsänderung von Rohstoffen und Waren
- \+ Aufwendungen für Dienstleistungen
- \+ Sonstige betriebliche Aufwendungen

= **Erzeugter Mehrwert** ***(valore aggiunto)*** **(A – B)**
- – Aufwendungen für das Personal

= **Bruttobetriebsergebnis** ***(margine operativo lordo)***
- – Abschreibungen und Abwertungen
- – Zuweisung zu Rückstellungen

= **Betriebsergebnis** ***(risultato operativo)***
- +/– Finanzergebnis
- +/– Ergebnis der Nebentätigkeiten

= **Ergebnis der Geschäftstätigkeit** ***(risultato della gestione)***
- +/– Wertberichtigung des Finanzvermögens

= **Ergebnis vor Steuern** ***(risultato prima delle imposte)***
- – Steuern auf das Jahresergebnis

= **Gewinn/Verlust des Jahres** ***(utile/perdita d'esercizio)***

Lehrbeispiel

Ungegliederte Vermögensaufstellung und Erfolgsrechnung eines Handelsunternehmens nach erfolgten Um- und Nachbuchungen

Salden der Bestandskonten:

Soll			Haben
Gebäude	290.000,00	WB-Gebäude	30.000,00
Anlagen	50.000,00	WB-Anlagen	40.000,00
Ausstattung	60.000,00	WB-Ausstattung	25.000,00
Fuhrpark	50.000,00	WB-Fuhrpark	11.800,00
Warenvorrat	120.000,00	Delkredere	3.200,00
Kundenforderungen	90.000,00	Gesellschaftskapital	240.000,00
Besitzwechsel	8.000,00	Freiwillige Rücklage	51.300,00
Heizölvorrat	800,00	Rückstellung Risiken	12.000,00
Verschiedene Forderungen	9.700,00	Abfertigungsverbindlichkeit	31.500,00
Bank-Kontokorrent	10.000,00	Hypothekardarlehen	100.000,00
Kasse	300,00	Anzahlung Kunden	3.000,00
Abgrenzungen	2.500,00	Lieferverbindlichkeit	68.500,00
		Schuldwechsel	15.000,00
		Steuerverbindlichkeit	8.000,00
		MwSt.-Verrechnung	2.000,00
		INPS-Verbindlichkeit	10.000,00
		Abgrenzungen	700,00
	691.300,00		652.000,00

Salden der Erfolgskonten:

Soll			Haben
Zinsen Hypothek	16.000,00	Warenverkauf	789.390,00
Rabatte/Skonti	2.370,00	Mieterträge	8.025,00
Wareneinkauf	593.000,00	Veräußerungsgewinn	400,00
Transportaufwand	41.000,00	Bestandsänderung Waren	20.000,00
Energieaufwand	800,00	Bankzinsen	2.155,00
Werbung	2.200,00	Bestandsänderung Heizöl	200,00
Post/Telefon	4.000,00		
Versicherung	2.000,00		
Spesen im Geldverkehr	200,00		
Löhne/Gehälter	54.000,00		820.170,00
Sozialabgaben	19.900,00		
Zuweisung Delkredere	900,00		
Abfertigungszuweisung	3.000,00		
Abschreibung Gebäude	8.100,00		
Abschreibung Anlagen	10.000,00		
Abschreibung Ausstattung	9.000,00		
Abschreibung Fuhrpark	3.950,00		
Mietaufwand	1.250,00		
Zinsen an Lieferanten	2.000,00		
Steueraufwand	7.200,00		
	780.870,00		

Aufgabe
Erstellund des Jahresabschlusses gemäß Art. 2424 und 2425 des ZGB

Lösung
Vermögensaufstellung am 31.12.20(n)

Aktiva	Bilanz am 31.12.20(n)		Passiva
B) Anlagevermögen		**A) Eigenkapital**	
Gebäude	260.000,00	Gesellschaftskapital	240.000,00
Anlagen	10.000,00	Andere Rücklagen	51.300,00
Ausstattung	35.000,00	Ergebnis Geschäftsjahr	39.300,00
Sonstige Anlagegüter	38.200,00		
C) Umlaufvermögen		**B) Rückstellungen**	12.000,00
Vorräte	120.800,00	**C) Abfertigung**	31.500,00
Kundenforderungen	94.800,00	**D) Verbindlichkeiten**	
Sonstige Forderungen	9.700,00	Banken (Hypothek)	100.000,00
Bank	10.000,00	Lieferverbindlichkeit	86.500,00
Kasse	300,00	Abgabenverbindlichkeit	10.000,00
		Verbindlichkeit Sozialversicherung	10.000,00
D) Abgrenzungen	2.500,00	**E) Abgrenzungen**	700,00
Summe Aktiva	581.300,00	**Summe Passiva**	581.300,00

Rechtsquelle
ZGB Art. 2423–Art. 2435

Die in den Art. 2424 und 2425 vorgesehene Nummerierung der einzelnen Posten der Bilanz und der Erfolgsrechnung ist hier vereinfacht wiedergegeben. Die Untergliederung der Bilanzposten und die entsprechende Nummerierung hängen von der Größe des Unternehmens ab. Klein- und Mittelbetriebe können die Bilanz gemäß ZGB Art. 2435bis in verkürzter Form erstellen.

a) Erfolgsrechnung gemäß ZGB Art. 2425 nach dem Gesamtkostenverfahren

A)	Betriebliche Gesamtleistung	
	Umsatzerlöse	787.020,00
	Verschiedene Erträge	8.425,00
	Summe	795.445,00
B)	Aufwendungen für die Leistungserstellung	
	Wareneinkauf	593.000,00
	Dienstleistungen	48.000,00
	Nutzung Güter Dritter	1.250,00
	Personal	
	Löhne	54.000,00
	Sozialabgaben	19.900,00

Zuweisung Abfertigung	3.000,00
Abschreibungen	
Abschreibung Sachanlagen	31.050,00
Zuweisung Delkredere	900,00
Bestandsänderung Waren u. Heizöl	–20.200,00
Sonstiger Betriebsaufwand	2.200,00
Summe	733.100,00
Betriebsergebnis	62.345,00
C) Finanzergebnis	
Bankzinsen	2.155,00
Zinsaufwendungen	18.000,00
Summe	–15.845,00
Ergebnis der Geschäftstätigkeit	46.500,00
Geschäftsergebnis vor Steuern	46.500,00
Steuern auf das Geschäftsergebnis	7.200,00
Gewinn/Verlust des Geschäftsjahres	**39.300,00**

b) Gliederung der Erfolgsrechnung nach dem Mehrwertverfahren

A) Betriebliche Gesamtleistung	
Umsatzerlöse	787.020,00
Verschiedene Erträge	8.425,00
Summe (A)	795.445,00
B) Aufwendungen für die Leistungserstellung	
Wareneinkauf	593.000,00
Bestandsänderung an Waren	–20.200,00
Dienstleistungen	48.000,00
Nutzung Güter Dritter	1.250,00
Sonstiger Betriebsaufwand	2.200,00
Summe (B)	624.250,00
Erzeugter Mehrwert (A – B)	171.195,00
Aufwendungen für das Personal	76.900,00

EBITDA = Earnings before interest, taxes, depreciation and amortisation

EBIT = Earnings before interest and taxes

Bruttobetriebsergebnis (EBITDA)		94.295,00
	Abschreibung Sachanlagen	31.050,00
	Zuweisung Delkredere	900,00
Betriebsergebnis (EBIT)		62.345,00
C)	Finanzergebnis	
	Bankzinsen	2.155,00
	Zinsaufwendungen	18.000,00
	Summe	–15.845,00
Ergebnis der Geschäftstätigkeit		46.500,00
Geschäftsergebnis vor Steuern		46.500,00
Steuern auf das Geschäftsergebnis		7.200,00
Gewinn/Verlust des Geschäftsjahres		39.300,00

c) Gliederung der Erfolgsrechnung nach dem Umsatzverfahren

Für die Gliederung der Erfolgsrechnung nach dem Umsatzkostenverfahren ist es notwendig, dass die Aufwendungen zunächst auf verschiedene Tätigkeitsbereiche aufgeteilt werden (Produktion, Handel, Verwaltung usw.).

A)	Nettoverkaufserlöse	787.020,00
B)	Aufwendungen für die verkauften Waren	
	Wareneinkauf	593.000,00
	Dienstleistungen	19.200,00
	Aufwendungen für Personal	61.520,00
	Bestandsänderung Waren u. Heizöl	–20.200,00
	Abschreibungen	12.420,00
	Summe	665.940,00
Bruttoergebnis vom Umsatz (A – B)		121.080,00
	Verwaltungskosten	28.300,00
	Vertriebskosten	34.510,00
	Sonstige betriebliche Aufwendungen	4.350,00
	Sonstige betriebliche Erträge	8.425,00
Betriebsergebnis (EBIT)		62.345,00

C) Finanzergebnis	
Bankzinsen	2.155,00
Zinsaufwendungen	18.000,00
Summe	-15.845,00
Ergebnis der gewöhnlichen Geschäftstätigkeit	46.500,00
Geschäftsergebnis vor Steuern	46.500,00
Steuern auf das Geschäftsergebnis	7.200,00
Gewinn/Verlust des Geschäftsjahres	39.300,00

Annahme
Aufteilung der Aufwendungen auf Kostenbereiche:

	Produktion	Verwaltung	Vertrieb
Dienstleistung	40 %	30 %	30 %
Personal	80 %	10 %	10 %
Abschreibung	40 %	20 %	40 %

Übung

Das Unternehmen Dynamic hat am 31.12. folgende Kontensituation:

Text	Soll	Haben
Gebäude	200.000,00	
Ausstattung	103.250,00	
Fuhrpark	10.000,00	
WB-Gebäude		2.000,00
WB-Ausstattung		12.000,00
WB-Fuhrpark		4.000,00
Kasse	2.500,00	
Besitzwechsel	70.000,00	
Kundenforderungen	13.000,00	
Bank		2.000,00
Lieferverbindlichkeiten		30.000,00
Schuldwechsel		11.000,00
MwSt.-Einkauf	3.000,00	
MwSt.-Verkauf		3.400,00
Warenbestand	3.000,00	
Delkredererückstellung		9.600,00
Abfertigungsverbindlichkeit		3.000,00

Wareneinkauf	161.250,00	
Lohnaufwand	18.000,00	
Kundenskonti	1.000,00	
Verkaufskosten	2.000,00	
Allgemeiner Verwaltungsaufwand	15.600,00	
Privatspesen	2.000,00	
Mietaufwand	3.400,00	
Zinsertrag		800,00
Warenverkauf		479.200,00
Eigenkapital		40.000,00
Gewinnrücklagen		11.000,00
	608.000,00	608.000,00

Angaben zum Abschluss:

1. Die Delkredererückstellung ist auf 3 % der Forderungen zu bringen.
2. Ausstattung mit einem Anschaffungswert von 10.000,00 € und zu 60 % abgeschrieben wurde gestohlen und ist daher auszubuchen.
3. Am 01.02. werden wir nachschüssig Miete in Höhe von 4.000,00 € für ein Bimester kassieren.
4. Eine Semestermiete von 900,00 € wurde am 15.11. gezahlt.
5. Abfertigungsberechnung: Lebenshaltungskostenindex 4 %
6. Anfallende Passivzinsen auf dem Bankkonto 245,00 €
7. Abschreibungen Jahressätze: Gebäude 3 % (am 25.10. im Wert von 160.000,00 € gekauft), Fuhrpark 20 %, Ausstattung 8 %
8. Im Zinsertrag ist ein Betrag von 200,00 € auf das nächste Jahr zu übertragen.
9. Warenendbestand 4.500,00 €
10. Vom Jahresgewinn sollen 20 % auf die Gewinnrücklage gebucht werden, der Rest wird dem Konto „Gewinnausschüttung" gutgeschrieben.

Aufgabe

a) Erstellung der Abschlussbuchungen und Ermittlung des Jahreserfolgs
b) Erstellung der Bilanz und der Erfolgsrechnung nach den drei Verfahren

Annahmen für die Erfolgsrechnung nach dem Umsatzverfahren:

	Herstellung	Verwaltung	Vertrieb
Dienstleistung	40 %	30 %	30 %
Personal	80 %	10 %	10 %
Abschreibung	40 %	20 %	40 %

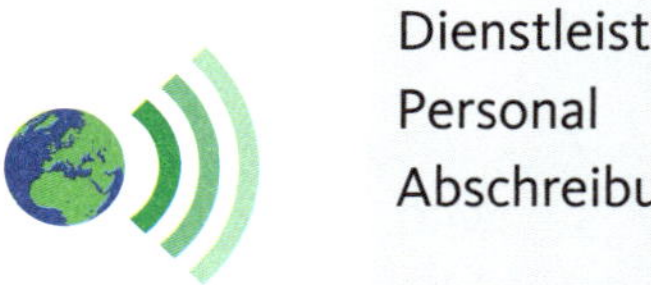

Anhang

Beispielbilanz eines Skiliftbetreibers

G.M.B.H.

Sitz:
Eingetragen im Handelsregister von :
Steuer- und Mwst.-Nr.:
Eingezahltes Kapital €: 1.702.200,00

Bilanz zum 30/09/2010

Vermögensbilanz Aktiva

	Partiell 2010	Gesamtbetrag 2010	Geschäftsjahr 2009
B) ANLAGEVERMÖGEN			
I - IMMATERIELLES ANLAGEVERMÖGEN			
IMMATERIELLES ANLAGEVERMÖGEN GESAMT		*427.852*	*271.136*
II - SACHANLAGEVERMÖGEN			
Sachanlagevermogen		15.566.962	15.259.339
Abschreibungen		(7.109.030)	(6.377.188)
SACHANLAGEVERMÖGEN GESAMT		*8.457.932*	*8.882.151*
III - FINANZANLAGEVERMÖGEN		43.005	43.005
ANLAGEVERMÖGEN GESAMT (B)		*8.928.789*	*9.196.292*
C) UMLAUFVERMÖGEN			
I - BESTÄNDE		27.047	11.782
II – FORDERUNGEN			
FORDERUNGEN		*381.271*	*187.474*
IV - LIQUIDE MITTEL		4.306	87.140
UMLAUFVERMÖGEN GESAMT (C)		*412.624*	*286.396*
D) RECHNUNGSABGRENZUNGSPOSTEN			
Andere aktive Rechnungsabgrenzungsposten		23.759	26.378
RECHNUNGSABGRENZUNGSPOSTEN GESAMT (D)		*23.759*	*26.378*
AKTIVA GESAMT		*9.365.172*	*9.509.066*

Bilanz 1

Vermögensbilanz Passiva

	Partiell 2010	Gesamtbetrag 2010	Geschäftsjahr 2009
A) EIGENKAPITAL			
I - Kapital		1.702.200	1.702.200
II - Rücklage aus Aufpreis		221.465	221.465
IV - Gesetzliche Rücklage		6.028	3.017
V - Satzungsmäßige Rücklagen		57.205	0
VII - Andere Rücklagen		3.664.918	3.819.790
Einzahlungen aus zukünftigen Kapitalerhöhungen	178.800		111.000
Verschiedene andere Rücklagen	3.486.118		3.708.790
IX - Jahresüberschuss (Jahresfehlbetrag)		29.421	60.216
EIGENKAPITAL GESAMT (A)		*5.681.237*	*5.806.688*
C) ABFINDUNGEN AN ARBEITNEHMER		**72.084**	**64.025**
D) VERBINDLICHKEITEN			
VERBINDLICHKEITEN GESAMT (D)		*3.532.526*	*3.556.803*
E) PASSIVE RECHNUNGSABGRENZUNGSPOSTEN			
Andere passive Rechnungsabgrenzungsposten		79.325	81.550
PASSIVE RECHNUNGSABGRENZUNGSPOSTEN GESAMT (E)		*79.325*	*81.550*
PASSIVA GESAMT		*9.365.172*	*9.509.066*

Durchgangskonten			
Erhaltene Garantien		30.000	435.614

Gewinn- und Verlustrechnung

	Partiell 2010	Gesamtbetrag 2010	Geschäftsjahr 2009
A) BETRIEBLICHE ERTRÄGE			
1) Erlöse aus Verkauf und Leistungen		1.734.384	1.773.279
4) Erhöhungen des Anlagevermögens durch Eigenleistungen		35.538	0
5) Sonstige Erträge und Erlöse		362.413	337.231
Öffentliche Beiträge	340.642		337.230
Verschiedene Erträge und Erlöse	21.771		1
BETRIEBLICHE ERTRÄGE GESAMT		*2.132.335*	*2.110.510*
B) BETRIEBLICHE AUFWENDUNGEN			

	Partiell 2010	Gesamtbetrag 2010	Geschäftsjahr 2009
6) Kosten für Roh-, Hilfs-, und Betriebsstoffe sowie Waren		138.423	131.154
7) Kosten für Dienstleistungen		599.186	581.308
8) Kosten für die Nutzung von Vermögensgegenständen Dritter		34.934	32.736
9) Personalaufwand		372.390	346.908
a) Löhne und Gehälter	281.595		266.231
b) Soziale Abgaben	71.048		62.199
c) Abfindungen	19.747		18.478
10) Abschreibungen und Wertberichtigungen		825.952	787.263
a) Abschreibungen auf immaterielle Vermögensgegenstände	49.896		42.229
b) Abschreibungen auf Sachanlagen	776.055		745.034
11) Veränderung des Bestands an Roh-, Hilfs- und Betriebsstoffen sowie Waren		(15.265)	5.647
14) Sonstige betriebliche Aufwendungen		28.236	32.874
BETRIEBLICHE AUFWENDUNGEN GESAMT		*1.983.856*	*1.917.890*
Differenz zwischen betrieblichen Erträgen und Aufwendungen (A – B)		**148.479**	**192.620**
C) FINANZERTRÄGE UND AUFWENDUNGEN			
16) Sonstige Finanzerträge		54	277
17) Zinsen und andere finanzielle Aufwendungen		(103.765)	(115.707)
FINANZERTRÄGE UND (-AUFWENDUNGEN) GESAMT (15+16-17+-17bis)		*(103.711)*	*(115.430)*
E) AUSSERORDENTLICHE ERTRÄGE UND AUFWENDUNGEN			
20) Außerordentliche Erträge		1.600	3.300
Mehrwert aus der Veräußerung von Anlagen	0		3.300
Andere außerordentliche Erträge	1.600		0
21) Außerordentliche Aufwendungen		(135)	(3.746)
Steuern aus Vorjahren	(135)		(3.744)
Rundungsdifferenz aus Umrechnung in Euro-Einheit	0		(2)
AUSSERORDENTLICHE POSTEN GESAMT (20 - 21)		*1.465*	*(446)*
Ergebnis vor Steuern (A-B+-C+-D+-E)		**46.233**	**76.744**
22) Laufende, latente und vorausgezahlte Steuern auf den Betriebsertrag		**16.812**	**16.528**
Steuern auf den Betriebsertrag	16.812		16.528
23) Gewinn (Verlust) im Geschäftsjahr		**29.421**	**60.216**

Der Jahresabschluss vermittelt ein getreues Bild der Vermögens-, Finanz- und Ertragslage der Gesellschaft.

15/12/2010

Der Präsident

GMBH - mit Sitz in

eingezahltes Gesellschaftskapital 1.702.200.- Euro

eingetragen beim Handelsregister Nr.

ANHANG ***zum Jahresabschluss zum 30.09.2010 in verkürzter Form laut Art. 2435-bis des Bürgerlichen Gesetzbuches***

Bei der Erstellung des Jahresabschlusses wurde die von der IV. EU - Richtlinie vor-gesehene Bilanzvorlage verwendet, wie laut Gesetzesverordnung Nr. 127 vom 09.04.1991 vorgeschrieben, teilweise abgeändert durch die Bestimmungen laut der gesetzesvertretenden Verordnung Nr. 6 vom 17.01.2003.

Der Jahresabschluss setzt sich aus der Bilanz, der Gewinn- und Verlustrechnung und dem Anhang zusammen. Unsere Gesellschaft ist laut Art. 2435-bis des BGB berechtigt, die Bilanz bzw. den Bilanzanhang in verkürzter Form zu erstellen und nicht verpflichtet einen Lagebericht zu erstellen, da die vom erwähnten Artikel vorgesehenen Grenzen in den beiden vergangenen Geschäftsjahren nicht überschritten worden sind.

Die Bilanz und der Bilanzanhang werden deshalb in verkürzter Form erstellt; dies vorausgeschickt, werden nunmehr die erforderlichen Erläuterungen laut Art. 2427 des BGB gegeben.

Der Anhang ersetzt den Lagebericht, da die vom Art. 2428 des ZGB unter Nummer 3) und 4) geforderten Informationen enthalten sind.

Bewertungskriterien – Art. 2427 Nr. 1

Die Bewertung der Bilanzposten ist unter Beachtung der allgemeinen Kriterien der Vorsicht und der zeitlichen Zuordnung, unter dem Blickwinkel der Betriebsfortführung erfolgt.

Die Anwendung des Vorsichtsprinzips hat dazu geführt, dass die Posten, welche die Aktiva und Passiva bilden, einzeln bewertet worden sind, um Kompensierungen zwischen nicht anrechenbaren Verlusten und Erträgen, welche nicht realisiert wurden, zu vermeiden.

In Anwendung des Kompetenzprinzips ist die Wirksamkeit der Geschäftsvorfälle und sonstigen Ereignisse buchhalterisch jenem Geschäftsjahr zugerechnet worden, zu welchem sie gehören und nicht jenem Geschäftsjahr, in welchem sich die diesbezüglichen Bewegungen (Inkassi und Zahlungen) konkretisiert haben.

Die zeitliche Kontinuität bei der Anwendung der Bewertungskriterien stellt ein wesentliches Element für die Vergleichbarkeit der Bilanzen der Gesellschaft in den einzelnen Geschäftsjahren dar.

Im Einzelnen sind folgende Bilanzierungskriterien für die Erstellung des Jahresabschlusses angewandt worden:

a) Anlagevermögen:

Sachanlagen: Die Anlagegüter wurden zu Einstandspreisen bilanziert. Eigenleistungen bei Investitionen wurden zu Selbstkostenpreisen aktiviert. Die Abschreibungen der Sachanlagen sind nach der linearen Methode in Höhe von 50% der steuerlich zulässigen Höchstabschreibesätze berechnet worden. Beim ift wurde wie in Vorjahren weniger als die Hälfte der normalen Abschreibung berechnet, weil der reelle Marktwert dieser Anlagegüter höher ist als der Restbuchwert laut Bilanz. Die angewandten Abschreibungen tragen der wirklichen Abnützung der Anlagen und der restlichen Nutzungsdauer Rechnung. Die Kleininvestitionen werden ab dem Jahr 2006 in 10 Jahren abgeschrieben, weil von einer mehrjährigen Nutzungsdauer dieser Güter auszugehen ist.

Bewegungen des Anlagevermögens

Stand 01.10.09	Zugänge	Abgänge + direkte Abschreibungen	Stand 30.09.2010
15.530.476 €	556.861 €	49.895.- €	16.037.442.- €

Wertberichtigungsfonds

Stand 01.10.09	Abschreibungen	Ausbuchungen	Stand 30.09.2010
6.377.188.- €	776.055.- €	1.600.- €	7.151.643.- €
	30.09.2009	30.09.2010	

Restbuchwerte 9.153.288.-€ 8.885.799.- €

Die Abschreibungen in der Höhe von Euro 825.952.- gelten in steuerlicher Hinsicht als normale Abschreibungen.

Der Restbuchwert des Anlagevermögens zum 30.09.2010 in der Höhe von 8.885.799.- Euro ist durch 5.681.237.- Euro an Eigenmitteln, d. s. 64 %, finanziert.

Die Eigenmittel beinhalten auch den Rest der Rückstellung der erhaltenen Investitionsbeiträge in der Höhe von Euro 3.486.118.-; diese werden jährlich im selben prozentuellen Ausmaß als Erlöse gebucht, wie die Investitionen auf die sich die Beiträge beziehen, abgeschrieben werden.

Die Neuzugänge im Anlagevermögen betreffen vor allem den Ausbau der anlage, den Ankauf neuer -Geräte und eines Minibaggers und verschiedener Betriebsausstattung und Einrichtung, sowie Verbesserungen an der Piste

<u>Immaterielles Anlagevermögen:</u> Das immaterielle Anlagevermögen wurde zu Anschaffungswerten bewertet. Der Stand zum 30.09.2010 beträgt Euro 427.852. Im Geschäftsjahr 2009/2010 wurde ein Betrag von Euro 76.666 in Einvernehmen mit dem Überwachungsrat als mehrjährige Kosten aktiviert. Mehrjährige Kosten werden in direkter Form in 10 Jahren abgeschrieben.

<u>Finanzanlagen:</u> die Beteiligungen im Anlagevermögen wurden zu Anschaffungswerten bewertet und betragen Euro 43.005.

b) Forderungen:

Die Forderungen sind zum Nennwert bilanziert. Diese sind voll einbringlich, weshalb keine Wertberichtigung vorgenommen wurde. Die Forderungen zum 30.09.2010 setzen sich wie folgt zusammen:

Kundenforderungen in Höhe von Euro 216.052.

Steuerguthaben: dieser Posten besteht größtenteils aus dem Mehrwertsteuerguthaben zum 30.09.2010 in der Höhe von Euro 39.382.

Sonstige Forderungen: die sonstigen Forderungen beinhalten die zugesicherten Beiträge von Seiten des Landes und der Gemeinde.

c) Vorräte:

Die Vorräte wurden zu Einkaufspreisen bewertet.

d) Liquide Mittel:

Der Kassenstand zum 30.09.2010 beträgt Euro 4.306, es bestehen keine Bankeinlagen zum 30.09.2010.

e) Rechnungsabgrenzungen:

Die Rechnungsabgrenzungen betreffen Kosten und Erlöse, welche mehrere Geschäftsjahre betreffen und sind nach dem Prinzip der zeitlichen Zuordnung von Geschäftsvorfällen gebildet worden. Die aktiven Rechnungsabgrenzungen betreffen vor allem die Abgrenzung von diversen Versicherungen, die passiven Rechnungsabgrenzungen beziehen sich größtenteils auf die Abgrenzung der Darlehenszinsen.

f) Verbindlichkeiten:

Die Verbindlichkeiten sind zum Nominalwert bilanziert und entsprechen den bestehenden Verpflichtungen der Gesellschaft zum Geschäftsabschluss. Sie setzen sich wie folgt zusammen:

Verbindlichkeiten an Kreditinstitute: Euro 3.379.361.

Lieferantenverbindlichkeiten: Euro 126.381.

Steuerverbindlichkeiten und an Sozialversicherungsinstitute: Euro 6.626.

Sonstige Verbindlichkeiten: Euro 20.158.

g) Abfertigungsrückstellung:

Die Abfertigungsrückstellung wurde gemäß den gesetzlichen und kollektivvertraglichen Bestimmungen gebildet und beinhaltet die zum Bilanzstichtag angereiften Verbindlichkeiten gegenüber den Arbeitnehmern.

h) Steuern:

Die Steuern des Geschäftsjahres wurden nach analytischer Berechnung der Steuergrundlagen aufgrund der geltenden Steuergesetze, und unter Beachtung der Bestimmungen laut den Grundprinzipien der Buchführung Nr. 25 zum Thema der Einkommenssteuern, ermittelt.
Die Steuern auf den Gewinn des Jahres 2009/2010 belaufen sich auf Euro 16.812 und betreffen nur die Regionale Wertschöpfungssteuer IRAP, da aufgrund von Verlustvorträgen keine IRES geschuldet ist.

Außerordentliche Bewertungskriterien – Art. 2427 Nr. 3-bis

Im Geschäftsjahr sind bei den bilanzierten immateriellen Vermögensgegenständen und Sachanlagen keine nachhaltigen Wertminderungen eingetreten, weshalb eine außerordentliche Abwertung bzw. Abschreibung nicht notwendig wurde. Die vorgenommenen Abschreibungen sind ausreichend.

Änderung der sonstigen Posten – Art. 2427 Nr. 4

Die Veränderungen der einzelnen Bilanzposten zwischen 30.09.2009 und 30.09.2010 sind aus der Bilanz selbst ersichtlich.
Die wesentlichen Veränderungen in den Bilanzposten waren folgende:

Anlagevermögen	-	267.503	Euro
Kundenforderungen	-	53.377	Euro
Sonstige Forderungen	+	122.027	Euro
Bankeinlagen	-	85.928	Euro
Rücklagen	-	94.656	Euro
Verbindlichkeiten geg. Kreditinstituten	-	24.641	Euro

Liste kontrollierte und verbundene Gesellschaften – Art. 2427 Nr. 5

Die GmbH besitzt eine Beteiligung in der Höhe von 43.000 Euro, am Kapital des Konsortium GmbH.
Bezeichnung: Konsortium GmbH
Gesellschaftssitz:
Gesellschaftskapital: 119.000 Euro
Eigenkapital: 135.737 Euro
Gewinn 2009: 2.814 Euro
Wert laut Jahresabschluss: 43.000 Euro
Unsere Gesellschaft besitzt zudem eine Beteiligung in der Höhe von 5 Euro an der Raiffeisenkasse Genossenschaft.
Die Gesellschaft GmbH wird nicht von anderen Gesellschaften kontrolliert.
Im Sinne des Art. 2361, Komma 2 ZGB wird darauf hingewiesen, dass die Gesellschaft keine Beteiligungen mit unbeschränkter Haftung hält.

Guthaben und Verbindlichkeiten mit Laufzeit über 5 Jahren – Art. 2427 Nr. 6

Es bestehen keine Forderungen mit einer Laufzeit von über 5 Jahren.
Es besteht folgendes Darlehen mit einer Laufzeit von über 5 Jahren:

Bank	***Ursprungsbetrag***	***Restschuld***	***Fälligkeit am***	***Raten***
Raika	3.500.000,00	3.305.125,00	31.12.2032	25

Die hat zur Sicherstellung der Verbindlichkeit eine Hypothek zu ihren Gunsten auf die Bergstation der Kabinenbahn grundbücherlich eingetragen.

Kursschwankungen nach Geschäftsabschluss – Art. 2427 Nr. 6-bis)

Die Gesellschaft verfügt über keine Forderungen oder Verbindlichkeiten in Fremdwährung zum 30.09.2010, noch wurden Ein- und Verkäufe in Fremdwährung während des Geschäftsjahres getätigt. Folglich ergeben sich auch keine Kursdifferenzen.

Forderungen und Verbindlichkeiten aus Geschäften mit Rückkaufpflicht – Art. 2427 Nr. 6-ter)

Zum Bilanzstichtag bestehen keine Forderungen oder Verbindlichkeiten aus Geschäften, die für den Erwerber eine Pflicht zum Rückkauf zu einem bestimmten Termin vorsehen.

Posten des Eigenkapitals mit Angabe der Herkunft, Verwendungs- und Verteilungsmöglichkeit Art. 2427 Nr. 7-bis)

In der nachstehenden Übersicht sind die Herkunft, die Verwendungs- und Verteilungsmöglichkeiten der einzelnen Posten des Reinvermögens sowie die erfolgten Verwendungen der letzten drei Geschäftsjahre angeführt:

Beschreibung / Herkunft	Betrag zum 30.09.2010	Verwendungsmöglichkeit	Verfügbar	Verwendung in den letzten 3 Geschäftsjahren
Gesellschaftskapital	1.702.200	B;	1.692.200	0
Rücklage Aufpreis Anteile	221.465	A, B, C;	221.465	473.919
Gesetzliche Rücklage	6.028	B;	6.028	0
Satzungsmäßige Rücklage	57.205	A, B, C;	57.205	0
Andere Rücklagen:				
- Einzahlungen Gesellschafter	178.800	A;	178.800	0
- Rücklage Investitionsbeiträge	3.486.118	/	0	0
Davon nicht ausschüttbar			5.430.351	0
Davon ausschüttbar			221.465	0

A: zur Kapitalaufstockung; B: zur Verlustabdeckung; C: Ausschüttung an die Gesellschafter

Aktivierte Zinsaufwendungen – Art. 2427 Nr. 8

Die Zinsen sind vollständig der Ertragsrechnung zugerechnet worden.

Einnahmen aus Beteiligungen – Art. 2427 Nr. 11

Die Gesellschaft verfügt über keine Einnahmen aus Beteiligungen.

Von der Gesellschaft ausgegebene Aktien und Obligationen – Art. 2427 Nr. 18

Der vorliegende Punkt trifft nicht zu, da das Gesellschaftskapital nicht in Aktien unterteilt und die Gesellschaft nicht berechtigt ist, Obligationen auszugeben.

Anzahl und Merkmale der ausgegebenen Finanzinstrumente – Art. 2427 Nr. 19

Die Gesellschaft hat keine Finanzinstrumente im Umlauf.

Gesellschafterdarlehen – Art. 2427 Nr. 19-bis
Die Gesellschaft hat keine Finanzierungen von den Gesellschaftern erhalten.

Zweckvermögen – Art. 2427 Nr. 20
Die Gesellschaft verfügt über kein Vermögen, das ausschließlich für Sondergeschäfte bestimmt ist.

Finanzierungen für Sondergeschäfte – Art. 2427 Nr. 21
Die Gesellschaft hat keine Finanzierungen für Sondergeschäfte geleistet.

Finanzierungs- Leasingverträge – Art. 2427 Nr. 22
Die GmbH hat bis zum Bilanzstichtag keine Leasingverträge abgeschlossen.

Ordnungskonten
Die Ordnungskonten beinhalten erhaltene Garantien und betragen zum 30.09.2010 Euro 30.000.

Zusätzliche Informationen und Übersichten
Zusätzlich zu dem, was in den vorhergehenden Punkten des Anhanges angegeben ist, werden einige gesetzlich vorgesehene Informationen und Übersichten geliefert, welche für die richtige und korrekte Darstellung der Vermögens-, Finanz- und Ertragslage der Gesellschaft notwendig sind.

Sonstige Angaben
Die Gesellschaft hat keine Aufwertung von Gütern im Sinne des Art. 10 Gesetz Nr. 72 vom 10. März 1983 durchgeführt.
Die Gesellschaft hat keine Aufwertung von Gütern im Sinne der Art. 10 ff Gesetz Nr. 342 vom 21. November 2000 durchgeführt.
Die Gesellschaft verfügt über keine steuerfreien Titel oder Wertpapiere, noch sind während des Geschäftsjahres Käufe von Titeln und Wertpapieren getätigt worden, welche steuerfreie Einnahmen gebracht haben.

Informationen vorgesehen vom Art. 2428 Nr. 3) und 4) des ZGB
Die Gesellschaft verfügt über keine eigenen Aktien, noch besitzt sie Aktien oder Quoten von kontrollierenden Gesellschaften, auch nicht über Treuhandgesellschaften oder Mittelperson.
Im Laufe des Geschäftsjahres hat die Gesellschaft keine eigenen Aktien oder Quoten von kontrollierenden Gesellschaften, auch nicht über Treuhandgesellschaften oder Mittelperson erworben.

Die Bilanz mit Anhang spiegelt wahrheitsgetreu und korrekt die Vermögens- und Ertragssituation sowie die Finanzlage der Gesellschaft wider.

Beschlussantrag
Der Verwaltungsrat schlägt vor, den ausgewiesenen Bilanzgewinn von Euro 29.421 wie folgt zu verwenden:
- Euro 1.471 durch Zuweisung an die Gesetzliche Rücklage
- Euro 27.950 durch Zuweisung an die Freiwillige Rücklage

15.12.2010

30/09/2010

Der Präsident

Copia corrispondente ai documenti conservati presso società.

Lo stato patrimoniale e il conto economico sono redatti in modalità non conforme alla tassonomia italiana XBRL in quanto la stessa non è sufficiente a rappresentare la particolare situazione aziendale, nel rispetto dei principi di chiarezza, correttezza e veridicità di cui all'art. 2423 del codice civile.

Kontenplan *(piano dei conti)*

01 Immaterielle Vermögenswerte *(immobilizzazioni immateriali)*

01.01.	Gründungsspesen	costi di impianto
01.02.	Aufwendung für Forschung und Entwicklung	spese di ricerca e sviluppo
01.03.	Software	software
01.04.	Patente	brevetti
01.05.	Lizenzen	licenze
01.06.	Firmenwert	avviamento
01.07.	Werbung	pubblicità
01.08.	Andere mehrjährige Kosten	altri costi pluriennali
01.09.	Anzahlung für immaterielle Güter	acconti su immobilizzazioni imm.
01.10.	Unfertige immaterielle Güter	imm. in esecuzione
01.50.	WB-Gründungsspesen	fondo amm.to costi di impianto
01.51.	WB-Forschung und Entwicklung	fondo amm.to spese ricerca
01.52.	WB-Software	fondo amm.to software
01.53.	WB-Patente	fondo amm.to brevetti
01.54.	WB-Lizenzen	fondo amm.to licenze
01.55.	WB-Firmenwert	fondo amm.to avviamento

02 Materielle Vermögenswerte *(immobilizzazioni materiali)*

02.01.	Grundstücke	terreni
02.02.	Gebäude	fabbricati
02.03.	Technische Anlagen	impianti tecnici
02.04.	Maschinen	macchine
02.05.	Betriebsausstattung	attrezzature industriali
02.06.	Geschäftsausstattung	attrezzature commerciali
02.07.	Büromaschinen	macchine d'ufficio
02.08.	Einrichtung	arredamento
02.09.	Fuhrpark	automezzi
02.10.	Transportmittel	mezzi di trasporto
02.11.	Verpackungsgut	imballaggi durevoli
02.19.	Geringwertige Anlagegüter	beni di modesto valore
02.20.	Im Bau befindliche Anlagen	immobilizzazioni in costruzione
02.21.	Anzahlungen für Anlagen	fornitori immobilizzazioni c/acconti
02.50.	WB-Gebäude	fondo amm.to fabbricati
02.51.	WB-Technische Anlagen	fondo amm.to impianti
02.52.	WB-Maschinen	fondo amm.to macchine
02.53.	WB-Betriebsausstattung	fondo amm.to attrezzature industriali
02.54.	WB-Geschäftsausstattung	fondo amm.to attrezzature commerciali
02.55.	WB-Büromaschinen	fondo amm.to macchine d'ufficio
02.56.	WB-Einrichtung	fondo amm.to arredamento
02.57.	WB-Fuhrpark	fondo amm.to automezzi
02.58.	WB-Transportmittel	fondo amm.to mezzi di trasporto

02.59.	WB-Verpackungsgut	fondo amm.to imballaggi durevoli
02.60.	WB-Geringwertige Güter	fondo amm.to beni di modesto valore

03 Finanzanlagevermögen *(immobilizzazioni finanziarie)*

03.01.	Beteiligungen	partecipazioni
03.02.	Forderungen ohne Beteiligungscharakter	crediti non di partecipazione
03.03.	Anteile ohne Beteiligungscharakter	quote non di partecipazione
03.04.	Festverzinsliche Wertpapiere	titoli a reddito fisso
03.05.	Gewährte Darlehen	mutui attivi
03.06.	Eigene Aktien	azioni proprie
03.07.	Andere langfristige Forderungen	altri crediti a lungo termine
03.50.	WB-Finanzanlagevermögen	fondo amm.to immobilizzazioni finanziarie

04 Vorräte und Anzahlungen *(rimanenze e acconti)*

04.01.	Handelswarenvorrat	rimanenze merci
04.02.	Vorrat an Rohstoffen	rimanenze materie prime
04.03.	Vorrat an Hilfsstoffen	rimanenze materie sussidiarie
04.04.	Vorrat an Verbrauchsmaterial	rimanenze materiali di consumo
04.05.	Vorrat an Brennstoffen	rimanenze combustibili
04.06.	Vorrat an Büromaterial	rimanenze cancelleria
04.07.	Vorrat an Fertigprodukten	rimanenze prodotti finiti
04.08.	Vorrat an Halbfertigprodukten	rimanenze semilavorati
04.09.	Unfertige Aufträge	lavori in corso
04.10.	Unfertige Dienstleistungen	prestazioni di servizi in corso
04.20.	Anzahlungen an Lieferanten	fornitori c/acconti

05 Handelsforderungen *(crediti commerciali)*

05.01.	Kundenforderungen	crediti v/clienti
05.02.	Andere Handelsforderungen	altri crediti commerciali
05.03.	Vorgestreckte Spesen für Kunden	clienti c/spese anticipate
05.04.	Besitzwechsel	cambiali attive
05.05.	Effekten zum Inkasso	effetti all'incasso
05.06.	Effekten zum Diskont	effetti allo sconto
05.07.	Auszustellende Rechnungen	fatture da emettere
05.08.	Notleidende Forderungen	crediti in sofferenza
05.10.	Zu erhaltende Prämien	premi da ricevere
05.20.	WB-Forderungen	fondo svalutazione crediti
05.21.	Delkredererückstellung	fondo rischi su crediti

06 Verschiedene Forderungn *(crediti diversi)*

06.01.	MwSt.-Einkauf (Vorsteuer)	IVA ns/crediti
06.02.	MwSt.-Vorauszahlung	IVA c/acconto
06.03.	MwSt.-Guthaben	IVA credito

06.04.	Steuervorauszahlung	imposte c/acconto
06.05.	Steuerguthaben	credito d'imposta
06.06.	Forderungen aus Steuereinbehalt	crediti per ritenute subite
06.07.	Forderungen aus Kautionen	crediti per cauzioni
06.09.	Lohnvorauszahlung	personale c/acconti
06.10.	Forderungen gegen Fürsorgeinstitute	crediti vs/istituti previdenziali
06.11.	Bewilligte Beiträge	contributi da ricevere
06.12.	Forderungen aus Schadensvergütungen	crediti per risarcimento
06.20.	Sonstige Forderungen	altri crediti

07 Finanzwerte des Umlaufvermögens *(valori finanziari a breve)*

07.01.	Kurzfristige Beteiligungen	partecipazioni a breve
07.02.	Eigene Aktien	azioni proprie a breve
07.03.	Wertpapiere	titoli a breve

08 Liquide Mittel *(disponibilità liquide)*

08.01.	Bank-Kontokorrent aktiv	banche c/c attivi
08.02.	Post-Kontokorrent	c/c postali
08.03.	Kasse	cassa
08.04.	Schecks	assegni
08.05.	Stempelwerte	valori bollati

09 Aktive Rechnungsabgrenzung *(ratei e risconti attivi)*

09.01.	Eigene Vorauszahlungen – Transitorische Aktiva	risconti attivi
08.02.	Fremde Rückstände – Antizipative Aktiva	ratei attivi
08.03.	Mehrjährige Abgrenzungen	ratei e risconti pluriennali
08.04.	Abgeld für Anleihen	disagio su prestiti

10 Nettovermögen *(patrimonio netto)*

10.01.	Eigenkapital – Gesellschaftskapital	capitale proprio – capitale sociale
10.02.	Agiorücklage (Rücklage aus Aufpreis)	fondo sovrapprezzo
10.03.	Aufwertungsrücklage	fondo di rivalutazione
10.04.	Gesetzliche Rücklage	fondo di riserva legale
10.05.	Statutarische Rücklage	fondo di riserva statutaria
10.06.	Gewinnausgleichsrücklage	fondo di riserva conguaglio utili
10.07.	Rücklage für eigene Aktien	fondo azioni proprie
10.08.	Gesetzliche Kapitalbeiträge	contributi in conto capitale
10.10.	Privatentnahmen	prelevamenti extragestione
10.20.	Jahresgewinn	utile d'esercizio
10.21.	Jahresverlust	perdita d'esercizio
10.22.	Gewinnvortrag	utile riporto a nuovo
10.23.	Verlustvortrag	perdita riporto a nuovo

11 Rückstellungen für Risiken *(fondi per rischi e oneri)*

11.01.	Pensionsfonds und ähnliche Ansprüche	fondo quiescenza e simili
11.02.	Rückstellung für Steuern	fondo imposte
11.03.	Rückstellung für aufgeschobene Steuern	fondo imposte differite
11.04.	Rückstellung für Instandhaltung und Reparaturen	fondo manutenzione e riparazione
11.05.	Rückstellung für Garantieleistungen	fondo garanzie
11.06.	Rückstellung für Wechselkursschwankungen	fondo rischi cambi
11.07.	Rückstellung für sonstige Risiken	altri accantonamenti per rischi

12 Abfertigungsverbindlichkeit *(debiti per trattamento fine rapporto lavoro)*

12.01	Abfertigungsverbindlichkeit	trattamento fine rapporto lavoro

13 Finanzierungsverbindlichkeiten *(debiti finanziari)*

13.01.	Hypothekardarlehen	mutui ipotecari
13.02.	Obligationsdarlehen	prestiti obbligazionari
13.03.	Finanzierungsdarlehen von Gesellschaftern	prestiti di soci
13.04.	Sonstige Finanzierungsdarlehen	altri prestiti finanziari
13.10.	Bank-Kontokorrent – passiv	banche c/c passivi
13.11.	Kontokorrent Bevorschussung von Rechnungen	c/c anticipi su fatture
13.12.	Kontokorrent Bevorschussung von Bankquittungen	c/c anticipi su Ri.Ba.

14 Verbindlichkeiten aus Lieferungen und Leistungen *(debiti commerciali)*

14.01.	Lieferverbindlichkeiten	debiti v/fornitori
14.02.	Schuldwechsel	cambiali passive
14.03.	Zu erhaltende Rechnungen	fatture da ricevere
14.04.	Zu zahlende Prämien	premi e abbuoni da liquidare
14.05.	Anzahlungen von Kunden	clienti anticipi e acconti
14.09.	Sonstige Verbindlichkeiten aus Lieferungen	altri debiti commerciali

15 Verschiedene Verbindlichkeiten *(debiti diversi)*

15.01.	MwSt.-Verkauf	IVA vendite
15.02.	Verbindlichkeit MwSt.	IVA c/erario
15.03.	Steuereinbehalt Lohnsteuer	erario c/ritenute fiscali lavoro dipendente
15.04.	Steuereinbehalt freie Mitarbeiter	erario c/ritenute fiscali lavoro autonomo
15.05.	Verbindlichkeit direkte Steuern	debiti imposte dirette
15.06.	Sonstige Abgaben und Gebühren	altri contributi e tasse
15.09.	Kautionen/Retourgut Verb.	debiti per cauzioni
15.10.	Abgabenverbindlichkeit INPS	debiti vs/INPS
15.11.	Abgabenverbindlichkeit INAIL	debiti vs/INAIL
15.12.	Andere Fürsorgeinstitute	altri istituti di previdenza
15.20.	Entlohnungsverbindlichkeit	personale c/retribuzioni
15.21.	Sonstige Verbindlichkeit an Personal	altri debiti vs/personale

15.30.	Verbindlichkeiten aus Zinsen und Dividenden	debiti per interessi e dividendi
15.40.	Verbindlichkeit Versicherungen	debiti per risarcimento e assicurazione
15.50.	Verbindlichkeit aus Zessionen	clienti c/cessione
15.51.	Verschiedene Verbindlichkeiten	debiti diversi

16 Passive Rechnungsabgrenzung *(ratei e risconti passivi)*

16.01.	Fremde Vorauszahlungen – Transitorische Passiva	risconti passivi
16.02.	Eigene Rückstände – Antizipative Passiva	ratei passivi
16.03	Aufgeld für Anleihen	agio su prestiti

18 Aktive und passive Übergangskonten *(conti transitori attivi e passivi)*

18.01.	Bank-Kontokorrent	banca c/c
18.02.	MwSt.-Verrechnung	IVA c/liquidazioni
18.03.	Fürsorgeinstitute	istituti previdenziali

19 Ordnungs- und Durchgangskonten *(conti d'ordine)*

19.01.	Güter bei Dritten	beni presso terzi
19.02.	Güter Dritter	beni di terzi
19.03.	Zu erhaltende Güter	beni da ricevere
19.04.	Verpflichtungen an Lieferer	fornitori c/impegni
19.05.	Auszuliefernde Güter	beni da consegnare
19.06.	Verpflichtung von Kunden	clienti c/impegni
19.07.	Bürgschaftsforderungen	rischi per garanzie prestate a terzi
19.08.	Bürgschaftsverpflichtungen	garanzie ricevute
19.09.	Banken Verpflichtungen	banche c/effetti scontati e non scaduti
19.10.	Wechselverpflichtungen	rischi per effetti scontati
19.11.	Leasinggüter	beni in leasing
19.12.	Verpflichtung aus Leasing	creditori c/leasing

20 Umsatzerlöse und Dienstleistungen *(ricavi di vendite e prestazioni di servizi)*

20.01.	Warenverkauf	merci c/vendite
20.02.	Produkteverkauf	prodotti c/vendite
20.03.	Erbrachte Dienstleistungen	prestazioni di servizi
20.05.	Spesenrückvergütung	rimborsi spese di vendita
20.06.	Rücksendungen von Kunden	resi su vendite
20.07.	Unsere Gutschriften	ribassi e abbuoni passivi
20.08.	Prämien auf Verkäufe	premi su vendite
20.20.	Anfangsrestwerte Produkte	prodotti c/esistenze iniziali
20.21.	Endrestwerte Produkte	prodotti c/rimanenze finali
20.22.	Bestandsvermehrung Produkte	prodotti c/variazione in aumento
20.23.	Bestandsminderung Produkte	prodotti c/variazione in diminuzione

21 Nebenerlöse und verschiedene Erträge *(altri proventi e ricavi vari)*

21.01.	Mieterträge	proventi da affitti
21.02.	Betriebszuschüsse	contributi in conto esercizio
21.03.	Verschiedene Erträge	altri ricavi
21.05.	Aktivierte Eigenleistungen	c/lavori in economia
21.06.	Veräußerungsgewinn	plusvalenze patrimoniali
21.07.	Rundungserträge	arrotondamenti attivi
21.08.	Vergütungen und Auflösungen	sopravvenienze e insussistenze attive diverse

30 Umsatzkosten *(costo del venduto)*

30.01.	Wareneinkauf	merci c/acquisti
30.05.	Verbrauchsmaterialeinkauf	materiale di consumo c/acquisti
30.06.	Bezugsspesen	spese accessorie
30.10.	Rücksendungen an Lieferanten	resi su acquisti
30.11.	Gutschriften der Lieferanten	ribassi e abbuoni attivi
30.12.	Prämien auf Einkäufe	premi su acquisti
30.20.	Anfangsrestwerte Waren	merci c/esistenze iniziali
30.21.	Endrestwerte Waren	merci c/rimanenze finali
30.22.	Bestandsminderung Waren	merci c/variazioni in diminuzione
30.23.	Bestandsvermehrung Waren	merci c/variazioni in aumento
30.24.	Anfangsrestwerte Verbrauchsmaterial	materiale di consumo c/esistenze iniziali
30.25.	Endrestwerte Verbrauchsmaterial	materiale di consumo c/rimanenze finali
30.26.	Bestandsminderung Verbrauchsmaterial	materiale di consumo c/variazioni in diminuzione
30.27.	Bestandsvermehrung Verbrauchsmaterial	materiale di consumo c/variazioni in aumento

31 Dienstleistungen *(costi per servizi)*

31.01.	Reparaturen und Instandhaltungen	manutenzione e riparazione
31.02.	Wartungsdienste	servizi di assistenza
31.03.	Werbung	pubblicità
31.04.	Telefon – Nachrichtenübermittlung	spese telecomunicazioni
31.05.	Postspesen	spese postali
31.06.	Versicherungen	assicurazioni
31.07.	Überwachungsdienste	spese di vigilanza
31.08.	Betriebskosten Fuhrpark	spese esercizio automezzi
31.09.	Wirtschafts-Steuerberatung	spese consulenze
31.10.	Strom – Gas	spese per energia
31.11.	Bankspesen	spese bancarie
31.12.	Provisionen	provvigioni passive
31.13.	Reinigungsdienste	servizi di pulizia
31.14.	Transporte	spese di trasporto

32 Nutzung Güter Dritter *(godimento beni di terzi)*

32.01.	Mieten	fitti passivi
32.02.	Leasingraten Immobilien	canoni leasing immobilizzazioni
32.03.	Leasing Fuhrpark	canoni leasing automezzi

33 Personal *(costi per il personale)*

33.01.	Löhne und Gehälter	salari e stipendi
33.02.	Sozialversicherungsbeiträge	oneri sociali
33.03.	Unfallversicherungsbeiträge	assicurazioni INAIL
33.04.	Abfertigungsaufwand	spese fine rapporto di lavoro
33.05.	Zuweisung Abfertigungsverbindlichkeit	trattamento fine rapporto lavoro
33.06.	Sonstige Zuwendungen Personal	altri costi per il personale
33.07.	Fahrtkosten- und Verpflegungszuschüsse	contributi viaggio e vitto
33.08.	Arbeitsbekleidung	vestiario
33.09.	Ausbildung der Mitarbeiter	formazione del personale

34 Abschreibung immaterielle Vermögenswerte *(ammortamento beni immateriali)*

34.01	Abschreibung Gründungsspesen	amm.to costi di impianto
34.02.	Abschreibung Forschung und Entwicklung	amm.to costi ricerca e sviluppo
34.03.	Abschreibung Software	amm.to software
34.04.	Abschreibung Patente	amm.to brevetti
34.05.	Abschreibung Lizenzen	amm.to licenze
34.06.	Abschreibung Firmenwert	amm.to avviamento
34.07.	Abschreibung mehrjährige Kosten	amm.to costi pluriennali

35 Abschreibung materielle Vermögenswerte *(ammortamento beni materiali)*

35.02.	Abschreibung Gebäude	amm.to fabbricati
35.03.	Abschreibung technische Anlagen	amm.to impianti tecnici
35.04.	Abschreibung Maschinen	amm.to macchine
35.05.	Abschreibung Betriebsausstattung	amm.to attrezzature industriali
35.06	Abschreibung Geschäftsausstattung	amm.to attrezzature commerciali
35.07	Abschreibung Büromaschinen	amm.to macchine d'ufficio
35.08	Abschreibung Einrichtung	amm.to arredamento
35.09	Abschreibung Fuhrpark	amm.to automezzi
35.10	Abschreibung Transportmittel	amm.to mezzi di trasporto
35.11.	Abschreibung Verpackungsgut	amm.to imballaggi durevoli
35.19.	Abschreibung geringwertige Anlagegüter	amm.to beni di modesto valore

36 Abwertungenen des Vermögens *(svalutazioni del patrimonio)*

36.01.	Abwertung Grundstücke	svalutazione terreni
36.02.	Abwertung immaterielle Vermögenswerte	svalutazione beni immateriali
36.03.	Abwertung materielle Vermögenswerte	svalutazione beni materiali

36.04.	Abwertung von Forderungen	svalutazione crediti
36.05.	Abwertung des sonstigen Umlaufvermögens	svalutazione altro attivo circolante

37 Zuweisung an Rückstellungen für Risiken und Aufwendungen *(accantonamento rischi e spese)*

37.01.	Zuweisung Delkredererückstellung	acc.to fondo rischi su crediti
37.02.	Zuweisung Rückstellung für Steuern	acc.to fondo imposte
37.03.	Zuweisung Rückst. für aufgeschobene Steuern	acc.to fondo imposte differite
37.04.	Zuweisung Rückstellung für Instandhaltung	acc.to fondo manutenzione
37.05.	Zuweisung Rückstellung für Garantieleistungen	acc.to fondo garanzia
37.06.	Zuweisung Rückstellung für Wechselkurse	acc.to fondo rischi cambi
37.07.	Zuweisung Rückstellung für sonstige Risiken	acc.to altri accantonamenti per rischi

38 Sonstige betriebliche Aufwendungen *(altri costi di gestione)*

38.01.	Veräußerungsverluste	minusvalenze ordinarie
38.02.	Sonstige Verluste	sopravvenienze e insussistenze passive diverse
38.03.	Rundungsaufwendungen	arrotondamenti passivi
38.04.	Forderungsverluste	perdite su crediti
38.05.	Verschiedene Abgaben und Gebühren	oneri fiscali diversi
38.06.	Entgelt Verwalter	compensi amministratori
38.07.	Entgelt Aufsichtsrat	compensi sindaci
38.08.	Andere Betriebsaufwendungen	spese varie di gestione

40 Finanzerträge *(proventi finanziari)*

40.01.	Aktive Bankzinsen	interessi bancari attivi
40.02.	Aktive Zinsen auf Darlehen	interessi attivi su mutui
40.03.	Aktive Zinsen auf Forderungen	interessi attivi c/clienti
40.04.	Aktive Zinsen aus Beteiligungen	interessi attivi su partecipazioni
40.05.	Andere Finanzerträge	altri proventi finanziari
40.06.	Lieferskonti	conti commerciali attivi

41 Finanzaufwendungen *(oneri finanziari)*

41.01.	Passive Bankzinsen	interessi bancari passivi
41.02.	Passive Zinsen auf Darlehen	interessi passivi su mutui
41.03.	Passive Zinsen auf Lieferverbindlichkeiten	interessi passivi c/fornitori
41.04.	Andere Finanzaufwendungen	altri oneri finanziari
41.05.	Diskontzinsen	sconti passivi
41.06.	Kundenskonti	sconti commerciali passivi

50 Auf- und Abwertungen des Finanzvermögens *(rivalutazioni e svalutazioni finanziarie)*

50.01.	Aufwertung von Finanzvermögen	rivalutazione patrimonio finanziario
50.10.	Abwertung von Finanzvermögen	svalutazione patrimonio finanziario

60 Außerordentliche Erträge *(proventi straordinari)*

60.01	Außerordentliche Veräußerungsgewinne	plusvalenze straordinarie
60.02	Außerordentliche Erträge	sopravvenienze e insussistenze attive straordinarie

61 Außerordentliche Aufwendungen *(spese straordinarie)*

61.01.	Außerordentliche Veräußerungsverluste	minusvalenze straordinarie
60.02.	Außerordentliche Verluste	sopravvenienze e insussistenze passive straordinarie
61.03.	Steuern vergangener Jahre	imposte esercizi precedenti

70 Einkommensteuern *(imposte dell'esercizio)*

70.01.	Einkommensteuer IRPEF	Imposta IRPEF
70.02.	Einkommensteuer IRES	imposta IRES
70.03.	Wertschöpfungssteuer IRAP	Imposta IRAP
70.04.	Sonstige Steuern	altre imposte

90 Bilanzkonten und Gewinn- und Verlustkonto *(conti di risultato)*

90.01.	Eröffnungsbilanzkonto	stato patrimoniale di apertura
90.02.	Schlussbilanzkonto	stato patrimoniale di chiusura
90.03.	Gewinn- und Verlustkonto	conto profitti e perdite

Notizen